Sélection 2018

LA REVUE DES LIVRES POUR ENFANTS

303

NOVEMBRE 2018

303
NO-
VEMBRE
2018

1000 TITRES

2018 SÉLECTION

LA REVUE DES LIVRES POUR ENFANTS

Pour nos abonnés, ce numéro comporte un supplément gratuit intitulé « Nos 100 livres préférés : Flash ! 2018-2019 » et un encart jeté « Formations 2019. BnF/Littérature et art – Centre national de la littérature pour la jeunesse ».

Couverture

Illustration de Benjamin Chaud d'après *Taupe et Mulot. Les Beaux jours*, texte de Henri Meunier, © Hélium, avril 2019

Voir l'encadré « Benjamin Chaud en couverture », p.15

303 NOVEMBRE SÉLECTION 2018

Merci à Béatrice, Caroline, Cécile, Céline, Eva, Eve, Guylaine, Mathilde, Séverine, Stéphanie.
C'est avec elles, bibliothécaires fidèles de nos avant-revues, que nous avons remis l'organisation de notre traditionnelle sélection annuelle sur le métier.
Était-elle assez simple ?
Pouvait-elle l'être davantage ?
Fallait-il être plus riche ici et moins là ?
Nos tranches d'âges (ah, ces tranches d'âge...) étaient-elles cohérentes ?
C'est accompagnés et encouragés par leur regard que nous avons abordé cette édition 2018.
N'y cherchez pas de révolution mais, à l'usage, nous espérons que vous la trouverez insensiblement plus fluide, plus claire, plus cohérente.
Des indications d'âges mieux partagées, une attention plus grande aux albums des tout-petits, un classement simplifié pour les contes, les bandes dessinées et les documentaires, des genres romanesques mieux énoncés, des livres-audio mieux représentés...

Alors bienvenue dans cette sélection annuelle 2018, aussi foisonnante et colorée que le jardin dont Benjamin Chaud l'a si joliment parée.

Toute l'équipe du CNLJ

Les ouvrages chroniqués dans cette sélection sont à votre disposition en salle i de la Bibliothèque nationale de France (site François-Mitterrand).
Vous y êtes les bienvenus.

SÉLECTION 2018
MODE D'EMPLOI

Les œuvres qui figurent dans cette sélection ont paru entre septembre 2017 et septembre 2018.

CLASSEMENT

Les 15 grandes familles d'œuvres sont pour la plupart organisées en tranches d'âge puis en ordre alphabétique d'auteur.

Pour les bandes dessinées, les documentaires et les jeux vidéo, des grandes thématiques précèdent ces deux clefs de classement.

INDICATIONS D'ÂGES

Elles sont doubles : l'âge de l'enfant et son statut scolaire (régime scolaire français). Ces mentions ne sont bien sûr qu'indicatives.

Tranches d'âges	Âges	Âges scolaires	Cycles scolaires
0-3 ans Les tout-petits	0-1 an		
	1-2 ans		
	2-3 ans		
3-6 ans Le plaisir d'une lecture partagée	3-4 ans	*Petite section*	CYCLE 1 (C1) *Premiers apprentissages*
	4-5 ans	*Moyenne section*	
	5-6 ans	*Grande section*	
6-8 ans Quand on commence à lire tout seul	6-7 ans	*CP*	CYCLE 2 (C2) *Apprentissages fondamentaux*
	7-8 ans	*CE1*	
8-10 ans L'enfance en majesté	8-9 ans	*CE2*	
	9-10 ans	*CM1*	CYCLE 3 (C3) *Consolidations*
10-12 ans Les prémices de l'adolescence	10-11 ans	*CM2*	
	11-12 ans	*Sixième*	
13-15 ans Au cœur de l'adolescence	12-13 ans	*Cinquième*	CYCLE 4 (C4) *Approfondissements*
	13-14 ans	*Quatrième*	
	14-15 ans	*Troisième*	
15 ans et + Au seuil du monde adulte	15 ans et +	*À partir de la Seconde*	LYCÉE (LYC)

PICTOGRAMMES

- ♥ Ouvrage qui a fait l'unanimité du comité de lecture.
- Première lecture, ouvrage particulièrement adapté aux lecteurs débutants.
- Existe en version numérique.

INDEX

L'index Titres reprend les indications et ♥

ILLUSTRATIONS

Les numéros qui accompagnent les images renvoient au numéro de la notice du livre dont elles sont extraites.

REMERCIEMENTS

Cette sélection a été établie par l'équipe du Centre national de la littérature pour la jeunesse avec le concours de : Sabrina Alilouche (librairie de l'IMA, Paris), Mennie Azzouzi (Forum des images), Camille Baurin, Elisabeth Bégueryb (BnF), Séverine Billot (médiathèque de Vitry-sur-Seine), Claudine Boué (Universcience), Nelly Bourgeois (librairie L'Herbe rouge, Paris), Haïfa Braïki (Librairie de l'IMA, Paris), Fanny Carel, Evelyne Cévin, Colombine Depaire, Julien Devriendt (médiathèque de Choisy-Le-Roi), Hélène Dubertret, Catherine Dupouey (médiathèques d'Antony), Séverine Dupuch-Garnier (BnF), Lise Durousseau, Camille Etedali-Khou, Viviane Ezratty (médiathèque Françoise-Sagan, Paris), Joëlle Gonthier, Claudine Hervouët, Naïla Hanna (librairie de l'IMA, Paris), Hélène Kerurien (biblio-club de Vanves), Élisabeth Lancou (bibliothèque Benjamin Rabier, Paris), Marie Laurentin, Béatrice de Lavenne, Sibylle Lesourd, Élisa Lopez (BnF), Annick Lorant-Jolly, Stéphane Martinati (BnF), Céline Meneghin (BDP de la Somme), Wilfried Müller (BnF), Céline Murcier (bibliothèque Émile-Aillaud de Bobigny), Annabel Peltier (BnF), Nicolas Périsse (Petite Bibliothèque Ronde, Clamart), Malika Person (bibliothèque André-Malraux, Les Lilas), Olivier Piffault (BnF), Marie-Ange Pompignoli (BnF), Alain Rajaonarison (BnF), Caroline Rives, Sarah Rolfo (L'Oiseau Indigo / Bookwitty, Atlas), Muriella Romaniello (Universcience), Hélène Romeuf (ESPE de Rouen), Christine Rosenbaum, Marie Roussel (BnF), Nathalie Ryser (BnF), Céline Sallez (médiathèques d'Anthony), Sophie Schmitt (BnF), Estelle Servier-Crouzat (BnF), Nathalie Sfeir (Bookwitty, Paris), Djénéba Sidibé, Mathilde Tattegrain (Forum des images), Françoise Tenier, Élise Tessarech (Forum des images), Sarah Tournerie (BnF), Chrystelle Tridon (bibliothèque Sorbier, Paris), Françoise Ugochukwu (LLACAN, Paris), Hélène Valotteau (médiathèque Françoise-Sagan, Paris), Morgane Vasta, Laurence Veyssier, Cécile Vigouroux (médiathèque de Bagnolet) et Marianne Weiss (IMA, Paris).
Nous les remercions tous pour leur précieuse collaboration.

Pour prolonger la lecture de ce numéro consultez notre site :

cnlj.bnf.fr

ALBUMS

ALBUMS

Chaque année, des auteurs nous surprennent à faire irruption chez les tout-petits.
Cette année, c'est Benjamin Chaud (illustrateur de notre couverture, voir encadré p. 15) qui nous offre deux titres chez Cambourakis et Rémi Courgeon qui crée une nouvelle série, Timoto, chez Nathan. Ce dernier signe aussi, pour les plus grands, le merveilleux *Tiens-toi droite*, chez Milan, véritable plaidoyer pour le droit des femmes.

La révélation de l'année ? Manuel Marsol, auteur-illustrateur espagnol, qui nous a offert deux titres dans des registres totalement différents : *La Montagne*, aux Fourmis rouges, où l'on glisse subrepticement du quotidien au fantastique et le désopilant *Duel au soleil* aux éditions de L'Agrume, parodie de western auquel il ne manque que la musique d'Ennio Morricone.
Nous ne sommes d'ailleurs pas les seuls à avoir été impressionnés par son talent puisque Manuel Marsol a reçu le Prix international de l'illustration à la Foire de Bologne en 2017.

Far West et cow-boys semblent d'ailleurs être la grande source d'inspiration du moment (voir encadré p.17).
Ennio Morricone on vous dit !

0-3 ANS

May Angeli
1 **Bêtes en devinettes**

Dans cet album dédié aux tout-petits, les animaux de la ferme interpellent le lecteur pour l'inviter à jouer. Une devinette, des traces de pas et des éléments de décor permettent de retrouver l'animal qui se cache derrière ces pages en triptyque. Sans artifices, les gravures sur bois poétiques de May Angeli apportent calme et sérénité par leur rythme et leurs couleurs.

ÉDITIONS DES ÉLÉPHANTS
ISBN 978-2-37273-028-0
16 €

Ingela P. Arrhenius
2 **En avant !**
3 **Dans la mer !**

L'illustratrice et graphiste suédoise Ingela Peterson Arrhenius, amoureuse du design des années 1950-60, donne à ces deux sympathiques pop-ups une ligne élégante. Le premier, sur un décor minimaliste, passe en revue tous les moyens de transport tandis que le second décrit les habitants des fonds marins et des plages, créant des associations parfois surprenantes ! Compacts et résistants, ces livres, au format adapté aux manipulations des tout-petits, sauront trouver leur public avec ces thématiques très prisées !

HÉLIUM, POP IMAGIERS
ISBN 978-2-33-008930-6
ISBN 978-2-33-008929-0
11,90 € CHACUN

1

Version numérique   Première lecture

Jeanne Ashbé

4 **Lou et Mouf : Joyeux Noël, Lou !**

Dans ce nouvel épisode, Lou et Mouf se retrouvent à la veille de Noël. Une joyeuse rumeur se répand dans la maison : on prépare la fête. Après une bonne nuit, vient le moment d'ouvrir ses cadeaux. Cette charmante histoire, portée par un support simple, convient parfaitement aux tout-petits. La couverture, découpée, ménage un petit effet de surprise. Les fenêtres et les tirettes cartonnées peuvent être actionnées sans risque. Vivante et rythmée, cette histoire est faite pour être racontée à voix haute.

L'ÉCOLE DES LOISIRS – PASTEL
ISBN 978-2-211-21693-7
16 €

Bastien Contraire

5 **Les Intrus : véhicules**

6 **Les Intrus : aliments**

Pour les tout-petits, Bastien Contraire a décliné son album *Les Intrus* dans des versions thématiques en petit format tout-carton. On retrouve le principe des planches présentant chacune une série d'éléments analogiques parmi lesquels se cache un intrus. Ainsi, dans *Véhicules*, peut-on repérer parmi les engins de chantier... une tortue ! Plaisir visuel des formes au pochoir et du jeu sur deux couleurs complémentaires, jeu d'observation, et le rire qui naît de la surprise des découvertes incongrues. Déjà paru : *Les Intrus : animaux*.

ALBIN MICHEL JEUNESSE, TRAPÈZE
ISBN 978-2-226-40091-8
ISBN 978-2-226-43729-7
13,50 € CHACUN

Olivia Cosneau, ingénierie papier Bernard Duisit

7 **Comment tu dors ?**

Un livre animé pour les petits (tirettes, volets) pour savoir comment dorment les bébés animaux : roulés en boule, comme les chatons ? Bien blottis, comme les cygnons ? Ou bien cachés, comme les bébés kangourous ? Voilà qui suscitera un réel intérêt chez le tout-petit !

HÉLIUM, ALBUM
ISBN 978-2-330-07798-3
12,50 €

Anne Cortey, ill. Fred Benaglia

8 **Chat pas moi !**

Grand format, tout carton, cet album dynamique aux dessins expressifs et aux couleurs vives joue avec les sons et la typographie. Une petite souris (bleue) provoque un gros chat (vert) et la course-poursuite qui s'ensuit provoque un grand charivari ! « Qui a fait chat ? » s'insurge l'épicier ? Chat va barder, pense le lecteur amusé !

SARBACANE
ISBN 978-2-37731-016-6
13,90 €

Rémi Courgeon

9 **Timoto aime très beaucoup sa maman**

10 **Timoto veut un vrai cheval**

Créatif et malicieux, Timoto le tigre, personnage créé par Rémi Courgeon, se pose de vraies questions à hauteur d'enfant. Avec ses yeux grands ouverts sur le monde, ce héros intrépide transforme son quotidien en terrain de jeu et tout devient alors aventure. Deux récits humoristiques, sensibles, parfois piquants, dans un style rythmé, ludique, et aux illustrations à la fois expressives et épurées. À suivre.

NATHAN, LE MONDE SELON TIMOTO
ISBN 978-2-09-258214-5
ISBN 978-2-09-258216-9
6,95 € CHACUN

♥

Aurélien Débat

11 **Cabanes**

Après quelques emplettes dans un magasin de bricolage, quinze petits cochons vont se servir des matériaux achetés (poutres, rochers, mais aussi blocs de glace et feuilles de bananier !) pour inventer chacun sa cabane, jamais la même, mais toujours belle et audacieuse. Jusqu'à l'arrivée d'un seizième personnage... Un petit traité d'architecture ! Mais aussi un livre d'activités, un conte, et un grand album beau, riche et étonnant, qui développe l'imagination et invite à la création.

LES GRANDES PERSONNES
ISBN 978-2-36193-460-6
15 €

Élisa Géhin

12 **Dans le détail**

Dans le détail, dont le titre fait écho à *Dans l'ensemble* (2013), porte bien son nom. On retrouve la fraîcheur du trait d'Elisa Géhin et sa typographie manuscrite. Simple et à hauteur d'enfant, cet imagier est aussi pédagogique à l'instar de ses rubriques aux titres non dénués d'humour (« Les objets de celle qui a fait le livre »…). On y apprend comment fabriquer les couleurs ou encore la version féminine des métiers… Un mélange moderne et original.

LES FOURMIS ROUGES
ISBN 978-2-36902-079-0
16,50 €

Sara Gimbergsson, trad. du suédois par Marie Valera

13 **Moi, je sais**

Ce petit album tout carton nous plonge dans un univers charmant, tout en couleurs et en textures, avec un texte simple, des situations quotidiennes, une mise en pages à la fois très lisible et dynamique. Le texte en forme de ritournelle magnifie la relation d'amitié entre la petite fille et son chat, au détriment des adultes, dépassés ou distraits. Un album drôle, joyeux, plein d'entrain et de malice, à la mode suédoise.

CAMBOURAKIS
ISBN 978-2-36624-298-0
ISBN 978-2-36624-299-7
9 €

Taro Gomi, trad. du japonais par Fédoua Lamodière

14 **Enfin avec ma mamie !**

Lola a très envie de voir sa mamie et inversement Mamie a très envie de voir sa petite-fille, alors chacune va partir à la rencontre de l'autre et la manquer bien sûr ! Album de répétition avec des jeux autour des moyens de transport : le bus, le train, la trottinette, tout y passe. Ces allers et retours sont prétextes à des jeux sur les doubles pages : le chemin, la route, la voie de chemin de fer… L'histoire est très simple mais son rythme enlevé en fait le charme.

NOBI NOBI !, ALBUM
ISBN 978-2-37349-156-2
12,50 €

♥

Marie-Christine Hendrickx, ill. Émilie Seron

15 **Les Bottes de Petit Jo**

Dans une petite maison face à la mer vit une famille de pêcheurs, avec ses sept petits garçons. Un soir d'hiver, après le coucher, la mère s'aperçoit avec stupeur qu'il manque une paire de petites bottes ! Or ce soir entre tous les soirs, c'est important… Le texte est fluide, les illustrations rappellent Elsa Beskow, pour la justesse des attitudes enfantines et les couleurs douces à l'aquarelle. Rigueur hivernale du Grand Nord et chaleur du foyer, mélange de quotidien et de merveilleux… un régal !

L'ÉCOLE DES LOISIRS – PASTEL
ISBN 978-2-211-23085-8
12 €

Kevin Henkes, trad. de l'anglais (États-Unis) par Gaël Renan

16 **L'Œuf**

Sur la première page de ce petit album carré, divisée en quatre cases qui semblent figurer les cartes d'un Memory, quatre œufs aux couleurs pastel dont nous allons suivre l'éclosion. Mais de l'œuf vert surgira, au milieu des poussins, un petit crocodile… L'émoi passé, il faudra bien apprendre à cohabiter dans l'espace tantôt ouvert, tantôt compartimenté, de la page. Les tout-petits apprécieront cette leçon de tolérance, mise en action dans un univers graphique ludique et doux.

LE GENÉVRIER, EST-OUEST
ISBN 978-2-36290-106-5
13 €

Anne Herbauts
17 **Les Koalas ne lisent pas de livres**
18 **Les Grizzlis ne dorment qu'en hiver**

Cet album a deux entrées, tête-bêche. D'un côté sur un fond blanc, le duo parent / petit égraine sa journée, d'un mot à l'autre pour les koalas, d'un verbe à l'autre pour les grizzlis. Dans les illustrations, les animaux sont dessinés au feutre noir sur fond blanc, et les autres éléments, représentatifs de l'univers d'Anne Herbauts, le sont avec des mélanges de textures, l'aquarelle, le crayon, le feutre, les collages. Ces deux albums racontent avec sensibilité le quotidien des tout-petits. Anne Herbauts met ici avec brio son art épuré et sa créativité à hauteur des plus jeunes.

ESPERLUÈTE
ISBN 978-2-35984-095-7
18 €

Véronique Joffre
19 **Imagier caché**

L'auteure-illustratrice de l'*Imagier mouillé* (2016) revient avec un bel album, doux et plein de surprises. Par un jeu entre les pages, le petit se confronte au minuscule, le prédateur se rapproche de sa proie. Par un jeu d'échelle, on rit entre cachette et trouvaille. L'*Imagier caché* évite les poncifs habituels du genre et se fait subtil (affamé / gourmand, se cacher pour chasser / se cacher pour se protéger). Un objet délicat à mettre entre les mains des plus petits !

THIERRY MAGNIER, ALBUM
ISBN 979-10-352-0030-5
12,90 €

Yûichi Kasano, trad. du japonais par Diane Durocher
20 **Tut-tut !**

Trois petits cochons à bord d'un beau petit bus rouge. Et non seulement ce bus a des yeux expressifs (!) mais en plus il double tout le monde : « Tut-Tut ! », « Coucou la moto », « Coucou le taxi », « Coucou le camion ». « Crriiiiii ! » Attention on freine, on est arrivés : « Bonjour Maman ». Succès assuré auprès des tout-petits pour ce petit album cartonné dans lequel aucun décor superflu ne vient surcharger l'image ou entraver la lecture.

L'ÉCOLE DES LOISIRS, ALBUM DE L'ÉCOLE DES LOISIRS
ISBN 978-2-211-23583-9
8 €

Andrew Knapp
21 **Mais où est Momo ? : un livre où l'on cherche son chien**

Momo est un border collie noir et blanc qui est devenu une star du Web dès les premières photos, façon *Où est Charlie ?*, postées sur Instagram par son maître, un artiste canadien. En voici une version pour enfants, dans un petit format cartonné. Alors, où Momo se cache-t-il, et que cache l'image dans ces lieux chaque fois différents, au jardin, dans la chambre, dans la cuisine… ? Un jeu d'une irrésistible drôlerie, comme Momo !

LES GRANDES PERSONNES
ISBN 978-2-36193-517-7
10 €

Anne-Florence Lemasson, ill. Dominique Ehrhard
22 **La Noisette**

Un écureuil égare une noisette. La neige la recouvre. Pendant l'hiver vont se succéder les oiseaux petits et grands, les écureuils, le chat. Et au printemps un arbre aura poussé. Toutes les possibilités de l'ingénierie papier semblent convoquées pour donner de la perspective et du mouvement au récit. Le fond de la page restitue les reliefs du sol, les plans se superposent et s'imbriquent. Le créateur de *10 chaises* réalise un très bel album pop-up délicat et minimaliste dans la veine de Komagata.

LES GRANDES PERSONNES
ISBN 978-2-36193-472-9
17,50 €

Laurent Moreau
23 **Jouer dehors**

Un garçon et une petite fille poursuivent le chat et cassent un vase. « Pourquoi n'allez-vous pas jouer dehors ? » Les propositions de la mère d'aller au potager, de jouer à chat perché, d'observer les petites bêtes… sont vite éclipsées par le jeu des enfants. Ils sont déjà loin, et parcourent les faunes de quatorze milieux naturels, aux quatre coins du monde. Inspirées par des gravures anciennes, les superbes illustrations, en tons directs, plongent le lecteur dans la nature et le sensibilisent à sa sauvegarde.

HÉLIUM, ALBUM
ISBN 978-2-330-09487-4
16,90 €

Rémi Noël

24 **Qui a vu un chapeau ?**
25 **Qui a vu la coccinelle ?**
26 **Qui a vu un oiseau ?**

Ces albums tout-carton singuliers, proposés par un photographe plasticien, tranchent résolument avec les imagiers habituels. Au lieu de s'intéresser au quotidien de l'enfant, ils nous emportent plus loin : dans l'espace (les États-Unis), et dans le temps (les années 1950). Parce que les tout-petits aussi ont droit au Grand Canyon et aux belles Américaines ! Un jeu de cherche et trouve audacieux, drôle et surprenant, non documentaire, propice à la lecture de l'image, à la surprise, à la découverte.

POETRY WANTED
ISBN 979-10-92398-15-1
ISBN 979-10-92398-14-4
ISBN 979-10-92398-16-8
12,90 € CHACUN

Audrey Poussier

27 **Tout le monde dort ?**

Au moment du coucher, un petit garçon qui veut retarder la séparation pose question sur question à sa mère. « Est-ce que les poussins ont brossé leurs dents ?, « Alors le soleil dort aussi ? » et ainsi de suite, l'image illustrant ce que l'enfant imagine. Tant et si bien que c'est la mère qui finira par s'endormir. La qualité graphique, les tons pastel et la luminosité du dessin concourent à la douceur et au charme de cet album.

L'ÉCOLE DES LOISIRS, ALBUM DE L'ÉCOLE DES LOISIRS
ISBN 978-2-211-23664-5
12 €

Isabelle Simler

28 **Doux rêveurs**

Offert à tous les bébés du Val-de-Marne en 2018, cet album documentaire nous entraîne dans un voyage à la rencontre des animaux du monde endormis, en alternant de sublimes doubles pages panoramiques, et des gros plans sur les animaux au repos. Le texte, au vocabulaire sophistiqué, résonne comme une berceuse, et l'image, au trait fin, tout en texture, en couleurs et en profondeur, est d'une beauté saisissante. Un bel accueil au monde, plein de douceur et d'empathie.

ÉDITIONS COURTES ET LONGUES
ISBN 978-2-35290-184-6
22 €

Grégoire Solotareff

29 **Trois fantômes**

« C'est l'histoire de trois copains… », le lapin, le chat et le loup. Ils jouent à se déguiser en fantômes, mais, comme la forme de leurs oreilles les trahirait, ils attendent la nuit pour sortir semer la terreur. Et là, l'effet est si réussi qu'ils vont avoir peur les uns des autres ! Un trio de gentils branquignols, un problème d'identité, une illustration dynamique, un texte bref et rythmé, beaucoup d'humour : c'est bien Grégoire Solotareff qui est à l'œuvre, décidément magistral aussi pour les tout-petits !

L'ÉCOLE DES LOISIRS – LOULOU & CIE
ISBN 978-2-211-23250-0
9,80 €

Eva Susso, trad. du suédois par Marie Valera, ill. Benjamin Chaud

30 **Binta danse**
31 **Simon se promène**

Cette nouvelle série pour les tout-petits a d'abord été publiée en Suède en 2015, avec les illustrations de Benjamin Chaud. Dans un petit format tout carton, on suit les minuscules aventures d'une famille nombreuse et bigarrée, à la campagne. Milo, Binta, Aisha et Simon se promènent dans la forêt, dansent, jouent de la musique en famille… C'est joyeux, rythmé, bien écrit pour les petits, drôle et bon enfant. Une vraie réussite, à suivre !

CAMBOURAKIS
ISBN 978-2-36624-343-7
ISBN 978-2-36624-344-4
12 € CHACUN

Version numérique   Première lecture

3-6 ANS

C1

Allan Ahlberg, trad. de l'anglais (Royaume-Uni) par Marie Ollier, ill. Emma Chichester Clark

32 **Bébé à bord !**

Un bébé dans son landau, à la plage avec les enfants, se retrouve emporté sur les flots. Heureusement trois jouets dévoués sont à ses côtés… Cet album très *british*, de facture classique, nous embarque dans un récit d'aventure épique parfaitement enfantin. L'union du texte rythmé et des belles illustrations lumineuses et dynamiques engendre confiance et enchantement.

GALLIMARD JEUNESSE
ISBN 978-2-07-510278-0
14,90 €

C1

Adrien Albert

33 **L'Antarctique de Simon**

Six ans après *Simon sur les rails* (2012), Simon le lapin revient ! Il prend l'avion, un parachute, une motoneige… jusqu'à cette base scientifique en Antarctique où il retrouve son ami Bob, le cuistot de la base, mais aussi Alixe, la responsable des rayons cosmiques ou Florian, l'interprète manchots / humains. Un album qui combine récit d'aventure, documentaire scientifique, humour et fantaisie. On retrouve avec grand plaisir la science du récit, les qualités d'invention et le charme de la ligne claire d'Adrien Albert.

L'ÉCOLE DES LOISIRS, ALBUM DE L'ÉCOLE DES LOISIRS
ISBN 978-2-211-23865-6
12,70 €

33

♥

C1

Gilles Bachelet

34 **Une histoire d'amour**

L'inénarrable Gilles Bachelet se lance dans le récit d'une histoire d'amour entre… deux gants Mapa, prénommés Georges et Josette, de la première rencontre à la piscine jusqu'à la disparition de l'être cher. Récit d'une vie simple, mais bien remplie, pleine d'enfants, de petits bonheurs et de pieux mensonges. Sur cette trame très linéaire, la fantaisie naît de l'inventivité des décors, des détails désopilants, des références cachées partout, de la verve du dessin, toujours renouvelée. (Cf. *La Revue des livres pour enfants*, n° 301.)

SEUIL JEUNESSE, ALBUMS JEUNESSE
ISBN 979-10-235-0971-7
15 €

♥

C1

Ramona Bădescu, ill. Benjamin Chaud

35 **Pomelo découvre**

Oui, encore un Pomelo ! Parfaitement écrit et toujours juste, un joli manuel de philosophie à destination des tout-petits, magnifié par les illustrations pleine page de Benjamin Chaud, virtuose dans sa représentation pleine de tendresse du petit éléphant rose à grande trompe et de son univers chatoyant et coloré. Un album grand format qui accompagne les enfants, avec sérieux et bienveillance, sur le chemin caillouteux de la vie, vaste terrain de jeu, d'aventure et de questionnements.

ALBIN MICHEL JEUNESSE
ISBN 978-2-226-18616-4
13 €

♥

C1

Mac Barnett, trad. de l'anglais (Canada) par Alain Gnaedig, ill. Jon Klassen

36 **Le Loup, le canard & la souris**

Quelle tragédie pour la souris d'avoir croisé le loup ce matin-là : il n'en a fait qu'une bouchée. Pourtant, dans l'obscurité du ventre de la bête, elle découvre avec stupéfaction un canard confortablement installé et très heureux de son sort : il a beau avoir été avalé, il ne vit plus dans la crainte d'être mangé ! Les deux amis vont même s'offrir le luxe d'un dîner aux chandelles ! Le comique des situations et l'humour des dialogues en font un album parfait à lire à voix haute. Un régal !

L'ÉCOLE DES LOISIRS-PASTEL
ISBN 978-2-211-23656-0
13,90 €

C1
Coralie Bickford-Smith, trad. de l'anglais (Royaume-Uni) par Marie Ollier

37 **Le Renard et l'étoile**

« Il était un renard qui vivait dans une forêt dense et profonde ». Mais un jour Étoile, sa seule amie, celle qui depuis toujours guidait ses pas, n'apparaît pas. Il part à sa recherche et cette quête lui révèle sa propre force et la beauté du monde qui l'entoure. L'illustration utilise un répertoire de motifs décoratifs d'inspiration victorienne pour structurer la page et représenter les espaces naturels et le texte, lui, s'inscrit dans des cartouches. Une belle et rigoureuse stylisation au service d'une narration émouvante.

GALLIMARD JEUNESSE
ISBN 978-2-07-508380-5
15 €

C1
Anthony Browne, trad. de l'anglais (Royaume-Uni) par Camille Guénot

38 **Retrouve-moi !**

Dès les pages de garde, on entre dans une forêt où deux enfants cherchent leur chien qui a disparu. Le lecteur est lui aussi invité à jouer. Dans les futaies et l'entrelacs des branches des arbres se cachent des objets et créatures (dont la liste est donnée à la fin de l'album). Ces étranges présences rassurent-elles ou ajoutent-elles au mystère ? L'art d'Anthony Browne, maître des atmosphères subtilement angoissantes, du quotidien transfiguré, est à l'œuvre dans ce dispositif ludique.

KALÉIDOSCOPE
ISBN 978-2-877-67941-1
14 €

C1
John Burningham, trad. de l'anglais (Royaume-Uni) par Rosalind Elland-Goldsmith

39 **Logis de souris**

John Burningham est, toujours, un conteur d'histoires percutant et un dessinateur d'une grâce et d'une vitalité formidables. Ce logis abrite une famille « ordinaire » mais aussi… la famille Souris. Affolés, les parents appellent immédiatement le dératiseur. Averties par les enfants, les souris s'enfuient, avec valises et enfants, dans une grande double page qui fait écho à des images d'exode et de toutes les migrations forcées. Un album politique et humaniste, qui fait confiance aux enfants.

KALÉIDOSCOPE
ISBN 978-2-87767-932-9
13 €

C1
John Burningham, trad. de l'anglais (Royaume-Uni) par Camille Guénot

40 **Ou alors préférerais-tu…**

Paru en 1978, le jubilatoire *Préférerais-tu…* interpellait l'enfant en lui proposant de choisir entre plusieurs situations, des plus embarrassantes aux plus cocasses. En voici la suite ! L'enfant a-t-il grandi ? Oui, un tout petit peu, en âge peut-être, mais aussi en poésie et en tendresse. Il semble que son univers se soit élargi, et que le regard de l'auteur, au-delà de la complicité ait encore gagné en empathie. Alors, préférerais-tu… servir un repas à un rat distingué ou à un chat grossier ? Un pur bonheur.

KALÉIDOSCOPE
ISBN 978-2-87767-973-2
15,30 €

40

♥
C1
Benjamin Chaud
41 **Pompon ours dans les bois**

Pour la quatrième fois revoici la famille Ours réunie dans la forêt. Pompon Ours s'ennuie ferme et se plaint de ce que rien ne se passe – ce que dément l'image, riche de saynètes en tout genre. Mais puisqu'il joue maintenant à être un petit garçon, il décide de partir à l'aventure et le voilà devant une grande et mystérieuse maison dont l'exploration lui réserve bien des émotions… Le lecteur s'immerge avec lui dans les doubles pages aux illustrations foisonnantes, au cœur d'un univers où règnent la tendresse et l'humour.

HÉLIUM, ALBUM
ISBN 978-2-330-09049-4
15,90 €

C1
Anne Crausaz
42 **C'est l'histoire**

Une ode à la lecture à haute voix, dédiée à tous ceux qui la pratiquent auprès des enfants ! Chaque semaine, Lièvre, Singe, Éléphant et Souris attendent avec impatience la venue de Madame Ours qui leur lit à chacun une histoire que tous écoutent avec gourmandise et qui leur permet, emportés par le récit, de vivre de drôles d'aventures. Imprimées en ton direct, les illustrations en aplats sur fond blanc d'Anne Crausaz donnent un grand charme à cet album.

MEMO
ISBN 978-2-35289-351-6
15 €

41

Benjamin Chaud en couverture

« Joyeux », « expressifs », « tendres », « bienveillants » sont les mots qui nous viennent à l'esprit quand nous évoquons les livres de Benjamin Chaud : plus de 70 traduits dans plus de 18 pays ! Figurant régulièrement sur la liste des best-sellers du *New York Times*, il a remporté la médaille d'or de la Société des illustrateurs de New York et a été jury de l'*Illustrators Annual* à la Foire du livre de Bologne en 2015.

Né en 1975 dans les Hautes-Alpes, Benjamin Chaud a étudié le dessin à l'École des Arts Appliqués de Paris puis aux Arts Décoratifs de Strasbourg avec Claude Lapointe.

Qu'il travaille avec des auteurs comme Didier Lévy pour « La Fée coquillette » ou Ramona Bădescu pour « Pomelo » – ce drôle de petit éléphant rose pas plus grand qu'un radis à la trompe démesurée – ou qu'il signe seul ses « Histoires d'Ours », le succès est au rendez-vous.

On aime tant chercher Pompon Ours dans les grandes pages fourmillantes de détails et de scènes cocasses (*Une chanson d'Ours*, *Coquillage et petit Ours*, *Poupoupidours* et cette année *Pompon Ours dans les bois*), s'émerveiller de vivre, admirer la nature et réfléchir avec Pomelo (*Pomélo découvre*) ! Et, pour la première fois cette année, découvrir de nouveaux héros pour les tout-petits, dans des albums cartonnés réalisés en collaboration avec Eva Susso, une auteure suédoise (*Binta danse*, *Simon se promène*). Alors, merci à lui d'avoir accepté de nous faire le merveilleux dessin de couverture de ce numéro.

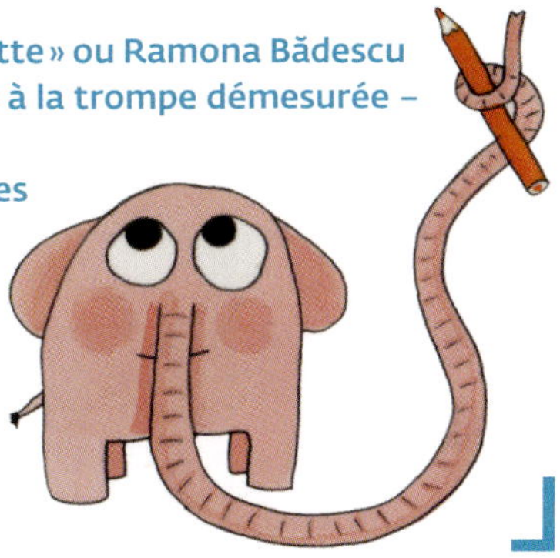

♥
C1
Kitty Crowther
43 **Petites histoires de nuits**

Avant de dormir, l'ourson réclame à sa maman trois histoires, « s'il te plaît, s'il te plaît, s'il te plaît ». Chacune enveloppe l'ourson et le lecteur de sa douceur et de sa fantaisie. La parfaite harmonie de leurs couleurs tendres (où le rose domine) se conjugue avec l'humour et la naïveté qui donnent le ton de ces histoires où tout un monde minuscule prend vie. Un univers empreint de poésie et un album joliment clos par l'irruption des trois héros dans la chambre de l'ourson.

L'ÉCOLE DES LOISIRS – PASTEL
ISBN 978-2-211-23428-3
11 €

C1
Vincent Cuvellier, ill. Ronan Badel
44 **Émile, t.15 : Émile rêve**
45 **Émile, t.16 : Émile et le joint de culasse**
46 **Les Mots d'Émile**

Qu'il rêve, au petit déjeuner, à l'école, dans le train... ou qu'il parcoure la France avec « le copain de maman » – avant que le joint de culasse ne les lâche –, on rêve tous d'un ami ou d'un petit garçon comme Émile, à la fois drôle et sérieux, naïf et intelligent. Dans *Émile rêve*, on découvre une autre facette de sa riche personnalité, plus poétique. Et pour un résumé complet, *Les Mots d'Émile* nous offrent tous ses mots préférés, de A comme Atrabilaire à Z comme Zobi.

GALLIMARD JEUNESSE – GIBOULÉES
ISBN 978-2-07-507927-3
ISBN 978-2-07-059990-5
ISBN 978-2-07-507830-6
6 € / 10 €

♥
C1
François David, ill. Henri Galeron
47 **Le Bout du bout / Le Bout du bout du bout**

Sur la première de couverture de ce petit format de forme allongée une encoche invite à tirer la page suivante, et, d'encoche en encoche, les douze pages qui apparaissent successivement, solidairement emboîtées, révèlent une frise chamarrée en haut de laquelle court un texte elliptique et poétique qui interpelle le lecteur. Arrivé au bout de ce recto, on découvre, au verso, le début d'une autre frise. D'un côté un mille-pattes, de l'autre un perroquet qui tire une longue langue noire... Un fascinant objet d'inspiration surréaliste, dû à deux grands créateurs. (Voir Making of n°300 de *La Revue des livres pour enfants*.)

MØTUS
ISBN 978-2-36011-076-6
15,50 €

♥
C1
Thierry Dedieu
48 **Un Noël pour le loup**

Le loup a invité tous les animaux de la forêt à un grand banquet pour Noël. Attention, le prévient le grand-duc, « difficile de faire oublier ta réputation ». De fait, personne ne vient... Méfiants, les animaux observent la scène de loin et découvrent avec émotion la sincérité et la générosité du loup, qui a choisi avec beaucoup de soin un cadeau pour chacun, et se console en jouant, seul, tous les rôles dans cette distribution manquée. La scène est déchirante, le conte de Noël, poignant. Un album qui donne à penser, sur le mal, le pardon, la rédemption. « Vivement Noël prochain, que je leur serre la main », espère le loup, et nous avec lui.

SEUIL JEUNESSE, ALBUMS JEUNESSE
ISBN 979-10-235-0974-8
18 €

47

♥
C1
Peter Elliott, ill. Kitty Crowther
49 **Farwest**

« Qui va à la chasse perd sa place. » Cet album prend l'adage au pied de la lettre : quand le narrateur revient de la chasse, c'est Koko qui a pris sa place. Et ce n'est pas fini… Dans un univers de western truffé de références, cet album est un régal à plus d'un titre. Pour les yeux d'abord, les crayons de couleur de Kitty Crowther nous offrent un festival en cinémascope. Pour l'esprit ensuite, le texte parfaitement abouti, rythmé et malicieux délivre un message profondément humaniste. Bravo les artistes ! (Voir l'interview de Kitty Crowther dans le n°302 de *La Revue des livres pour enfants.*)

L'ÉCOLE DES LOISIRS – PASTEL
ISBN 978-2-211-23087-2
13,50 €

C1
Jean Gourounas
50 **Ça marche pas ?**

Sur la banquise, la télé est en panne. Que faire ? Les bois d'Irène la renne pourraient-ils servir d'antenne ? Mince… ça ne suffit pas. Il faudrait peut-être que les oreilles de Lapin prennent le relais ? Et avec les défenses de Morse ? Non plus… Alors, comme toujours, ce sont les poissons qui auront le dernier mot. Après *Alors, ça mord ?* et *Elle est bonne ?*, voilà le troisième opus de ces aventures arctiques. Toujours aussi drôle, économe dans ses effets, jusqu'à la chute, irrésistible ! Et, pour les adultes, une façon originale d'évoquer leur enfance avant l'ère du numérique…

L'ATELIER DU POISSON SOLUBLE
ISBN 978-2-35871-120-3
15 €

Dans les plaines du Far West… il y avait des albums

Les enfants d'aujourd'hui n'ont plus la chance de voir des westerns au cinéma ou à la télévision, à moins de fréquenter les cinémathèques. Heureusement pour eux, ils peuvent retrouver les cow-boys, les Indiens, les pistolets six-coups et les épopées sauvages dans des albums particulièrement réussis, qui jouent avec les stéréotypes de ce genre ultra-codifié. Cela peut prendre le chemin de la satire (*Une super histoire de cow-boy*, Delphine Perret), de l'humour (*Duel au soleil*, Manuel Marsol ; *Billy cherche un trésor*, Catharina Valckx) ou de l'hommage sensible aux grandes figures du Far West (*Calamity Jane*, François Roca). On peut proposer plusieurs explications à cette floraison nouvelle : la nostalgie d'un genre en voie de disparition et étroitement associé à l'enfance et à ses jeux, au goût de l'aventure et de la liberté ; la portée symbolique et esthétique d'un univers riche de tout un lot de références cinématographiques, visuelles, musicales, propices à l'imagination ; et bien sûr le jeu sur les codes, car dans le western on sait toujours qui sont les bons et qui sont les méchants. La mythologie du Grand Ouest fascine encore, alors laissons-nous embarquer avec Billy, Koko, Calamity et les autres, au son de l'harmonica…

62

♥
C1
Joël Guenoun
51 **Les 10 petits moutons**

Un album à compter (les moutons) et une vraie histoire pour s'endormir. 10 petits moutons blancs broutent tranquillement dans un vert pâturage : 10 petits prés séparés par les bras bleus d'une rivière qui, dans l'illustration, forment un nouveau chiffre à chaque page. Car voilà que le niveau de l'eau se met à monter... Il ne reste plus que 9 prés, puis 8... Comment les moutons vont-ils réagir ? Lesquels d'entre eux accepteront d'accueillir leur(e)s congénères en péril ? Le texte est aussi intelligent et drôle que les images. Originalité, élégance, humour, une réussite.

HATIER JEUNESSE
ISBN 978-2-401-03294-1
12,50 €

C1
Jim Helmore, trad. de l'anglais (Royaume-Uni) par Françoise de Guibert, ill. Richard Jones
52 **Mon lion blanc**

Une petite fille vient d'emménager dans une nouvelle maison, où tout est blanc et où elle n'a encore aucun repère. Elle aimerait bien quelqu'un avec qui jouer, et voilà qu'apparaît un grand lion, blanc comme neige ! Bienveillant et protecteur, cet ami imaginaire aide la fillette à vaincre sa timidité pour aller à la rencontre des autres enfants et peu à peu prendre confiance dans son nouvel environnement. Un bel album, sensible, aux illustrations douces, aux tons feutrés. Un livre apaisant.

ALBIN MICHEL JEUNESSE
ISBN 978-2-226-40148-9
13,50 €

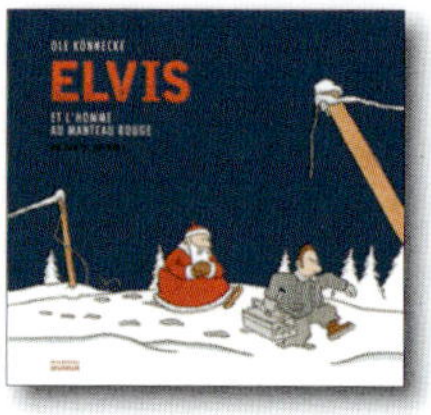

♥
C1
Mari Kanstad Johnsen, trad. du norvégien par Marie Valera
53 **Mon Grand papa**

C'est l'été, Maya et son papa sont à la plage. Le papa est très enthousiaste, sa toute petite fille est plus intimidée. Mais lorsqu'ils se perdent malencontreusement, c'est Maya, plus réfléchie, qui saura réagir, et retrouver son papa perdu. C'est par une inversion d'échelle dans l'image qu'on perçoit le retournement qui s'opère : la timidité de la petite fille, puis la détresse du papa. Un album fort et original, d'une grande finesse psychologique et d'une intelligence graphique remarquable.

CAMBOURAKIS
ISBN 978-2-36624-348-2
14 €

C1
Ole Könnecke, trad. de l'allemand par Bernard Friot
54 **Elvis et l'homme au manteau rouge : un conte de Noël**

Elvis, garagiste aux allures de rocker, son grand-père dont la mémoire flanche et les voisins plus ou moins efficaces venus à la rescousse, parviendront-ils à dépanner le traîneau de cet homme en manteau rouge et à la longue barbe blanche venu demander de l'aide ? Sur fond de suspense – l'homme a une mission, parviendra-t-il à l'accomplir ? – une farce hilarante nourrie de multiples rebondissements. L'illustration, faussement sage, rivalise de drôlerie avec le texte, pince sans rire.

DE LA MARTINIÈRE JEUNESSE
ISBN 978-2-7324-8104-3
12,50 €

54

C1
Hilde Matre Larsen et Mari Kanstad Johnsen, trad. du norvégien par Marie Valera
55 **Garçon et fille font semblant**

Venu de Norvège, voici, enfin, un livre sur le genre qui n'en est pas un. Car ici on s'amuse, tout simplement. On joue à faire semblant. Comme le font tous les enfants du monde. Après s'être transformés, « il » en ours enragé et « elle » en méchant serpent, « il » veut jouer à être « elle », et inversement. Alors ils échangent leurs vêtements, leurs cheveux... Si, si, ils les coupent et les collent, au grand dam de « la grande personne » hors champ... mais ce qui est fait est fait ! Et le jeu reprend. Fraîcheur, gaieté, dynamisme, un album qui fait du bien.

CAMBOURAKIS
ISBN 978-2-36624-316-1
12 €

C1
Pija Lindenbaum, trad. du suédois par Marie Valera
56 **Des chiens et des frites**

Trois gentils chiens vivaient heureux sur une île où abondait leur nourriture exclusive : les patates ! Mais le réchauffement climatique ruine leurs cultures, et, contraints à l'exil, ils doivent prendre la mer et arrivent sur une terre où vivent trois caniches très chics et peu disposés à les accueillir... Ce récit déjanté apporte un écho salubre à l'actualité et les valeurs qu'il défend sont portées par un humour absolument irrésistible, dans le texte comme dans le dessin.

CAMBOURAKIS
ISBN 978-2-36624-315-4
14 €

♥
C1
Antonin Louchard
57 **Les Bottes**
58 **La Piscine**

Pauvre petit lapin, si touchant, mais dont les malheurs nous font toujours autant rire ! Quand c'est l'heure de la récré, qu'il pleut, qu'il doit enfiler ses bottes et que ça coince... Quand c'est jour de piscine, qu'il essaie tout, mais alors tout, pour se faire dispenser, sans succès... Et en plus, chaque fois, il est victime du rituel et tant attendu gag final ! Allez, les petits lecteurs te disent merci ainsi qu'à Antonin Louchard, virtuose des hilarantes déconvenues en image.

SEUIL JEUNESSE, ALBUMS JEUNESSE
ISBN 979-10-235-1024-9/ISBN 979-10-235-1022-5
8,90 € CHACUN

C1
Roxane Lumeret
59 **Le Grand chien et moi**

Luchien, chiot abandonné, rêve de se faire adopter. Le grand chien qui le recueille se révèle être... une dame, tendre et aimante, qui l'emmène dans sa maison en forme de hibou géant avant d'accueillir aussi tous ses amis. À l'étonnant récit au ton intimiste de Luchien qui court en cursive en bas de page répond une image stylisée, trait noir et aplats de couleurs aux harmonies raffinées et audacieuses, dans laquelle le fantastique s'invite avec naturel. Un univers touchant, onirique et plein d'humour.

ALBIN MICHEL JEUNESSE, TRAPÈZE
ISBN 978-2-226-40347-6
18 €

C1
Frédéric Marais, ill. Thierry Dedieu
60 **Bob & Marley : La Nuit**
61 **Bob & Marley : Un métier**

On devrait le savoir après huit albums mais on hésite à chaque fois. Alors, petit rappel : Marley, c'est le grand ours tendre et protecteur et Bob, le petit, grognon et têtu. Et Bob a bien des angoisses, très proches de celles des humains. Au moment d'aller dormir, il a peur qu'il fasse nuit à jamais. Et quand il cherche un métier pour plus tard, Marley va-t-il pouvoir l'aider ? Toujours aussi drôle, tendre et efficace dans les cadrages et le gag final. On ne se lasse pas de cette série épatante.

SEUIL JEUNESSE, ALBUMS JEUNESSE
ISBN 979-10-235-0958-8
ISBN 979-10-235-0963-2
7,90 € CHACUN

♥
C1
Manuel Marsol, trad. de l'espagnol
62 **Duel au soleil**

Un album en cinémascope : gros plans dramatiques, regards de braise, champs et contrechamps, générique de fin... On croirait entendre la bande-son ! Sous un soleil de plomb, un cow-boy et un Indien s'affrontent en duel, mais ils sont constamment interrompus... La succession de doubles pages – tonalités ocre et bleu azur, couleurs en aplat et dessin sans contour, texte laconique – est d'une efficacité magistrale. Une fable à l'humour irrésistible et aux illustrations inspirées, par l'auteur de *La Montagne*.

L'AGRUME
ISBN 979-10-90743-72-4
20 €

C1

Henri Meunier, ill. Aurore Petit

63 **1 temps**

Au bord d'un étang, un petit garçon, assis sur un ponton, lâche un caillou au-dessus de l'eau. Double page après double page, ce plan, immuable, est le cadre fixe dans lequel va s'inscrire le passage du temps. Les heures, les saisons, les années se succèdent, une ville se construit et passent des promeneurs. En bas des pages, court un texte qui évoque le temps, l'espace, leur mesure et leur perception. En parallèle l'illustration concrétise l'abstraction. Passionnant et vertigineux, pour tous les âges.

ROUERGUE, ALBUM JEUNESSE
ISBN 978-2-8126-1595-5
14,50 €

C1

Dorothée de Monfreid

64 **Chien Bernard**

Ce jour-là, quand Bérénice et son chiot Bernard (déjà de belle taille) découvrent par la fenêtre la première neige, ils ne résistent pas. Ils s'élancent sur les pentes neigeuses et s'ébattent en devisant gaiement, chacun dans son langage. Hélas, la tempête arrive et une avalanche les ensevelit. Le chien, fidèle à son nom et à son instinct de saint-bernard, sauvera la fillette. De retour au chalet, les rescapés s'attablent devant un bon petit déjeuner. Les émotions, ça creuse. Un bel album, tonique et chaleureux.

L'ÉCOLE DES LOISIRS, ALBUM DE L'ÉCOLE DES LOISIRS
ISBN 978-2-211-23447-4
12,70 €

C1

Susie Morgenstern, ill. Serge Bloch

65 **Mon chez-moi n'est plus chez moi (le déménagement)**

Comment accepter que les adultes parlent de déménager quand on est si heureux là où on est ? Autour du texte qui pose avec sensibilité et humour la narration, virevolte l'illustration qui traduit autant le bonheur menacé que le chaos annoncé. Dynamisme d'un fin trait noir sur fond blanc, virtuosité de la mise en pages, aplats de couleurs posés en transparence, parent d'une légèreté très « années 1950 » ce bel album que deux grands auteurs offrent à l'enfant pour l'aider à surmonter son désarroi.

GALLIMARD JEUNESSE
ISBN 978-2-07-059417-7
14 €

C1

Irene Penazzi

66 **Dans le jardin**

Cet album sans texte et grand format met en scène deux filles, un garçon et une clairière au milieu des bois. Les enfants installent un campement, fabriquent des maisons pour les oiseaux, grimpent aux arbres, font du feu... puis, l'hiver venu, repartent comme ils sont venus. Une idylle bucolique pleine de charme, à laquelle on se sent invité à participer. Le dessin aux crayons de couleur, tout en légèreté, participe beaucoup à l'ambiance joyeuse et apaisée de ces grandes doubles pages vert tendre.

MAISON ELIZA, PISTACHE
ISBN 979-10-96067-11-4
16,50 €

♥

C1

Delphine Perret

67 **Une super histoire de cow-boy**

Page de gauche, tout va bien : un texte, dans une typographie adéquate, raconte l'histoire d'un cow-boy classique, pas très commode, qui monte à cheval et cambriole les banques. Mais la page de droite nous donne une autre version... Ainsi, puisque « les chevals » c'est difficile à dessiner, notre ami monte une poule ! Le rapport texte-image est désopilant et les niveaux de lecture, multiples. Les enfants s'amuseront du décalage absurde et les adultes se rappelleront l'époque où Lucky Luke fumait des Marlboro !

LES FOURMIS ROUGES
ISBN 978-2-36902-092-9
11,90 €

C1

Claude Ponti

68 **La Course en livre**

Un poussin court, droit devant... dans un livre. Alors, de double page en double page, il va croiser du texte, des rectos et des versos, des effets graphiques et de la ponctuation. Un livre est un livre. Et un poussin de Claude Ponti est infatigable. Au passage il va manger, dormir, faire le fou en compagnie et, même, tomber amoureux. Arrivé à la dernière page, il repart, à rebours. Et le lecteur avec. Prouesse graphique et narrative, vertigineuse mise en abyme, ivresse du mouvement, jubilation partagée.

L'ÉCOLE DES LOISIRS, ALBUM DE L'ÉCOLE DES LOISIRS
ISBN 978-2-211-23449-8
15 €

Version numérique   Première lecture

C1

Anne-Margot Ramstein et Matthias Arégui

69 **Dedans Dehors**

Après une collaboration sous le signe du temps (*Avant Après*, 2013), les auteurs jouent cette fois avec l'espace et les points de vue. Dans ce grand format coloré, la page de gauche répond à la page de droite. L'une donne à voir ce que l'autre ne montre pas : dedans / dehors. L'absence de texte crée le mystère. On joue avec les contrastes. Cet album emmène le lecteur dans des endroits où il ne peut pas aller, jusque dans les coulisses d'histoires telles que « Raiponce » ou « Pinocchio ».

ALBIN MICHEL JEUNESSE, TRAPÈZE
ISBN 978-2-226-39925-0
18 €

C1

Christine Schneider, ill. Hervé Pinel

70 **À pas de loup...**

Dans la maison de leurs grands-parents, Claire et Louis qui n'arrivent pas à dormir partent pour une expédition en direction du réfrigérateur. Étranges grands-parents et étrange maison où s'entassent souvenirs de voyages lointains et animaux exotiques empaillés. Empaillés, vraiment, le toucan, l'éléphant, le tigre et le boa complice ? L'illustration floute un peu les personnages et crée une merveilleuse atmosphère nocturne propice au mystère.

SEUIL JEUNESSE, ALBUMS JEUNESSE
ISBN 979-10-235-0874-1
13,50 €

C1

Susumu Shingu

71 **Le Voyage du vent**

L'auteur d'*Un petit bois mystérieux* revient avec, entre autres, ce subtil pop-up haut en couleur et à la technologie complexe. L'artiste, également connu pour ses sculptures d'acier et de toile, explore ici sa thématique de prédilection : le souffle du vent et ses ondulations. La gamme des sensations s'illustre à la fois dans le texte et dans le pliage. Le relief des formes créées par le vent, les sons, le contraste des couleurs se mettent au service d'une poésie à la fois tactile et textuelle.

GALLIMARD JEUNESSE – GIBOULÉES
ISBN 978-2-07-507831-3
25 €

C1

Joe Todd-Stanton, trad. de l'anglais (Royaume-Uni) par Isabelle Reinharez

72 **Le Secret du Rocher Noir**

La mère d'Ernie lui a interdit de s'aventurer au large, là où le mystérieux Rocher Noir représente un danger terrifiant. La petite fille désobéit et découvre une créature craintive et bienveillante qui vit en toute complicité avec les créatures des fonds marins. Alors comment sauver son nouvel ami des hommes qui veulent le détruire ? Dans ce récit d'aventure le fantastique est assumé et l'illustration vive et colorée restitue aussi bien le quotidien d'un petit port que l'atmosphère envoûtante du monde sous-marin.

L'ÉCOLE DES LOISIRS, ALBUM DE L'ÉCOLE DES LOISIRS
ISBN 978-2-211-23595-2
12,20 €

C1

Sol Undurraga

73 **La Plage**

Nous voici, avec les pêcheurs et les estivants, sur la plage d'un village du bord de mer pour y passer une journée, de l'aube à la nuit en passant par toutes les étapes d'un jour de soleil. Chaque double page offre un moment, saisi dans de superbes vues panoramiques, mais aussi, à la manière d'un « cherche et trouve », les savoureux détails des multiples activités en cours. Souplesse du trait, force des jeux de couleur, audace de saynètes insolites : le plaisir esthétique se combine à celui d'observer.

L'AGRUME, JEUNESSE
ISBN 979-10-90743-65-6
16 €

C1

Catharina Valckx

74 **Billy cherche un trésor**

Sixième volet des aventures du hamster cow-boy. Billy a retrouvé la carte au trésor de son grand-père et, accompagné de Jean-Claude le ver de terre, il part à l'aventure. Non seulement ils découvriront une vieille malle mystérieuse mais ils se feront une nouvelle amie : Madame Utopia, la taupe. La tendresse et l'humour de Catharina Valckx opèrent toujours irrésistiblement.

L'ÉCOLE DES LOISIRS, ALBUM DE L'ÉCOLE DES LOISIRS
ISBN 978-2-211-23840-3
12,50 €

C1
Phoebe Wahl, trad. de l'anglais (Royaume-Uni)

75 **Les Trois poules de Sonia**

La petite Sonia a pris soin de trois poussins qui sont devenus trois belles poules. Quand le renard emporte l'une d'elles, son père, le fermier, lui explique qu'il a agi non par cruauté mais pour nourrir ses petits… Mais voici qu'un nouveau poussin éclot. Chaleur et charme rétro des illustrations faites de papier et de tissus très colorés pour un album qui invite à réfléchir à la nature, à la famille et au cycle de la vie.

ÉDITIONS DES ÉLÉPHANTS
ISBN 978-2-37273-047-1
14 €

C1
Giovanna Zoboli, trad. de l'italien par Béatrice Didiot, ill. Lisa d'Andrea

76 **Les Vacances de la souris qui n'existait pas**

Après *La Souris qui n'existait pas*, voici que le chat tigré invite au voyage cette souris qui n'existe peut-être que pour lui. Ils iront à la montagne, que lui veut découvrir, puis à la mer, puisqu'elle n'y est jamais allée. Le texte, dans une typographie légère, l'illustration, trait fin et couleurs douces, la mise en pages, élégante et inventive, accompagnent un périple onirique et le retour dans leurs maisons respectives des deux amis, sans que rien ne vienne rompre le charme.

ALBIN MICHEL JEUNESSE
ISBN 978-2-226-43646-7
17,50 €

C1
Cheng Liang Zhu, trad. du chinois par Chun-Liang Yeh

77 **Flamme**

Une mère renard vit avec ses deux renardeaux, mais l'un d'eux est capturé par des chasseurs. Elle fera alors tout pour le récupérer, dans un combat épique dont elle sortira victorieuse. La vivacité extrême du récit, la force des couleurs et la composition habile des doubles pages participent de la réussite de cet album animalier, inspiré des récits du grand naturaliste américain E.T. Seton.

HONGFEI, VENT D'ASIE
ISBN 978-2-35558-131-1
14,90 €

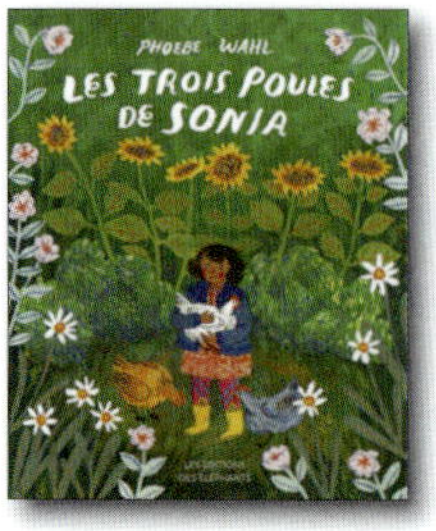

6-8 ANS

♥
C2
Blexbolex

78 **Nos vacances**

Une petite fille en vacances à la campagne – temps en suspens, larges espaces – se voit imposer la compagnie d'un éléphanteau. Dans cet album sans texte ce sont les actions des personnages qui structurent un récit mystérieux et riche de sens qui parle de différence, de jalousie, d'exclusion et de solitude. Tout un univers onirique, d'une grande densité poétique, naît du travail sophistiqué et rigoureux de la mise en pages, proche de la bande dessinée et d'un travail sur les aplats de couleurs juxtaposés particulièrement recherché.

Pépite d'or du Salon du livre et de la presse jeunesse de Montreuil 2017.

ALBIN MICHEL JEUNESSE, TRAPÈZE
ISBN 978-2-226-39249-7
18 €

♥
C2
Carmen Chica et Manuel Marsol, trad. du portugais, ill. Manuel Marsol

79 **La Montagne**

Cet album, tout en hauteur, nous présente un petit homme perdu. Chauffeur-livreur, il a quitté la route et s'est enfoncé dans la forêt, vivante mer végétale – couleurs profondes, trait vibrant – qui submerge les doubles pages et semble l'enfermer dans ses sortilèges. Et lui-même bientôt ne fera plus qu'un avec la mystérieuse et facétieuse créature aux yeux rouges qu'il a d'abord aperçue. Un simple « Bizarre » (car le texte est laconique) fermera cette fascinante et jubilatoire parenthèse dans laquelle le quotidien aura fait une excursion dans le fantastique.

Prix international de l'illustration 2017 à la Foire internationale du livre de jeunesse de Bologne.

LES FOURMIS ROUGES
ISBN 978-2-36902-089-9
18,90 €

Version numérique   Première lecture

C2
Rémi Courgeon
80 **Tiens-toi droite**

Après *Brindille* (2012), Rémi Courgeon nous offre un nouveau manifeste féministe, efficace et percutant, sans être démonstratif. À Djougou, au Bénin, Adjoa, belle et fière, a toute sa vie porté un fardeau sur la tête, bien droite, « le plus haut possible vers le ciel ». Ce poids et ces injonctions sont à la fois symboliques et bien réels, mais elle saura s'en libérer pour accomplir son destin. Le grand format vertical, les illustrations évocatrices, aux tons vert et ocre, l'écriture fine et rythmée, tout concourt à la réussite de ce livre magnifique.

MILAN JEUNESSE
ISBN 978-2-7459-9469-1
16,90 €

C2
Marion Duval
81 **Toi-même**

Le titre de l'album évoque à la fois la quête d'identité et les défis que se lancent les enfants dans les cours de récréation. Louison et Adèle sont jumelles et pourtant elles ont des personnalités bien distinctes. Elles peuvent s'affronter violemment mais même lorsqu'elles sont séparées leur dialogue perdure dans une communication presque surnaturelle, et, pour le lecteur-observateur inquiet, spectaculaire. C'est ce que met en scène ce bel album sensible et poétique où les paysages sont subtilement habités.

ALBIN MICHEL JEUNESSE, TRAPÈZE
ISBN 978-2-226-40095-6
19 €

C2
Raphaële Frier, ill. Julien Martinière
82 **Le Tracas de Blaise**

Blaise est un jeune homme qui, à son réveil, alors qu'il se prépare à partir pour le bureau, comprend qu'une « chose bizarre » est arrivée : il lui est venu des pieds d'ours. Et ce n'est qu'un début… La métamorphose achevée il sera devenu un ours accompli, heureux de s'ébattre dans une nature qui offre un contraste parfait avec son milieu d'origine, oublieux de sa vie d'antan. Mené avec beaucoup d'humour et dans une esthétique épurée, un récit très kafkaïen qui ravira les enfants !

L'ATELIER DU POISSON SOLUBLE
ISBN 978-2-35871-089-3
16 €

C2
Michel Galvin
83 **Pablo et Floyd sur le bord de l'invisible**

Pablo, on le devine, même si l'image joue à cache-cache avec lui, c'est Picasso. Et là où il n'y avait rien, un rocher puis un arbre apparaissent quand l'artiste, armé de gros pinceaux, les badigeonne de couleurs. Car « Les choses sont invisibles et attendent d'être peintes ». Et qui est Floyd, qui commente l'action ? Un flamant ! Un pot de peinture déversé l'a révélé, tout noir, mais demain, c'est promis, Pablo le repeindra en rose… Intrigant, ludique et joyeux, cet album propose à l'enfant une leçon sur l'art, à la fois abstraite et imagée.

ROUERGUE
ISBN 978-2-8126-1648-8
16,90 €

C2
Charlotte Gingras, ill. Gérard DuBois
84 **La Petite écuyère**

Dans ce petit village, tous les ans, un photographe ambulant photographie les enfants sur un poney, rituel censé éloigner le mauvais sort pour une année. Quand vient le tour de Justine, la petite fille est terrifiée. De cette terreur naîtra finalement une belle rencontre avec l'animal, victime comme elle, et un passage initiatique pour l'enfant. Le récit, parfaitement tenu, est d'une grande force, et les images étonnent par leur fraîcheur, leur raffinement, leur beauté. À ne pas manquer.

GRASSET JEUNESSE
ISBN 978-2-246-86064-8
14,90 €

80

C2

Cyril Houplain

85 **Fourmi**

En regardant de près ce grand album on découvre que chaque illustration est constituée de minuscules fourmis, dessinées à l'encre de Chine ! Lesquelles, parfaitement agencées, parviennent à composer aussi bien des portraits que des scènes de Far West. Au-delà de la prouesse graphique c'est aussi un véritable récit d'aventures qui nous est proposé là, l'histoire d'un jeune Londonien parti découvrir l'Amérique à l'époque de la conquête de l'Ouest. Car l'ambition de l'auteur est aussi de parler des migrations et, en choisissant les fourmis, de faire réfléchir les enfants aux notions de temps et de collectivité. (Cf. Making of de *La Revue des livres pour enfants* n°298.)

MILAN JEUNESSE
ISBN 978-2-7459-8473-9
22 €

C2

Didier Lévy, ill. Pierre Vaquez

86 **Aspergus et moi**

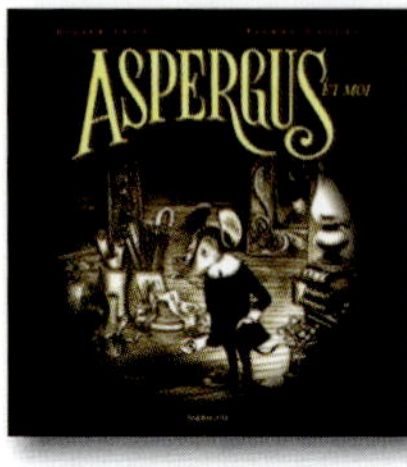

Peintre de renom, Franz Aspergus n'a pas moins de trente assistants. Le narrateur est le jeune rat en charge des « noirs » qu'il malaxe à longueur de journée. Mais voilà qu'un jour le maître, las, envisage d'arrêter le métier. De broyeur de noir, le petit rat, vif et attachant, va devenir conseiller spécial, car grâce à lui Aspergus va retrouver le goût de peindre en s'essayant à d'autres techniques. Une réflexion sur l'art, illustré à la « manière noire », technique d'estampage qui confère une profondeur indéniable aux images.

SARBACANE
ISBN 978-2-37731-020-3
17,50 €

♥

C2

Chiara Mezzalama, ill. Régis Lejonc

87 **Le Jardin du dedans-dehors**

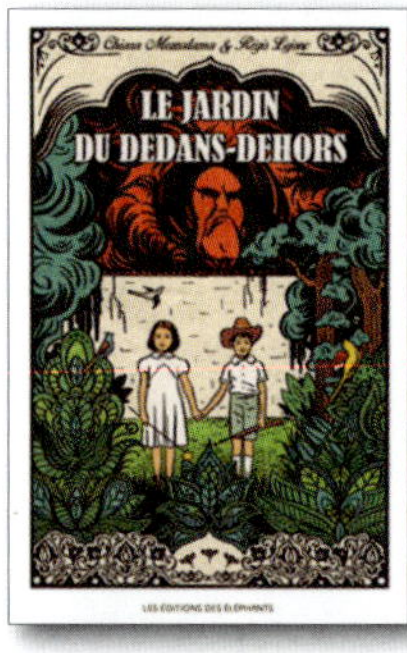

Deux enfants, un jardin, un mur, la guerre au-delà. Dedans, la grande sœur et son petit frère sont roi et reine d'un jardin somptueux. Quand survient Massoud, petit garçon venu de l'autre côté du mur... Le texte, littéraire et fluide, et les illustrations, fortes et belles, nourries des traditions graphiques persanes, construisent à parts égales la narration. D'inspiration autobiographique, cette histoire située à Téhéran en 1979 parlera aux enfants d'aujourd'hui de la peur du dehors, et d'amitié, par-delà les murs.

ÉDITIONS DES ÉLÉPHANTS
ISBN 978-2-37273-033-4
15 €

C2

Sylvie Neeman, ill. Pierre Pratt

88 **L'Homme qui faisait peur aux oiseaux**

Le jour où, dans ce grand aéroport, les enfants peuvent accompagner leurs parents pour découvrir leur travail, une mère confie son fils à Jonas, un voisin. Son métier : éloigner les oiseaux afin d'éviter les accidents dans un grand aéroport. Mais ce jour-là ils recueilleront un oisillon blessé et une touchante relation s'établira entre le petit garçon, qui raconte l'histoire, et l'adulte. L'illustration, riche en jeux de lumières et de cadrages, restitue efficacement l'impressionnante beauté des lieux.

LA JOIE DE LIRE
ISBN 978-2-88908-406-7
12,90 €

C2

Adrien Parlange

89 **La Jeune fille et la mer**

Pendant marin et féminin de *L'Enfant chasseur* (2015), cet album en reprend l'ingénieux dispositif : des images cachées, révélées par l'enfant-lecteur à l'aide d'un rhodoïd. À l'élégance formelle, tout en bichromie bleu et or, qui rappelle les papiers découpés de Matisse, répondent l'élégance littéraire, la musicalité et la profondeur du texte. Brinquebalée dans un monde dur et mystérieux, la jeune fille de ce conte philosophique nous interroge avec candeur : « N'y a-t-il pas un rôle pour moi ? ».

ALBIN MICHEL JEUNESSE, TRAPÈZE
ISBN 978-2-226-40158-8
18 €

C2

Sara

90 **La Traque**

Un chasseur, silhouette noire, s'enfonce dans la forêt. Les animaux fuient. Mais, quand survient la confrontation avec un cerf et son petit, un échange de regards entre la bête et l'homme fera basculer dans le renoncement à ce qui semblait inéluctable. Dans cet album sans texte, c'est grâce à sa technique des papiers déchirés et du dessin à l'encre que Sara nous immerge dans une nature aux couleurs de l'automne, nous fait vivre, par un jeu de volets, l'intensité de la traque, et, subtilement, provoque l'émotion et la réflexion.

THIERRY MAGNIER
ISBN 979-10-352-0157-9
19 €

Version numérique   Première lecture

C2

Alain Serres, ill. Zaü

91 **Mille dessins dans un encrier**

Un jeune enfant a pour nouveau voisin Monsieur Ba, un peintre, qu'il observe jour après jour, fasciné par les images qui se créent devant ses yeux. Très vite, il invite ses amies, Tania et Rosalie, à le rejoindre. Ensemble ils vont enfin oser approcher l'artiste. Avec lui, ils vont apprendre à poser un autre regard sur les choses et réussir, eux aussi, à faire jaillir des images. On reconnaît bien là la générosité de Zaü que l'on identifie sans peine sous les traits de Monsieur Ba !

RUE DU MONDE

ISBN 978-2-35504-483-0

25,80 €

♥

C2

Peter Sís, trad. de l'anglais par Paul Paludis

92 **Robinson**

Peter Sís se rappelle ici un souvenir d'enfance : pour Mardi gras, il décida de se déguiser en Robinson Crusoé, un de ses héros préférés. Moqué par ses amis, tous venus costumés en pirates, il rentra chez lui blessé et se mit au lit, fiévreux. Le rêve le prit, il était dans la peau du célèbre naufragé, mais vivant sa propre aventure, créateur d'une cartographie toute personnelle... Grâce au merveilleux Peter Sís, fin explorateur du réel et de l'imaginaire, le jeune lecteur est assuré de rêver grand, rêver loin...

GRASSET JEUNESSE

ISBN 978-2-246-86068-6

18,90€

C2

Hans Traxler, trad. de l'allemand par Genia Català

93 **Viens, Émile, on rentre à la maison !**

La vieille Marthe vit dans un alpage des montagnes suisses. Solitaire et démunie, elle se voit contrainte de mener Émile, son cochon, à l'abattoir. Mais, arrivée devant la sinistre bâtisse, Marthe prend une décision : « Viens Émile, on rentre à la maison ! ». Tout s'arrangera ensuite, mais, dans cette fable menée avec simplicité et audace, on trouve tout autant une peinture cinglante de la société du profit que la virtuosité graphique et la drôlerie d'un grand maître de l'album.

LA JOIE DE LIRE

ISBN 978-2-88908-409-8

15,90 €

À PARTIR DE 8 ANS

♥

C2 C3

Fred Bernard, ill. François Roca

94 **La Malédiction de l'anneau d'or**

L'amitié entre Cornelia la brune et Virginia la rousse, deux orphelines inséparables, est troublée par l'arrivée du beau Genius, sorcier au cœur dur. La suite nous replonge dans l'univers de l'album précédent du duo, *Anya et Tigre blanc*. À la beauté des grandes peintures d'influence préraphaélite de François Roca répond l'écriture ciselée et l'art du récit de Fred Bernard, pour créer un univers ensorcelant, nourri de la force des légendes et de l'histoire de la peinture. On en ressort ébloui et heureux.

ALBIN MICHEL JEUNESSE, ALBUMS ILLUSTRÉS

ISBN 978-2-226-39778-2

19 €

C2 C3

Won-Hee Cho, trad. du coréen par Hyeli Kim

95 **Chasseurs de dents**

Un livre choc pour la défense de la cause animale dans lequel la puissance des images égale la violence du propos. Pour dénoncer le massacre des éléphants et le commerce de l'ivoire l'auteur a choisi d'inverser les rôles : ici ce sont les éléphants, habillés et armés, qui chassent les hommes, nus, pour leur extraire les dents, les vendre et les transformer en articles de luxe. Les quelques lignes de texte n'interviennent qu'à la fin et c'est l'enfant qui parle, une fois réveillé, pour évoquer ce qui était son cauchemar. Le lecteur, lui, reste sidéré... Cet album a été distingué à la Foire de Bologne en 2017.

CAMBOURAKIS

ISBN 978-2-36624-323-9

14 €

♥ C2 C3
Rébecca Dautremer
96 **Les Riches Heures de Jacominus Gainsborough**

Jacominus est un petit lapin timide, qui est né « un jour précis », il y a bien longtemps sans doute, du côté de l'Angleterre. Le narrateur nous raconte la vie « simple, vaillante et remplie » de Jacominus, sa famille, ses amis, son amour pour Douce, à travers de somptueuses double-pages nourries de références picturales et de tableaux d'images épinglées, qui fixent le souvenir. Rébecca Dautremer nous emporte sur un terrain inattendu, hommage touchant et merveilleux au pays de Beatrix Potter.

SARBACANE
ISBN 978-2-37731-017-3
19,50 €

C2 C3 (Première lecture)
Élise Fontenaille, ill. Quentin Duckit
97 **Les Filles de l'aigle**

Dana et sa sœur, deux fillettes indiennes du peuple des Haïdas, ont été enfermées dans un pensionnat pour être éduquées. La faim, le froid et la peur les poussent à s'enfuir. Basé sur des faits réels, ce récit dénonce ces internats religieux dans lesquels 150 000 enfants ont été envoyés pour « perdre leurs racines ». Ce thème est traité avec beaucoup de délicatesse. Les illustrations dans des tons bleus, verts, marron sont fortes et accompagnent très bien le récit avec des variations orange et jaunes pour la fin heureuse.

GALLIMARD JEUNESSE – GIBOULÉES
ISBN 978-2-07-508071-2
14,50 €

♥ C2 C3 C4
Tom Haugomat
98 **À travers**

Page de gauche, un bébé dans son lit à barreaux. Page de droite, ce qu'il voit (sa mère), à travers les barreaux du lit. On suit ainsi, quasi sans texte, la vie d'un homme, de sa naissance en Alaska en 1955 jusqu'à sa mort, 70 ans plus tard. Ce dispositif ingénieux réinvente la narration avec brio, et nous fait partager les joies, les peines, l'observation des insectes et les voyages dans l'espace. Un récit passionnant, sublimé par des illustrations en sérigraphie, d'une grande beauté plastique.

THIERRY MAGNIER
ISBN 979-10-352-0170-8
20 €

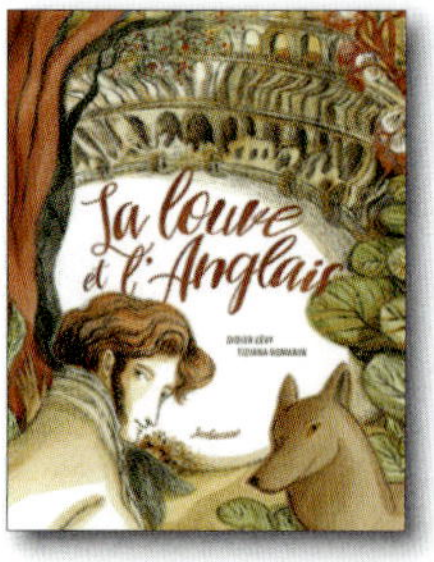

C2 C3 (Première lecture)
Jungho Lee, adapt. Bernard Friot
99 **Promenade**

Dans ce poétique hommage à la lecture, l'auteur invite une fillette à une lecture-voyage au cœur du livre. Baignée dans une atmosphère mystérieuse aux accents surréalistes, celle-ci chemine, accompagnée de conseils avisés : « Si tu veux aller loin, hâte-toi lentement ». Un parcours initiatique aux interrogations proustiennes sur le temps perdu, et aux multiples références littéraires (Chris Van Allsburg), aux contes (*Le Petit Chaperon rouge*) voire à l'art du XXe siècle (Edward Hopper, Heinrich Kühn).

MILAN JEUNESSE
ISBN 978-2-7459-9172-0
16,50 €

C2 C3
Didier Lévy, ill. Tiziana Romanin
100 **La Louve et l'Anglais**

Cet album retrace le séjour, authentique mais romancé, d'un jeune botaniste anglais à Rome au printemps 1846. Et la louve qui l'accompagne – et qu'il est seul à voir – évoque l'épisode mythique de la fondation de la ville. Un jardin sauvage et féerique sera le cadre d'une passionnante enquête scientifique. Les belles illustrations empruntent aux peintres paysagistes et aux graveurs du XVIIIe siècle. Foisonnantes, toutes en arrondis et couleurs chaudes, elles apportent douceur et onirisme.

SARBACANE
ISBN 978-2-37731-036-4
16 €

♥ C2 C3
Choix des extraits et ill. François Roca, textes de Calamity Jane, trad. de l'anglais par Marie Sully
101 **Calamity Jane**

Les lettres que Calamity Jane adressa pendant près de 25 ans à sa fille, confiée bébé à un couple de voyageurs, sont un monument d'amour maternel et de tendresse brute, et un texte d'une rare puissance. C'est une très belle idée d'offrir ce texte aux enfants, et de l'accompagner de grandes peintures à la fois sensibles et grandioses, qui restituent le souffle des grands espaces et captent la beauté et la fragilité de cette héroïne blessée, moderne et libre, dans un monde d'hommes, celui du Far West.

ALBIN MICHEL JEUNESSE, ALBUMS ILLUSTRÉS
ISBN 978-2-226-43617-7
19 €

Version numérique — Première lecture

PATRIMOINE

0-3 ANS C1
Remy Charlip, trad. de l'anglais (États-Unis) par Olga Kent
102 **Un jour parfait**

A perfect day, paru aux États-Unis en 2007, est le dernier album pour enfants écrit et illustré par Remy Charlip (1929-2012), artiste multidisciplinaire. C'est le septième des albums de Remy Charlip que MeMo a entrepris de publier en français. Il est émouvant que cet ultime ouvrage soit consacré au bonheur pour un père et son fils d'être ensemble pour goûter les joies simples de l'existence, rassemblées en « un jour parfait ». Mais n'est-ce pas aussi le programme rêvé d'une vie d'adulte bien remplie ?

MEMO, LES ALBUMS JEUNESSE
ISBN 978-2-35289-384-4
15 €

C2 C3
Tove Jansson, trad. du suédois par Catherine Renaud
103 **Que crois-tu qu'il arriva ? : l'histoire de Moomin, Mumla et petite Mu**

Après *Qui va rassurer le Tibou ?*, voici le deuxième titre des cinq albums des aventures de Moomin le troll – parus en Finlande entre 1952 et 1993 – édités ou réédités, avec un grand souci de fidélité à l'original, par les éditions Cambourakis. Moomin, parti chercher le lait à travers la forêt, se lance à la recherche de sa sœur, la petite Mu, qui a disparu. La narration, linéaire, est relancée par la formule réitérée « Et que crois-tu qu'il arriva ? » et les délicates découpes des pages permettent d'anticiper visuellement sur la suite d'un voyage où on retrouve toute la magie d'un monde animiste.

CAMBOURAKIS
ISBN 978-2-36624-292-8
14 €

C2 C3
Tove Jansson, trad. du suédois par Catherine Renaud
104 **Le Dangereux voyage**

Voici le troisième des cinq albums de la série originale des *Moomin*, inédit en français à ce jour. Susanna s'est endormie dans l'herbe et son chat, transformé en une terrifiante créature, en a profité pour s'enfuir. Partie à sa recherche, Susanna connaîtra maintes aventures avant de retrouver les siens et son chat, rendu à son apparence première. Aurait-elle rêvé ? On retrouve tout le petit monde de Tove Jansson, et ses illustrations merveilleuses sublimées ici par la douceur de l'aquarelle.

CAMBOURAKIS
ISBN 978-2-36624-327-7
14 €

C1 C2
Maria Keil
105 **Les Trois pommes**

Voici une belle adaptation en français de cet album portugais de 1988, assortie en fin de volume d'une présentation du travail de Maria Keil. L'histoire d'un petit garçon qui a trois pommes à partager avec d'autres enfants est riche de rebondissements et d'échanges mouvementés, qui mettent à l'épreuve les valeurs d'amitié et de partage. Un graphisme stylisé, l'inscription des dialogues dans des bulles, l'utilisation des collages, l'invitation faite au lecteur à découper à son tour, donnent beaucoup de dynamisme et de fraîcheur à l'ouvrage.

CHANDEIGNE
ISBN 978-2-36732-169-1
12,90 €

C1 C2
Dorothy Kunhardt, trad. de l'anglais (États-Unis) par Olga Kent, ill. Garth Williams
106 **La Drôle de petite bibliothèque**

Ce coffret réunit douze minuscules albums publiés aux États-Unis dans les années 1940. Dans chacune de ces courtes histoires, le héros ou l'héroïne est un petit animal anthropomorphisé. Tous marchent sur deux pattes, s'appellent Rose, Robert ou Théodore et leurs vêtements sont d'un goût exquis. Le ton est à la gentillesse et à la gaieté, l'illustration est fine et expressive, les couleurs, toniques, et la relation texte image, soignée. Autant de petits bonheurs de lecture édités avec grand soin par les éditions MeMo.

MEMO, CLASSIQUES ETRANGERS POUR TOUS
ISBN 978-2-35289-356-1
28 €

C2 C3

Jockum Nordström, trad. du suédois par Anne Karila

107 **Sailor et Pekka, t.2 : Sailor est malade**

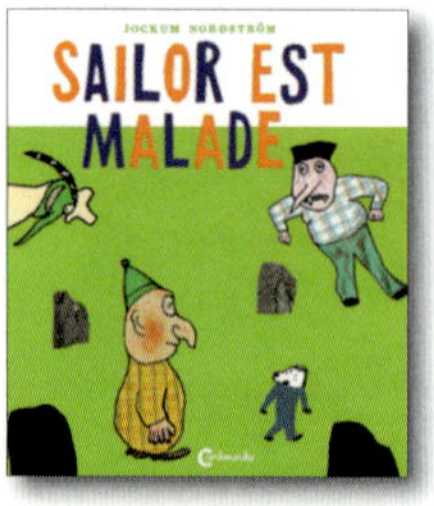

Le premier volume de cette quadrilogie parue en Suède dans les années 1960 avait été publié à l'École des loisirs sous le titre de *Marin et son chien* (cf. Sélection annuelle 2006). Dans ce deuxième volume, Pekka, le chien fidèle, part tout seul chercher des médicaments pour son maître, Sailor (il a retrouvé son prénom originel), malade et alité. La simplicité de l'action contraste avec la fantaisie graphique d'un univers chahuté et coloré, où humains et créatures bizarres cohabitent avec le plus grand naturel et où l'insolite semble faire partie du quotidien.

CAMBOURAKIS
ISBN 978-2-36624-284-3
14 €

♥

C1 C2

Sesyle Joslin, trad. de l'anglais (États-Unis) par Françoise Morvan, ill. Maurice Sendak

108 **Qu'est-ce qu'on dit ?**

109 **Qu'est-ce qu'on fait ?**

Les éditions MeMo poursuivent leur méthodique et précieuse entreprise d'édition ou réédition en français des œuvres de Maurice Sendak. *What do you say, Dear?* et *What do you do, Dear?* de Sesyle Joslin pour le texte et Maurice Sendak pour les dessins sont parus aux États-Unis en 1958 et 1961 et en France en 1979 à L'École des loisirs. Ces deux manuels de survie en société parodiant les « Handbooks of Etiquette » précédaient donc l'explosion libératrice de *Max et les Maximonstres*, en mettant en place la subversion par l'humour. Alors qu'ils étaient devenus indisponibles en français, revoici ces deux albums iconoclastes, géniaux, indispensables !

MEMO, LES TRÉSORS DE SENDAK
ISBN 978-2-35289-358-5
ISBN 978-2-35289-359-2
14 € CHACUN

111

♥

C1 C2

Maurice Sendak, trad. de l'anglais (États-Unis) par Françoise Morvan

110 **Le Secret de Rosie**

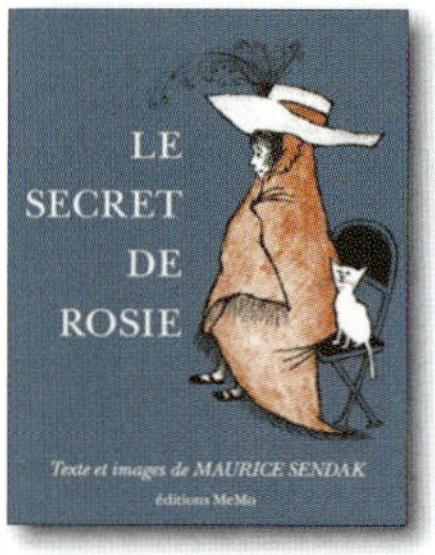

The Sign on Rosie's Door, paru en 1960 aux États-Unis, et publié à L'École des loisirs en 1981, était devenu indisponible en français. « En souvenir de Pearl Kerchawer, de toutes les Rosie et de Brooklyn », dit la dédicace. Et cela nous renvoie à l'enfance de l'auteur, qui, malade, observait depuis sa chambre les jeux des enfants dans la cour de l'immeuble. Spectacle dans le spectacle, la petite Rosie propose un tour de chant. « Si tu veux savoir un secret, frappe trois coups » a-t-elle indiqué sur sa porte. De fait, avec cet album, c'est l'œuvre unique, irremplaçable, du grand Maurice Sendak qui s'ouvre à nous.

MEMO, LES TRÉSORS DE SENDAK
ISBN 978-2-35289-375-2
17 €

♥

C1 C2

Maurice Sendak, trad. de l'anglais (États-Unis) par Françoise Morvan

111 **Rigoli Dingoli Pouf ! ou La vie doit avoir mieux à offrir**

Voici, dans une nouvelle traduction, *Higglety Pigglety Pop ! or there must be more to life*, paru en 1967 aux États-Unis et publié en France à L'École des loisirs en 1980, sous le titre *Turlututu chapeau pointu ! ou La vie c'est sûrement autre chose*. Au rythme d'une comptine, c'est le récit de l'émancipation d'une petite chienne. Parmi les siens, elle a tout mais elle veut plus encore, alors, elle part. Du petit enfant, elle a la curiosité, la voracité, le courage, et sa quête finira joyeusement sur la scène d'un théâtre où elle aura le rôle de la jeune première. L'illustration, aux références subtiles, se mêle d'abord au texte puis elle s'y substitue, occupant toute la place, cadrée par la scène, donnant à voir la représentation, comme un aboutissement.

MEMO, LES TRÉSORS DE SENDAK
ISBN 978-2-35289-394-3
16 €

♥
C1 C2
Kōta Taniuchi, trad. du japonais, postface de Janine Kotwica
112 **Sur la colline**

Au petit matin, un enfant solitaire grimpe à vélo en haut de la colline pour le plaisir de guetter le bruit du train et de le voir passer. Lorsqu'il redescend dans la vallée, les rangées de maisons se transforment et son propre lit devient le wagon d'un train qui prend son envol. Une fois l'album terminé, le lecteur reste silencieux, méditatif, comme suspendu hors du temps. C'est aux éditions MeMo que nous devons le bonheur de retrouver ce merveilleux album précédemment paru en 1971 aux éditions du Cerf sous le titre de *Là-haut sur la colline*.

MEMO, LES ALBUMS JEUNESSE
ISBN 978-2-35289-363-9
15 €

♥
C1 C2
Ylla, postface de Laurence Le Guen, trad. de l'anglais (États-Unis) par l'éditeur
113 **Deux petits Ours**

Les éditions MeMo ont travaillé à partir de l'édition américaine de 1954 pour réaliser la réédition de ce merveilleux album de Camilla Koffler dite Ylla, grande photographe animalière et c'est cette fidélité qui explique les changements que l'on peut constater par rapport aux éditions françaises précédentes. Souhaitons que cette publication permette à une nouvelle génération d'enfants de suivre à leur tour avec délice les aventures de ces deux oursons tellement expressifs et attachants ! (voir l'article de Catherine Bonhomme et Élisabeth Lortic, RLPE n° 301).

MEMO, CLASSIQUES ÉTRANGERS POUR TOUS
ISBN 978-2-35289-379-0
16 €

RÉÉDITIONS - NOUVELLES ÉDITIONS

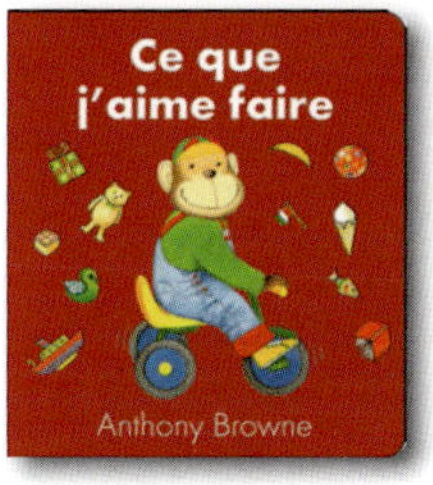

♥
0-3 ANS C1
Anthony Browne, trad. de l'anglais (Royaume-Uni)
114 **Ce que j'aime faire**
115 **J'aime les livres**

Trad. de l'anglais (Royaume-Uni) par Élisabeth Duval
116 **Parfois je me sens...**

Réédition dans un format plus petit de deux albums parus en France dans les années 1980 et d'un troisième paru en 2010. Avec ces trois albums, Anthony Browne explore, à la première personne, en toute complicité, l'univers du très jeune enfant et ses activités. Dans chacun de ces albums on retrouve le jeu avec l'espace de la page, le trait délicat, les belles couleurs crayonnées et surtout l'expressivité des personnages dans des mises en situation d'une infinie inventivité, avec, toujours, le même humour tendre.

KALÉIDOSCOPE
ISBN 978-2-87767-957-2
ISBN 978-2-87767-956-5
ISBN 978-2-87767-955-8
9,90 € CHACUN

C1 C2
Philippe Corentin
117 **Questions idiotes**

Réédition sous un nouveau titre et dans un format plus petit de l'excellent *C'est à quel sujet ?* publié chez Rivages en 1984. Le décalage entre le dessin et le texte fonctionne toujours aussi bien. Les adultes y réfléchiront à deux fois avant de poser des questions idiotes aux enfants après avoir lu cet album.

L'ÉCOLE DES LOISIRS, ALBUM DE L'ÉCOLE DES LOISIRS
ISBN 978-2-211-23440-5
10 €

117

C1 C2
Julia Donaldson, trad. de l'anglais (Royaume-Uni) par Emmanuel Gros, ill. Axel Scheffler

118 **Le Géant élégant**

Georges le géant, toujours dépenaillé, décide de s'acheter de nouveaux vêtements. Le voilà devenu très chic, vraiment. Mais il rencontre sur son chemin des animaux qui auraient bien besoin de ses nouveaux habits… Générosité, fantaisie et humour, ces deux auteurs nous réjouissent toujours autant. Initialement paru en 2002 chez Autrement Jeunesse, dans une traduction de Paul Paludis, sous le titre : *Un géant vraiment très chic.*

GALLIMARD JEUNESSE, PETITE ENFANCE
ISBN 978-2-07-509505-1
13,90 €

C1 C2
Sylvia van Ommen, trad. du néerlandais par Anne-Marie de Both

119 **Et on mangera des réglisses**

Oscar, le chat, et Joris, le lapin, sont amis. Un jour, au parc, ils se demandent s'ils se retrouveront après la mort. Ils envisagent bien des scénarios et découvrent l'éternité de leur amitié. Ils sauront toujours tout partager. Alors, au ciel, s'il existe, ensemble ils mangeront encore des réglisses. Un livre grave et léger. Dans les illustrations, d'une grande délicatesse – trait noir sur fond blanc et douceur du bleu ciel de la couverture – la finesse du dessin s'accorde à celle des sentiments.

DIDIER JEUNESSE
ISBN 978-2-278-05454-1
10,90 €

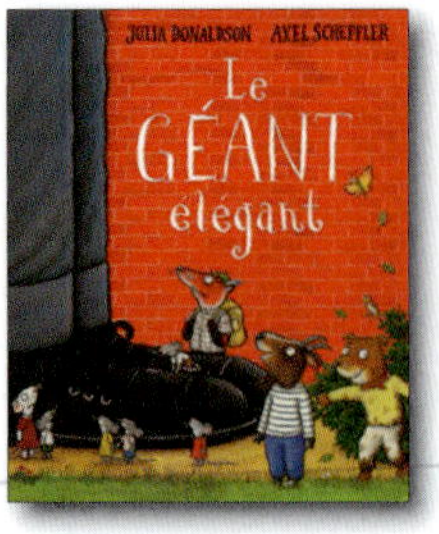

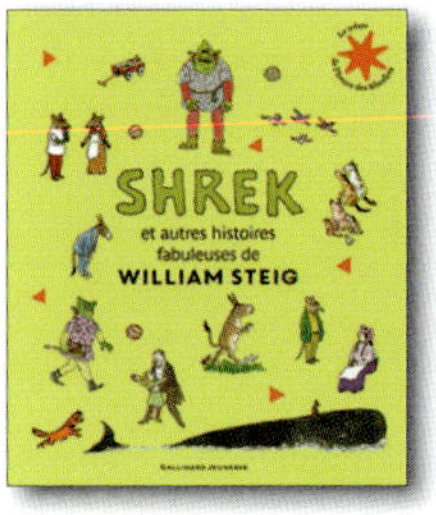

C1 C2
William Steig, trad. de l'anglais (États-Unis) par Catherine Deloraine et Michelle Nikly

120 **Shrek : et autres histoires fabuleuses**

Réunit : *Shrek, Amos et Boris, Sylvestre et le caillou magique, Irène la courageuse, La surprenante histoire du docteur de Soto, Le Docteur de Soto en Afrique, Caleb et Kate.*

Quel bonheur de retrouver les fabuleuses histoires de cet incomparable auteur et illustrateur qu'est William Steig ! Chacun de ces albums est une pure merveille : suspense, humour, tendresse… Merci à Gallimard Jeunesse qui a acquis les droits de William Steig – précédemment publié chez différents éditeurs – et qui a déjà réédité séparément les titres de cette compilation. Vivement la suite ! (Voir aussi la rubrique « Retrouvailles », *La Revue des livres pour enfants*, n° 299.)

GALLIMARD JEUNESSE, LE TRÉSOR DE L'HEURE DES HISTOIRES
ISBN 978-2-07-507796-5
19,90 €

120

Responsable de la rubrique : Brigitte Andrieux
Redactrices : Brigitte Andrieux, Corinne Bouquin, Claudine Hervouët, Julie Le Douarin, Elisa Lopez et Marine Planche

CONTES

CONTES

Tandis que le monde résonne cette année d'un cri longtemps retenu par la plus grande moitié de l'humanité, le conte, cette autre mémoire du monde, se joint lui aussi au mouvement, n'en déplaise à ceux qui lui prêtaient des valeurs rétrogrades.

Cette sélection vous fera aller sur tous les continents, riches de traditions contrastées, à la rencontre de femmes sages, courageuses, malicieuses, éclairées, non asservies, comme celles du merveilleux recueil *Vives et vaillantes* chez Didier Jeunesse, ou dans l'album *Nez d'argent* publié par Lirabelle, une variante italienne de notre Barbe bleue, ou encore dans *La Nuit des secrets* chez Syros, qui nous emmène sur les terres magiques d'Irlande. De même, cette année, les créatrices affirment leur présence et leur talent, notamment dans l'art du détournement, preuve que les contes et leurs sens cachés ne finiront jamais de nous interroger… en nous amusant ! Alors, venez rire avec Dominique Descamps et sa fantaisie irrésistible quand elle revisite une fable de Jean de La Fontaine. Et venez jouer avec Julia Chausson et son jeu de devinettes.

Du côté des auteurs-illustrateurs, résonne aussi le plus vieux récit de l'humanité, celui de Gilgamesh, superbement dessiné et mis en cases, qui a tant à nous apprendre sur le monde d'aujourd'hui, et un remarquable Chaperon rouge à regarder *Dans les yeux*…

0-3 ANS

C1
Attilio, trad. de l'italien
121 **Le Vilain petit canard**

Ce petit livre cartonné s'adresse à des quasi-bébés. Le récit d'Andersen est réduit à sa plus simple expression. N'est retenu ici que l'aspect affectif, ce qui est accessible aux petits, avec des mots simples, une syntaxe lapidaire : le sentiment de ne pas être aimé de sa famille, de l'entourage, d'être toujours mal à l'aise, on peut le ressentir fortement malheureusement très tôt. Les dessins stylisés, très colorés, entourés de noir, sont à la fois drôles, enfantins et très expressifs.

GALLIMARD JEUNESSE – GIBOULÉES
ISBN 978-2-07-509661-4
12,50 €

C1
Ronan Badel, musique de Félix Le Bars
122 **Le Petit Chaperon rouge**

Un livre équipé de puces sonores pour jouer un bon tour au loup ! Ronan Badel nous entraîne ici avec allégresse et humour dans une cavalcade comique d'images et de sons. Le texte est d'ailleurs rendu superflu tant les sons choisis (douze au total alternant onomatopées et chansonnettes) soutiennent parfaitement la trame de ce classique. Quelle rigolade !

GALLIMARD JEUNESSE MUSIQUE, MES PETITS CONTES SONORES
ISBN 978-2-07-508582-3
13,50 €

C1
Elena Balzamo, ill. Les Mamouchkas
123 **La Poule Bigarrie et l'œuf en or : d'après un conte de Russie**

Une poule et une souris vivent en bonne intelligence chez deux petits vieux toujours aussi amoureux qu'aux premiers jours. Tout va bien, jusqu'à ce que la poule ponde un œuf ÉNORME, tout en or de surcroît… Les illustrations, de très grande qualité, apportent, sans en avoir l'air, un souffle de fantaisie, de déglingué, de gaieté totalement réjouissant qui convient tout à fait à ce petit conte improbable et plein de charme, comme souvent sont ceux que l'on raconte aux plus jeunes.

FLIES FRANCE, LE JARDIN DES CONTES
ISBN 978-2-37380110-1
9 €

3-6 ANS

C1
Gilles Bizouerne, ill. Bérangère Delaporte
124 **Où tu vas comme ça ?**

Dans la lignée de Mario Ramos, Gilles Bizouerne relate avec humour les rencontres successives que fait une fillette en rentrant chez elle. Le loup, la sorcière, l'ogre puis le monstre, tous veulent l'accompagner, en espérant secrètement en faire leur quatre-heures. Leurs chamailleries en arrière-plan sont drolatiques et la chute est excellente quand finalement les quatre malotrus sont pris à leur propre piège ! Tout simple mais très amusant !

DIDIER JEUNESSE
ISBN 978-2-278-08976-5
12,90 €

C1 C2
Alice Bossut, trad. de l'espagnol par Anne Casterman, ill. Marco Chamorro
125 **Le Géant du lac**

Reprenant un mythe de l'Équateur, ce beau livre-dépliant d'artistes, au format original tout en hauteur est adapté du livre *El volcan enamorado y otras historias. Cuentos de Pueblo Kichwa del Ecuador*, réalisé par un collectif autour de l'écriture de légendes orales. Un très beau et sensuel géant cherche un lac assez profond pour prendre un vrai bain. Une histoire simplissime pour expliquer l'origine de ce paysage époustouflant de lacs, montagnes et volcans.

ESPERLUÈTE, ACCORDÉONS
ISBN 978-2-35984-084-1
18 €

C1 C2
Julia Chausson
126 **La Clé sous la porte**

Ce livre-jeu ingénieux propose un focus sur les maisons dans les contes. Du château à la chaumière en passant par l'isba, ce ne sont pas moins de treize maisons dont il faut retrouver le conte et le(s) propriétaire(s) – pour cause de déménagement. C'est inventif, poétique et les gravures de l'artiste font merveille. Une belle porte d'entrée dans les contes !

À PAS DE LOUPS
ISBN 978-2-930787-38-1
14 €

C1 C2
Geneviève Clastres, ill. Nicolas Jolivot
127 **La Grenouille et les singes : deux fables chinoises**

Ici, tout est question de point de vue : celui de la grenouille pataugeant au fond du puits, qui ne connaît du monde extérieur que l'infime partie (toute ronde) révélée par le haut de son abri. Le monde serait-il plus vaste, comme semble l'affirmer la tortue ? Le second récit met en scène des singes et c'est le nombre de jujubes dont ils pourront se délecter qui fait débat. « On a tôt fait de prendre ses désirs pour la réalité ! » De belles illustrations à l'encre colorée soutiennent avec malice ces démonstrations par le sourire.

HONGFEI, EN QUATRE MOTS
ISBN 978-2-35558-134-2
12,50 €

C1 C2
Layla Darwiche, ill. Lucia Sforza
128 **Le Coq tout-puissant**

Ce livre, magnifiquement illustré, raconte les échanges successifs que fait le coq à partir d'un grain de blé doré. Le coq obtient le premier échange par la menace et il est très impressionnant ! Puis les échanges se succèdent sur le même ton, mais le tout dernier révèle une surprise et replie joliment l'histoire. Le coq retrouve alors sa place auprès des animaux de la ferme, plus riche qu'avant mais pas comme lui (ou le lecteur) l'espérait ! À lire à haute voix, absolument.

LIRABELLE
ISBN 978-2-35878-192-3
19 €

C1 C2
Layla Darwiche, ill. Elide Piras
129 **Petite lentille**

Une aimable petite fille à l'appétit hors du commun : elle avale tout sur son passage, animaux, parents, villageois ! Jusqu'à ce que l'aiguille du cordonnier perce son ventre énorme… L'illustration de cette randonnée étiologique, utilisant la technique de la carte à gratter, crée des contrastes intéressants, jeux d'ombres et de lumière, pour un conte tour à tour inquiétant (la dévoration), amusant (puisqu'il joue sur la gourmandise et ça tout le monde connaît) et enfin, lumineux et poétique.

LIRABELLE
ISBN 978-2-35878-169-5
19 €

C1 C2

Praline Gay-Para, Marta Soler Gorschs, ill. Vanessa Hié

130 **Patouffèt**

Réédition en petit format de la version espagnole de « Tom Pouce ». C'est une variante très simple : l'enfant est absorbé par la vache et récupéré peu après sans aucune péripétie, ce qui rend le récit très accessible aux plus jeunes. Histoire racontée rondement, bien adaptée aux tout-petits. Illustrations colorées et drolatiques de grande qualité.

DIDIER JEUNESSE, LES P'TITS DIDIER, À PETITS PETONS
ISBN 978-2-278-08464-7
5 €

C1

Texte de Sally Grindley, trad. par Maurice Lomré, ill. Peter Utton

131 **Maudit troll !**

Le tandem d'auteurs détourne joyeusement le conte norvégien où trois boucs tentent de traverser un pont gardé par un terrible troll. L'illustration à l'aquarelle est très expressive et le troll dégoûtant à souhait. Chaque double page est comme une scène de théâtre qui joue avec le suspense et la peur. Plusieurs modes de lecture : bulles, textes en haut de page, caches à soulever – tout est un peu sens dessus dessous ! Amusant et interactif.

L'ÉCOLE DES LOISIRS - PASTEL
ISBN 978-2-211-23263-0
14,50 €

C1

Pénélope Jossen

132 **Bucéphale**

Histoire légendaire de Bucéphale, le cheval qui avait peur de son ombre. C'est un enfant, Alexandre, fils du roi de Macédoine qui, fin observateur, réussira à le dompter en le dirigeant face au soleil, et gagnera son surnom d'Alexandre le Grand. Dans un grand format, l'illustration au trait noir sur fond jaune, aux larges aplats de couleurs s'étale sur la double page pour donner à voir le spectacle des ruades du cheval et son ombre menaçante puis la complicité entre le cheval et l'enfant.

L'ÉCOLE DES LOISIRS, ALBUM DE L'ÉCOLE DES LOISIRS
ISBN 978-2-211-23405-4
12,70 €

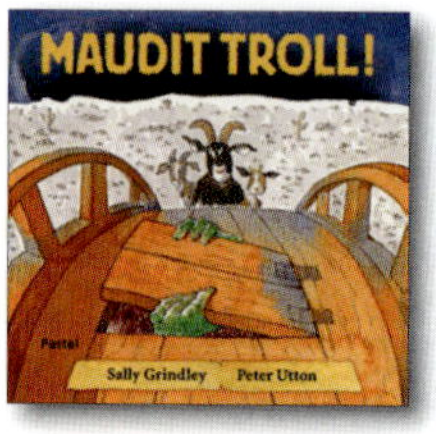

C1 C

Jean-Louis Le Craver, ill. Martine Bourre

133 **Din'Roa la vaillante**

Réédition en petit format de la version chinoise du « Petit Chaperon rouge » où l'on voit une toute petite fille défendre son petit frère et sa propre vie avec un courage, une inventivité, une maîtrise comme seuls souvent les enfants en sont capables. Martine Bourre a su trouver le trait, les couleurs, la force et la légèreté pour ce récit à la fois émouvant, réjouissant, nocturne et parfaitement enfantin.

DIDIER JEUNESSE, LES P'TITS DIDIER, À PETITS PETONS
ISBN 978-2-278-09186-7
5 €

C1 C2

Conte mis en images par Céline Pibre, d'après Charles Perrault

134 **Chat botté**

« Chat botté » et non « Le Chat botté ». Ici il a un véritable nom, il n'est plus seulement un animal botté et cela lui donne un poids singulier. Une délicieuse petite merveille pour ce conte très aimé des enfants, si peu enfantin au fond et même totalement immoral et presque inquiétant, mais qui fait complètement partie de notre imaginaire, grâce à ce petit roué de Charles Perrault qui a tourneboulé les contes pour notre grand plaisir.

PAPIERS COUPÉS
ISBN 979-10-93609-63-8
35 €

C1 C2

Seblight

135 **L'Histoire du loup, et du Petit Chaperon rouge aussi !**

Un grand méchant loup se laisse avoir par une gamine espiègle et délurée. Texte bref et efficace. L'illustration se déploie généreusement sur un beau format oblong. Bruns et noirs pour une atmosphère de cauchemar que l'on ne prend pas une minute au sérieux, tant le dessin au « deuxième degré » est drôle, tout en restant souvent beau. Seblight est un auteur malin qui nous entraîne en riant dans une histoire subtile d'amitié insolite.

ALICE JEUNESSE, HISTOIRES COMME ÇA
ISBN 978-2-87426-347-7
12,90 €

C1
Fred Paronuzzi, ill. Kris Di Giacomo
136 **Le Bébé géant**

Regardez ce bébé gigantesque, qui, à peine sorti du ventre de sa mère, a déjà l'esprit d'aventure ! Il brûle les étapes et rien ne lui résiste. Agissant en conquérant, il casse, écrase, bouscule. Pourtant, même avec sa carrure et sa force extraordinaires, il reste un petit être qui a besoin de la protection de ses parents. Un conte d'Haïti tonique et enfantin et un régal à lire à haute voix. Les illustrations jouent brillamment avec les rapports de taille. Le bébé est le maître de la page, il en a pris possession !

KALÉIDOSCOPE
ISBN 978-2-877-67951-0
14 €

C1
Coline Promeyrat, ill. Rémi Saillard
137 **Gros glouton et p'tit malin**

Une randonnée avec en toile de fond un ours glouton qui avale joyeusement fils, fille, père et mère jusqu'à ce qu'un petit écureuil intervienne. Encore une fois, c'est le plus petit qui sauve la mise en se révélant bien plus malin que le gros. Un texte très dialogué pour cette version savoureuse et décontractée qui nous vient des États-Unis. L'illustration est joyeuse, colorée, chaleureuse et même l'ours semble être heureux de faire partie de l'histoire malgré la triste fin qui l'attend !

DIDIER JEUNESSE, À PETITS PETONS
ISBN 978-2-278-08978-9
12,50 €

C1 C2
Przemysław Wechterowicz,
ill. Marta Ludwiszewska, trad. du polonais
138 **L'Œuf ou la poule ?**

Qui est arrivé le premier : l'œuf ou la poule ? Poussinet, en pleine découverte du monde, est bien décidé à trouver une réponse. Il cherche de l'aide auprès de ses grands-parents, des divers habitants de la basse-cour. Cela donne l'occasion à l'illustratrice de représenter sur des fonds, souvent unis, des animaux tous plus beaux les uns que les autres, dans le style de gravures anciennes, mais toujours avec un détail (fichu, bonnet, foulard, chapeau, lunettes...) qui casse le sérieux de l'affaire.

BALIVERNES, CALEMBREDAINES
ISBN 978-2-35067-154-3
13 €

8-10 ANS

C2 C3
Albertine, [d'après] Hans Christian Andersen
139 **Le Roi nu**

Histoire cruelle où l'on voit toute une bande d'imbéciles pris au piège de leur propre lâcheté. Les illustrations d'Albertine, encres de Chine légères et incisives, conviennent admirablement bien à ce récit étrange, adaptation des « Habits neufs de l'Empereur », d'une mordante ironie. L'univers d'Andersen est loin d'être tissé de roses et de muguet ! La fantaisie de l'illustration contraste avec la sage mise en pages du texte et avec la présentation très raffinée du livre. On aurait aimé connaître le nom du traducteur et de l'adaptateur.

LA JOIE DE LIRE
ISBN 978-2-88908-421-0
14,90 €

139

♥
C2 C3
Hans Christian Andersen, trad. du danois par Catherine Renaud, ill. Theo van Hoytema

140 **Les Deux coqs**

Second album publié en France de l'illustrateur Theo van Hoytema (1863-1917), l'un des principaux représentants de l'art nouveau aux Pays-Bas. Le grand format oblong et la beauté des illustrations quasi pleines pages – véritables tableaux où le texte est inséré dans des cartouches discrets – permet au lecteur d'« entrer » véritablement dans cette basse-cour où règne un coq arrogant, dominateur, adulé par les poulettes, sous l'œil ironique et blasé de l'impavide coq de fer girouette. Hoytema, très influencé par l'art japonais, maîtrise admirablement les représentations du monde végétal et animal, art à la fois naturaliste et décoratif.

BIBLIOTHÈQUE NATIONALE DE FRANCE / ALBIN MICHEL JEUNESSE
ISBN 978-2-226-40113-7
15,90 €

C3
Textes de François Azar, ill. Petros Bouloubasis

141 **Djako le dragon et autres contes**

Sept contes qui puisent dans des récits de la tradition orale judéo-espagnole ou dans des thèmes littéraires. Il s'y mêle des épisodes bibliques ou facétieux. Sources citées, commentaires sur les contes, l'auteur a à cœur de faire vivre cette culture. Sous forme d'album illustré (certaines images sont fascinantes), et sous le signe de la fantaisie, le bouquet de contes (apparenté aux contes « Le Roi-grenouille », « Les Cheveux d'or du diable », « Le Petit Poucet »...) est modernisé et surprenant.

LIOR ÉDITIONS
ISBN 978-2-9548062-8-0
15 €

C2 C3
Clémentine Beauvais, ill. Antoine Déprez

142 **Ameline, joueuse de flûte**

Un beau texte pour une histoire fantastique où le souvenir du terrible « Joueur de flûte de Hamelin » flotte dans les mémoires et les lieux. La mort est là, son héritage sera la vie... Malgré une illustration parfois peu satisfaisante, l'histoire est digne de l'un de ces contes japonais fantastiques et énigmatiques qui nous chamboulent tant, nous font tellement peur et demeurent inoubliables.

ALICE JEUNESSE, HISTOIRES COMME ÇA
ISBN 978-2-87426-335-4
15 €

C2 C3
Samad Behrangui, trad. du persan par Olivier Bosseau, ill. Joseph Vernot, [bilingue français-persan]

143 **Le Petit poisson noir**

Écrite à la manière d'un conte, cette histoire raconte les péripéties d'un petit poisson noir qui décide de quitter le giron maternel et son ruisseau pour découvrir le monde. Les belles illustrations à l'aquarelle, judicieuses à évoquer l'univers aquatique du récit, contribuent, au-delà du message politique de ce texte engagé, à colorer d'une atmosphère légère et poétique cet hymne à la liberté. Une belle façon de (re)découvrir un des chefs-d'œuvre pour la jeunesse de la littérature persane.

ALBIN MICHEL
ISBN 978-2-226-39924-3
17,90 €

C2
Elena Bertoncini, [d'après Hans-Christian Andersen]

144 **Poucette**

Un livre-dépliant qui permet de suivre, en dix saynètes muettes de papiers coupés, les aventures de la toute petite fille parmi les fleurs, sur l'eau, avec les oiseaux. La délicatesse du monde miniature végétal (fleurs, feuilles, pétales, roseaux) et animal se conjugue merveilleusement avec l'art du papier coupé que pratiquait Andersen. À la fin du livre, un texte concis mais qui offre un brin de poésie, légende les scènes de cette belle adaptation visuelle qui invite à la (re)découverte et au rêve.

PAPIERS COUPÉS
ISBN 979-10-93609-62-1
35 €

140

♥
C3
Muriel Bloch, ill. Margaux Othats
145 **Le Secret du nom et autres contes**

Pourquoi nommer, comment le faire, à quel moment ? Ces vingt-six contes, souvent très brefs, où le rire et l'incongruité voisinent avec le tragique, dansent sur ce thème. On rit, on s'amuse et on pleure aussi quand il s'agit de « La Femme sauvage », l'un des plus beaux contes au monde. Muriel Bloch est une dénicheuse très douée qui transmet les récits ou les adapte à sa mode. Ce livre est le fruit de mille découvertes sur un thème cher à son cœur depuis des années.

GALLIMARD JEUNESSE – GIBOULÉES
ISBN 978-2-07-058022-4
18 €

C2 C3
Martine Camillieri
146 **Le Trop Petit Poucet**

Martine Camillieri continue sa promenade à travers les contes ainsi que sa pêche aux trésors dans les coffres à jouets et greniers divers... Cette fois, c'est au « Petit Poucet » qu'elle s'intéresse. Minuscule Poucet parmi les minuscules. Fantaisie et esprit d'enfance animent toujours l'auteur : ce livre est pour tous ceux qui savent se souvenir du plaisir pris autrefois à jouer avec de tout petits objets et à les détourner allègrement de leur destination première.

SEUIL JEUNESSE
ISBN 979-10-235-1021-8
13,90 €

C3
Jacques Cassabois
147 **Les Trois dons et autres contes de magie**

Nouvelle édition du recueil *Dix contes de magie* paru en 2008. Une magie bienfaitrice émane de ces dix récits, toujours mise au service des plus déshérités, des plus humbles. Elle aide à rétablir la justice non sans se priver au passage de ridiculiser les tourmenteurs (ah la belle-mère qui lâche un pet tonitruant chaque fois que son beau-fils éternue !) voire de les occire tout simplement ! Au pays des contes tout est possible : « Le début d'un chemin ne permet pas d'en supposer la fin ». Heureuse maxime !

LE LIVRE DE POCHE JEUNESSE
ISBN 978-2-01-626561-1
4,95 €

C2
Claude Clément, ill. Virginie Bergeret
148 **La Maison des colombes**

Une légende parisienne du temps de la construction de Notre-Dame raconte qu'une colombe y a abreuvé et nourri sa compagne jusqu'à ce que les hommes puissent déblayer la maison qui la tenait ensevelie sous ses décombres. Un vrai culte populaire a longtemps été rendu au couple fidèle, au point d'encourir les foudres du clergé. À Paris, sur l'île de la Cité, une rue et un hôtel de la Colombe portent toujours leur nom. L'illustration pimpante, un peu naïve, convient bien à cette histoire.

LES ÉDITIONS DES ÉLÉPHANTS
ISBN 978-2-37273-057-0
14 €

C2 C3
Roald Dahl, trad. de l'anglais (Royaume-Uni) par Anne Krief, ill. Quentin Blake
149 **Un conte peut en cacher un autre**

Déjà en 1982, le duo auteur-illustrateur atteignait avec ce titre l'acmé dans le domaine du détournement de contes traditionnels. Variations acides et pittoresques à partir de six contes parmi les plus connus. Pour rire, mais bien plus. Publié et re-publié en France depuis 1982, existe aussi en version cd-audio (contes lus par l'excellent François Morel). Indémodable !

GALLIMARD JEUNESSE, FOLIO CADET. PREMIERS ROMANS
ISBN 978-2-07-508297-6
8,90 €

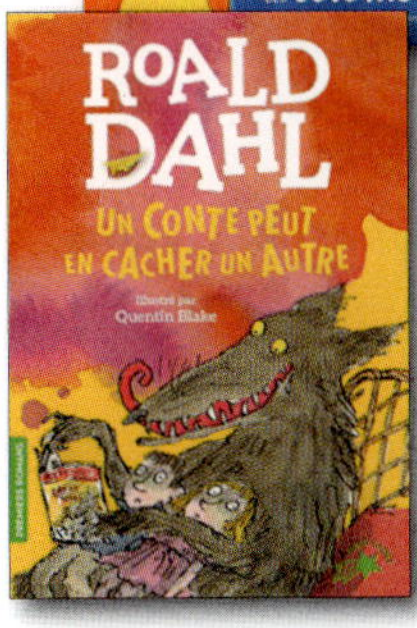

C2 C3
Fleur Daugey, ill. Sandrine Thommen
150 **Yōkai ! Le monde étrange des monstres japonais**

La littérature et l'art pictural japonais foisonnent de monstres tous plus improbables et inquiétants les uns que les autres. Ce bel album nous présente les plus connus, nous détaille leurs caractéristiques et nous relate quelques contes et légendes. Il nous propose une riche illustration qui puise son inspiration dans l'univers des grands maîtres d'estampes et des mangakas (en privilégiant le drôle plutôt que l'inquiétant). Un regret : l'absence de sources.

ACTES SUD JUNIOR
ISBN 978-2-330-08659-6
16,50 €

♥
C2 C3
Dominique Descamps,
d'après Jean de La Fontaine

151 **Le Bœuf et la grenouille : fable à ma fontaine**

Détourner et garder l'esprit et la forme de la fable originelle (texte à la fin) est une prouesse ici réussie avec un talent lafontainien. Un bœuf s'extasie devant la gracilité d'une grenouille. Gymnastique, exercices, il s'évertue à lui ressembler. Peine perdue, il ne dégrossit pas, au contraire ! Le texte rimé, les illustrations à partir de gravures sur bois, les rabats, le pop-up servent brillamment les péripéties et l'humour de cette fable finement réadaptée à notre monde moderne.

LES GRANDES PERSONNES
ISBN 978-2-36193-513-9
20 €

C2 C3
Pascal Fauliot, ill. Bénédicte Nemo

152 **Le Chant des pierres : une légende sioux**

Un enfant né d'une pierre que sa mère a avalée part délivrer ses oncles tués par une sorcière. Grâce à son lien avec les pierres, il saura trouver les gestes et le chant qui leur redonneront vie, dans une cérémonie qui restera un des grands rites de purification de la plupart des peuples amérindiens. Cette très belle légende nous plonge dans une culture quasi disparue. L'illustration, qui puise son inspiration dans les motifs traditionnels, en souligne l'étrangeté.

CIPANGO, APPRENTIS SAGES
ISBN 979-10-95456-12-4
18 €

C2 C3
Sergio García Sánchez et Lola Moral,
trad. de l'espagnol

153 **Le Petit Chaperon rouge : mon livre-frise**

Une relecture originale (plus qu'un détournement) du conte qui nous est raconté par l'héroïne elle-même. Le texte est fidèle au(x) version(s) originale(s), tout en apportant des éclairages très amusants (que s'est-il vraiment passé dans le ventre du loup ?). Un livre à déplier dont le verso présente des planches documentaires sur les protagonistes de l'histoire (la grand-mère, le bûcheron, le loup…) et leur environnement. Une vraie mine pour enrichir ce conte mille fois revisité.

GLÉNAT, P'TITGLÉNAT
ISBN 978-2-344-02094-4
14,95 €

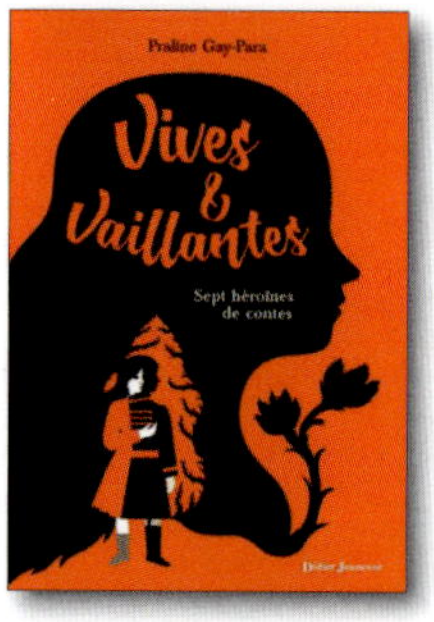

♥
C2 C3
Praline Gay-Para, postface Céline Murcier,
ill. Anne-Lise Boutin

154 **Vives & vaillantes : sept héroïnes de contes**

Sept contes populaires, la plupart du bassin méditerranéen, qui font la part belle aux filles. Les héroïnes n'hésitent pas à se déguiser en hommes pour sauver des vies, à défier des fils de rois un peu trop gâtés, à ne pas céder au chantage de leur bien-aimé, à déjouer les énigmes de plus puissants, etc. Illustrations subtiles et discrètes dans ce format roman ; sources des contes et commentaires en font un recueil d'une grande qualité. Vive les héroïnes courageuses, perspicaces et séduisantes !

DIDIER JEUNESSE
ISBN 978-2-278-08980-2
14 €

C2 C3 C4
Jacob et Wilhelm Grimm,
trad. de l'allemand par Armel Guerne,
ill. Arthur Rackham, préface Marie Desplechin, présentation Carine Picaud

155 **Contes de Grimm**

15 contes, dont 12 merveilleux, plus ou moins connus, plus beaux les uns que les autres. La traduction choisie est celle d'Armel Guerne dont Marie Desplechin, dans sa belle préface, défend à juste titre les qualités. Carine Picaud nous passionne, comme toujours, à propos des diverses éditions d'Arthur Rackham. Dessins en noir et blanc, planches couleur, illustrations parfois drôles, grotesques ou mystérieuses, poétiques, romantiques, comme sont les textes des deux frères.

BIBLIOTHÈQUE NATIONALE DE FRANCE
ISBN 978-2-7177-2735-7
29 €

153

C2 C3

Bruno Heitz

156 **L'Autre voyage d'Ulysse**

Offrir un livre pop-up à un petit garçon peut être dangereux…pour le héros de papier. Ulysse, sur le point de retrouver Pénélope, se voit arraché par le petit lecteur qui le jette au milieu des jouets et des livres. Un autre périple commence jusqu'à ce qu'il rencontre une petite sirène qui l'aidera. Aux ficelles de cet univers de papier, un virtuose de la créativité, qui s'amuse avec originalité des codes du livre et des contes (jusqu'à la chute finale), et mène drôlement en bateau son héros. (Voir le Making of dans le n° 301 de *La Revue des livres pour enfants*.)

LE GENÉVRIER
ISBN 978-2-362-90108-9
14 €

C2 C3

Lila Ibrahim-Ouali, Bahman Namvar-Motlag, ill. Marjane Satrapi

157 **Sagesses et malices de la Perse**

Ces 44 histoires sont des perles de sagesse et d'humour qui datent du XIIIe siècle ! En format poche (donc à moindre prix), on trouve les mêmes récits tirés du *Masnavi*, du poète soufi Rumi, une figure majeure de la littérature édifiante du monde arabo-musulman. Nombre de ces histoires semblent familières car elles ont largement circulé en Orient et en Occident. Leur forme brève et plaisante, leur malice, leur universalité font de ce livre un recueil facile à lire et à transmettre.

LE LIVRE DE POCHE
ISBN 978-2-253-18781-3
6,90 €

ALBIN MICHEL
ISBN 978-2-226-40368-1
13,50 €

157

C2 C3

Philippe Jalbert

158 **Dans les yeux**

Une adaptation remarquable du Petit Chaperon rouge d'après Perrault. Le texte à deux voix, concis, révèle les pensées prédatrices du loup sur la page de gauche et donne à entendre l'insouciance puis la méfiance de la fillette sur celle de droite. Les grandes illustrations montrent respectivement le champ de vision de l'un et l'autre des personnages, eux-mêmes hors-champ jusqu'à leur rencontre. Un album plein de suspense s'insérant avec intelligence dans les ellipses du conte pour mieux l'éclairer.

GAUTIER-LANGUEREAU
ISBN 978-2-01-702457-6
15,90 €

C2 C3

Rose-Claire Labalestra, ill. Juan Bernabeu

159 **Nez d'argent**

Version piémontaise de notre « Barbe-Bleue ». Le Diable au nez d'argent, énigmatique et impérieux, cherche une servante et entraîne trois jeunes filles dans son palais. La troisième libérera ses sœurs et elle-même des feux de l'enfer. Le grand format permet à l'illustration de « chanter » avec le texte. Les couleurs sombres et le rouge éclatant des robes se répondent joliment. L'angoisse est là, mais le diable est finalement ridiculisé. L'intelligence féminine d'« une moins que rien » l'emportera.

LIRABELLE
ISBN 978-2-35878-195-4
19 €

C2 C3

Jean-Louis Le Craver, ill. Kim Consigny

160 **Merlin des bois**

Adaptant des versions bretonnes, inspirées des textes médiévaux, ce très beau récit enchaîne les éléments des contes traditionnels « La Fille déguisée en garçon », « L'Homme sauvage » et « La Bête à sept têtes » autour d'une aventure où Lannic, le fils du roi de Bretagne, bénéficiera de la protection du mystérieux Merlin. Paru dans la collection « Paroles de conteurs », ce texte qui renaît dans cette collection s'ouvre à de nouveaux lecteurs. De la vaillance et du chevaleresque pour tous.

SYROS, KILIM
ISBN 978-2-7485-2407-9
6,40 €

C2 C3
Catherine Leblanc, ill. Pierrick Guigon
161 **Devinettes**

Quel animal a six pattes et marche sur la tête ? Comment appelle-t-on un chien qui n'a qu'une patte ? Neuf devinettes populaires, pour la plupart des devinettes-attrapes, à résoudre en les prenant par tous les bouts : l'imagination, le raisonnement, la logique, l'absurde et bien sûr l'humour. Petit format carré, de belles gravures sur bois pleines de fantaisie face à chaque devinette et réponse à la page suivante. Un livre qui invite à regarder autant qu'à écouter, à chercher et à s'amuser !

L'INITIALE
ISBN 978-2-917637-49-4
13 €

♥
C3 C4
Adapt. Claudio Malpede, d'après Homère, trad. [de l'italien] par Séverine Petit, ill. Daniele Catalli
162 **La Bataille des grenouilles et des souris**

Le poème d'Homère « Batramyomachia » décrit la grande épopée guerrière d'un jour entre des grenouilles et des souris. De cette belle fable, les auteurs ont gardé le langage soutenu, les noms très imagés des combattants et l'humour. Le jeu très élaboré des découpes de pages offre aux scènes une profondeur de champ et renforce cette efficace dénonciation de l'absurdité de la guerre. Et la dernière page évoque de manière poignante les champs de bataille dévastés de la guerre de 14-18.

AMATERRA
ISBN 978-2-36856-149-2
19,50 €

C2
Sébastien Meschenmoser, trad. [de l'allemand] par Julie Duteil
163 **Le Loup et les sept chevreaux insupportables**

Pauvre loup qui s'était mis sur son trente et un pour surprendre et croquer les biquets ! Il se retrouve à tout ranger pour attraper ces diables de chevreaux insaisissables. Voilà comment on devient un « homme de ménage » que l'on va s'arracher dans le quartier ! Situations et illustrations désopilantes…

MINEDITION
ISBN 978-2-35413-380-1
14,20 €

C2
Clotilde Perrin
164 **À l'intérieur des gentils (pas si gentils…)**

Sur le même principe que celui des méchants, ne boudons pas notre plaisir avec les gentils. Les trois portraits en pied des trois personnages clés des contes (petit enfant, prince et princesse, fée magicienne) sont toujours aussi rigolos et pleins de surprises et de jeux : volets à soulever, cachettes à trouver, héros de contes à deviner, etc. Les histoires ne sont pas en reste : « Volétrouvé » et « Le Roi-grenouille » des frères Grimm, « Les Fées » de Perrault. Un concept qui demeure toujours attractif.

SEUIL JEUNESSE
ISBN 979-10-235-0885-7
19 €

C3
Sélectionnés et écrits par Barbara Pillot, ill. Joëlle Ginoux-Duvivier
165 **Contes de chats et autres félins**

Vingt et un récits variés : contes d'origine, contes d'animaux, fables, contes merveilleux provenant des quatre coins du monde (Chine, Inde, Amazonie, Cameroun, etc.). Les illustrations tout en jeux d'ombre et silhouettes sont particulièrement réussies. L'intérêt et l'originalité de cette sélection sont de rassembler la grande famille des félins : chats mais surtout panthère, guépard, jaguar, léopard, lion, lynx, puma, tigre… dans des histoires non dénuées d'humour où ils n'ont pas toujours le beau rôle.

ÉDITIONS DU JASMIN, CONTES D'ORIENT ET D'OCCIDENT
ISBN 978-2-35284-994-0
14,90 €

C2 C3
Marilyn Plénard, ill. Marta Farina
166 **Histoires merveilleuses des animaux**

Un bon choix de contes étiologiques et de contes merveilleux du monde entier, variés et courts, sur un thème mille fois traité. Si leur brièveté les rend parfois énigmatiques, leur diversité donne au recueil une jolie dynamique. Des encarts bienvenus apportent une précision naturaliste sur les animaux, ou un autre éclairage en évoquant une légende d'un autre continent. Les amateurs de contes trouveront de jolies versions de contes très connus pour enrichir leur palette.

FLIES FRANCE, LA CARAVANE DES CONTES
ISBN 978-2-37380-111-8
14,50 €

Version numérique   Première lecture

♥
C2 C3
Yvan Pommaux

167 **John Chatterton : ses célèbres enquêtes**

Ce volume réunit : *John Chatterton détective*, *Le Grand sommeil* et *Lilas*, titres parus entre 1993 et 1998. Trois revisites de contes à la sauce polar hollywoodien. On est de nouveau conquis par l'intelligence du texte et son humour raffiné ainsi que par la beauté des illustrations, notamment tous les grands plans larges muets totalement fascinants. Le détective flegmatique a encore de beaux (et nouveaux ?) jours devant lui.

L'ÉCOLE DES LOISIRS
ISBN 978-2-211-23593-8
17,80 €

C2 C3
Céline Ripoll, ill. Elodie Blandras

168 **Teiki à la recherche des siens**

En Polynésie, Teiki, élevé par sa grand-mère, s'interroge sur ses origines. Elle lui apprend que ses parents ont été enlevés, tués, et leurs ossements conservés par un roi qui fait régner la terreur. Le jeune héros part l'affronter. Il lui faudra réveiller le mana – la puissance de vie – de l'herminette qui lui servira à fabriquer sa pirogue, et s'allier les vents et les dieux protecteurs. Un récit d'aventures et une quête initiatique touchante inspirée d'un héros légendaire des îles du Pacifique.

SYROS, KILIM
ISBN 978-2-7485-2534-2
6,40 €

C3
Caroline Sire, ill. Irène Bonacina

169 **La Nuit des secrets**

Une histoire empreinte d'amour et de sagesse inspirée de la tradition orale irlandaise et adaptée avec talent par la conteuse nourrie de cette culture. Le roi d'Irlande promet une récompense à celui (ou celle) qui réussira à faire parler son fils. Une jeune fille tente l'épreuve. En trois nuits et trois histoires se terminant en énigmes – et auxquelles le lecteur est invité à répondre – elle parvient à redonner la parole et la joie de vivre au prince. Un voyage inoubliable au Pays de Tír na Nóg.

SYROS, KILIM
ISBN 978-2-7485-2538-0
6,40 €

C2 C3
Machi Tawara, trad. du japonais par Véronique Brindeau , ill. Takao Saitō

170 **Le Conte du coupeur de bambous**

Dans ce conte traditionnel japonais mystérieux, une petite princesse de la lune arrivée sur la terre fait la joie de ses parents adoptifs et le désespoir de ses prétendants, puisqu'elle doit retrouver son peuple céleste. La fin du conte est étiologique : les fumées du mont Fuji sont les messages envoyés à la princesse disparue par l'Empereur. Un bel album, où l'étrangeté du récit est renforcée par l'illustration où les personnages sont des grenouilles.

PICQUIER JEUNESSE
ISBN 978-2-8097-1300-8
18 €

C2
Han Xu, adapté du chinois par Laurana Serres-Giardi

171 **Le Petit Chaperon rouge qui n'y voit rien**

La mère envoie le Petit Chaperon rouge dans la forêt bien qu'elle soit aveugle. L'illustration, d'abord en noir et blanc, puis de plus en plus colorée et dynamique nous apprend au fil des rencontres à « voir » le monde à l'aide de nos autres sens, mais aussi sans préjugés ni a priori. Un détournement un brin didactique qui mérite toute notre attention pour l'intelligence de son message et de son illustration.

RUE DU MONDE, COUP DE CŒUR D'AILLEURS ; LA CHINE
ISBN 978-2-35504-509-7
16 €

C2 C3
Catherine Zarcate, ill. Irène Bonacina

172 **Le Rêve de Salomon**

Un beau personnage présenté ici hors de tout contexte culturel ou religieux comme un exemple à suivre de probité et de sagesse, symbole de justice universelle. Seuls l'enfance et les débuts de règne de Salomon sont retracés. À chacun de ses jugements, son sens de l'observation et sa bienveillance font merveille. Et puis il y a l'anneau ! Celui qui lui permet de parler toutes les langues, de communiquer avec les éléments ainsi qu'avec les anges et les démons, jusqu'à pouvoir maîtriser ces derniers !

SYROS, KILIM
ISBN 978-2-7485-2403-1
6,40 €

13-15 ANS

C3 C4
Évelyne Brisou-Pellen, ill. Rémi Saillard, notes d'Évelyne Brisou-Pellen et Marie-Thérèse Adam ; carnet de lectures par Marie-Thérèse Adam

173 **Thésée, Ariane et le Minotaure**

Présentation classique et sans surprise d'une partie du mythe de Thésée, qui commence par sa jeunesse et son voyage de Trézène vers Athènes pour retrouver son père (et les victoires sur les monstres qui jalonnent sa route), puis l'expédition en Crète, sa victoire sur le Minotaure, l'abandon d'Ariane et la mort d'Egée. S'y ajoutent la fuite de Dédale et la chute d'Icare. Le carnet de lecture explique bien ce que sont les mythes.

GALLIMARD JEUNESSE, FOLIO JUNIOR. TEXTES CLASSIQUES
ISBN 978-2-07-508260-0
4,90 €

C4
Jacques Cassabois

174 **Prométhée : le dernier Titan**

Très inspiré par Homère et Hésiode, illustres aèdes, Jacques Cassabois chante à son tour la naissance du monde, des dieux et des hommes. Il nous livre son récit de la cosmogonie et des mythes grecs certes en prose, mais une prose où l'on retrouve une ampleur, une emphase qui servent un récit intense avec une réelle puissance évocatrice. On en ressort émus et exaltés à la fois. À lire absolument à voix haute aux adolescents (et aux autres) !

LE LIVRE DE POCHE JEUNESSE
ISBN 978-2-01-702779-9
5,90 €

C4
Jens Harder, trad. de l'allemand par Stéphanie Lux

175 **Gilgamesh**

Mis en cases BD, l'épopée du légendaire Gilgamesh, souverain d'Uruk. La première partie du récit met l'accent sur l'amitié entre ce roi tempétueux, bagarreur qui se comporte en tyran et Enkidu, l'homme sauvage ramené à la civilisation. Dans une seconde partie, le héros, détruit par la mort de son ami, part en quête de la vie sans fin. Un récit puissant et un dessin impressionnant, tout en noir et ocre, inspiré des statues et bas-reliefs de l'époque, qui nous transmet une part d'éternité.

ACTES SUD JUNIOR – L'AN 2
ISBN 978-2-330-09248-1
23 €

C3 C4
Sophie Lamoureux, ill. Olivier Charpentier

176 **La Grande épopée des chevaliers de la Table ronde, t.2 : Lancelot et Guenièvre**

Un deuxième tome toujours sous forme de cinquante épisodes, courts, s'enchaînant en ménageant le suspense, ponctués d'illustrations pleine page. Cette adaptation s'inspire du Lancelot en prose, datant du XIIIe siècle (postérieur donc à Chrétien de Troyes) et s'empare des « vides » du roman pour donner lieu à un récit différent. Une autre façon de découvrir l'enfance du plus beau et prodigieux des chevaliers auprès de la Dame du Lac, sa relation avec Guenièvre et ses péripéties amoureuses, ainsi que ses aventures héroïques.

ACTES SUD JUNIOR
ISBN 978-2-330-08662-6
16,80 €

C3
Christophe Mauri, ill. Marie Caudry
177 **Le Petit Poucet, c'est moi !**

Christophe Mauri s'est emparé du conte de Charles Perrault, assez rarement « revisité », pour écrire un roman épistolaire. C'est, bien au-delà du jeu avec le conte, toute une réflexion sur la culpabilité, le pardon possible / impossible sinon l'oubli, les relations familiales (fraternelles en particulier) et bien d'autres choses encore, délicates et inattendues dans un tel propos. Ce qui, heureusement, n'exclut nullement l'humour, une certaine acidité ainsi que toutes sortes de situations drolatiques.

CASTERMAN
ISBN 978-2-203-11730-3
14,95 €

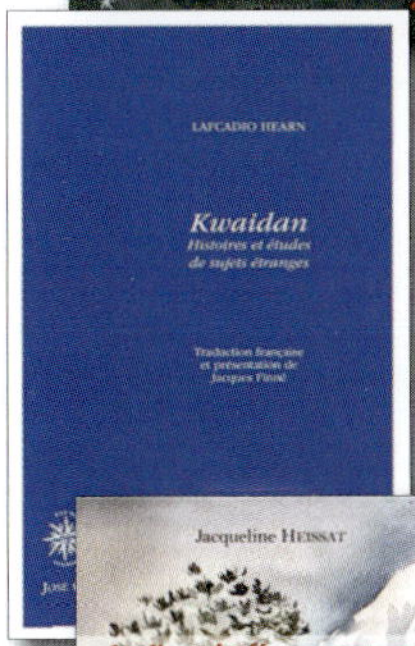

POUR CEUX QUI LISENT BIEN OU QUI RACONTENT

Recueillis et traduits par Charlotte Boucault, ill. Jüri Mildeberg
178 **Quand la lune descendit sur terre : contes mansis : forêts de Sibérie occidentale**

Neuf contes brefs recueillis en Sibérie occidentale, auprès des Mansis, dont la culture de tradition orale est en danger. Où l'on découvre une jeune femme engrossée par une louche « couverte de moisissure et de mousse », un petit pain qui se moque d'une gloutonne et vient en aide à celui qui en a besoin : récits de sagesse, récits initiatiques, récits mystérieux, poétiques et dépaysant, venus du fond des âges. Merci à la traductrice et à l'éditeur. Illustrations judicieuses.

BOREALIA
ISBN 979-10-93466-28-6
13 €

Lafcadio Hearn, traduction française et présentation de Jacques Finné
179 **Kwaidan : histoires et études de sujets étranges**

Dix-sept kwaidan ou « histoires singulières » de fantômes japonais et revenants de toutes sortes. Lafcadio Hearn, connaisseur et amoureux du Japon, les rassembla à la fin du XIXe siècle. Dans une collection qui fait référence (biographie, bibliographie, notes, analyse du merveilleux extrême-oriental), on ne peut que les apprécier davantage. La plupart concises, émouvantes, empreintes d'amour et de poésie, ces histoires dessinent un tableau de la culture traditionnelle japonaise et ouvrent à un monde fascinant.

JOSÉ CORTI, MERVEILLEUX
ISBN 978-2-7143-1199-3
21 €

Jacqueline Heissat
180 **Copihue, la fleur rouge sang : contes et légendes d'Araucanie**

Six belles légendes et contes étiologiques Mapuches, ce peuple qui vit principalement au Sud du Chili, le seul peuple andin que les Incas aient renoncé à coloniser. Une très bonne introduction nous présente leur histoire et leur culture. Un bon livre qui se lit avec curiosité pour découvrir un univers qui nous est peu connu.

L'HARMATTAN, LA LÉGENDE DES MONDES
ISBN 978-2-343-13414-7
11 €

Réunis et présentés par Galina Kabakova, trad. [du russe] par Anna Stroeva, ill. Susanne Strassmann
181 **Contes et légendes de Russie**

De la Russie, on connaît essentiellement l'énorme et magnifique collecte d'A.N. Afanassiev, dont à peine la moitié est traduite en français (aux éditions Imago) et qui ne comporte pratiquement pas de contes étiologiques. C'est donc un joli bouquet de ces contes, cueillis à de nombreuses autres sources russes, que nous avait proposé Galina Kabakova en 2005. En 2018, 19 contes ont été supprimés pour laisser place à 21 nouveaux. Brève mais très intéressante postface de G. Kabakova.

FLIES FRANCE, AUX ORIGINES DU MONDE
ISBN 978-2-37380-112-5
20 €

Nassereh Mossadegh, ill. Brice Follet

182 **Mamali et le coucou : histoires persanes**

Quatre contes de randonnées malicieux et un conte merveilleux (apparenté à « La Petite Table, l'Âne et le Bâton » des Grimm). Un recueil en édition jeunesse dont l'intérêt est de proposer de bonnes histoires à raconter, variations sous des airs connus : une souris jamais rassasiée qui avale tout (AT 2028), une chèvre qui ne veut pas rentrer (AT 2015), un coq qui pleure la mort de sa poule (AT 2022), un renard qui veut récupérer sa queue (AT 2034). Sympathique pour élargir son répertoire pour les plus jeunes.

L'HARMATTAN, JEUNESSE
ISBN 978-2-343-12025-6
12 €

Ch'aska Eugenia Anka Ninawaman, trad. de l'espagnol par Claire Lamorlette

183 **Un petit grand-père bien canaille : contes quechuas**

Une édition trilingue (français-quechua-espagnol) pour quinze contes courts (une à trois pages) à la fois amusants, cocasses et quelquefois crus. La majorité sont des contes de fiancé(e)s séduit(e)s par un animal métamorphosé. Le bestiaire est vaste. Comme le dit, avec beaucoup de sagesse et un brin de malice, un des maris dupés à la fin de l'aventure : « L'être auquel on se lie peut être une illusion ! ». À signaler, une introduction passionnante dans laquelle l'auteure décrit plus particulièrement son apprentissage de conteuse au Pérou.

L'HARMATTAN, LA LÉGENDE DES MONDES
ISBN 978-2-343-11971-7
17,50 €

Collecte et trad. [de l'anglais (Irlande)] par Marilyn Plénard, ill. Susanne Strassmann

184 **Contes et légendes d'Irlande**

Vingt-sept contes, souvent très brefs, étiologiques en majorité. Quelques poèmes magnifiques et contes merveilleux « à tomber ». Ils nous plongent dans une culture assez peu connue chez nous. Deux parties : la première, nourrie d'extraits de grands cycles mythologiques gaéliques et la seconde, plus facile à lire, présente contes et témoignages recueillis à partir du XIXe siècle. Beau et utile pour ceux qui racontent.

FLIES FRANCE, AUX ORIGINES DU MONDE
ISBN 978-2-37380-109-5
20 €

Textes réunis et présentés par Christian Poslaniec

185 **Revenants et diableries**

Cette remarquable anthologie relève de la littérature fantastique et non des contes traditionnels. On y retrouve des thèmes voisins : peur, fantômes, morts vindicatifs... Christian Poslaniec a choisi judicieusement ces neuf récits, en traduisant ou révisant certains d'entre eux avec talent. Ces textes passionnants, plutôt faciles à lire, feront le bonheur des adolescents et aussi celui des conteurs qui aiment lire à haute voix, dire ou raconter des nouvelles. Petites introductions claires et très utiles.

L'ÉCOLE DES LOISIRS, CLASSIQUES
ISBN 978-2-211-22784-1
6,10 €

Responsables de la rubrique : Ghislaine Chagrot et Emmanuelle Kabala
Rédactrices : Évelyne Cevin, Ghislaine Chagrot, Lise Durousseau, Emmanuelle Kabala et Hélène Kerurien

Version numérique   Première lecture

POÉSIE

POÉSIE

En poésie, les très jeunes enfants entendront des paroles de confiance et de bienveillance.

Dans des livres à la taille de leurs mains (de petits géants) ou si grands qu'ils pourraient (à quatre pattes) les explorer.

Des textes tendres ou drôles qui donnent le courage d'affronter la peur et le beau temps.

Ils écouteront, avant parfois d'en comprendre le sens, la musique des mots et comme elle sonne dans une autre langue.
Parce que le monde est grand.

Mais parce qu'il est violent aussi, les poètes – s'adressant aux adolescents – dénoncent la folie des hommes.

Et pourtant par la justesse des mots c'est le rêve et l'espoir qui nous mènent.

Des livres particuliers, pour vagabonder – des comptines aux textes pour grands adolescents – dans la belle variété d'images des artistes qui les ont si joliment illustrés.

0-3 ANS

Thierry Dedieu
186 **Le Petit ver tout nu**

Voici une comptine bien connue. Pour alerter les bébés sur le risque d'être mangé par plus grand que soi ? Heureusement « le petit ver tout nu » est malin. N'empêche, la vie est dangereuse pour ces petits être fragiles ! Thierry Dedieu poursuit la création de ses drôles de grands livres en noir et blanc adressés aux bébés.

SEUIL JEUNESSE, BON POUR LES BÉBÉS
ISBN 979-10-235-0959-5
14,50 €

Florence Koenig
187 **1 hibou 2 boutons 3 camions**

« 30 collections en comptines ». Page de gauche une comptine (souvent connue) page de droite une collection de bateaux, cailloux, champignons... Sur le papier épais blanc cassé, les dessins sont gracieux et épurés et on joue à retrouver un lapin à chaque page. Ces associations comptine / imagier sont amusantes. Une jolie façon de découvrir ces premières chansons.

ACTES SUD JUNIOR
ISBN 978-2-330-08508-7
14,90 €

187

Version numérique   Première lecture

3-6 ANS

♥
C1
Paul André, ill. Fred Sochard
188 **Les Juments blanches**

On les appelle « Ar gazeg wenn », « El fâras lè bêda » « La yegua blanca »… tout autour de la planète. Mais chez les Inuits elles n'ont pas de nom car là-bas les juments blanches n'existent pas… Elles sont toutes semblables et différentes. Comme nous ? D'un livre à l'autre de cette collection pour les tout-petits, nous retrouvons une même harmonie des couleurs et des paroles rassurantes de confiance. Pour aimer le monde dans sa diversité, son mystère et sa beauté, par les poèmes et les images vives et douces qui, vers après vers, les illustrent.

Autres titres

Pierre Albert-Birot, ill. Rozenn Bothuon
189 **Admiration**

Maurice Fombeure, ill. Évelyne Mary
190 **Le Coquillage**

Bernard Lorraine, ill. Chloé Fraser
191 **Au début…**

RUE DU MONDE, PETITS GÉANTS
ISBN 978-2-35504-503-5
ISBN 978-2-35504-501-1
ISBN 978-2-35504-504-2
ISBN 978-2-35504-502-8
7,50 € CHACUN

6-8 ANS

♥
C2
Maya Angelou, trad. de l'anglais (États-Unis) par Santiago Artozqui, ill. Géraldine Alibeu
192 **La Vie ne me fait pas peur**

Dans cette nouvelle collection bilingue, un charmant poème de Maya Angelou, femme de lettres afro-américaine, dédié « aux enfants qui sifflotent dans le noir en refusant d'admettre que le noir leur fiche la frousse ». Face aux dangers qui la guettent une petite fille riposte : « Je leur fais bouh / Ça les repousse / Je souris / Ça les rend fous ». Une poésie simple, qui touchera beaucoup les enfants… accompagnée par les illustrations délicates de Géraldine Alibeu, dont les aplats de couleurs douces servent de décor aux parades de la fillette pour vaincre ses peurs.

SEGHERS JEUNESSE, BILINGUE
ISBN 978-2-232-12835-6
15,50 €

C2
Poèmes de Pierre Soletti, ill. Clothilde Staës, trad. en arabe par Georges Daaboul
193 **Poèmes pour affronter le beau temps**

Un petit recueil bilingue de poèmes légers et tendres. Le texte joue sur la sonorité des mots et sur les sensations, et la traduction s'efforce de rendre compte de la poésie du texte. Le jeu typographique qui accompagne les mots, comme étirer le mot « allonge », épeler le mot « m-i-n-u-t-e-r-i-e » et mettre en gras bien sombre le mot « nuit », ajoute à la malice du propos… Les illustrations – pour « affronter le beau temps & profiter du mauvais » – alternant les tons gris et les couleurs vives sont très originales.

LE PORT A JAUNI
ISBN 978-2-9195-1124-2
9 €

192

NOUVELLE ÉDITION

C2

René de Obaldia, ill. Emmanuelle Houdart

194 **Moi j'irai dans la lune et autres Innocentines**

Une nouvelle édition bienvenue des merveilleuses *Innocentines*, publiées en 1969. Une belle occasion de faire découvrir aux enfants d'aujourd'hui l'univers facétieux et tendre de cet auteur, âgé de 99 ans, avec l'assurance de vivre des aventures inédites et de beaucoup s'amuser. Les rimes claquent à vive allure, les mots s'entrechoquent avec entrain et les dessins d'Emmanuelle Houdart, saynètes ou personnages enfantins croqués sur le vif, leur font gaiement écho.

GRASSET JEUNESSE
ISBN 978-2-246-86066-2
10 €

8-10 ANS

C2 C3

Rémi David, ill. Julie Joseph

195 **Robert Desnos, ce pirate tendre et fou**

Un bel hommage à toute la fantaisie de ce poète disparu trop tôt, emporté par la tourmente de la Seconde Guerre mondiale, bien connu des enfants grâce à sa « fourmi de dix-huit mètres ». Un texte simple et riche, accompagné de nombreux extraits de lettres et de poèmes, raconte la vie de cet autodidacte touche-à-tout, épris d'amour et de liberté, prodige des mots, qui croisa notamment le mouvement surréaliste, pour en rejeter les dogmes et explorer toutes les formes poétiques où prédominent l'imagination et le rêve.

Distingué par les « White Ravens » 2018, décernés par l'International Youth Library Foundation.

Autre titre :

Hélène Fresnel, ill. Anastassia Elias

196 **Andrée Chedid, la poésie au cœur du monde**

À DOS D'ÂNE, DES GRAINES ET DES GUIDES
ISBN 978-2-37606-065-9
ISBN 978-2-37606-064-2
7,50 € CHACUN

C2 C3

La Fontaine, Verlaine, Prévert...
ill. Bruno Gibert

197 **Le Zoo poétique...**

C'est un bonheur de retrouver la fourmi, l'ours et le pélican de Robert Desnos, le chat de Charles Baudelaire, l'écrevisse et la méduse d'Apollinaire, les escargots de Prévert, les lapins de Théodore de Banville, Dame souris de Paul Verlaine, l'âne de Francis Jammes... et d'autres « bêtes » encore. Les belles illustrations aux couleurs profondes sont très présentes, pourtant la mise en pages de ce livre au grand format laisse toute leur place aux poèmes.

SEUIL JEUNESSE
ISBN 979-10-235-0905-2
16 €

C2 C3

Werner Lambersy, ill. Aude Léonard

198 **Le Sous-marin de papier**

Une invitation très poétique au voyage imaginaire : pour cela il suffit de trouver la source cachée des rêves, d'apprendre à écouter « son âme qui est comme de l'eau », de s'amuser à « démonter et remonter le vieux réveille-matin des heures », d'être prêt à partir dans ce pays où « les poissons rouges quittent le bocal du soleil couchant »... en somme de donner libre cours à sa fantaisie et à ses rêves. Les photomontages d'Aude Léonard, un peu décalés, accompagnent avec tendresse ce grand dépaysement. Idéal pour laisser vagabonder son esprit et s'inventer son propre cinéma.

MØTUS, POMMES, PIRATES, PAPILLONS
ISBN 978-2-36011-072-8
10,90 €

C2 C3

Carson McCullers, trad. de l'anglais (États-Unis) par Jacques Demarcq,
ill. Rolf Gérard

199 **Doux comme un cornichon et propre comme un cochon**

On connaissait Carson McCullers comme romancière et nouvelliste, on la découvre auteur de poèmes et comptines pour enfants. Publié aux États-Unis en 1964, ce recueil étonne et surprend par la fraîcheur et la légèreté de ses textes. Très courts (quatre à huit rimes), plus longs (une double page), ils sont tour à tour malicieux, drôles, tendres, fantaisistes ou sérieux comme peuvent l'être les enfants, très sobrement illustrés et très joliment traduits.

SEGHERS JEUNESSE, BILINGUE
ISBN 978-2-232-12954-4
15,50 €

C2 C3
Marcus Malte, ill. Régis Lejonc
200 **Tu seras ma princesse**

Dans un beau format en hauteur, un chant d'amour offert par un père qui rêve de sa vie avec son enfant à naître, pleine de jeux, de rires, d'aventures, de secrets partagés… Un grand amour qui n'empêchera pas la fillette de voler un jour de ses propres ailes : « Entre ton premier jour / Et ma dernière nuit / Ta jeunesse et ma vieillesse / Nourries / L'une de l'autre / L'aventure de toute une vie ». Les illustrations de Régis Lejonc, à travers la figure changeante de la petite princesse, évoquent de façon charmante une enfance débarrassée de tous les stéréotypes.

SARBACANE
ISBN 978-2-37731-018-0
18 €

C2 C3
Arthur Rimbaud, ill. Lauranne Quentric
201 **Le Dormeur du Val**

La manière dont Laurence Quentric traduit en images chaque vers de ce poème écrit par Rimbaud à l'âge de 16 ans est empreinte à la fois de beaucoup de douceur, de délicatesse et de grâce avec des illustrations en double page alliant couleurs très franches et translucides, éléments comme croqués sur du papier découpé donnant une impression de relief. Le corps du soldat mort se révèle lentement au sein d'une nature en contraste très vivante. En fin d'album, le poème sous sa forme manuscrite, le portrait le plus célèbre du poète et un court texte de contextualisation.

MOUCK, JUVENILIA
ISBN 978-2-917442-57-9
15 €

♥
C2 C3
Boris Vian, ill. Nathalie Choux
202 **La Valse de Noël**

Ce poème pacifiste s'adresse aux jeunes enfants, son tempo invite à « une valse éternelle » tout ceux qui préfèrent « Plutôt que de faire la guerre / Croire au père Noël… ». Le grand format du livre offre un bel espace aux illustrations évoquant un Noël joyeux. Boris Vian a écrit ce texte en 1955 avec, comme pour « Le Déserteur » (1954), une variante de la dernière strophe, plus révoltée, à découvrir dans la postface.

GRASSET, LA COLLECTION
ISBN 978-2-246-86058-7
19,90 €

10-12 ANS

C3
Carl Norac, ill. Géraldine Alibeu
203 **Poèmes pour mieux rêver ensemble**

Un recueil de 80 poèmes comme un hymne à la vie, à la rencontre avec l'autre, à la force de nos rêves et de la poésie. Le fil rouge : la grande roue de l'existence à laquelle on s'accroche, dont on décroche, qui essuie des chagrins, où l'on cherche un refuge… tout en continuant à avancer (comme le chante si bien Souchon !). Alors enfourchons notre vélo, repoussons l'horizon, grimpons sur les arbres, risquons l'amour, changeons le monde. Les illustrations, aux motifs colorés, animées par plein de personnages enfantins, apportent leur touche joyeuse.

ACTES SUD JUNIOR
ISBN 978-2-330-07889-8
16,50 €

C3
Walid Taher, trad. en arabe par Mathilde Chèvre
204 **Balad, voyage sans bagage**

Balad ou « pays » en arabe est une ode au vagabondage. Walid Taher, illustrateur égyptien, écrit un long texte poétique où le narrateur se promène de ville en ville autour de la Méditerranée, en décrivant les habitudes locales, les gens, les senteurs, les couleurs : « les draps flottaient aux balcons / et les jupes riaient / à l'odeur de citron ». La beauté du texte (bilingue arabe français) et les dessins au trait (au stylo Bic ou à la mine de plomb) donnent une envie irrésistible de partir en voyage.

LE PORT A JAUNI
ISBN 978-2-9195-1130-3
18 €

202

♥
C3
Thomas Vinau, ill. Bertrand Sallé
205 **L'Aube appartient aux pies**

« Les chemins sont aux pierres » / « Les raccourcis au vent » / « Les dimanches pour les fenêtres »... D'association en association, d'appartenance en appartenance, nous comprenons que notre bien le plus précieux est l'émerveillement. Des photographies anciennes en noir et blanc s'inscrivent dans des paysages dessinés aux couleurs pâles. Ces illustrations, entre collages et surimpressions, sont estompées, un peu floues comme des souvenirs. Une invitation à regarder le monde d'une bienfaisante légèreté.

MØTUS
ISBN 978-2-36011-074-2
11,50 €

13-15 ANS

C4
Olivier Demigné, image Antoine Corbineau
206 **Poèmes arrondis : petite fabrique de poésie au hasard des rues**

Un carnet de voyage ludique et poétique pour redécouvrir Paris au fil de ses vingt arrondissements. Au départ, l'œuvre d'un graphiste qui a recomposé à sa façon les cartes de quelques grandes villes européennes. Son « Plan de Paris » est ici repris, avec la complicité de l'auteur qui en a arpenté les rues pour nous livrer sa vision toute personnelle de chaque arrondissement. En résulte une sorte de collage qui aiguise la curiosité et donne envie de se lancer dans cette aventure : le mode d'emploi est proposé dans l'avant-propos.

CHEYNE, POÈME POUR GRANDIR
ISBN 978-2-84116-247-5
15 €

C4
Scén. Pascal Rabaté, dessin Alain Kokor
207 **Alexandrin ou L'art de faire des vers à pied**

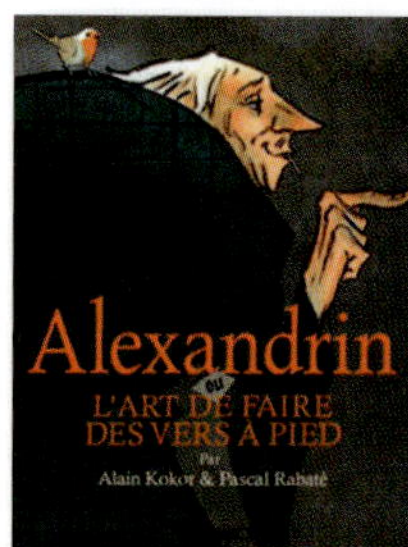

Alexandrin est poète. Pour gagner sa vie, il arpente les chemins de terre et de bitume pour vendre ses poèmes porte à porte. Son chemin croise celui d'un jeune garçon fugueur. Alexandrin, qui ne s'exprime qu'en vers, glisse de la poésie dans tout ce qu'il regarde et dans les petits gestes de la vie quotidienne, l'enfant se laisse apprivoiser, son regard se transforme... Le temps d'un été, ces deux-là vivent une parenthèse inoubliable. Une formidable histoire de filiation, de transmission, une définition de la poésie très incarnée !

FUTUROPOLIS
ISBN 978-2-7548-1843-8
22 €

À PARTIR DE 15 ANS

♥
LYC
Ceija Stojka, trad. de l'allemand par François Mathieu, préface de Murielle Szac (édition bilingue allemand / français)
208 **Auschwitz est mon manteau. Et autres chants tsiganes**

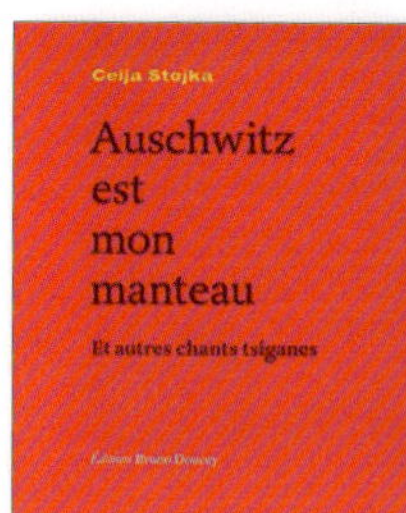

Ceija Stojka, née en Autriche en 1933, est la première femme tsigane à avoir témoigné du génocide dont son peuple fut victime. Cette femme qui ne savait pas écrire a attendu d'avoir 50 ans pour peindre et raconter son histoire, celle d'une enfant de dix ans qui alla à Auschwitz-Birkenau, Ravensbrück et Bergen-Belsen et en revint. Ses textes, comme ses tableaux, témoignent des jours libres et heureux, de l'horreur, puis du retour à la vie. *Auschwitz est mon manteau* est bouleversant. Et paradoxalement débordant de vie, d'arbres, d'oiseaux, d'enfance...

BRUNO DOUCEY, EN RÉSISTANCE
ISBN 978-2-362-29166-1
15 €

Responsable de la rubrique : Manuela Barcilon
Rédactrices : Manuela Barcilon, Pascale Joncour, Annick Lorant-Jolly et Nathalie Sfeir

THÉÂTRE

THÉÂTRE

Le théâtre pour la jeunesse prend le pouls des angoisses et des questionnements contemporains : cette année, les thèmes de l'identité et du territoire occupent le devant de la scène.
On croise inévitablement de jeunes protagonistes en migration – la fable n'a jamais été plus proche du document – mais aussi des enfants que séparent les peurs et les fantasmes de la génération précédente, hantée par le souvenir de la guerre d'Algérie.
Tous tentent de forger des utopies réparatrices, mais celles-ci seront-elles suffisantes ?
Les dangers des réseaux sociaux sont également pointés avec acuité par Evan Placey et Sylvain Levey.

211

6-8 ANS

♥
C2
Nathalie Papin
209 **Le Gardien des ombres**

Imaginez un monde (le nôtre ?) où les gens ne supportent plus leur ombre et préfèrent s'en débarrasser. Les ombres s'accumulent donc chez Teppoge – Gepetto au miroir – qui les recueille et prend soin d'elles, jusqu'à constituer un cirque prêt pour le voyage. L'écriture de Nathalie Papin, riche de jeux onomastiques, anime les parois d'une demeure obscure, sorte de caverne platonicienne inversée : car c'est à la lueur d'une bougie que se révèle la beauté simple et fragile de ces petites formes humaines qui naguère végétaient, là-haut, dans le monde vain des apparences.

L'ÉCOLE DES LOISIRS, THÉÂTRE
ISBN 978-2-211-23334-7
7 €

8-10 ANS

C2 C3
Amine Adjina, ill. Leslie Auguste
210 **Arthur et Ibrahim**

Le père d'Ibrahim, persuadé que les Français haïssent les Arabes, voudrait éloigner son fils d'Arthur. La parade imaginée par les enfants – faire en sorte qu'Arthur devienne arabe – va déboucher sur des situations cocasses, mais possiblement dangereuses... Le dialogue théâtral est nuancé, n'esquivant ni les sujets tabous (l'ablation du prépuce), ni les références historiques (le général de Gaulle est plaisamment convoqué) ! Cette pièce permet au jeune lecteur de s'interroger sur l'identité que l'on choisit ou que l'on subit, mais qui est toujours potentiellement meurtrière.

ACTES SUD-PAPIERS, HEYOKA JEUNESSE
ISBN 978-2-330-09346-4
12 €

Version numérique   Première lecture

C2 C3
Fabrice Melquiot
211 **Les Séparables**

Sabah et Romain habitent l'un en face de l'autre. Ils s'observent discrètement par la fenêtre. Sabah s'emploie à « chasser le bison blanc ». Romain caracole sur son cheval de bois. Ils échappent à la laideur d'un monde où l'on « déteste les Arabes ». Un jour, ils se parlent. Leur mutuelle curiosité se mue en intérêt passionné. Mais le père de Romain est raciste. Il se querelle pour un motif obscur avec le père de Sabah. Des coups s'échangent. La famille de Sabah choisit de déménager loin. Voilà détruit le bonheur de Sabah et de Romain. Mais qui tiendrait compte du projet de vie de deux enfants?
Grand prix de Littérature dramatique jeunesse 2018.

L'ARCHE, THÉÂTRE JEUNESSE
ISBN 978-2-85181-923-9
10 €

C2 C3
Carole Thibaut
212 **La Petite fille qui disait non**

Marie vit seule avec Jeanne, sa maman, une infirmière accablée de travail. Elle se rend presque chaque soir chez grand-mère Louise, paralytique qui dansait jadis dans un cabaret. Celle-ci vit hors des conventions et met librement fin à sa vie quand elle n'en attend plus de bienfaits. Mais elle reste présente dans les pensées de Marie et lui inspire un besoin tout neuf d'émancipation. La petite fille fait alors la connaissance de Loup, un jeune vagabond qui va lui enseigner l'insolence et la confiance en soi. Une jolie fable qui s'achève sur l'entente du devoir et du bonheur.

L'ÉCOLE DES LOISIRS, THÉÂTRE
ISBN 978-2-211-23686-7
7,20 €

10-12 ANS

♥
C3
Marine Auriol
213 **Chroniques du grand mouvement : Zig et More**

C'est la guerre entre le nouveau pouvoir, appuyé sur les tueurs du CAPP, et les Cadrieux, résistants. Zig, un enfant-soldat Cadrieu, a posé le pied sur une mine : il sera fichu au premier mouvement qu'il fera. Mercenaire à la solde du CAPP, More découvre l'enfant et s'installe devant lui, attendant que la mine explose. Mais Zig va tenir très longtemps. Prisonniers l'un de l'autre, Zig et More éprouvent toute l'ambiguïté de cette relation, faite de fascination mutuelle, de solidarité autant que d'hostilité. Ennemis ou non, ils sont pareillement victimes de leurs intentions belliqueuses.

ÉDITIONS THÉÂTRALES, THÉÂTRALES JEUNESSE
ISBN 978-2-84260-457-8
8 €

C3
Antonio Carmona
214 **Maman a choisi la décapotable**

Lola et Prune, sa sœur adolescente, forment un trio improbable avec leur jeune nounou, Garance : voilà des années que la maman a filé avec son amant. Le pauvre papa est parti à son tour, poursuivi par le chagrin. C'est le naufrage. Mais Garance mène la barque de sauvetage avec bon sens et courage. Les trois abandonnées tâchent de vivre la catastrophe sur le mode de la blague et papa, forcément, finira par rentrer. La générosité de leur regard leur permet d'échapper aux souffrances de la séparation. Les âges successifs de la féminité sont joliment éclairés dans cette comédie vivifiante.

ÉDITIONS THÉÂTRALES, THÉÂTRALES JEUNESSE
ISBN 978-2-84260-765-4
8 €

C3
Claudine Galéa
215 **Noircisse**

Hiver et June se retrouvent chaque été au bord de l'océan. Elles sont liées par une amitié sans bornes. Deux garçons viennent mêler à cette passion leurs rêves et leurs désirs naissants. L'un d'eux, immigré en situation irrégulière, participe malgré lui à l'édification de lotissements qui achèvera de défigurer la côte. Les membres de ce quatuor écolo cherchent à inventer l'avenir de leur génération. Face à la grande marée qui menace de les engloutir, ils montrent un sang-froid qui les sauvera. Ces rebelles sont capables d'un engagement qui les porte au-delà de leur propre candeur.

ESPACES 34, THÉÂTRE JEUNESSE
ISBN 978-2-84705-167-4
9,50 €

C3
Jaime Chabaud, Javier Malpica,
trad. de l'espagnol par Françoise Thanas
216 **Petites pièces mexicaines**
Réunit : *Des larmes d'eau douce* et *Papa est dans l'Atlantide*

Quelles pépites ! L'une et l'autre évoquent des sujets douloureux – le sort d'enfants du tiers-monde voués à l'exploitation ou à l'abandon – mais l'humour et la poésie ne leur font pas défaut, non plus que l'inventivité dramaturgique. *Dans Papa est dans l'Atlantide*, le point de vue des enfants, formant une bulle vivace et tendre, tient à distance un monde d'adultes qui les opprime. L'autre pièce, plus courte, utilise la parole pleine de malice d'une vieille conteuse pour donner vie à une légende tragique.

ÉDITIONS THÉÂTRALES, THÉÂTRALES JEUNESSE
ISBN 978-2-84260-704-3
10 €

13-15 ANS

C4
Simon Grangeat
217 **Du piment dans les yeux**

Mohamed, un jeune Ivoirien, a choisi l'émigration à cause de son désir ardent de faire des études. Son chemin croise celui d'Inaya, une jeune fille fuyant l'Afrique à cause de la guerre. Porté par une narration chorale, le texte se concentre sur le périple et les épreuves inhumaines que vivent ces jeunes migrants ; l'âpreté des situations décrites, sans anéantir l'espoir des protagonistes, donne à cette pièce une portée édifiante et une valeur documentaire à mettre en lien avec d'autres œuvres du répertoire jeunesse, notamment *Le Bruit des os qui craquent* de Suzanne Lebeau.

LES SOLITAIRES INTEMPESTIFS, JEUNESSE
ISBN 978-2-84681-537-6
11 €

C4
Sylvain Levey
218 **Michelle doit-on t'en vouloir d'avoir fait un selfie à Auschwitz ?**

Le 2 mai 2015 à 7 h 27, Michelle, ses camarades de classe et deux professeurs sont dans un bus. Direction Auschwitz. Les avatars s'activent : ça poste, ça tweete, ça tchate tous azimuts. À travers des didascalies livrées par les personnages eux-mêmes, Sylvain Levey relève méticuleusement les détails de ce voyage, liste tous les gestes réels et virtuels de ce groupe désinvolte qui nous ressemble terriblement. Doit-on s'en vouloir d'accepter des demandes d'amitié de gens qu'on ne connaît pas, d'avoir une opinion sur tout et n'importe quoi, en un mot, d'avoir le clic intempestif ? *Grand prix de Littérature dramatique jeunesse 2018.*

ÉDITIONS THÉÂTRALES, THÉÂTRALES JEUNESSE
ISBN 978-2-84260-755-5
8 €

C4
Evan Placey, trad. de l'anglais (Royaume-Uni) par Adélaïde Pralon
219 **Ces filles-là**

L'école Sainte-Hélène est un établissement privilégié où les filles apprennent les règles de la réussite sociale. Dans cet espace clos, les passions s'exaspèrent. De la petite enfance à l'adolescence, chacune vit sous le regard des autres. Scarlett s'est laissé photographier toute nue et l'image fait aussitôt le tour des réseaux sociaux. Ses « amies » l'accablent de leur réprobation, violence feutrée d'une censure mortifère. Cette fable dénonce les méfaits d'une communication formatée par les réseaux sociaux où prospèrent préjugés et sanctions sans fondement.

ÉDITIONS THÉÂTRALES, THÉÂTRALES JEUNESSE
ISBN 978-2-84260-754-8
8 €

Responsables et rédactrices de la rubrique :
Fanny Carel et Sibylle Lesourd

5 ROMANS

ROMANS

À quoi ressemble l'image que nous renvoie le rétroviseur de cette année romanesque ? Une image où le réel regagne en catimini la place qu'il avait cédée à l'imaginaire. Réel dangereux où les réseaux sociaux se révèlent un instrument dramatique puissant (*Baisers cachés* de Jérôme Larcher ; *Butter* d'Erin Lange ; *La Sirène et la licorne* d'Erin Mosta...). Réel joyeux où la vie s'invente en désordre (*Une année chez les Stevenson* de Dana Alison Levy ; *Pëppo* de Séverine Vidal ; et l'épatant *Caribou baby* de Meg Rosoff...). Réel romantique qui n'a pas froid aux yeux (*Brexit romance*, de Clémentine Beauvais...). Réel du passé où des auteurs formidables renouvellent le roman historique (Sigrid Baffert et son éblouissant *Tous les bruits du monde* ; Nathalie Bernard et son glaçant *Sauvages* ; Fabrice Colin qui s'empare si intelligemment de l'autobiographie de Simone Veil ; *Le Célèbre catalogue Walker et Dawn* de Davide Morosinotto, réjouissant hommage à Twain...). Quant aux littératures de l'imaginaire, ont-elles jamais été aussi proches des questions qui nous inquiètent ici et maintenant ? *Interfeel* d'Antonin Atger au réseau social implacable ou cette *Révolte des animaux moches*, de Coline Pierré, roman anti-spéciste, comme l'est aussi le *Jefferson* de Jean-Claude Mourlevat. Pour ne citer qu'à peine 7,7 % des 180 formidables romans qui composent cette sélection annuelle !

6-8 ANS / PREMIÈRES LECTURES

220

♥ C2

Vincent Cuvellier et Thomas Baas

220 **Les Jours pairs : 179 histoires à lire avec qui on veut**

Ces miscellanées littéraires de Vincent Cuvellier se retrouvent dans nos premières lectures mais pourraient tout aussi bien être du côté des albums par la belle intervention de Thomas Baas. Déclaration d'amour aux éclats de l'auteur à son fils, ce recueil de 179 histoires à lire un soir sur deux s'adresse à tous les enfants qui ont deux maisons, et à tous les autres aussi. Un livre joyeux et émouvant, fait de riens mais qui embrasse tout puisque l'adulte (souvent l'auteur dans son propre rôle) et l'enfant vivent résolument ensemble même si ce n'est pas tous les jours.

HÉLIUM
ISBN 978-2-330-06537-9
19,90 €

♥ C2

Claire Le Cam, ill. Princesse Camcam

221 **Souvenirs du paradis**

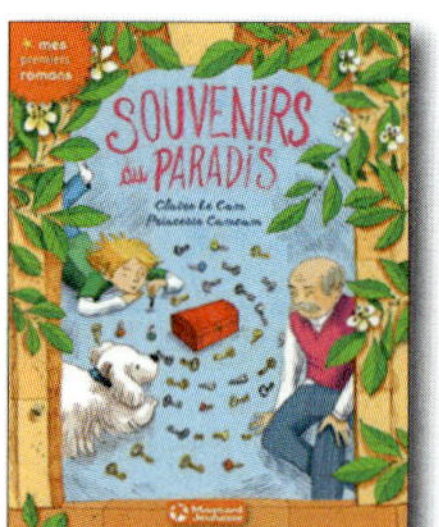

Pady, le grand-père, vient passer quelques jours chez ses enfants. Depuis qu'il a perdu sa femme, les mots lui échappent et Azelor, son petit-fils, lui / nous sert d'interprète. Quand les clefs de la maison se mettent à disparaître, Azelor cherche le coupable qui n'est autre, bien sûr, que le vieil homme qui lui aussi perd les clefs de sa vie. Rien de larmoyant dans ce roman délicat, mais une attention enfantine et belle à cette mémoire qui s'en va. On s'amuse de ces mots malmenés par cette histoire qui fait grandir.

MAGNARD JEUNESSE, MES PREMIERS ROMANS
ISBN 978-2-210-96304-7
5,90 €

C2

Kim Leine, trad. du danois par Alain Gnaedig, ill. Peter Bay Alexandersen

222 **Le Garçon qui partit dans le Nord avec son père à la recherche du Père Noël**

Le titre dit tout et le roman très illustré qu'il annonce – proche de la BD – est un joli moment de lecture. Cette aventure groenlandaise écrite par un Danois met en scène avec légèreté un moment partagé entre un père et son fils. L'un croit au Père Noël, l'autre pas et chacun reviendra de cette petite expédition en pleine nature avec la même conviction mais riche de cette aventure partagée.

GALLIMARD JEUNESSE
ISBN 978-2-07-508433-8
17,50 €

C2

Anne Cortey, ill. Benoît Perroud

223 **Pêche à l'arc**

Une balade canadienne autour d'un lac proposée dans cette nouvelle collection de romans dessinés dirigée par Séverine Vidal. Au réveil, Tomi découvre que son arc a disparu. Le chien Bob (gros paresseux) révèle que la fille de l'autre côté du lac est venue l'emprunter. Tomi et le chien traversent le lac pour retrouver l'arc et passer une belle journée avec la fille dont on ne saura pas le nom. Un très joli moment de lecture, au grand air, pour une écriture et une illustration retenues qui éclairent la poésie de cette journée.

MANGO JEUNESSE, ROMAN DESSINÉ
ISBN 978-2-7404-3294-5
12,95 €

C2

Jean Leroy, ill. Lucie Bryon

224 **Le Gros bobo de Big Jo**

Un gros dur et une petite futée pour une comédie western rondement menée. Jenny remplace efficacement son shérif de père et comprend que le terrible Big Jo a surtout besoin d'un bon dentiste. Qu'à cela ne tienne, la petite retrousse ses manches et les filles qui retroussent leurs manches, au Far West ou ailleurs, on aime bien ça.

MILAN, BENJAMIN ; 6-8 ANS
ISBN 978-2-408-00437-8
5,20 €

♥
C2

Gwendoline Raisson, ill. Clothilde Delacroix

225 **Oiseau Oiselle**

Une oiselle libre, un oiseau en cage. Quand la cage s'ouvre, la liberté fait peur à Oiseau qui y retourne à la première occasion. Tant pis, Oiselle part seule vers son rêve d'île pendant qu'Oiseau élargit peu à peu son territoire grâce à cette porte ouverte. Facture classique pour ce texte à l'imparfait, où masculin et féminin n'ont pas les rôles attendus sans que cela soit caricatural. Un bel apprentissage de la liberté, qui ne prend pas le même chemin ni le même temps pour chacun.

L'ÉCOLE DES LOISIRS, MOUCHE
ISBN 978-2-211-23434-4
6,50 €

♥
C2

Dr Seuss, trad. de l'anglais (États-Unis) par Stephen Carrière

226 **Le Lorax**

Comment le Lorax a-t-il été enlevé ? Seul le Gâche-Pilleur peut le raconter (contre rétribution) puisque c'est lui qui a détruit les uns après les autres les merveilleux arbres Truffula pour vendre leur feuillage soyeux, dévastant de sa cupidité sans limite cette vallée édénique dont le Lorax était le défenseur. Cette fable antilibérale se conclut sur l'espoir porté par l'enfant qui a écouté cette histoire. Décidément, cette entreprise de traduction du Dr Seuss est fructueuse.

Du même auteur :

227 **On cherche un bon copain**

LE NOUVEL ATTILA
ISBN 978-2-37100-056-8
ISBN 978-2-37100-057-5
12 € / 10 €

C2

Brigitte Smadja, ill. Jérémie Moreau

228 **C'est mieux chez toi**

Deux copines d'école, Louise et Amina. Louise, fille unique et choyée, vit dans une famille aisée. La famille d'Amina est plus modeste, son père travaille en Allemagne et elle vit en France avec sa mère et ses deux grands frères très remuants. Louise envie Amina et Amina aimerait être à la place de Louise... Jolie histoire toute simple, proche de l'enfance.

L'ÉCOLE DES LOISIRS, MOUCHE
ISBN 978-2-211-23307-1
7 €

C2

Laurel Snyder, trad. de l'anglais (États-Unis) par Valérie Le Plouhinec, ill. Emily Hughes

229 **Charlie, Ouistiti et Papili**

Un grand frère et un plus petit accueillent leur grand-père. Cela veut dire que Papa et Maman ne sont pas là et qu'une liberté douce s'installe dans la maison. Pizzas, cabanes et conversation, conversation surtout, où transparaissent des liens profonds et légers entre ces deux générations contentes de se retrouver et tristes de se séparer. Une délicatesse à laquelle l'illustration apporte toute sa contribution et une collection à suivre de près.

LITTLE URBAN, PREMIERS ROMANS
ISBN 978-2-37408-081-9
8 €

C2

Matthieu Sylvander, ill. Perceval Barrier

230 **Le Plein de Blorg**

Un vaisseau extraterrestre tombe en panne sèche dans la ferme où Ninon passe ses vacances. Au fil d'un dialogue très poli, les Plutoniens tentent d'expliquer à leurs hôtes (qu'ils sont venus détruire soit dit en passant) ce qu'est le blorg, leur mystérieux carburant… Ce faisant, on lie connaissance et le projet de destruction s'effrite phrase après phrase. Accueillir, aider, parler et aussi s'amuser : une introduction formidable à la science-fiction.

L'ÉCOLE DES LOISIRS, MOUCHE
ISBN 978-2-211-23597-6
7,50 €

SUITES & SÉRIES 6-8 ANS

C2

Julian Gough, trad. de l'anglais (Royaume-Uni) par Rose-Marie Vassallo, ill. Jim Field

231 **Ourse & Lapin : Une chouette surprise**
232 **Ourse & Lapin, t.2 : Un intrus dans la vallée**

PÈRE CASTOR – FLAMMARION
ISBN 978-2-08-142110-3
ISBN 978-2-08-138952-6
10,50 € CHACUN

C2

Colas Gutman, ill. Marc Boutavant

233 **Chien pourri et sa bande**

L'ÉCOLE DES LOISIRS, MOUCHE
ISBN 978-2-211-12454-6
8 €

C2

Ole Könnecke, trad. de l'allemand par Svea Winkler-Irigoin

234 **Les Nouvelles aventures de Lester & Bob**

L'ÉCOLE DES LOISIRS, MOUCHE
ISBN 978-2-211-23241-8
8,50 €

C2

Erwin Moser, trad. de l'allemand par Aurélien d'Almeida

235 **Marius le chat : Quel cirque !**

CASTERMAN
ISBN 978-2-203-15839-9
5,95 €

C2

Catharina Valckx, ill. Nicolas Hubesch

236 **Bruno : le jour où j'ai offert une plante à un inconnu**

L'ÉCOLE DES LOISIRS, ALBUM DE L'ÉCOLE DES LOISIRS
ISBN 978-2-211-23395-8
13,50 €

8-10 ANS

C2 C3

Audren, ill. Cédric Philippe

237 **La Petite épopée des pions**

Un court roman-fable plein d'humour, où les pions interchangeables et bien rangés du damier s'appellent tous Sasha, se laissant mener sur des cases qu'ils n'ont pas choisies. Tous si raisonnables, sauf un : le Sasha rêveur. Quand la boîte se renverse et tous les pions avec, il en profite pour s'échapper et explorer le monde extérieur, bientôt muni de deux jambes qui lui sont poussées parce qu'il a « cru en lui ». Une épopée graphique et malicieuse pour sortir des cases qui nous sont assignées.

MEMO, PETITE POLYNIE
ISBN 978-2-35289-365-3
8 €
Comédie fantastique

C2 C3
Paloma Bordons, trad. de l'espagnol par Isabelle Gugnon, ill. Jessica Das

238 **Bazar chinois**

Jules habite dans une résidence cossue, où Lin, une jeune Chinoise de son âge, s'introduit souvent en douce pour profiter du terrain de jeux. Mais elle est rejetée, accusée de tous les maux (casser les pots de fleurs, avoir des poux...). Jules, qui l'aime bien mais ne veut pas être mis au ban de sa bande, est bien indécis sur la conduite à tenir. Sous un ton léger, le roman dénonce les préjugés et le racisme ordinaire et la difficulté de s'en abstraire.

BAYARD JEUNESSE
ISBN 978-2-7470-6171-1
9,90 €
Comédie dramatique

C2 C3
Thierry Dedieu

239 **Le Cheval qui galopait sous la terre**

Depuis que son cheval a été vendu pour descendre tirer les wagonnets au fond de la mine, Petit-Jean s'est juré d'y descendre à son tour. Désormais il a 13 ans, le jour est venu. Il va enfin revoir son ami qui survit dans une obscurité et une exiguïté insoutenables. Ils refont connaissance, le cheval est en piteux état. Mais maintenant qu'il l'a retrouvé, Petit-Jean ne laissera pas son compagnon dépérir... Dans sa simplicité exemplaire, un texte qui frappe juste et fort en privilégiant les sensations.

THIERRY MAGNIER, PETITE POCHE
ISBN 979-10-352-0071-8
3,90 €
Drame

240

C2 C3
Bernard Friot, ill. Charlotte Frereau

240 **Paroles de baskets (et autres objets bavards)**

Un jour, l'auteur a imaginé le personnage d'Enzo, un petit garçon à qui ses objets familiers parlent tour à tour au rythme de courts chapitres. Son réveil, son oreiller, un verre, ses baskets, etc. Une jolie et agréable façon d'entrer dans la vie d'Enzo, avec ses difficultés, ses joies, les sentiments qu'il lui faut apprivoiser. Un livre qui encourage le lecteur à continuer l'histoire d'Enzo... ou la sienne. Ce roman, qui sonne juste, aborde des sujets profonds avec légèreté.

MILAN JEUNESSE
ISBN 978-2-7459-9485-1
9,90 €
Comédie

C2 C3
Gary Ghislain, trad. de l'anglais par Isabelle Perrin

241 **Mes voisins les Goolz, t.1 : Sale nuit pour les terreurs**

Harold et sa mère vivent paisiblement ; passionnés de lecture, ils sont fan de Frank Goolz, auteur de romans d'horreur. Quand La famille Goolz emménage dans la maison d'en face, la vie d'Harold prend une tout autre allure ! Entre zombies, pierre maléfique et enfants disparus... un régal dont nous attendons la suite !

SEUIL JEUNESSE
ISBN 979-10-235-0918-2
12,90 €
Comédie fantastique

C2 C3
Julien Hervieux, ill. Carine-M

242 **Orage, petit seigneur des ténèbres**

Comme il se doit, Orage, jeune prince des ténèbres, apprend à terroriser les villageois, enlever une princesse et sait qu'il devra perdre son combat contre le chevalier qui viendra la récupérer, puisque le bien doit triompher. Mais Orage chamboule l'harmonie de ce système ultracodifié en enlevant « trop tôt » une princesse qui n'apprécie pas vraiment, elle non plus, le rôle que la société lui a assigné. Une remise en cause truculente des rôles sociaux et de genre par des personnages hauts en couleur.

POULPE FICTIONS
ISBN 978-2-3774-2013-1
9,95 €
Comédie

C2 C3

Agnès Laroche, ill. Clotka

243 **Les Apprentis détectives, [t.1] : Juju a**
244 **disparu ; [t.2] : Enquête et pickpocket**

Sam, 10 ans, rêve de devenir détective – même s'il est en fauteuil roulant. Avec ses nouvelles voisines, ils remarquent que Juju, une vieille dame qu'ils voyaient chaque jour dans le parc, a disparu. Dans le tome 2, lors d'un spectacle de prestidigitation, des objets appartenant aux spectateurs se sont volatilisés. Sam et ses deux amies vont résoudre le mystère. Une série au style enlevé, qui fait la part belle aux dialogues : une excellente introduction au roman policier urbain.

RAGEOT, HEURE NOIRE
ISBN 978-27002-5388-7/ISBN 978-2-7002-5389-4
6,90 € CHACUN
Policier

C2 C3

Coline Pierré, ill. Anne-Lise Combeaud

245 **La Révolte des animaux moches**

2050. Les animaux mènent une vie similaire à celle des humains. Grâce à l'invention d'un langage commun, toutes les espèces sont enfin égales ! Enfin... sauf les mygales, les hyènes, les serpents, les crocodiles – bref, les animaux moches – pour qui la lutte pour l'égalité est loin d'être terminée... et qui n'ont d'autre solution que de fomenter un coup d'État ! Suivant la structure classique d'un club de losers, voici peut-être le premier roman anti-spéciste de l'histoire du roman jeunesse.

ROUERGUE, DACODAC
ISBN 978-2-8126-1603-7
11,50 €
Comédie animalière

♥

C2 C3

Adam Stower, trad. de l'anglais (Royaume-Uni) par Anne Léonard

246 **Prince Koo**

En fuyant Monty, le caïd de l'école, Ben Covert découvre une mystérieuse forêt cachée en plein cœur de la ville. Il s'y lie d'amitié avec Prince Koo, une petite fille... avec une longue barbe ! Aidés d'un wombat apprivoisé, ils vont donner une bonne leçon à Monty... Le récit, gentiment dingue, joue pleinement la carte de la fantaisie. Les illustrations, pleines de détails, ont une vraie valeur narrative. Adam Stower ne démérite pas de Roald Dahl, son inspirant prédécesseur.

ALBIN MICHEL JEUNESSE
ISBN 978-2-226-40326-1
10,90 €
Comédie fantastique

C2 C3

David Walliams, trad. de l'anglais (Royaume-Uni) par Valérie Le Plouhinec, ill. Tony Ross

247 **Le Gang de minuit**

David Walliams nous emmène cette fois dans un affreux hôpital où il compose un roman léger, drôle et bienveillant autour de sujets graves (un enfant séparé de ses parents, une petite atteinte d'un cancer) avec bien sûr l'efficace complicité de Tony Ross. Adultes volontiers horribles, enfants pleins de ressort, de solidarité et de rêves... Délirant à souhait !

ALBIN MICHEL JEUNESSE, WITTY
ISBN 978-2-226-40108-3
14,50 €
Comédie

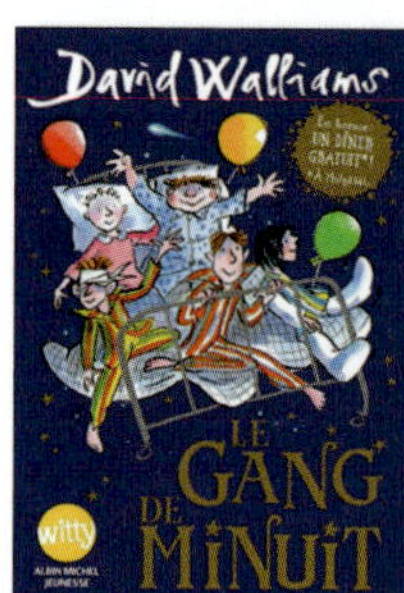

♥

C2 C3

John Yeoman, trad. de l'anglais (Royaume-Uni) par Cécile Dutheil de La Rochère, ill. Quentin Blake

248 **L'Ours et l'ermite**

Un inédit de Yeoman et Blake, quel bonheur ! Paru en 1984, il n'avait jamais été publié en France. Un ermite solitaire s'ennuie et offre ses services en tant que professeur. Un ours un peu maladroit et benêt y répond. S'ensuivent de multiples (més)aventures très amusantes, où chacun des enseignements soigneusement planifiés de l'ermite est ruiné par l'ours bien intentionné, mais vraiment pas malin. Tout dans le self-control, l'ermite conserve sa bonhomie et sa bienveillance et le livre s'achève joliment.

SALVATOR, SALVATOR FAMILLE
ISBN 978-2-7067-1562-4
12 €
Comédie

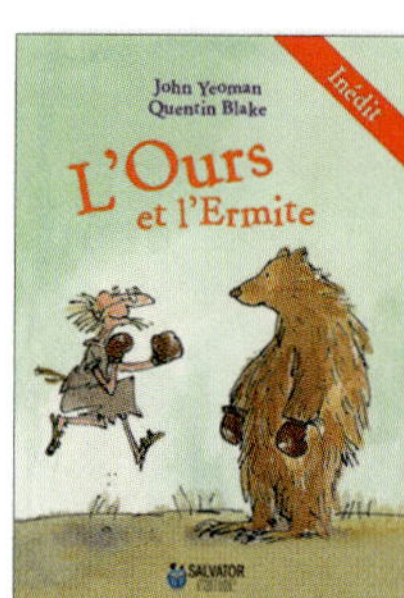

247

SUITES & SÉRIES 8-10 ANS

C2 C3
Dick King-Smith, trad. de l'anglais (Royaume-Uni) par Marie Leymarie, ill. Hannah Shaw
Sophie,
249 **[t.5] : L'Anniversaire de Sophie**
250 **[t.6] : Le Poney de Sophie**

Dernier tome

GALLIMARD JEUNESSE, FOLIO CADET – PREMIERS ROMANS
ISBN 978-2-07-508129-0
ISBN 978-2-07-509020-9
6,40 € CHACUN
Comédie dramatique

C2 C3
Matthieu Sylvander, ill. Perceval Barrier
251 **Béatrice l'intrépide et le délicieux François Les Bas Bleus**
L'ÉCOLE DES LOISIRS, NEUF
ISBN 978-2-211-23354-5
12,50 €
Comédie

NOUVELLES ÉDITIONS 8-10 ANS

C2 C3
Roald Dahl, trad. de l'anglais (Royaume-Uni) par Marie Saint Dizier, ill. Quentin Blake
252 **Billy et les Minuscules**

La première édition (*Les Minuscules*, 1991) était illustrée par Patrick Benson.

GALLIMARD JEUNESSE, GRAND FORMAT LITTÉRATURE
ISBN 978-2-07-509281-4
11,50 €
Fantastique

C2 C3
Marie-Aude Murail, ill. Caroline Ayrault
253 **La Maîtresse donne trop de devoirs**

Précédemment paru sous le titre *Qui a peur de Madame Lacriz ?*

ALBIN MICHEL JEUNESSE
ISBN 978-2-226-39956-4
7,90 €
Roman du quotidien

10-12 ANS

C4
José Eduardo Agualusa, trad. du portugais (Angola) par Dominique Nédellec
254 **Le Peuple de la brume**

Voici 30 ans, la Terre a été entièrement submergée. Deux millions d'êtres humains ont survécu en se réfugiant, les plus riches dans d'énormes dirigeables, d'autres dans des ballons sommairement reliés entre eux. Carlos, qui vient d'une « ville » faite de bric et de broc, part à la recherche de son père, jusque sur un des grands dirigeables. Une jeune fille va l'aider, ainsi qu'une adulte, guérisseuse venue d'Afrique du Sud. Chacun a son propre mobile pour cette quête et peut-être trouveront-ils une terre mythique, épargnée par la montée des eaux. Une aventure « à la Miyazaki », magnifique si l'on accepte de se laisser (un peu) dérouter.

LA JOIE DE LIRE, ENCRAGE
ISBN 978-2-88908-418-0
14,90 €
Science-fiction

♥
C4
Malorie Blackman, trad. de l'anglais (Royaume-Uni) par Anne Delcourt, ill. Auren
255 **La Révolte ou la paix**

Mikela, jeune ado, vit sur un vaisseau spatial où toute forme de violence a été bannie. Elle est en marge, passionnée par le kendo et les aventures qu'elle lit en cachette. Alors que les humains, défiés par des extraterrestres, préfèrent être tués à répondre, elle décide d'affronter leur champion. Un court roman (selon le principe de cette collection pour « dys ») vraiment intense, aux coups de théâtre inattendus, qui permet d'explorer la résistance à l'autorité mais aussi ce qu'est le courage. Un propos nuancé de façon très juste pour un texte fort.

RAGEOT, FLASH FICTION, 10+
ISBN 978-2-7002-5518-8
6,90 €
Science-fiction

C4
Anne-Françoise de Bruyne
256 **La Théorie de l'élastique**

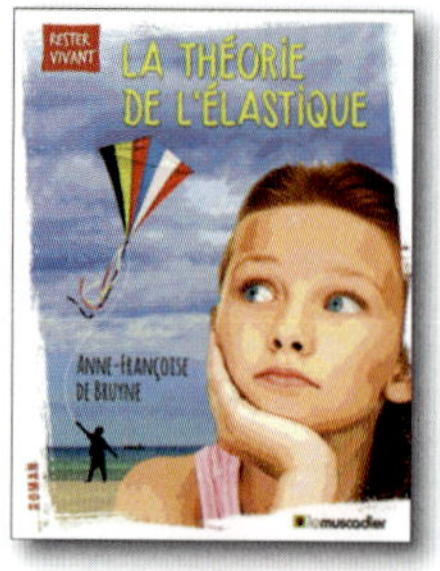

Clara, jeune Belge imaginative de 11 ans, vit dans un questionnement constant. La rencontre avec un réfugié afghan de 15 ans lui ouvre les yeux sur le monde qui l'entoure et ravive son désir de retrouver son propre père, travailleur humanitaire qu'elle n'a pas connu. On a envie de croire à cette histoire joliment écrite du point de vue de cette Clara entourée d'adultes aimants et responsables. Ce roman nuancé ne gomme pas la tragédie que vivent les réfugiés mais en évite le pathos.

LE MUSCADIER, RESTER VIVANT
ISBN 979-10-90685-75-8
12,50 €
Drame

C4
Alexandre Chardin
257 **Mentir aux étoiles**

Brillant mais inadapté à la vie scolaire et surprotégé par sa mère, Léon a toujours eu une AVS (Assistante de vie scolaire). Pour sa rentrée au collège, il est bien décidé à se débrouiller seul. Il fait la connaissance de Salomé, noire, grosse, vulgaire, fumeuse – une pauvre fille a dit Maman –, qui se met en tête d'aider ce « poussin » à grandir. Et y parvient. Plus resserrée que les deux précédents romans de l'auteur, l'histoire de Léon est touchante et traite avant tout du courage. L'improbable amie de Léon (lisez attentivement le prologue) ajoute un magnétisme fort à ce roman.

CASTERMAN
ISBN 978-2-203-16166-5
11,90 €
Comédie dramatique

C4
Jack Cheng, trad. de l'anglais (États-Unis) par Dominique Kugler
258 **See you in the Cosmos**

Alex, 11 ans, a construit une fusée et part – seul – pour un festival d'amateurs où il compte bien la lancer. Road-trip sympathique, et surtout quête d'un petit garçon très mûr pour son âge mais aussi bien seul. Au passage, il a découvert quelques vérités sur son défunt père, compris la maladie de sa mère dépressive, et retrouvé son chien. Un mélange de naïveté et de gravité, d'humour et de profondeur. La réalité n'a rien de binaire, et Alex sert de catalyseur…

BAYARD JEUNESSE
ISBN 978-2-7470-6251-0
15,90 €
Comédie d'aventure

C4
Kate DiCamillo, trad. de l'anglais (États-Unis) par Antoine Pinchot
259 **Little Miss Florida**

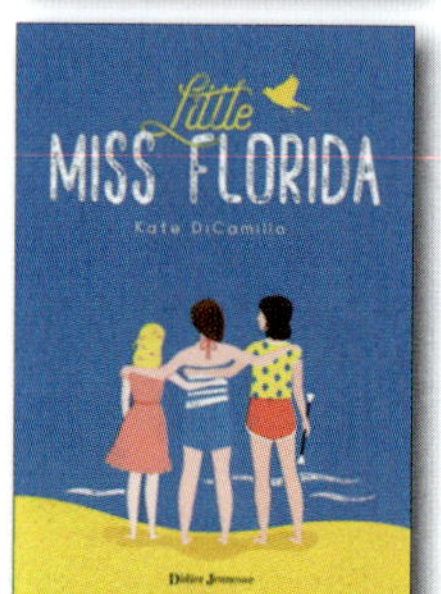

C'est une histoire d'amitié, de pirouettes de bâton de majorettes et de questions plus profondes sur l'existence. C'est une histoire singulière, mélancolique mais bienfaisante, autour de trois jeunes filles aux caractères opposés qui vont se donner mutuellement de la force pour affronter ce monde si incompréhensible. À travers de courts chapitres et de courtes phrases, avec ce ton si particulier (un petit peu triste, un petit peu amusant, un rien décalé, un petit peu heureux aussi), la subtile Kate DiCamillo nous touche encore une fois.

DIDIER JEUNESSE
ISBN 978-2-278-08995-6
13,90 €
Roman du quotidien

C4
Charlotte Erlih
260 **Coupée en deux**

Sa mère partant en Australie, chez qui Camille va-t-elle vivre ? Un récit à la première personne par une collégienne dotée d'une grande capacité d'analyse vis-à-vis de ses parents. La fin est nuancée, la juge lui expliquant qu'elle n'est pas obligée de choisir dans cette affaire d'adultes. Un roman court qui sonne juste sur une situation abordée sans dramatisation inutile, même s'il y a souffrance et difficulté à gérer la situation.

ACTES SUD JUNIOR, ADO
ISBN 978-2-330-09236-8
12,50 €
Comédie dramatique

Version numérique   Première lecture

C4
Maz Evans, trad. de l'anglais (Royaume-Uni) par Valérie Le Plouhinec

261 **Des Dieux et des boulettes, t.1 : Le Prisonnier 42**

Un roman à l'humour incontrôlable. Un jeune garçon, Elliot, et une jeune déesse du zodiaque, Vierge, vont devoir faire équipe pour contrer le terrible Thanatos, démon de la mort, qu'ils ont eux-mêmes contribué à libérer sans le vouloir ! Ils devront demander de l'aide aux dieux olympiens, un peu rouillés après des siècles de retraite tranquille et peu au fait des us et coutumes des humains. Choc des cultures garanti : les gags s'enchaînent pour un moment de lecture qui vous laissera épuisé de rire !

262 **Tome 2 : Panique, zéro héros !**

NATHAN JEUNESSE, GRAND FORMAT
ISBN 978-2-09-257496-6
ISBN 978-2-09-257498-0
15,95 € CHACUN
Comédie fantastique

C4
Raphaële Frier

263 **C'est notre secret**

Quelle corvée que cette colonie de vacances dans le village le plus ennuyeux de France ! Sauf qu'il y a Janette et qu'un véritable coup de foudre tombe sur la tête du narrateur (qui pourrait aussi être une narratrice). Au cœur de ce moment d'enfance survient cette énorme découverte qui transforme tout. Mais le lecteur, lui, ne saura pas tout, puisque c'est un secret, et cette ellipse est le plus beau de ce texte lumineux : le lecteur ne sait pas tout mais il a tant compris !

THIERRY MAGNIER, PETITE POCHE
ISBN 979-10-352-0171-5
3,90 €
Comédie dramatique

C4
Sébastien Gendron

264 **Cours Charles ! Le Bonheur est dans la rue**

Charles vole une pomme, rue Daguerre, et c'est le branle-bas de combat ! Poursuivi par l'épicier, il débarque sur la Place Denfert-Rochereau où l'attend une foule amassée. Une armada de policiers l'oblige à dévier vers la prison de la Santé, où de nouveaux attroupements semblent lui barrer le passage. Tout ça pour une pomme !? Ah oui, un détail : nous sommes le 11 mai 1968.... Un court roman haletant, assumant la filiation avec les personnages d'Antoine Doisnel et *Zazie dans le Métro*.

MAGNARD JEUNESSE, PRESTO
ISBN 978-2-210-96536-2
5,60 €
Aventures historiques

♥
C4
Chris Grabenstein, trad. de l'anglais (États-Unis) par Anath Riveline

265 **Vingt-quatre heures dans l'incroyable bibliothèque de M. Lemoncello**

Pour l'ouverture d'une bibliothèque offerte à une municipalité américaine par un milliardaire créateur de jeux, douze enfants de 12 ans, plus ou moins sympathiques, gagnent le droit d'y passer 24 heures. Le grand gagnant sera celui qui trouvera la sortie de cet endroit magnifique et magique où les indices obligent à utiliser toutes les ressources d'une bibliothèque. Un univers foisonnant qui renvoie à celui de *Charlie et la chocolaterie* et un bel hommage à la lecture et aux bibliothèques.

MILAN JEUNESSE
ISBN 978-2-7459-8402-9
13,90 €
Comédie

C4
Yves Grevet

266 **La Planète interdite**

Adopté tout petit, Styxx, 15 ans, ignore d'où il vient et est souvent victime de discrimination, son visage ovale d'« Exo » ne passant pas inaperçu au milieu des Alphas, à la face triangulaire. Lors une expédition spatiale, il découvre une planète non répertoriée où des fresques représentent des gens au visage ovale ; il comprend que le peuple des Alphas a exterminé le sien... Un roman au format de nouvelle, pour lequel il faut savoir lire entre les lignes, au thème fort. Pour ne pas oublier que l'Histoire est écrite par les vainqueurs...
[Publié dans *Je bouquine* en octobre 2015]

SYROS, MINI SYROS ; SOON
ISBN 978-2-7485-2544-1
3,50 €
Science-fiction

C4

Guillaume Guéraud, ill. Renaud Farace

267 **Captain Mexico**

Paco vit dans un bidonville mexicain, à la frontière avec les USA, dont l'usine ultra polluante est installée au Mexique. Les enfants rejouent sans fin les exploits de Zapata, le grand héros Mexicain. Un jour Paco trouve un sombrero qui lui procure des superpouvoirs dont il se sert pour aider les ouvriers en grève. Moitié imagination, moitié réalité : c'est tout le charme de ce roman plein d'humour. Un auteur cette fois dans la mesure, ce qui donne d'autant plus de force à sa dénonciation des USA à travers la peinture réaliste des conditions de vie. Beau et touchant.

ROUERGUE, DACODAC
ISBN 978-2-8126-1619-8
8,80 €
Comédie fantastique

C4

Jo Hoestlandt

268 **L'Homme clé**

Pourquoi n'a-t-il donc jamais rien à raconter, cet-homme-là ? Alors il jette sa clef et s'en va pour vivre vraiment. Cette seule décision prise, tout change. Jusqu'à la rencontre avec une femme que l'on devine en exil avec qui il rebrousse chemin. La maison retrouvée n'est plus la même comme est changé l'homme qui en retrouve la clef. Une histoire de grandes personnes pour des enfants qui le seront bientôt et une écriture lumineuse, au plus près de la poésie, qui parle à tous de l'accueil, de l'ouverture, de la vie.

THIERRY MAGNIER, PETITE POCHE
ISBN 979-10-352-0173-9
3,90 €
Conte moderne

C4

Jo Hoestlandt

269 **Si je résume…**

Dans les années 1960, des parents décident de s'installer à la campagne pour élever leurs trois enfants. Vue par l'aînée de leurs filles, cette décision est un véritable séisme. La petite Jo de 12 ans nous retrace son chemin pour devenir ce qu'elle est aujourd'hui, une écrivaine formée « sans l'aide d'aucune école, sauf celle de la vie ». Une vie adolescente faite de déracinement, de solitude, de sensibilité, de gouaille et de lectures qui la bouleversent au point de lui faire prendre le stylo. Inspirant et précieux.

MAGNARD JEUNESSE, PRESTO
ISBN 978-2-210-96398-6
5,30 €
Autobiographie

C4

Tristan Koëgel

270 **Le Complot du trident**

À Rome, au moment des jeux, un mystère plane sur la ville et sur l'entourage de l'empereur : est-ce la peste ou un complot qui vise à tuer l'empereur et détruire Rome ? Lucius et son oncle, retirés à la campagne, sont rappelés à Rome pour secourir l'Empire. Aventures, enquête, amour sont les ingrédients de ce nouveau roman de Tristan Koëgel, qui nous avait séduits avec *Bluebird*. Ici le livre s'ouvre sur une première partie très historique, nécessaire pour bien comprendre le roman.

DIDIER JEUNESSE
ISBN 978-2-278-08987-1
14,20 €
Roman historique

C4

Kieran Larwood, trad. de l'anglais (Royaume-Uni) par Catherine Gibert, ill. David Wyatt

271 **La Légende de Podkin le brave, t.1 : Naissance d'un chef**

Une fantasy animalière dont les protagonistes sont des souris. Le jeune Podkin est le fils d'un chef guerrier mais il préfère s'amuser plutôt que d'étudier. Jusqu'à ce que son terrier soit attaqué par les Gorm, de redoutables lapins vêtus de métal… C'est très bien fait, avec un récit enchâssé plein d'humour qui permet au jeune lecteur de souffler après des scènes assez noires, car le Mal est à l'œuvre et « dévore » chaque clan l'un après l'autre. Alors, Podkin, digne successeur de Ripitchip, l'une des plus fines lames de Narnia ?

272 **Tome 2 : Le Secret du vallon profond**

GALLIMARD JEUNESSE, GRAND FORMAT LITTÉRATURE
ISBN 978-2-07-508882-4
ISBN 978-2-07-508887-9
14,50 € / 15,50 €
Fantasy animalière

Version numérique   Première lecture

C4
Jérôme Leroy
273 **Les Filles de la pluie**

Une excellente initiation à la dystopie qui met en scène, sur fond de pollution, une société à deux vitesses où les laissés pour compte exploités ne savent même pas que, à deux pas, vivent les privilégiés. Deux jeunes filles de 15 ans plus futées que les autres, aidées par un garçon de la « haute » venu explorer les bas-fonds, transgressent cet interdit. Une bonne intrigue, avec moult péripéties et retournements de situation, plus encore de suspense, et surtout de beaux personnages bien construits. Sur la mémoire et l'intergénérationnel, aussi.

SYROS, MINI SYROS ; SOON +
ISBN 978-2-74-852478-9
5,50 €
Dystopie

♥
C4
Dana Alison Levy, trad. de l'anglais (États-Unis) par Sarah Dali
274 **Une Année chez les Stevenson**

Une année scolaire dans la famille Stevenson, bruyante et agitée, composée de deux pères débordés, quatre fils adoptés, un ami imaginaire, des animaux. Un roman joyeux et joliment sensible qui évoque sans l'air d'y toucher les angoisses vécues par chacun des enfants, sur des questions d'amitié, d'école et aussi des rôles assignés par la société. Très vite, on est pris dans le tourbillon de cette sympathique famille (100 % américaine) qui déjoue les stéréotypes.

MILAN JEUNESSE
ISBN 978-2-7459-8471-5
12,90 €
Comédie

C4
Terry Libenson, trad. de l'anglais (États-Unis) par Catherine Nabokov
275 **Invisible Emmie : carnet d'une looseuse qui ne compte pas le rester**

Un récit illustré à la frontière du roman graphique, où alternent le point de vue d'Emmie, 13 ans, timide, mutique, solitaire et celui de Katie à qui tout réussit. Emmie, douée pour le dessin, illustre sa vie pleine d'angoisses et veut surmonter sa solitude et les moqueries. Le roman se termine par une chute inattendue. La présence importante du dessin apporte une touche personnelle et humoristique à ce roman attachant.

POCKET JEUNESSE – PKJ
ISBN 978-2-266-27255-1
13,90 €
Comédie dramatique

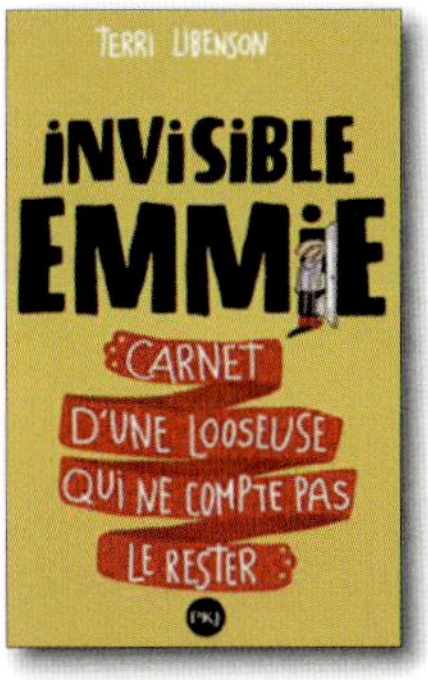

C4
David Liss, trad. de l'anglais (États-Unis) par Samuel Loussouarn
276 **Les Apprentis de la galaxie**

Zek, un jeune ado américain, se retrouve sélectionné du jour au lendemain pour participer à un jeu intergalactique organisé par une civilisation mille fois plus évoluée que la nôtre. Quand les autres ados ont été recrutés pour leur intelligence, Zek semble être l'erreur de casting. Mais il possède d'autres talents : une droiture et un sens de l'amitié admirables. Un roman de SF humoristique, truffé de références (*Star Trek*, *Star Wars*...), percutant et très imaginatif. À suivre.

MILAN JEUNESSE
ISBN 978-2-7459-7832-5
17,90 €
Comédie de science fiction

♥
C4
Davide Morosinotto, trad. de l'italien par Marc Lesage
277 **Le Célèbre catalogue Walker & Dawn**

Un récit et des héros tout droit sortis des romans de Mark Twain, mais avec une écriture moderne, nerveuse, très facile d'accès. Un concentré de rêve américain : l'aventure, la liberté et la fortune à portée de main pour ces quatre gamins pauvres de Louisiane en route pour rejoindre Chicago afin de rapporter au siège du célèbre catalogue de vente par correspondance la vieille montre (cassée ?) qu'ils ont reçue par erreur. Une plongée réussie dans l'Amérique du début du XXe siècle, un pays plein de promesses.

L'ÉCOLE DES LOISIRS, MÉDIUM
ISBN 978-2-211-23368-2
18 €
Roman historique

♥
C4

Jean-Claude Mourlevat, ill. Antoine Ronzon

278 **Jefferson**

Jefferson, hérisson anthropomorphe et étudiant en géographie, se retrouve à tort accusé du meurtre de son coiffeur, un blaireau. Pour se disculper, aidé de son fidèle ami Gilbert (cochon au solide potentiel comique), il doit trouver le véritable assassin. Leur enquête les emmène chez les humains où ils découvrent un réseau d'activistes opposé à la souffrance animale (les animaux de boucherie sont ici tout au bas de la hiérarchie des espèces). Une comédie policière haletante, 100 % végane, moins enfantine qu'il y paraît et qui porte très haut l'importance de la solidarité.

GALLIMARD JEUNESSE, GRAND FORMAT LITTÉRATURE
ISBN 978-2-07-509025-4
13,50 €
Comédie policière animalière

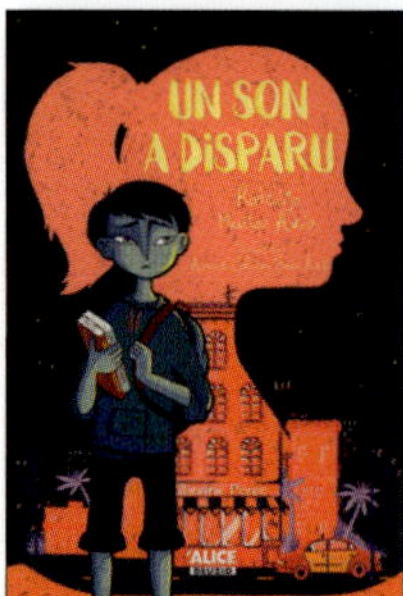

C4

Rodrigo Muñoz Avia, trad. de l'espagnol par Anne Cohen Beucher

279 **Un son a disparu**

Jorge, 11 ans, est le meilleur ami d'Éléonore. Il tient son prénom de l'auteur préféré de son père, libraire : Georges Perec. Mais voilà qu'Éléonore disparaît ! Le jeune héros ne croit pas à une fugue. Pour mobiliser les adultes, il décide de supprimer le « e » de sa parole et de son écriture comme Perec le fit dans *La Disparition*. Pari réussi ! L'auteur fait preuve d'une grande inventivité et son héros trouve un vocabulaire riche sans être passéiste. L'idée est originale, complétée d'explications sur la démarche de Perec.

ALICE JEUNESSE, DEUZIO
ISBN 978-2-87426-338-5
13 €
Policier

C4

Frida Nilsson, trad. du suédois par Ludivine Verbeke

280 **Pirates des glaces**

Deux sœurs, Siri et Miki, vivent avec leur vieux père dans un archipel perdu de l'Arctique. Un jour, le terrifiant pirate Fatalitas enlève Miki pour la faire travailler dans une mine. La courageuse et intrépide Siri part à sa recherche, embarquant sur L'Étoile Polaire, qui entame sa dernière traversée vers le Grand Nord avant la formation de la banquise. Au cours de sa quête, elle rencontrera des loups, des marins, des sirènes, un mal profond et une véritable humanité. Une aventure fine et intelligente.

BAYARD JEUNESSE
ISBN 978-2-7470-7131-4
14,90 €
Fantastique

♥
C4

James Patterson et Chris Grabenstein, trad. de l'anglais (États-Unis) par Amélie Sarn, ill. Laura Park

281 **Moi, marrant ?!**

Jamie aime raconter des blagues et va participer à un concours d'humoristes en herbe. Léger détail : il se déplace en fauteuil roulant et vit en famille d'accueil avec un cousin brutal. Un quotidien qui pourrait être sinistre, sans son sens de l'humour et ses amis de collège. On rit, on pleure, mais l'émotion n'est jamais lourde. Un roman réaliste très humoristique – malgré la gravité du thème –, associé à une plaisante « success story » à l'américaine. Le tout très bien illustré.

HACHETTE ROMANS
ISBN 978-2-01-700711-1
11,90 €
Comédie dramatique

C4

Anne Pouget

282 **Ma vie de monstre**

Tognina, qui hérita de son père une peau couverte de poils (une vraie maladie), inspira le conte de « La Belle et la bête ». Élevée à la cour de Catherine de Médicis, elle est exhibée, comme d'autres « monstres » comme c'était alors la mode. Malgré sa bonne éducation, elle est considérée comme un animal et vendue à une peintre italienne. En fin de volume, un dossier dévoile que même si l'histoire est romancée, elle est largement véridique. Passionnant et bouleversant.

SCRINEO
ISBN 978-2-3674-0576-6
11,90 €
Roman historique

Version numérique   Première lecture

C4
Laura Powell, trad. de l'anglais (Royaume-Uni) par Alice Marchand

283 **Alice à votre service !,**
t.1 : Complot contre la Duchesse

1855 : Alice, orpheline de 13 ans, entre au service d'une jeune archiduchesse paranoïaque. Alice n'a l'air de rien mais n'en pense pas moins. De nombreux retournements de situation, une atmosphère un peu angoissante (devant les méfaits présumés d'un dragon), un zeste de magie, et pas mal de préoccupations très terre-à-terre à base de produits ménagers et de tenue à recoudre. Un original mélange de roman de domesticité, de roman à énigme et de fantastique léger.

CASTERMAN, LES GRANDS FORMATS
ISBN 978-2-203-14890-1
12,90 €
Fantasy

C4
William Ritter, trad. de l'anglais (États-Unis) par Patrice Louinet

284 **Jackaby**

Dans le panthéon des épigones du célèbre Sherlock Holmes, Jackaby occupe à coup sûr une place de choix, doté du même charisme et de la même excentricité. Avec un don supplémentaire, un œil exercé pour voir les phénomènes surnaturels que les autres ne voient pas. Dans cette première enquête, le voilà lancé sur la piste d'un serial killer qui n'a rien d'humain. Une belle atmosphère, des décors singuliers, l'ambiance et les personnages sont particulièrement soignés. Un roman tiré à quatre épingles.

BAYARD JEUNESSE
ISBN 978-2-7470-5894-0
14,90 €
Policier fantastique

C4
Lauren St John, trad. de l'anglais (Royaume-Uni) par Hélène Lenoir

Les Enquêtes de Laura Marlin,
285 **t.1 : Une bouteille à la mer**
286 **t.2 : Enfer sous les tropiques**

Laura, orpheline, part habiter chez un oncle au fin fond de la Cornouaille anglaise. Elle se fait un ami, Tariq, jeune Pakistanais. Dans le tome 1, Laura découvre un trafic d'enfants-esclaves, et ils frôleront la mort. Le tome 2, à la hauteur du premier, met l'accent sur la protection de la nature et des animaux, faune tropicale et maritime en particulier, et encore une fois sur la débrouillardise des enfants. Des aventures trépidantes, où les faibles ont leur place, une psychologie fouillée. Palpitant !

HACHETTE ROMANS
ISBN 978-2-01-700726-5
ISBN 978-2-01-700727-2
13,90 € CHACUN
Aventures

C4
Martin Stewart, trad. de l'anglais (Royaume-Uni) par Natalie Zimmermann

287 **Riverkeep**

Un jeune garçon, déjà presque un homme, part en quête d'un animal marin mythique pour délivrer son père de l'hôte qui a pris possession de son corps et le prive lentement de toute son humanité. Sur sa route, des compagnons de fortune lui prêteront main forte contre son gré... Beaucoup de bagarres et un humour ravageur font de ce récit un pur divertissement. Mais on y parle aussi de choses sérieuses : le deuil du père et celui de l'enfance. C'est aussi une ode à l'amitié et à la différence.

MILAN JEUNESSE, LITTÉRATURE ADOS
ISBN 978-2-7459-7875-2
17,90 €
Comédie fantastique

C4
Jean-Christophe Tixier

288 **Deux roues de travers**

Pour Eva, paraplégique en fauteuil roulant, la semaine de vacances à Hendaye avec son frère Mika est l'occasion de respirer enfin loin de sa mère. Mais elle découvre que si Mika l'a invitée, c'est avant tout pour pouvoir passer la frontière espagnole avec de la drogue en détournant l'attention des douaniers... vers son fauteuil roulant. Avec une héroïne qui ne peut compter que sur elle-même, ce polar reste positif et offre un beau portrait de jeune fille avide d'émancipation et de reconnaissance.

SYROS, SOURIS NOIRE
ISBN 978-2-7485-2186-3
6,95 €
Policier

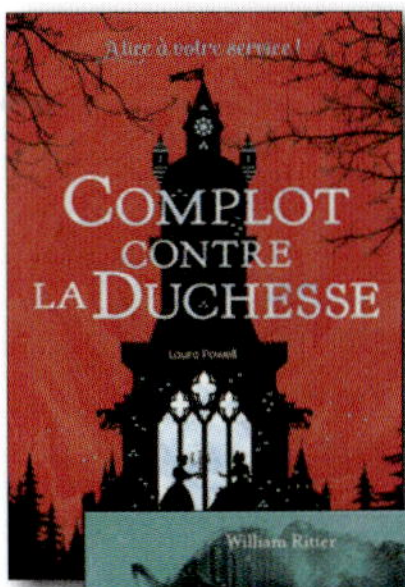

C4
Simon van der Geest, trad. du néerlandais par Maurice Lomré, ill. Karst-Janneke Rogaar

289 **Spinder**

Ça débute comme une banale dispute entre frères, pour décider qui occupera désormais la pièce du sous-sol. Mais autre chose de bien plus grave est à l'œuvre et un lourd secret de famille distille son lent poison. Le jeune Spinder mettra du temps à comprendre que ce qui a été tu doit être dit. Écrit sous la forme d'un journal intime adressé à un lecteur éventuel, ce récit désarme et serre le cœur. On s'attache à cet étrange garçon qui a pour seuls amis ses insectes qu'il observe et détaille pour mieux comprendre le monde des humains.

LA JOIE DE LIRE, HIBOUK
ISBN 978-2-88908-399-2
14,90 €
Drame

C4
Booki Vivat, trad. de l'anglais (États-Unis) par Emmanuelle Pingault et Virginie Cantin

Flippée,
290 **t.1 : La Pire 6e de ma vie**
291 **t.2 : Le Collège de la Mort-qui-tue**

Abi entre en 6e, personne ne fait attention à elle, coincée entre son grand frère très cool et son adorable petite sœur... Pour remédier à la nullité de la cantine, Abi s'investit et comprend *in fine* qu'elle a « trouvé sa place », et des amis. Dans le tome 2, c'est sa peur du changement qu'Abi réussit à dépasser. L'illustration et la typographie sont parties prenante de l'histoire – bravo pour l'adaptation française parfaite de ces quasi-romans graphiques. Sur le thème si rebattu de l'entrée en 6e et du manque de confiance en soi, cette série tire son épingle du jeu.

MILAN JEUNESSE
ISBN 978-2-7459-8670-2
ISBN 978-2-7459-8671-9
13,50 € CHACUN
Comédie dramatique

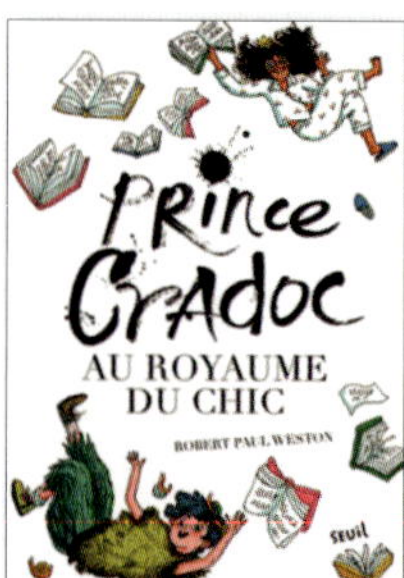

C4
Robert Paul Weston, trad. de l'anglais (Canada) par Rosalind Elland-Goldsmith

292 **Prince Cradoc au royaume du chic**

Férue de Proust, la princesse du Chic se désole de la superficialité de son royaume. Lorsque son père lui confisque ses livres, elle décide de fuguer et rencontre Cradoc, le prince de Craspec, temple du mauvais goût... Bien que prévisible, le roman est une vraie surprise, et pour cause : il est intégralement rédigé en alexandrins. Les vers et les rimes, traduits de l'anglais, sont pleins d'humour et sonnent justes. Le travail d'édition, truffé de fantaisies typographiques, est lui aussi remarquable.

SEUIL JEUNESSE
ISBN 979-10-235-0914-4
13,90 €
Comédie

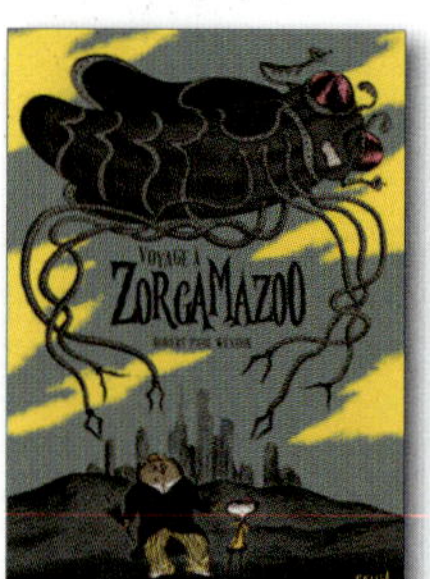

♥
C4
Robert Paul Weston, trad. de l'anglais (Canada) par Rosalind Elland-Goldsmith

293 **Voyage à Zorgamazoo**

Katrina vit sous la coupe d'une horrible tutrice, qui, excédée par l'imagination de la fillette qui voit des monstres partout, décide de la faire lobotomiser. Katrina prend la fuite. Heureusement, elle rencontre Morty, un monstre justement. Zorgle de son espèce, il est en quête du pays des siens, Zorgamazoo. Katrina décide de l'accompagner dans cette recherche semée de rencontres et de dangers. Un récit de fantasy versifié exceptionnel, drôle, et brillamment traduit.

SEUIL JEUNESSE
ISBN 979-10-235-0910-6
13,90 €
Fantasy

C4
Valija Zinck, trad. de l'allemand par Isabelle Enderlein

294 **La Singulière aventure de Pénélope Vermillon**

Pénélope, 11 ans, qui vit à l'écart avec sa mère et sa grand-mère, découvre fortuitement que ses cheveux sont roux et non pas gris, qu'elle a des pouvoirs magiques... et que son père n'est pas mort mais parti, alors qu'elle était bébé, pour retrouver « ses semblables ». Commence une jolie quête pour comprendre d'où elle vient et rencontrer ce père – avec nombre d'aventures à la clef. Une manière nouvelle de traiter le thème des petits sorciers, via l'héritage et la filiation, avec un personnage attachant et ancré dans la vie quotidienne.

RAGEOT
ISBN 978-2-7002-5632-1
13,90 €
Fantasy

Version numérique   Première lecture

SUITES ET SÉRIES 10-12 ANS

C4
Jean-Philippe Arrou-Vignod, ill. Dominique Corbasson
295 **Histoires des Jean-Quelque-Chose, [t.7] : Un petit pois pour six**
GALLIMARD JEUNESSE, GRAND FORMAT LITTÉRATURE
ISBN 978-2-07-508794-0
12 €
Roman du quotidien

C4
T.S. Easton, trad. de l'anglais (Royaume-Uni) par Valérie Le Plouhinec
296 **Chez nous, t.2 : Attention travaux !**
CASTERMAN
ISBN 978-2-203-14954-0
12,90 €
Roman du quotidien

C4
Carina Rozenfeld
L'Héritier des Draconis,
297 **t.2 : La Sculptrice de dragons**
298 **t.3 : La Baie aux arcs-en-ciel**
GULF STREAM
ISBN 978-2-35488-480-2
ISBN 978-2-35488-521-2
12,90 € CHACUN
Fantasy

NOUVELLES ÉDITIONS 10-12 ANS

C4
Gaia Guasti
299 **Viens, mon beau chat**
(Précédemment paru sous le titre : *La Dame aux chamélias* en 2012)
THIERRY MAGNIER, EN VOITURE SIMONE !
ISBN 979-10352-0175-3
7,40 €
Comédie

C4
Judith Kerr, trad. de l'anglais (Royaume-Uni) par Boris Moissard
300 **Quand Hitler s'empara du lapin rose**
ALBIN MICHEL JEUNESSE
ISBN 978-2-226-43645-0
14 €
Témoignage

C4
Brian Selznick, trad. de l'anglais (États-Unis) par Danièle Laruelle
301 **Le Musée des merveilles**
BAYARD JEUNESSE
ISBN 978-2-7470-8675-2
ISBN 978-2-01-703825-2
13,90 € / 8,90 €
Fantastique

13-15 ANS

C4
Kwame Alexander, trad. de l'anglais (États-Unis) par Alice Delarbre
302 **Frères**

Un livre remarquable, écrit en vers libres, pour parler de sport, de famille, d'amour et de deuil. Pour Josh et son frère jumeau Jordan, 13 ans, le basket-ball représente toute leur vie. Mais cette année un petit grain de sable, puis un autre viendront tout changer, à jamais. Ce beau roman explore les tourments de l'adolescence avec une voix tout à fait particulière : comme le ballon de basket, le texte rebondit et avance coûte que coûte jusqu'au panier, rageusement, définitivement.

ALBIN MICHEL JEUNESSE, LITT'
ISBN 978-2-226-32850-2
13,50 €
Drame

C4
David Arnold, trad. de l'anglais (États-Unis) par Maud Ortalda
303 **Libres et affamés de vie, de rire et d'amitié**

Ce qui frappe d'abord, c'est l'intelligence vive du texte qui éclabousse le lecteur, son aisance, sa fluidité, son humour noir. Un roman qui déborde de partout : tour à tour pudique et impudique, à l'image de la jeunesse. Le récit de cinq amis amochés par la vie qui veulent faire partie de la danse coûte que coûte. Ils se sont choisi une autre famille, celle du cœur, et ensemble ont le pouvoir de reconstruire. Ils célèbrent la vie avec une force qui se transmet au lecteur.

MILAN JEUNESSE, LITTÉRATURE ADOS
ISBN 978-2-7459-8461-6
15,90 €
Drame

C4
Antonin Atger
304 **Interfeel**

Un réseau social incontournable permet de partager ses émotions : Interfeel. Elizabeth refuse pourtant d'y adhérer, ce qui déroute Nathan et ses camarades, habitués à contrôler toutes leurs émotions désormais exposées. Une dystopie sans doute un peu prévisible mais aux prises avec de vraies problématiques très contemporaines.

POCKET JEUNESSE – PKJ
ISBN 978-2-266-24828-0
18,50 €
Dystopie

C4
Florence Aubry
305 **Titan noir**

Un roman très spécial, superbement écrit que l'on garde longtemps en soi, qui questionne et bouleverse. Un roman qui nous jette en pleine face la douleur indescriptible de l'orque Titan, détenu depuis tout petit dans un parc océanographique. Lorsque les pages se teintent de noir et que l'écriture devient blanche, c'est Titan qui s'adresse à nous. Une étrange poésie émerge alors. Un roman important, pour rendre compte de ce que l'homme a pu (et continue de) faire de pire. Un roman qui construit.

ROUERGUE, DOADO
ISBN 978-2-8126-1597-9
12,50 €
Drame

C4
Sigrid Baffert
306 **Tous les bruits du monde**

Un inoubliable roman d'aventures qui débute en Italie en 1905, passe par la France et se clôt en 1913 sur un bateau en partance pour l'Amérique. Au centre, un personnage féminin complexe, la jeune Graziella, entêtée et rebelle, mise enceinte puis abandonnée. Transmission et secrets de famille sont au cœur d'un récit qui palpite à chaque page, générant des images grandioses ou intimes, qui brasse et embrasse le monde pour embrasser les cœurs.

MILAN JEUNESSE, LITTÉRATURE ADOS
ISBN 978-2-7459-9768-5
15,90 €
Aventures historiques

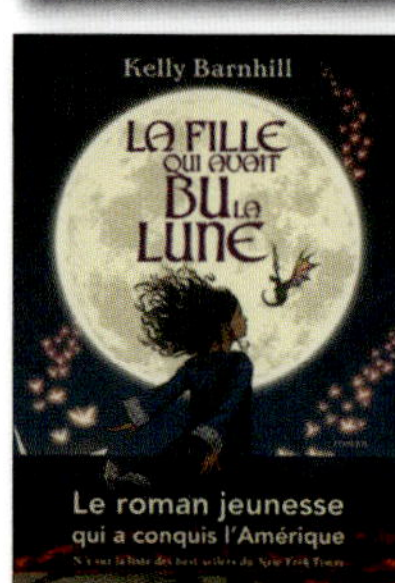

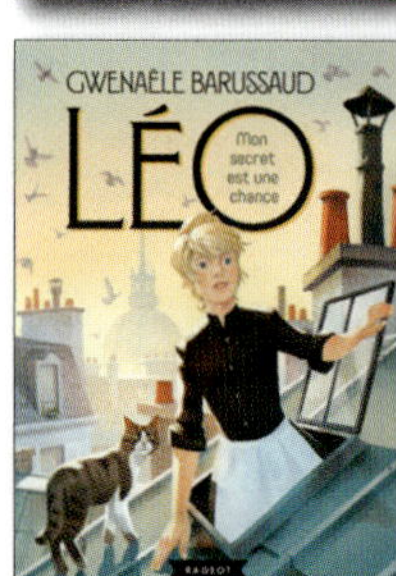

C4
Kelly Barnhill, trad. de l'anglais (États-Unis) par Marie de Prémonville
307 **La Fille qui avait bu la Lune**

Dans le Protectorat, dictature religieuse, le dernier-né de chaque année est sacrifié à Xan, la sorcière de la forêt. Mais Xan n'est pas la redoutable sorcière que l'on croit : elle sauve ces bébés en les conduisant dans un village proche. Cette année, la petite fille abandonnée est différente et Xan va conduire Luna, aux pouvoirs issus de la Lune, vers son destin, celui de libérer tous les habitants. Mystères et magie sont au cœur de ce roman qui permet de réfléchir sur la dictature. Prix Newberry 2017.

ANNE CARRIÈRE
ISBN 978-2-84337-876-8
20 €
Fantasy

C4
Gwenaële Barussaud
308 **Léo, t.1 : Mon secret est une chance**
309 **Léo, t.2 : Mon destin sera la liberté !**

Léo, ouvrière à la chocolaterie Menier à Noisiel, apprend qu'elle a été abandonnée par ses parents, des nobles parisiens. Elle gagne la capitale à la veille de la Commune et s'engage comme bonne. Elle découvre que ses parents ont été exilés à Guernesey après le coup d'État du 2 décembre et part à leur recherche. Un roman d'aventure enlevé, centré sur la société de cette fin d'Empire dans un Paris en pleine restructuration haussmannienne. Une série historique et romanesque originale

RAGEOT
ISBN 978-2-7002-5336-8
ISBN 978-2-7002-5919-3
13,90 € CHACUN
Aventures historiques

Version numérique Première lecture

♥
C4
Clémentine Beauvais
310 **Brexit romance**

Un roman choral, un chassé-croisé amoureux 2.0 très divertissant. Le Brexit menace ! Et avec lui, c'est la fin du passeport européen pour les Anglais. Justine et son frère Matt ont donc monté un petit business pour mettre en contact de futurs mariés potentiels de chaque côté de la Manche. Mais bien sûr, l'amour s'en mêle… ! Drôle et décomplexé, dans l'air du temps, le roman se double d'une réflexion fine sur la langue, ce qu'elle révèle de chacun de nous, de part et d'autre du Channel. Clémentine Beauvais a décidément l'art de nous surprendre.

SARBACANE, EXPRIM'
ISBN 978-2-37731-145-3
17 €
Comédie sentimentale

C4
Nathalie Bernard
311 **Sauvages**

Québec, années 1950. Enfermé dans un pensionnat catholique pour « sauvages », Jonas l'Indien orphelin attend ses 16 ans et sa libération. Il hait cet enfer où, privé de son nom et sa langue, enfermé avec d'autres enfants indiens, il résiste en silence au climat, à la faim et aux mauvais traitements. Un jour pire que les autres, Numéro 5 tue son bourreau et s'enfuit dans la forêt. Commence une traque sans merci. Une histoire dramatique et marquante, inspirée par les témoignages des survivants des pensionnats autochtones qui ont sévi au Canada jusqu'à la fin du XXe siècle.

THIERRY MAGNIER, GRANDS ROMANS
ISBN 979-10-352-0185-2
14,50 €
Roman historique

♥
C4
Julia Billet, ill. Manon Ficus
312 **Des Feuilles et des branches**

Un récit à deux voix entre deux adolescents empêchés de parole. Illana, autiste, et Talha, 15 ans, réfugié de Syrie. Tous deux se rencontrent dans une classe spécialisée au collège. C'est par le dessin que chacun fait sourdre ses difficultés ou ses traumatismes. Peu à peu la communication s'établit, un désir amoureux naît. Une magnifique écriture, à la fois poétique et ancrée dans la réalité, illustrée en dessins noir et blanc maladroits mais évocateurs.

CALICOT
ISBN 979-10-97340-04-9
9,50 €
Comédie dramatique

C4
Malorie Blackman, trad. de l'anglais (États-Unis) par Amélie Sarn
313 **Sombres étoiles**

Seuls survivants d'un mystérieux virus, Olivia et son frère Aidan tentent de retourner sur Terre à bord de leur vaisseau spatial. Sur leur route, ils portent secours à un groupe d'hommes qui sont en fait des hors-la-loi recherchés. Parmi eux se trouve Nathan, un garçon pour qui Olivia ressent une attraction instantanée et surpuissante… L'histoire d'amour est au cœur du roman (l'auteure dit s'être inspirée d'Othello), mais c'est aussi un thriller efficace doublé d'une vraie réflexion sur le pouvoir et la culpabilité.

MILAN JEUNESSE, LITTÉRATURE ADOS
ISBN 978-2-7459-8393-0
16,90 €
Science fiction

C4
Jean-Philippe Blondel
314 **Dancers**

Par passion, Adrien, Anaïs et Sanjewaa ont choisi l'option danse au bac. Tous trois sont talentueux, mais doivent d'abord se sortir d'un passé compliqué (Anaïs a été renvoyée de l'école de l'Opéra de Paris, Adrien a un secret de famille qui le rend violent, Sanjewaa est réfugié du Sri Lanka). L'histoire se corse quand le sentiment amoureux entre en jeu. Un court roman d'apprentissage réussi sur la passion de la danse qui aborde les contraintes de cet art exigeant.

ACTES SUD JUNIOR, ADO
ISBN 978-2-330-10849-6
13,90 €
Drame

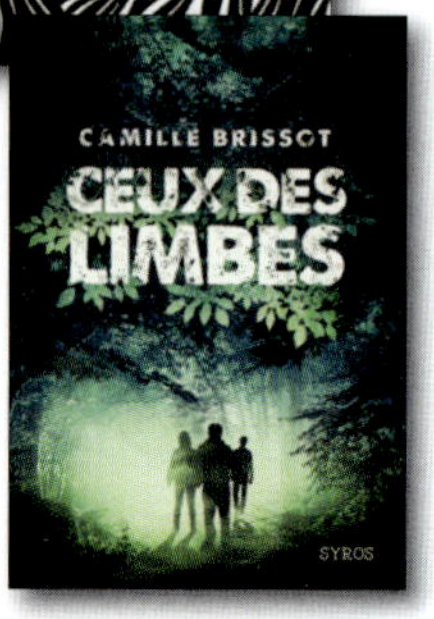

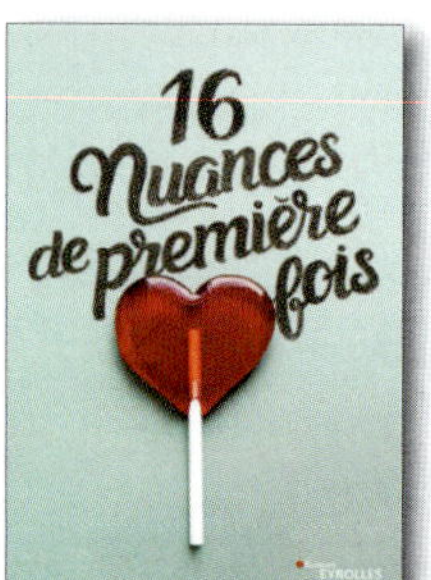

C4

Alexandra Bracken, trad. de l'anglais (États-Unis) par Cécile Magne

315 **La Terrifiante histoire de Prosper Redding, t.1 : Une alliance diabolique**

Définitivement sombre, quelquefois vraiment angoissant mais pourtant outrageusement jubilatoire ! Une surprenante exploration de la famille et de l'identité. Le conte d'un garçon mal-aimé, méprisé qui découvre soudainement un démon impertinent vivant à l'intérieur de lui, un démon qui ne lui veut pas du bien et qui rassemble assez de force pour sortir et semer le chaos. Une fantasy urbaine déconcertante d'humour et de vérité. De belles vibrations généreuses s'en échappent aussi.

DE LA MARTINIÈRE JEUNESSE, FICTION J.
ISBN 978-2-7324-8532-4
16,90 €
Fantastique

♥

C4

Camille Brissot

316 **Ceux des limbes**

Un parasite ayant transformé la majorité des humains en zombies – « limbes » –, les survivants se sont réfugiés sur une montagne fortifiée. Otolan, 15 ans, retrouvé à l'âge de 5 ans, une arme à la main, trois limbes morts à ses pieds, est amnésique et a l'impression d'avoir usurpé son statut de héros... Il se joint au groupe de jeunes qui doit réaliser une « sortie ». Cette dystopie humaniste et nuancée parle de la place laissée à l'autre, que ce soit à travers les remarques racistes faites à Otolan parce qu'il a la peau noire, les jeux de « castes » entre les jeunes, ou le regard porté sur les limbes – humains ou pas ? Un remarquable roman d'initiation. Violent par son sujet, mais exceptionnel pour une histoire de zombies.

SYROS, GRAND FORMAT
ISBN 978-2-7485-2536-6
17,95 €
Dystopie

C4

Florence Cadier

317 **Dans l'ourlet de nos jupes**

À Lille en 1914, Adèle et sa sœur sont orphelines. Alors que les Allemands envahissent la ville, les deux jeunes filles veulent s'engager. Aidée d'Albert, brancardier, Adèle intègre un réseau d'espionnage. C'est le récit de cet engagement, des risques encourus par la jeune fille et surtout de l'importance des femmes dans cette lutte méconnue. L'auteure s'est inspirée de l'histoire de Louise de Bettignies, fondatrice du Réseau Alice, morte en camp en 1918. Adèle est une belle héroïne passionnée, qui découvre l'engagement, les atrocités de la guerre mais aussi l'amour.

TALENTS HAUTS, LES HÉROÏQUES
ISBN 978-2-36266-198-3
15 €
Roman historique

C4

Sous la direction de Manu Causse et Séverine Vidal

318 **16 nuances de première fois**

Seize récits confiés à seize auteurs réputés pour nous parler de ce moment unique, ce saut dans l'inconnu qui hante les pensées adolescentes. Une belle et salutaire liberté de ton irrigue des récits très variés, qui surprennent parfois par leur humour débridé ou leur onirisme, bref, inventifs et pour la plupart positifs à l'exception de deux d'entre eux qui abordent le viol et l'avortement. La dernière nouvelle, empruntant au registre de la science-fiction (dans sa veine dystopique), nous prouve joliment que l'amour charnel se réinvente à chaque rencontre.

EYROLLES
ISBN 978-2-212-56737-3
14,90 €
Nouvelles

C4

Jean-François Chabas

319 **Les Chroniques de Zi, t.1 : Phelan**

320 **Les Chroniques de Zi, t.2 : Nara**

Une trilogie de fantasy à la manière d'un conte ou d'une épopée, avec un premier tome qui se compose d'un très grand prologue (longue scène d'action où une horrible sorcière enlève un petit prince) puis du début des aventures du héros, Phelan, 17 ans, dont la quête (délivrer une belle princesse des griffes d'un ogre réputé invincible) se poursuit dans le t.2, centré sur Nara, la princesse, qui veut échapper à l'ogre qui la poursuit. Sans oublier la rencontre de créatures magiques, fées, nains ou dragon... Le talent d'écriture de l'auteur nous emporte.

NATHAN JEUNESSE, GRAND FORMAT
ISBN 978-2-09-257492-8
ISBN 978-2-09-257494-2
15,95 € CHACUN
Fantasy

C4
Gwendolyn Clare, trad. de l'anglais (États-Unis) par Mathilde Montier
321 **D'encre de verre et d'acier, t.1**

Un univers de fantasy unique. En 1891, une des disciplines scientifiques majeures est la scriptologie : la création par l'écriture de mondes imaginaires qui deviennent réels. Sur un de ces mondes, Elsa voit sa mère enlevée sous ses yeux, mais elle réussit à suivre sa piste jusque sur la Terre. Elle rencontre des jeunes chercheurs passionnés à Pise, dans le Royaume de Sardaigne – dans cette uchronie steampunk, l'unification de l'Italie n'a pas eu lieu. Un excellent et original roman, bien équilibré entre réflexions d'Elsa (très critique sur la société européenne de la fin du XIXe siècle), description de la scriptologie, et quantité de coups de théâtre jusqu'à la dernière des 467 pages.

LUMEN
ISBN 978-2-37102-167-9
15 €
Fantasy

C4
Fabrice Colin
322 **Rester debout : Simone Veil ou la naissance d'une légende**

Le récit de Simone Veil était déjà très accessible dans *Une jeunesse au temps de la Shoah : extraits d'Une vie* (Le Livre de poche, 2010) mais il sera peut-être plus facile aux jeunes d'entrer dans le récit moins synthétique et plus nourri sur le plan psychologique et romanesque de Fabrice Colin, complété en fin d'ouvrage par une utile présentation de son exceptionnel parcours. Une belle idée menée avec fidélité et délicatesse.

ALBIN MICHEL JEUNESSE, LITT'
ISBN 978-2-226-40373-5
15 €
Biographie

C4
Nicolas de Crécy
323 **Les Amours d'un fantôme en temps de guerre**

Un enfant fantôme découvre que ses parents disparus ont en fait rejoint la Résistance dans la guerre menée contre les effroyables Fantômes Acides. Accompagné de la jeune fantôme Lili et du chien Boulette, il décide de s'engager à son tour. Réflexion à la fois sur l'art, la guerre et sur tout ce qui fait corps, voilà un roman implacable, âprement évocateur, aux illustrations splendides et au style romanesque élégant, profondément mélancolique.
Prix Vendredi 2018.

ALBIN MICHEL JEUNESSE
ISBN 978-2-226-43736-5
23,90 €
Fantastique

C4
Sarah Crossan, trad. de l'anglais (Royaume-Uni) par Clémentine Beauvais
324 **Swimming Pool**

Le père de Kasienska a quitté la Pologne un matin la laissant seule avec sa mère. Arrivée à sa recherche en Angleterre, l'adolescente découvre la difficulté de l'intégration. Rétrogradée en classe de 6e, elle peine à comprendre toutes les nouvelles règles. Elle est sauvée par la natation dans laquelle elle excelle, et sa rencontre avec William. C'est l'histoire du combat de Kasienska, à la fois forte et fragile face à la cruauté des autres et la détresse de sa mère. L'écriture en vers libres permet des variations de rythme selon les moments de l'histoire et propose un récit sensible, tout en délicatesse.

RAGEOT
ISBN 978-2-7002-5644-4
14,90 €
Roman du quotidien

C4
Sébastien De Castell, trad. de l'anglais (Canada) par Laetitia Devaux

325 **L'Anti-magicien, t.1**

Kelen, 16 ans, appartient à un peuple de magiciens, partagé entre les mages et leurs serviteurs. D'une famille puissante, lui-même n'est capable que de très peu de magie. Sur fond d'épreuves pour accéder (ou non) au statut de mage, la quête de Kelen devient celle de la vérité. L'honnête et candide Kelen découvre que le pouvoir de son peuple s'est bâti sur un mensonge et qu'il n'a pas vraiment d'alliés, sauf une aventurière et une bestiole étrange, le chacureuil... Un gros roman de fantasy et d'apprentissage, dont ne voit pas passer les 446 pages.

GALLIMARD JEUNESSE, GRAND FORMAT LITTÉRATURE
ISBN 978-2-07-508555-7
18 €
Fantasy

C4
Claudine Desmarteau

326 **Un mois à l'ouest**

Un roman à l'accent québécois sur le périple de Fred, jeune strasbourgeois parti rejoindre son amoureuse à Montréal. Sauf qu'elle l'éconduit. Sans argent, il doit trouver à se loger et s'occuper pendant un mois avant de pouvoir rentrer en France. Un road trip alerte ancré dans les années 1980, rythmé par des rencontres improbables. Un style plein d'humour mais aussi de sensibilité pour ce roman d'apprentissage qui révèle une réalité plus grave.

THIERRY MAGNIER, GRANDS ROMANS
ISBN 979-1 0-352-0147-0
14,50 €
Comédie dramatique

C4
Laura Dockrill, trad. de l'anglais (Royaume-Uni) par Blandine Longre

327 **Big bones**

La différence physique dérange, encore et toujours. Bluebelle le sait bien, elle qui a des kilos en plus (en trop ?). Mais elle se plaît comme elle est, et dès les premières pages, le lecteur est frappé, entraîné par sa force vive. Son journal, initié à la demande de son infirmière – qui voulait juste qu'elle note ce qu'elle mange – prend très vite les allures d'un journal intime doublé d'un éloge de la gourmandise. Une héroïne décoiffante, qui parle vrai, qui se (et nous) pose enfin les bonnes questions. Une lecture savoureuse.

ROBERT LAFFONT, R
ISBN 978-2-221-21708-5
18,90 €
Comédie dramatique

C4
E.G. Foley, trad. de l'anglais (États-Unis) par Noam Cochin

328 **Jake Gryphon. Livre 1 : Le Dernier héritier**

À Londres, à l'époque victorienne, Jake, gamin des rues, 12 ans, vole de quoi subsister, au grand dam de sa meilleure amie, une Irlandaise qui n'a pas sa langue dans sa poche. Il s'est découvert un talent pour la télékinésie, et les fantômes viennent lui parler. Mais un homme riche et puissant, soi-disant son oncle, veut le tuer... De la prison de Newgate à la vie de château, le rythme ne faiblit jamais dans ces 357 pages en très petits caractères. Un roman passionnant, haletant, où le mélange des genres (historique et fantastique) fonctionne parfaitement.

HACHETTE ROMANS
ISBN 978-2-01-626964-0
15,90 €
Fantasy

♥
C4
Hervé Giraud

329 **Y aller**

Mais qu'est-ce qui est passé par la tête du héros ? Envoyer tout balader, chambre et console, pour rejoindre à pied la bonne ville de Bruère-Allichamps (qui se trouve être l'exact centre géographique de la France !), soit 261 km en totale autonomie ? Le titre résume à lui seul ce qui est au cœur de l'adolescence, cet âge du passage vers un autre terrain de jeux et qui fiche salement la pétoche : alors, ira ou ira pas ? Hervé Giraud dédramatise allègrement l'enjeu sans jamais le gommer, bien au contraire.

THIERRY MAGNIER, GRANDS ROMANS
ISBN 979-10-352-0177-7
12,90 €
Comédie dramatique

C4
Aurore Gomez

330 **L'Espoir sous nos semelles**

Le vainqueur du Trek de Pownal gagnera 150 000 dols. Un tel enjeu convainc Juno, dont la famille, ruinée et endeuillée, est au bord du précipice. Mille kilomètres durant, les concurrents marchent, se blessent, abandonnent, se solidarisent et parfois se détestent. Juno s'accroche et raconte cette aventure humaine autant que physique. La rencontre avec Sirius y ajoute la découverte de l'amour. Comme un *Hunger Game* version Vieux Campeur pour un premier roman réussi.

MAGNARD JEUNESSE
ISBN 978-2-210-96526-3
15,90 €
Aventures

C4
John Green, trad. de l'anglais (États-Unis) par Catherine Gibert

331 **Tortues à l'infini**

Rien de nouveau sous le soleil de John Green avec cette rencontre de deux ados en souffrance. Sauf que...on avait oublié cette formidable capacité de l'auteur à parler juste avec humour et intelligence. La voix de cette adolescente en souffrance (double de l'auteur) nous touche. L'identité, la lutte avec ses démons intérieurs, la perte, la force de l'amitié, de l'amour sont au cœur de ce roman, exprimés si puissamment et avec des fulgurances qui font dire au lecteur : là c'est moi, et là aussi, et là encore !

GALLIMARD JEUNESSE
ISBN 978-2-07-509744-4
21 €
Mélodrame

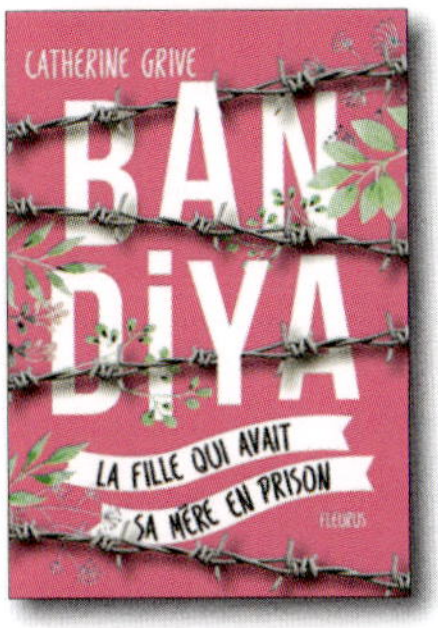

C4
Catherine Grive

332 **Bandiya, la fille qui avait sa mère en prison**

Un joli roman qui fait sens dans tout ce qu'il ne dit pas, ces espaces suspendus où l'on se rejoint sans avoir besoin de parler. Zoé est la petite-fille et la fille de deux femmes extraordinaires, au premier sens du terme, car emprisonnées depuis plusieurs années pour banditisme ! Dans cette lignée hors du commun, avec ce poids sur ses épaules, ces absences, Zoé cherche sa place et sa voie, calmement ou plus tempétueusement. Mais elle progresse, assurément. Une lecture gracieuse.

FLEURUS
ISBN 978-2-215-13892-1
14,90 €
Comédie dramatique

C4
Catherine Grive

333 **La Fille qui mentait pour de vrai**

Pour Kimberley, « dans mentir, il y a je m'en tire », et mentir, c'est depuis longtemps un réflexe pour déconcerter ses proches, marquer ses propres ambiguïtés en voulant passer pour un garçon, mais aussi embellir la vie de son petit frère pendant l'absence de leur père, chauffeur routier parti de longs mois dans le Grand Nord et qui ne donne plus signe de vie. Une belle interrogation sur vérité et mensonge dans ce roman sensible et drôle par moments, qui sonne juste et nous emmène jusque chez les Sami...

ROUERGUE, DOADO
ISBN 978-2-8126-1515-3
11 €
Comédie dramatique

C4
Stefanie Höfler, trad. de l'allemand par Véronique Minder

334 **La Danse de la méduse**

Les préjugés se vivent au quotidien et Nikolas doit y faire face. Être gros à 14 ans cela ne peut que vous exposer aux moqueries des « minces » du collège. Sa voix alterne avec celle de Sera, la plus jolie fille du collège. À travers la rencontre improbable de ces deux ados, l'auteur a l'intelligence d'insister sur le fait que les victimes ne sont pas elles-mêmes dénuées d'idées préconçues. Un roman qui convoque les nuances pour déconstruire l'intolérance.

HACHETTE ROMANS
ISBN 978-2-01-626933-6
17 €
Comédie dramatique

C4
Ahmed Kalouaz

335 **Uppercut**

Erwan, au tempérament bagarreur, erre de collège en collège jusqu'à arriver dans un internat pour élèves difficiles. Sa rencontre avec le rude Gilbert, éleveur de chevaux, sera l'occasion d'une renaissance. Sujet maintes fois traité, le propos séduit cependant par son style franc et direct ; omniprésentes, les références au monde de la boxe donnent à connaître la vie de Rubin Carter, boxeur noir injustement condamné pour meurtre, figure emblématique du racisme exercé envers les Afro-Américains.

ROUERGUE, DOADO
ISBN 978-2-8126-1491-0
11 €
Comédie dramatique

C4
Erin Lange, trad. de l'anglais (États-Unis) par Valérie Dayre
336 **Butter**

Un récit très sensible. Butter est un ado obèse, triste et solitaire jusqu'au jour où il déclare sur le Net qu'il fera son dernier repas en direct, le soir du Nouvel An : il bâfrera jusqu'à en crever ! À partir de cette annonce il devient populaire et ses nouveaux « amis » ne le lâchent plus ; le malaise est palpable. Butter profite, même s'il n'est jamais dupe, tout comme le lecteur qui comprend vite qu'il ne veut pas vraiment en finir. Courageusement, douloureusement, il s'ouvrira à l'autre tel qu'il est : un garçon talentueux et plein d'humour.

L'ÉCOLE DES LOISIRS, MÉDIUM +
ISBN 978-2-211-23370-5
18 €
Comédie dramatique

C4
Jérôme Larcher
337 **Baisers cachés**

La vie de Nathan, 16 ans, bascule lorsqu'une photo de lui embrassant un autre garçon circule sur Facebook. S'en suit un coming-out forcé, le harcèlement d'une partie de ses camarades mais aussi un rapprochement inattendu avec son père, et la découverte du sentiment amoureux. Adaptant le téléfilm dont il était déjà l'auteur, Jérôme Larcher utilise habilement des techniques propres au roman, telle que l'ironie dramatique, permettant une forte identification du lecteur. Un premier roman réussi.

ALBIN MICHEL JEUNESSE, LITT'
ISBN 978-2-226-40350-6
13,50 €
Drame

C4
Agnès Laroche
338 **L'Inconnue de Xanderland**

Bosco, 15 ans, à cause d'une bêtise, a été isolé pour les vacances par son beau-père dans une maison de campagne. Débarque une très jolie jeune fille, qui prétend venir d'une autre planète et exige de voir le président de la République. Aidés d'un voisin étudiant puis de son père, ils montent à Paris. Complètement perchée, cette fille ? Sans doute. Ou pas. Tout le sel de ce roman tient dans cette hésitation. Un roman passionnant qui ne se prend pas au sérieux, au dénouement imprévu, parfaite lecture de détente.

SCRINEO
ISBN 978-2-36740-610-7
12,90 €
Comédie de science-fiction

C4
Nathalie Le Gendre
339 **Seule**

Malika part en vacances en Suède, au cœur du territoire sauvage des Sami d'où est originaire sa mère. Elle rêve d'aventures et ne va pas être déçue. Le roman débute par le récit d'un accident qui est le point de rupture. Puis une alternance de chapitres raconte en italique l'arrivée de Malika et le récit de la jeune fille perdue dans l'immensité du Grand Nord, sans aucun souvenir. C'est un excellent thriller court, percutant, plein de suspense et de surprises. L'alternance des points de vue apporte une grande richesse. On frissonne comme l'héroïne, de froid et d'angoisse.

OSKAR, SUSPENSE
ISBN 979-1-0214-0573-8
11,95 €
Thriller

C4
Fonda Lee, trad. de l'anglais (États-Unis) par Éric Moreau
340 **Exo, t.1 : La Terre ne nous appartient plus...**

Depuis un siècle déjà, la paix règne à nouveau sur la Terre désormais colonisée par une race d'extraterrestres. Ce roman de science-fiction, bourré de rebondissements, ne fixe jamais le débat dans une dualité réductrice qui placerait les bons d'un côté et les méchants de l'autre. Le pouvoir implique-t-il systématiquement l'oppression ? Peut-il exister un sentiment de loyauté envers ceux qui nous ont envahis mais qui ont installé la paix ? L'auteure s'engage, provoque, défie et surtout, encourage le lecteur à prendre sa décision. Passionnant !

BAYARD JEUNESSE
ISBN 978-2-7470-8280-8
16,90 €
Science-fiction

C4
Maggie Lehrman, trad. de l'anglais (États-Unis) par Antoine Pinchot
341 **La Course au bonheur**

Un premier roman intriguant qui plante le décor dans un réalisme magique : des hékamistes, sortes de sorcières des temps modernes, ont le pouvoir de réaliser des vœux comme par exemple être beau, être populaire, se faire des amies, oublier son petit ami décédé... Quatre adolescents vont en faire l'amère expérience. Un thriller surprenant dans lequel le lecteur se prend au jeu de démêler les fils de ces sorts et contre-sorts. En filigrane, l'auteure réussit à explorer cette thématique de la quête du « vrai » soi, chère à la condition adolescente.

CASTERMAN
ISBN 978-2-203-14955-7
16 €
Fantastique

C4
Hayley Long, trad. de l'anglais (Royaume-Uni) par Laetitia Devaux
342 **Nos vies en mille morceaux**

Griff et Dylan se retrouvent seuls après la mort accidentelle de leurs parents. Ils sont recueillis par une tante qui vit dans un village du pays de Galles. Le roman peut se lire comme une simple histoire de deuil mais la narration conduit habilement au dénouement de l'histoire : Dylan est-il vraiment toujours aux côtés de son frère ? Très bien écrit, tout est en subtilité, le drame est la toile de fond mais tout se fait en douceur. C'est réussi, sensible, juste et à hauteur de jeunes avec un jeu d'écriture qui donne une grande originalité à ce roman.

GALLIMARD JEUNESSE, GRAND FORMAT LITTÉRATURE
ISBN 978-2-07-508979-1
15,50 €
Drame

C4
Sara Lövestam, trad. du suédois par Esther Sermage
343 **Le Jazz de la vie**

Un roman sur une rencontre, LA rencontre qui peut changer le cours d'une vie. Et ce n'est pas celle à laquelle on pourrait s'attendre dans un roman ado ! Âgée de 15 ans, Steffi, musicienne passionnée, va rencontrer Alvar, plus de quatre-vingts ans au compteur, lui aussi grand amateur de jazz. Steffi trouve dans cette nouvelle amitié beaucoup de force et de sagesse. Le premier roman jeunesse de Sara Lövestam, une femme forte qui elle aussi a dû lutter pour affirmer ce qu'elle est. Son héroïne est à son image.

GALLIMARD JEUNESSE, GRAND FORMAT LITTÉRATURE
ISBN 978-2-07-509326-2
17,50 €
Comédie dramatique

C4
Marie Lu, trad. de l'anglais (États-Unis) par Guillaume Fournier
344 **Warcross**

Dans un futur proche, qui est déjà presque notre présent, monde réel et monde virtuel se superposent constamment, grâce à l'utilisation de lunettes connectées. Emika Chen, 18 ans, est orpheline, chasseuse de primes et hackeuse de haut vol. Elle va se retrouver recrutée pour participer à la finale du tournoi du célèbre jeu vidéo Warcross. Intrigue solide, personnages bien exploités, juste ce qu'il faut de romance et de trahison, avec en prime un retournement de toute dernière minute. Un divertissement intelligent.

POCKET JEUNESSE – PKJ
ISBN 978-2-266-27478-4
18,50 €
Science fiction et romance

♥
C4
Rachael Lucas, trad. de l'anglais (Royaume-Uni) par Céline Alexandre
345 **La Vie à mille décibels**

Grace, 16 ans, suit une scolarité normale, a une meilleure amie normale, une famille normale, mais aussi des sens hyperdéveloppés (ce qui l'épuise) et l'impression de ne pas avoir reçu le mode d'emploi de sa vie : elle est autiste Asperger. La vie quotidienne d'une adolescente (presque) comme les autres, qui cherche à s'intégrer, avec un entourage en grande partie bienveillant, qui l'apprécie comme elle est... Une grande bouffée d'optimisme, sur un ton très juste et jamais forcé. Et de cette jeune fille se dégage une belle force de vie.

ALBIN MICHEL JEUNESSE, LITT'
ISBN 978-2-226-39407-1
15 €
Roman du quotidien

♥
C4
Marissa Meyer, trad. de l'anglais (États-Unis) par Guillaume Fournier
346 **[Les Renégats, t.1 :] Le Gang des Prodiges**

Une dystopie dans un univers inspiré des X-Men. Les Prodiges, dotés de superpouvoirs, ont fait tomber le monde dans l'anarchie. D'autres super-héros, les Renégats, ont rétabli l'ordre – les humains sans pouvoirs leur ayant tacitement abandonné les rênes. Orpheline élevée par les Prodiges, Nola, 17 ans, intègre les Renégats, qu'elle considère comme responsables de la mort de sa famille, pour se venger – et y découvre de vrais amis... La profondeur du conflit intérieur de Nola, ainsi que la réflexion sur l'engagement citoyen, fait sortir du lot ce roman qu'on ne lâche pas.

POCKET JEUNESSE – PKJ
ISBN 978-2-266-28340-3
19,90 €
Science-fiction

C4
Hélène Montardre
347 **Marche à l'étoile**

Billy, 15 ans, est esclave dans le Sud des États-Unis. En mourant, sa grand-mère lui révèle le secret de sa naissance et l'adolescent s'enfuit, avec pour seul guide l'étoile polaire. Des années plus tard, son journal arrive entre les mains de Jasper, jeune étudiant américain. Jasper va partir à la recherche de ses origines, sur les traces de cet aïeul, jusqu'en France, éclairant ainsi tout un pan de l'histoire de l'esclavage. C'est un roman d'aventure mais aussi un roman d'apprentissage, une quête d'identité captivante. L'imbrication des deux histoires est remarquable, et ses deux héros attachants.

RAGEOT
ISBN 978-2-7002-5624-6
15,90 €
Roman historique

C4
Erin Mosta
348 **La Sirène & la licorne**

Victime d'un bad buzz, Lili est expédiée chez sa tante pour l'été. Elle y rencontre Cris (Cristelle) que l'on devine elle aussi en convalescence après un accident de voile, sport qu'elle adore et dont elle est désormais privée... Rencontre et coup de foudre, les deux jeunes filles règlent leurs comptes à leurs mauvais souvenirs et se réparent l'une l'autre au fil de cet été où tout peut recommencer. Une jeune romancière qui vient du cinéma et en fait profiter ses lecteurs, par un joli sens du dialogue notamment.

RAGEOT, RAGEOT ROMANS
ISBN 978-2-7002-5916-2
15,50 €
Comédie dramatique

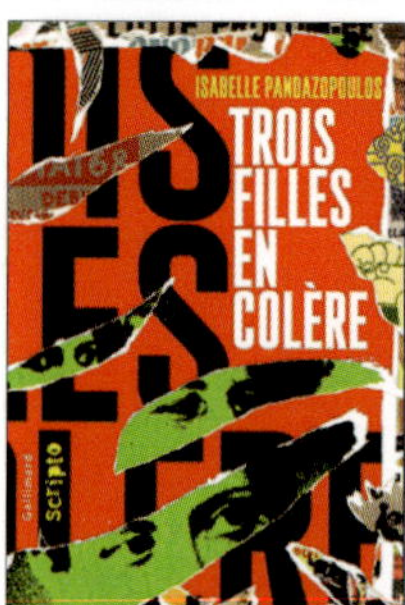

♥
C4
Isabelle Pandazopoulos
349 **Trois filles en colère**

Une plongée dans la période 1966-1968 en 79 lettres échangées entre trois jeunes filles ou avec leur entourage. Le lecteur est projeté dans le Paris agité d'avant mai 1968, un Berlin coupé par le Mur, avec des familles brisées par le communisme, ou à Athènes, qui bascule de la guerre civile dans la dictature des colonels et le meurtre des communistes grecs. Superbe fresque historico-politique, illustrée par des photographies d'époque, et roman épistolaire foisonnant au style enlevé et sobre.

GALLIMARD JEUNESSE, SCRIPTO
ISBN 978-2-07-508915-9
13,50 €
Roman historique épistolaire

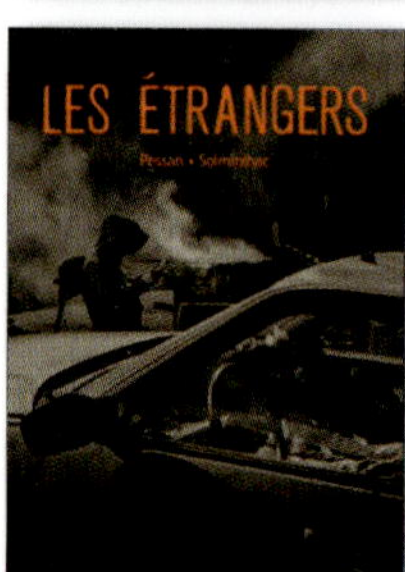

♥
C4
Pessan et Solminihac
350 **Les Étrangers**

Sans histoires, la vie de Basile bascule un soir où il ne rentre pas chez lui et va traîner du côté de la gare désaffectée. Là il retrouve Gaël, installé dans un wagon et qui lui fait découvrir une réalité qu'il soupçonnait à peine, le sort des migrants en route vers l'Angleterre, de très jeunes enfants fuyant la guerre. Ce récit d'une nuit ouvre le lecteur à un autre monde éclairé de visages solidaires. Les tensions sont palpables, la peur, la violence, la description des événements sans complaisance. Un roman court, percutant comme l'urgence de la situation que vivent ces migrants.

L'ÉCOLE DES LOISIRS, MÉDIUM +
ISBN 978-2-211-23683-6
13 €
Drame

C4
Didier Pobel
351 **Je volais je le jure**

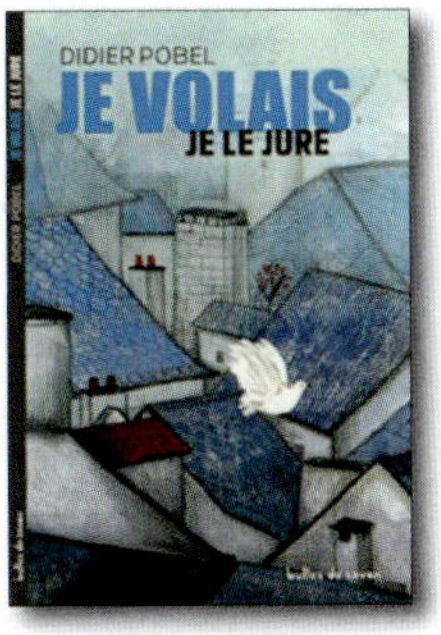

Grégoire, 17 ans, se réveille un matin transformé en oiseau. Déconcerté, il prend son envol et contemple de haut sa vie d'avant. Rien de dramatique dans cette version ailée et poétique de *La Métamorphose* de Kafka. De la distance et de l'humour dans cette nouvelle vision du monde par un adolescent à l'approche de l'âge adulte, jusqu'à la chute finale, quand il lui faut renoncer à sa condition d'oiseau. Un texte court, original et un jeu plaisant avec les mots.

BULLES DE SAVON
ISBN 979-10-90597-83-9
14 €
Comédie fantastique

C4
Bertrand Puard
352 **L'Archipel, t.1 : Latitudes**

Yann et Sacha, 16 ans, sont sosies. Yann est emprisonné à la place de Sacha dans la terrible prison L'Archipel. Ce roman propose un récit à deux voix qui alterne les interrogations de Yann sur cette injustice et celles de Sacha, conscient de l'échange. Ne sont-ils pas manipulés tous les deux ? Ce thriller est très réussi, percutant, les indices sont bien répartis et l'étude psychologique des deux héros très fine. Début d'une trilogie, il propose une belle réflexion sur la nécessité de la liberté.

CASTERMAN
ISBN 978-2-203-15664-7
16 €
Thriller

C4
Philip Pullman, trad. de l'anglais (Royaume-Uni) par Jean Esch, ill. Chris Wormell
353 **La Trilogie de la poussière. Livre 1 : La Belle Sauvage**

Prequel de la trilogie *À la Croisée des Mondes*, nous retrouvons Lyra, à 6 mois, confiée au Prieuré Sainte Rosamund, juste en face de l'auberge La Truite. Malcolm, 11 ans, fils des aubergistes, tombe sous le charme de la petite fille et décide de la protéger envers et contre tout, ce qui se révèle très aventureux. Premier tome d'une nouvelle trilogie remarquable de Philip Pullman avec tout son univers, ses personnages, ses mystères et ses partis pris. À lire absolument, de préférence après *La Croisée*.

GALLIMARD JEUNESSE
ISBN 978-2-07-509126-8
22 €
Fantastique

C4
Meg Rosoff, trad. de l'anglais (États-Unis) par Clémentine Beauvais
354 **Caribou Baby**

Jess, 17 ans, vient d'accoucher. Mais son petit est un caribou. C'est rare, mais ça arrive. À mesure que son bambin grandit, on voit cette toute jeune mère grandir elle aussi et bâtir avec Nick, légitimement désemparé, une parentalité malaisée mais touchante. Jusqu'à ce que surgisse une évidence : ce turbulent petit ferait bien mieux de continuer sa vie dans les forêts canadiennes. À moins que… Cette farce épatante, délectable et intense signe le retour de Meg Rosoff. Chic !

RAGEOT
ISBN 978-2-7002-5629-1
11,90 €
Comédie

C4
Marie-Christophe Ruata-Arn
355 **Sept roses rouges pour Rachel**

Elena part avec sa mère dans un village de la plaine du Pô vider la maison de sa grand-mère. Ce voyage va se prolonger et ébranler les certitudes de l'adolescente. Elle découvre ses origines italiennes mais surtout tous les mystères autour de la vie de sa grand-mère. Roman de passage entre l'adolescence et l'âge adulte, son auteure y convoque le fantastique : on a envie de croire aux fantômes et de suivre Elena dans cette belle histoire d'amour. Un roman plein de rebondissements dont l'ambiance rend habilement la chaleur et les paysages de l'Italie.

LA JOIE DE LIRE, HIBOUK
ISBN 978-2-88908-396-1
12,50 €
Fantastique

C4
Pascal Ruter
356 **Dis au revoir à ton poisson rouge !**

Ça commence très fort : Andréas, 16 ans, récupère Mary, sa correspondante anglaise, à Roissy. Ses parents disparaissent en allant payer le parking, et Mary qui a des capacités étonnantes (mémoire absolue et insomnie permanente) l'aide à les retrouver. Pour cela, direction le Brésil, et aventures à 100 à l'heure (et plus) – dans la forêt amazonienne, puis à New York, en Roumanie... La verve de Pascal Ruter fait passer toutes les invraisemblances... Un roman brillant et décoiffant.
Grand Prix Romans des Lecteurs du *Journal de Mickey*.

DIDIER JEUNESSE
ISBN 978-2-278-08565-1
15 €
Aventures

♥
C4
Anne Schmauch
357 **La Sauvageonne**

30 000 euros leur tombent du ciel ? Alors Fleur (et ses gants de boxe) et son frère Kilian (et son violon) peuvent se sauver de la station-service perdue où ils ont grandi. Direction Paris. Porte de Bagnolet plutôt, et une maison dans l'œil du cyclone autoroutier à la lisière de la ville lumière. De cet infernal repaire, les ados commencent une nouvelle vie. La superposition du Paris des beaux quartiers et de la vie brutale de l'échangeur en une double initiation à la sauvagerie du monde est intelligemment menée. Il y a du danger, de la bagarre, de la chance et de belles rencontres. Un roman pour grandir et découvrir la force de l'amitié, de l'amour, et de la violence sociale, qui ne vient pas que des bas-fonds.

SARBACANE, EXPRIM'
ISBN 978-2-37731-100-2
15,50 €
Comédie dramatique

C4
Brian Selznick, trad. de l'anglais (États-Unis) par Diane Ménard
358 **Les Marvels**

Joseph arrive à Londres chez son oncle dans une mystérieuse maison. Il va découvrir toute l'histoire d'une famille de comédiens ayant vécu entre 1766 et 1900 cachée dans ce lieu étrange. La vie des Marvels est racontée au crayon sans texte, suivie par l'histoire de Joseph et enfin la dernière partie dessinée donne la clé de l'énigme. Un roman original dans sa conception, déroutant mais intriguant, qui ne dévoile tout son sens qu'à la fin. L'auteur s'est inspiré de l'histoire de la maison de D. Server à Londres. La narration en partie en dessins de ce roman attachant facilite la lecture. Voir l'interview de l'auteur dans le n° 300 de *La Revue des livres pour enfants*.

BAYARD JEUNESSE
ISBN 978-2-7470-9857-1
17,90 €
Roman historique

C4
Neal Shusterman, trad. de l'anglais (États-Unis) par Cécile Ardilly et Stéphanie Leigniel
359 **La Faucheuse, t.1**
360 **La Faucheuse, t.2 : Thunderhead**

Notre monde en mieux : sans guerre, sans maladies, sans pénurie ni misère. Et l'homme devenu immortel. Tout cela grâce au Thunderhead, sorte de nuage technologique qui voit tout, écoute tout et décide, régule. Pour enrayer la surpopulation, l'ordre des Faucheurs, jouissant d'une totale indépendance, a été créé. En suivant deux jeunes apprentis, le lecteur plonge très vite au cœur des luttes de pouvoir qui agitent cet ordre. Les rebondissements ne manquent pas, la violence non plus mais au service d'une réelle réflexion. Explosif !

ROBERT LAFFONT, R
ISBN 978-2-221-19867-4
ISBN 978-2-221-20029-2
18,90 € / 19,50 €
Science fiction

C4
Barbara Tammes, trad. du néerlandais par Myriam Bouzid
361 **La Vie selon Pippa**

Ouvrir le journal intime joliment dessiné de Pippa, c'est prendre un grand bol de liberté franche. La jeune fille nous raconte son quotidien, sa vie partagée entre ses parents divorcés : la semaine chez sa mère à la campagne (tendance retour à la nature, sans contraintes), le week-end à la ville chez son père (très costume-cravate). Elle dévore la vie avec un bel appétit ! Et puis il y a les copines, les vacances, le premier baiser (enfin !) et son rapport extraordinaire, plein et entier à la nature.

SYROS, GRAND FORMAT
ISBN 978-2-7485-2496-3
17,95 €
Roman du quotidien

♥
C4
Laini Taylor, trad. de l'anglais (États-Unis) par Sarah Dali
362 **Le Faiseur de rêves**

Une cité désormais disparue, dont le nom a été effacé des mémoires, mais qui continue de hanter les esprits. Un jeune orphelin passionné de contes et de récits mythologiques. Une déesse à la peau bleue, qui peut entrer dans les rêves et les modifier... Une belle lecture, une pépite de fantasy, philosophique, poétique, onirique, qui prend son temps, sur plus de 600 pages, et nous envoûte. Une histoire juste parfaite, qui semble posséder le pouvoir étrange de décupler la perception.

LUMEN
ISBN 978-2-37102-164-8
16 €
Fantasy

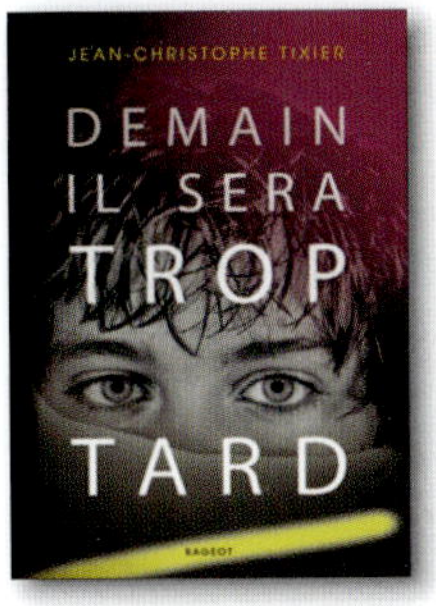

C4
Jean-Christophe Tixier
363 **Demain il sera trop tard**

Les grandes entreprises ont désormais pris le contrôle de la société et généralisé l'implant de puces qui associent à chaque nouveau-né la durée prévue de sa vie. Cela permet d'organiser la société en castes hiérarchisées : les « Long terme » dominent quand les « Court terme » constituent les masses laborieuses. Mais il y a quinze ans, deux lots de ces implants ont été inversés et deux groupes de 20 bébés se sont vu attribuer des durées de vie erronées. Ce grain de sable permet au romancier de démonter la machine totalitaire qu'il a mise en place avec efficacité. Roman de traque et de résistance efficace et belle matière à réflexion.

RAGEOT
ISBN 978-2-7002-5316-0
15,90 €
Dystopie

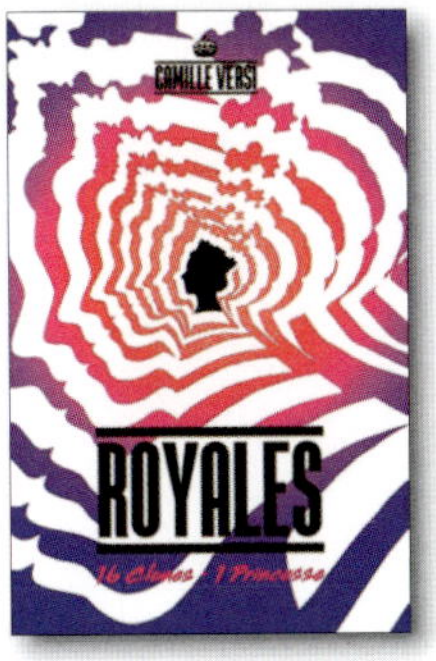

C4
Camille Versi
364 **Royales : 16 clones, 1 princesse**

Un « roman de princesse » futuriste : en 2115, la Princesse Margaret, 16 ans, petite-fille de Victoria II qui règne d'une main de fer sur le Royaume-Uni, n'est pas une mais... 16 clones, chacune ayant un talent particulier – ainsi la princesse semble exceller en tout domaine – qui vivent enfermées dans un bunker sous Buckingham Palace. Victoria II décide d'éliminer un certain nombre de clones... Un roman très original et très habile, aux personnages attachants, qui tient en haleine.

HACHETTE ROMANS
ISBN 978-2-01-626916-9
16,90 €
Science-fiction

C4
Séverine Vidal
365 **Pëppo**

En dehors du jeu, Pëppo est un lycéen jugé bizarre qui vit dans un camping abandonné. Seuls le surf et le skate l'intéressent. Débarquent les deux bébés jumeaux que sa sœur lui laisse sur les bras. Sa débrouillardise et un entourage de bric et de broc vont le tirer de ce mauvais pas. Un drôle de roman un peu échevelé, voire absurde, mais plein d'humour et de suspense, style qui convient bien à ces déglingués de la vie qui, finalement, ne s'en sortiront pas si mal.

BAYARD JEUNESSE
ISBN 978-2-7470-9071-1
13,90 €
Comédie

C4
Jeanne Willis, trad. de l'anglais (Royaume-Uni) par Éric Chevreau
366 **Shamanka : La Magie est partout**

Ce livre regorge d'aventures, rocambolesques à souhait, que vit une jeune orpheline passionnée de magie, partie sur la trace de ses origines mystérieuses. Mais est-ce seulement ce que veut nous raconter l'auteure ? Le récit ingénieux ne cesse de nous donner des indices pour mieux les escamoter. La tâche (ou quête ?) du lecteur, devenu actif dans sa lecture, est ardue ! Qu'est-ce que la magie ? Qu'est-ce que l'illusion ? Qu'est-ce qui est réel ? Jeanne Willis, devenue prestidigitatrice, nous joue ici un bien beau tour !

BAYARD JEUNESSE
ISBN 978-2-7470-5282-5
15,90 €
Fantasy

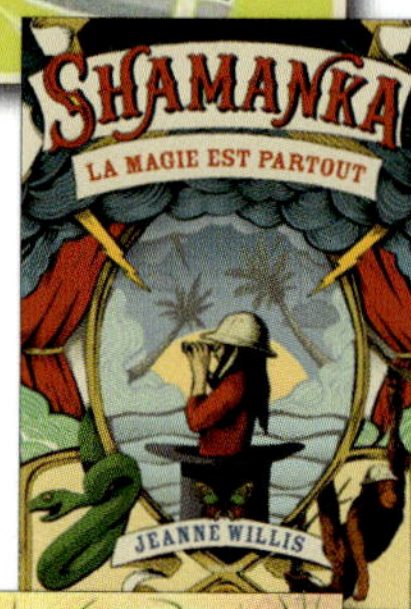

C4
Lauren Wolk, trad. de l'anglais (États-Unis) par Marie-Anne de Béru
367 **La Combe aux loups**

En 1943, Annabelle, âgée de 12 ans, vit dans une ferme de la région rurale de la Pennsylvanie, avec ses parents aimants et ses deux jeunes frères. L'ombre des deux guerres mondiales plane douloureusement. Et puis arrive la méchante Betty qui cherche à nuire à tout prix et semble y prendre plaisir. Avec elle, la confiance d'Annabelle est ébranlée et presque brisée. Mais elle va entrer en résistance. Un splendide portrait de jeune fille à l'épreuve du monde, prête à « prendre les armes » pour se battre contre la cruauté et l'arbitraire.

L'ÉCOLE DES LOISIRS, MÉDIUM
ISBN 978-2-211-23446-7
15,50 €
Drame historique

SUITES & SÉRIES 13-15 ANS

C4
Alain Gagnol
368 **Power club, t.3 : Un rêve indestructible**
SYROS, GRAND FORMAT
ISBN 978-2-7485-2385-0
17,95 €
Science-fiction

C4
C. Kueva
369 **Les Porteurs, t.2 : Gaëlle**
THIERRY MAGNIER, GRANDS ROMANS
ISBN 979-10-352-0105-0
14,90 €
Dystopie

C4
Thomas Lavachery
370 **Bjorn aux armées, t.3 : La Reconquête**
L'ÉCOLE DES LOISIRS, MÉDIUM
ISBN 978-2-211-23197-8
7,80 €
Fantasy

C4
Shannon Messenger, trad. de l'anglais (États-Unis) par Mathilde Tamae-Bouhon
371 **Gardiens des Cités perdues, t.6 : Nocturna**
LUMEN
ISBN 978-2-37102-141-9
16 €
Fantasy

♥
C4
Marie-Aude Murail
372 **Sauveur & fils. Saison 4**
L'ÉCOLE DES LOISIRS, MÉDIUM
ISBN 978-2-211-23560-0
17 €
Comédie dramatique

C4
Jean-Baptiste de Panafieu
373 **L'Éveil : Stade 3**
GULF STREAM
ISBN 978-2-35488-472-7
16,50 €
Science-fiction

C4
Nathalie Somers
374 **Roslend, t.3 : Spria : Le Débarquement**
DIDIER JEUNESSE
ISBN 978-2-278-08992-5
17 €
Fantasy

♥
C4
Nathalie Stragier
375 **Ne dites jamais jamais**
(Fait suite à : *Ne ramenez jamais une fille du futur chez vous* suivi de *Ne retournez jamais chez une fille du passé*)
SYROS, HORS-SÉRIE
ISBN 978-2-7485-2317-1
17,95 €
Science-fiction

NOUVELLE ÉDITION 13-15 ANS

C4
Marie-Pierre Farkas et Muriel Bloch
376 **La Saga des Marquises**
HÉLIUM
ISBN 978-2-330-10275-3
16 €
Roman historique

À PARTIR DE 15 ANS

LYC
Hubert Ben Kemoun
377 **Piégés entre les murs de la nuit**

La Villa Eden devient le décor d'un huis clos où les rencontres improbables se multiplient. Aïcha et Enzo se retrouvent en compagnie de deux sœurs, émigrantes clandestines, Nour et Fréha. Ils seront aux prises avec Romain, Billy, Elliot et Bruno, en mal de cambriole. Comment se comporter face au danger imminent ? Qu'est-ce que le courage ? Second volet de la série « Piégés », ce récit tout en dialogues percutants et parfois rudes emporte son lecteur.

FLAMMARION JEUNESSE
ISBN 978-2-0814-1525-6
13 €
Policier

LYC
Michael Bornstein et Debbie Bornstein Holinstat, trad. de l'anglais (États-Unis) par Anne Krief
378 **J'étais cet enfant : l'histoire vraie d'un jeune survivant d'Auschwitz**

Michael Bornstein n'avait que 4 ans quand il fut libéré du camp d'Auschwitz et, réfugié aux USA, il s'empressa de tout oublier de cette tragédie. Jusqu'à ce que la photo prise par un soldat russe (qui figure en couverture du livre) surgisse et fasse rejaillir tout ce passé. Coécrit avec sa fille mais rédigé à la première personne, ce témoignage rare, dur, est porté par une écriture documentée, très dialoguée. L'histoire de toute une vie, la sienne et celle des siens, juifs de Pologne, avant et après l'horreur nazie.

GALLIMARD JEUNESSE, GRAND FORMAT LITTÉRATURE
ISBN 978-2-07-061852-1
18 €
Témoignage

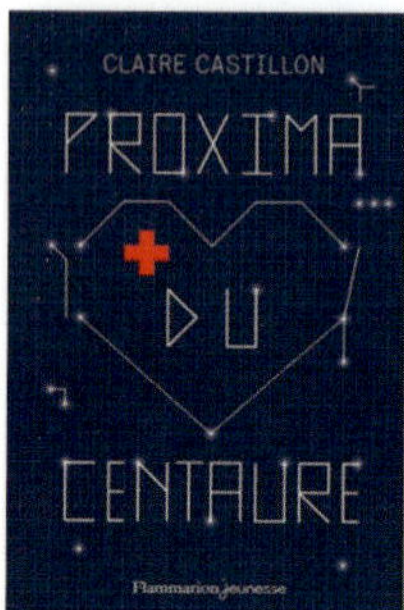

LYC

Dounia Bouzar

379 **Doublement piégé**

L'auteure, certes controversée, aborde dans ce récit deux sujets graves : la radicalisation islamique et le terrorisme. Alex, fils d'un juge antiterroriste d'origine marocaine, est tiraillé entre son appartenance à la France et ses origines marocaines dont son père veut à tout prix le couper. Après la perte soudaine de son grand-père, seul lien humain avec le Maroc, Alex bascule. Qui est-il vraiment ? Dounia Bouzar nous oblige à réfléchir sur la notion d'identité afin d'essayer d'éviter l'écueil identitaire. Difficile.

SALTIMBANQUE
ISBN 978-2-37801-114-7
14,90 €
Drame

LYC

Claire Castillon

380 **Proxima du Centaure**

Aussi timide qu'amoureux, Wilco guette celle qui le bouleverse par la fenêtre de sa chambre… et tombe ! Hospitalisé dans un état désespéré mais la conscience en éveil, il voit tout, entend tout, réfléchit sur sa vie, son rapport à l'amour, l'amitié, ses parents… tout ce qui constitue la vie à laquelle il appartient encore. Ébahis, nous suivons les personnages qui évoluent au gré de la dégradation physique de Wilco, tissant une toile narrative riche, prenante, de plus en plus libre à mesure que Wilco abandonne la vie. Cette invraisemblable narration à la première personne, souvent drôle, aimante son lecteur jusqu'au bout. Un pari romanesque risqué et réussi.

FLAMMARION JEUNESSE, GRANDS FORMATS
ISBN 978-2-0814-2143-1
13 €
Comédie dramatique

LYC

Antoine Dole

381 **Ueno park**

Antoine Dole se glisse tour à tour dans la peau de huit jeunes Japonais déclassés et dresse grâce à eux un tableau glaçant de ce monde ultranormé si sévère pour ceux qui quittent le droit chemin. C'est de ce droit chemin difficile, redouté ou interdit qu'il est beaucoup question ici. Maladie, catastrophe, sexualité, pauvreté… les multiples désarrois de ces jeunes Japonais se rassemblent parc Ueno pour la cérémonie des cerisiers : « Des pétales, comme des points de suture sur la grisaille ».

ACTES SUD JUNIOR, ADO
ISBN 978-2-330-10827-4
13,50 €
Mélodrame

LYC

Paule Du Bouchet

382 **68 année zéro**

Maud a 16 ans en mai 68 et vit au cœur du quartier latin avec sa mère – de gauche – tout en fréquentant un lycée privé plutôt réactionnaire. Elle raconte avec naïveté ce qu'elle vit en direct dans ce centre de Paris chamboulé par les manifs et les grèves. Paule du Bouchet mêle souvenirs autobiographiques et récit particulièrement bien documenté explicité à hauteur de cette jeune fille qui ne comprend pas grand-chose au monde politique ni aux adultes qui l'entourent. Tonique et passionnant.

GALLIMARD JEUNESSE, SCRIPTO
ISBN 978-2-07-510169-1
9,90 €
Roman historique

LYC

Gaspard Flamant

383 **Shorba, l'appel de la révolte**

Shorba l'ado de la cité va échapper à un avenir de délinquant en entendant l'« appel de la révolte » de Léo, militant activiste radical. Avec lui il s'engage au service des migrants, installant des réfugiés dans une demeure inoccupée des hauteurs de Lyon. Vite coupé des siens, il retrouve une famille dans la chaleur du campement, devenu une ZAD où les problèmes s'accumulent… Les conditions de vie en prison sont aussi au cœur de ce premier roman d'initiation, très réussi, ouvertement d'extrême-gauche et soutenu par Amnesty International.

SARBACANE / AMNESTY INTERNATIONAL, EXPRIM'
ISBN 978-2-37731-071-5
15,50 €
Drame

LYC
Sally Gardner, trad. de l'anglais (Royaume-Uni) par Sophie Guyon, ill. David Roberts
384 **Le Maître des loups**

Inspiré du conte « Le Briquet », d'Hans Christian Andersen, qui lui-même s'était inspiré d'« Aladin et la lampe merveilleuse » dans *Les Mille et une nuits*. Deux récits fondés sur le thème de l'ascension sociale (grâce à la possession d'un objet magique qui exauce les vœux) pour un inconnu, voire un vaurien, que rien ne prédestinait au pouvoir et à la richesse. Sally Gardner insère cette trame dans un ensemble plus vaste et nous livre un objet fictionnel ténébreux, tragique. Elle réinterprète et nous emporte.

DREAMLAND
ISBN 978-2-3774-0029-4
14,90 €
Fantastique

LYC
Johan Heliot
385 **Les Prisonniers de la nuit**

La Terre est inhabitable mais un groupe de rescapés a réussi à créer un univers protégé : la vallée. Devenus adolescents, les enfants qui y vivent, sans plus d'explication, doivent participer à un camp de vacances en montagne. Jon, Loane et Suzy sont soumis à cette épreuve : l'isolement complet, le manque de nourriture et le plus terrible de tout : la disparition des étoiles ! Un roman initiatique au style narratif percutant.

SEUIL JEUNESSE
ISBN 979-10-235-0880-2
16 €
Dystopie

LYC
Bertrand Jullien-Nogarède
386 **La Première fois que j'ai été deux**

Karen est une adolescente sans histoires, presque sans émois. Jusqu'au jour où débarque au lycée Tom, un jeune Londonien, dont le père vient de mourir, et qui est passionné par le mouvement Mod's et l'Angleterre des années 1960. L'éveil amoureux de la jeune fille se fera donc à la fois pour Tom, la ville de Londres et la musique des Who, Jam et autres Kinks. Un premier roman qui témoigne d'un vrai amour communicatif de la part de l'auteur (musicien, bien sûr) pour son sujet.

FLAMMARION JEUNESSE
ISBN 978-2-08-143242-0
14 €
Romance

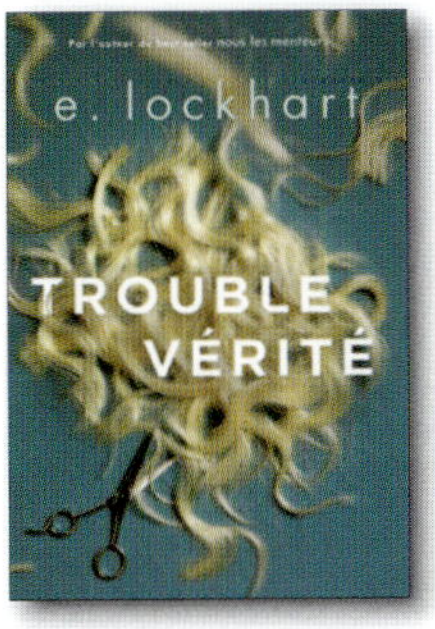

LYC
Marie Leymarie
387 **Mock boys**

L'amitié qui unit Raoul et Baptiste peut-elle laisser assez de place pour l'amour quand il survient ? C'est la question que vont se poser les deux garçons de cet insolent duo quand débarque Sandy, nouvelle dans leur section études/danse. Se dessine aussi un contexte parisien où beaux et moches quartiers se juxtaposent tant bien que mal. Et des histoires familiales qui pèsent quand il est question de comprendre ce qu'est l'amour. Un roman à infusion lente où la danse joue le rôle de révélateur.

SYROS, GRAND FORMAT
ISBN 978-2-7485-2486-4
17,95 €
Comédie dramatique

LYC
E. Lockhart, trad. de l'anglais (États-Unis) par Nathalie Perrony
388 **Trouble vérité**

Construit à rebours, le roman remonte le fil de la relation entre Julietta (Jule) et Imogen. Si Jule porte le récit, c'est Imogen qui en est l'objet, le désir. Plus on avance (ou recule), plus on comprend que Jule veut se fondre dans le personnage d'Imogen, la belle et égoïste héritière, alors que Jule se révèle de plus en plus démunie et prédatrice. Comme pour *Nous les menteurs*, E. Lockhart convoque des personnages poisseux, meurtriers : ce n'est pas à eux qu'il convient de s'attacher, mais à la démiurge virtuose qui en tire les ficelles et mobilise intensément l'attention de son lecteur.

GALLIMARD JEUNESSE, GRAND FORMAT LITTÉRATURE
ISBN 978-2-07-509321-7
15,50 €
Policier

LYC

David Moitet

389 **Le Dossier Handle**

Les parents de Thomas Handle, 16 ans, sont assassinés. Lui, réussit à gagner la ville voisine. Sans famille ni ami, à qui se fier ? Une course-poursuite dans laquelle sont impliqués une firme pharmaceutique et un bébé échangé à la naissance. Thomas trouve de vrais alliés en la personne d'un policier tétraplégique, à qui il rend au passage le goût de vivre, et de quelques pensionnaires d'une maison de retraite miteuse. Un excellent thriller qui flirte avec la SF et très ancré dans la réalité d'une petite ville du Montana, aux personnages – y compris secondaires – bien développés.

DIDIER JEUNESSE

ISBN 978-2-278-08989-5

15 €

Policier

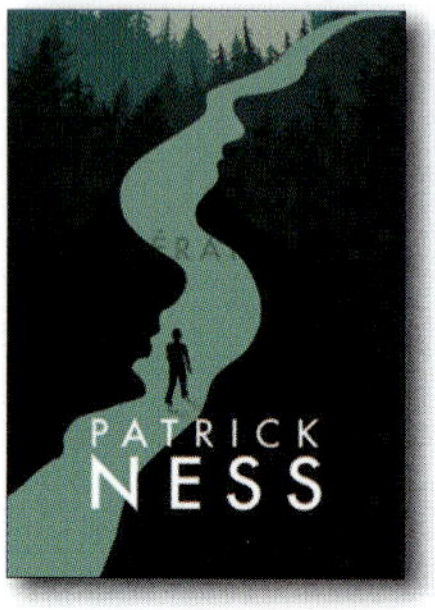

♥

LYC

Patrick Ness, trad. de l'anglais (États-Unis) par Bruno Krebs

390 **Libération**

Une prouesse d'écriture, en forme d'hommage à deux illustres auteures américaines. Un beau portrait d'adolescent en quête de lui-même. Adam doit choisir qui il est vraiment (il aime les garçons) et l'assumer aux yeux de tous, ses amis, sa famille. Un beau portrait de ce qu'est l'amour et de ce qui se passe entre deux êtres bien au-delà du charnel, un secret ténu. Une lecture vibrante et vulnérable, si juste qu'elle en devient redoutable : « Connais-toi toi-même et tu connaîtras l'univers et les Dieux ».

GALLIMARD JEUNESSE, GRAND FORMAT LITTÉRATURE

ISBN 978-2-07-508789-6

14,90 €

Romance

LYC

Amy Reed, trad. de l'anglais (États-Unis) par Valérie Le Plouhinec

391 **Nous les filles de nulle part**

Un épais roman choral pour *young adults*, aux accents bien américains, qui dénonce les violences masculines, en phase avec le mouvement #metoo. Dans un lycée d'Arizona, des garçons harcèlent et violent des adolescentes en toute impunité. En fondant « Les filles de nulle part », une association secrète où la parole des victimes peut circuler, trois lycéennes « asociales marginales » vont surmonter leurs différences (ethnie, autisme, homosexualité…) et faire évoluer les consciences, en dénonçant contre le sexisme. *Girl power !*

ALBIN MICHEL

ISBN 978-2-226-40144-1

19 €

Drame

♥

LYC

Angie Thomas, trad. de l'anglais (États-Unis) par Nathalie Bru

392 **The Hate U give. La Haine qu'on donne**

La voiture de Khalil et Starr, deux adolescents noirs, est interceptée par des policiers et le policier blanc abat Khalil, transformant la jeune Starr en témoin d'un meurtre que la société américaine blanche regarde comme légal. Si Starr est au centre du récit et en tient la narration, c'est toute sa famille que nous suivons 500 pages durant. Une famille désordonnée où Maverick, le père épicier et ex-taulard, et Lisa, la mère infirmière et « dictateur domestique », sont bien décidés à ne pas se laisser faire par le destin promis aux Noirs du ghetto. La Justice disculpe le policier blanc et embrase le quartier noir. Cette conclusion prévisible n'enlève rien à ce roman qui laisse toute leur place aux nuances, elle en révèle au contraire les ressorts. Une lecture forte en direct d'une Amérique violente, électrique.

NATHAN JEUNESSE, GRAND FORMAT

ISBN 978-2-09-257673-1

17,95 €

Drame

Version numérique   Première lecture

LYC
Alex Wheatle, trad. de l'anglais (Royaume-Uni) par Gaëlle Rey
393 **P'tit bout**
394 **Les Chevaliers de Crongton**

C'est dans la cité (imaginaire) de Crongton que P'tit Bout et ses amis grandissent, entre guerre des gangs, règlements de comptes sanglants et une pauvreté larvée qui enferme et détruit les adultes puis les enfants. Que peuvent-ils seulement espérer ? Ces gamins attachants déjoueront-ils les pronostics ? On se laisse emporter par ces romans décapants, engagés, politiques, dont la violence (sous toutes ses formes) peut choquer. Pourtant, il reste aussi après cette lecture le goût de la tendresse (de l'auteur pour ses personnages) et on est conquis.

AU DIABLE VAUVERT
ISBN 979-10-307-0137-1
ISBN 979-10-307-0200-2
17 € CHACUN
Drame

LYC
Cathy Ytak
395 **D'un trait de fusain**

Années 1990, dans une école d'art parisienne, quatre lycéens, Mary, Monelle, Julien et Samy, sont brutalement confrontés au sida puisque Joos, leur modèle du cours de dessin, en est victime. Au-delà de ce drame, ce sont les doutes et les espoirs d'un groupe d'adolescents qui nous sont donnés à lire, entre règles sociales et marginalité. L'amour et l'amitié sont au cœur de ce récit écrit dans un style cru sur fond d'intolérance et de militantisme. Ni misérabilisme, ni rébellion simpliste pour un roman terrible qui sonne juste.

TALENTS HAUTS, LES HÉROÏQUES
ISBN 978-2-36266-197-6
16 €
Drame

SUITES & SÉRIES À PARTIR DE 15 ANS

LYC
S.J. Kincaid, trad. de l'anglais (États-Unis) par Éric Moreau
396 **Diabolic. [2] : Le Trône de sang**
BAYARD JEUNESSE
ISBN 978-2-7470-9080-3
17,90 €
Fantasy

Comment devient-on écrivain ?

Déjà l'an passé **Timothée de Fombelle**, en son bref *Neverland*, adressé aux adultes, s'emparait de cette question. Pourtant, chemin faisant, l'essai éclairé d'une enfance presque magique vint subrepticement prendre place aux côtés du *Livre de Perle*, pour former avec lui un dyptique, forme si chère à l'auteur. Ici, l'écriture, cette étrange chose qui s'oppose à la mort, a à voir avec la transmission.
Elle aussi en adresse aux adultes (et chez le même éditeur), **Marie-Aude Murail** embrasse l'histoire de sa famille sur trois générations et plante l'amour, les amours, tout au centre de ce besoin d'écrire. Enquêtrice d'une généalogie littéraire nouée si serrée avec sa généalogie affective et amoureuse, Marie-Aude Murail se dévoile comme jamais.
Jo Hoestlandt replonge dans sa propre enfance et se raconte, elle, aux jeunes lecteurs, parce que la petite Jo de 12 ans, pas très à son aise dans la vie comme elle allait, a rencontré la lecture, qui l'a menée à l'écriture et la future grande personne n'a plus lâché ni l'une ni l'autre. Cette auteure qui mêle si bien gouaille et délicatesse vient donc de là...
Les années 68 de **Paule du Bouchet**, la 2CV campagnarde de **François Place**, l'enfance américaine de **Susie Morgenstern** (qui écrit pour l'occasion dans sa langue maternelle)... Ces écrivains se racontent, pour les petits ou pour les grands, comme l'ont fait avant eux **Claude Ponti** (*Les Pieds bleus*), **Jean-Claude Mourlevat** (*Je voudrais rentrer à la maison*), **Anne-Laure Bondoux** (*L'Autre moitié de moi-même*), **Vincent Cuvellier** (*Je ne suis pas un auteur jeunesse*)... entrebâillant, chacun à sa façon, la porte de leur enfance, si semblable à celle qui mène à leur métier d'écrivain.

CLASSIQUES ILLUSTRÉS

6-8 ANS

C2
Marcel Aymé, ill. May Angeli
397 **Les Boîtes de peintures : un conte du chat perché**

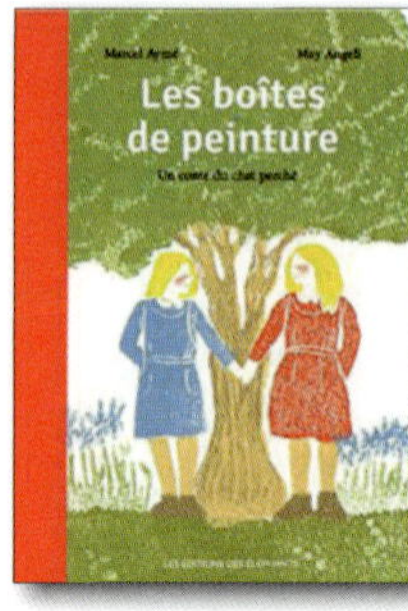

Reprise d'un des plus célèbres conte du chat perché publiés en 1939, illustré de gravures sur bois par May Angeli. L'illustratrice a su traduire l'univers de Marcel Aymé autour de Delphine et Marinette et de tous les animaux de la ferme, univers qu'elle affectionne particulièrement. La grande maîtrise technique de May Angeli suggère avec peu de couleurs l'atmosphère de la ferme à cette époque. Pleines pages et vignettes alternent et illustrent avec humour et tendresse ce beau texte et l'inventivité des enfants d'hier toujours actuelle.

LES ÉDITIONS DES ÉLÉPHANTS
ISBN 978-2-37273-056-3
15 €

♥
C2
Karel Čapek, trad. du tchèque par Xavier Galmiche, ill. Josef Čapek
398 **Cinq contes pas comme les autres**

S'inspirant de l'univers des contes traditionnels, ces cinq contes font revivre avec une grande fantaisie ondins et ondines, roussalka, fée, magicien, tous personnages d'un folklore slave en train de tomber dans l'oubli dans les années 1930, époque de leur écriture. D'où leur ton à la fois ironique et mélancolique. Des illustrations au trait simple accompagnent une écriture drôle et inventive remarquablement traduite.
(Voir aussi la rubrique « Retrouvailles », p.101 RLPE n° 298, décembre 2017.)

MEMO
ISBN 978-2-35289-341-7
14 €

8-10 ANS

C2 C3
Carlo Collodi, trad. de l'italien par Philippe Giraudon, ill. Enrico Mazzanti
399 **Histoires allègres**

Belle surprise que de découvrir ces histoires traduites pour la première fois en français. Écrites à l'origine pour le *Giornale per i bambini*, ces huit récits divers ne sont pas sans évoquer Pinocchio. On y retrouve d'ailleurs la fée bleue. Avec ses adresses au lecteur, on y reconnaît aussi ce ton alerte et enjoué pour raconter avec beaucoup d'inventivité les mésaventures de tous ces personnages qui n'en font qu'à leur tête au lieu de suivre le droit chemin ! Réjouissante lecture !

LA COOPÉRATIVE
ISBN 979-10-95066-16-3
19 €

10-12 ANS

C4
Herman Melville, trad. de l'anglais (États-Unis) par Jean Muray, ill. Anton Lomaev
400 **Moby Dick**

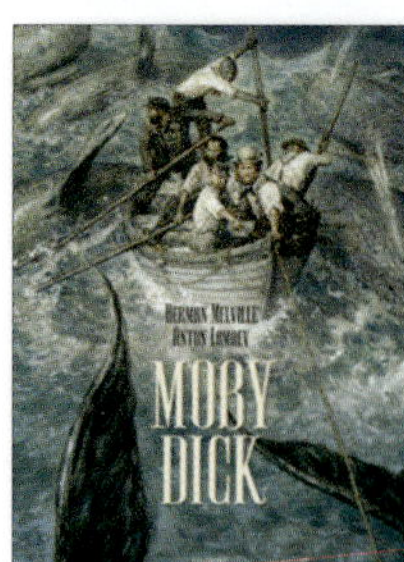

De grandes illustrations pleines pages font tout l'attrait de cette adaptation pour le jeune public, dont ce grand et gros album reprend une traduction de 1954. La célébrissime épopée maritime a inspiré à l'illustrateur biélorusse, formé à l'Académie des beaux-arts de son pays, des images d'une impressionnante réalité teintée de fantastique. Visages, paysages maritimes et scènes de vie transportent le lecteur au cœur de ce palpitant récit.

SARBACANE, LES GRANDS CLASSIQUES ILLUSTRÉS
ISBN 978-2-37731-019-7
29,90 €

Responsable de la rubrique : Marie Lallouet
Rédacteurs : Catherine Bessi, Séverine Billot, Corinne Bouquin, Séverine Dupuch-Garnier, Aline Eisenegger, Viviane Ezratty, Elisa Ghennam, Emmanuelle Kabala, Marie Lallouet, Stéphane Martinati, Christophe Patris, Marie-Ange Pompignoli et Sophie Schmitt

QUÉBEC

QUÉBEC

401

Comme chaque année,
notre sélection réserve une place particulière aux nouveautés québécoises. Comme chaque année, d'outre Atlantique nous parviennent ces albums, poésie, romans, bandes dessinées et documentaires qui enrichissent notre sélection de leur originalité.
**Nos coups de cœur vont à un album brillamment énigmatique (*Trois Portugais sous un parapluie (sans compter le mort)*), à une série romanesque à la gloire de la curiosité scientifique emmenée par une fille formidable (*Olga*), à un roman-journal inventif et touchant (*Fanny Cloutier ou l'année où j'ai failli rater mon adolescence*), à un documentaire féministe qui décoiffe (*Pourquoi les filles ont mal au ventre ?*)...
Un voisinage de thématiques qui prouve, s'il en est besoin, que le Québec, ce n'est pas si loin...**

[Sélection établie en partenariat avec le Centre québécois de ressources en littérature pour la jeunesse des Bibliothèques et Archives nationales du Québec et avec l'aide de la Librairie du Québec (30 rue Gay-Lussac à Paris) pour l'envoi des livres.]

ALBUMS

À PARTIR DE 3 ANS C1
François Blais, ill. Valérie Boivin
401 **752 lapins**

Une princesse vivait heureuse avec ses 752 lapins, tous tendrement aimés. Quand l'un d'eux s'échappe du royal clapier, le cœur brisé, elle décide de mettre tout en œuvre pour le retrouver. Tout ? Heu... que de tracas en vue ! Et finalement, n'en reste-t-il pas 751 ? Alors, foin des contraintes d'un rôle convenu et des poncifs narratifs, en route pour une happy end quelque peu subversive ! Image et texte détournent les codes du conte de façon délicieusement décalée.

LES 400 COUPS, GRIMACE
ISBN 978-2-89540-685-3
13,50 €

À PARTIR DE 3 ANS C1
Élizabeth Eudes-Pascal
402 **Le Nez du bonhomme de neige**

Deux enfants s'amusent à faire un bonhomme de neige. Corps, tête... mais le plus jeune fait remarquer qu'il manque une carotte pour le nez. L'aîné tente d'y suppléer, en vain. Les passants s'en mêlent, offrant casquette, écharpe, lunettes... Mais rien n'y fait. Le dessin, minimaliste et délicat, décline, en plan fixe, les apports successifs, et l'histoire, quasi muette, n'est scandée que par la demande réitérée du petit. Jusqu'à ce que, d'un sac à provision, sorte enfin l'appendice tant attendu. Ouf !

LES 400 COUPS
ISBN 978-2-89540-708-9
12 €

À PARTIR DE 3 ANS C1
Daniel Fehr, trad. du portugais par Fabrice Bouchard, ill. Bernardo P. Carvalho

403 **La Balle jaune**

La première double page de l'album est le terrain où Louis et Louise jouent une partie de tennis et le pli central, à la place du filet, est le trou noir où se perdent balle et joueurs. Le livre devient ainsi le lieu d'un jeu surprenant, et de double page en double page, chacune proposant une nouvelle séquence, on fera de drôles de rencontres (Dieu, lui-même !) et on vivra de drôles d'aventures. Les illustrations, vives et colorées, varient les styles, comme autant de décors renouvelés. Ludique et joyeux.

LA PASTÈQUE
ISBN 978-2-89777-030-3
14 €

À PARTIR DE 3 ANS C1
Mathieu Lavoie

404 **Gilles**

« Mais qu'est-ce qui est tombé de l'arbre ? Un œuf ! Et qu'est-ce qui sort de l'œuf ? Gilles ! » Ainsi le petit corbeau noir fait-il ses premiers pas, sans voir le renard qui le guette. Mais sa mère, qui sans doute a lu La Fontaine, entreprend, du haut de son arbre, d'éloigner le danger. Au rythme d'une ritournelle de questions-réponses le petit lecteur est invité à anticiper et le tourne-page ménage le suspense. En contrepoint du texte, l'illustration, graphique et économe, accompagne l'action avec efficacité et humour. (Disponible chez Hélium sous le titre *Gilles a un pépin*.)

COMME DES GÉANTS
ISBN 978-2-924332-31-3
19,95 $CAN
HÉLIUM
ISBN 978-2-330-09305-1
11,90 €

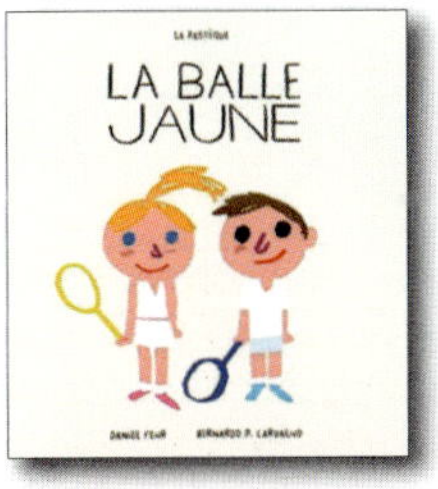

À PARTIR DE 6 ANS C2
Marianne Dubuc

405 **Le Chemin de la montagne**

Tous les dimanches, Madame Blaireau emprunte le sentier de la montagne. Sur le chemin, elle salue ses amis et fait maintes trouvailles. Un jour elle rencontre le petit chat Lulu qui aimerait bien, lui aussi, arriver au sommet. Alors elle l'invite à l'accompagner et va lui faire découvrir tant les secrets de la nature que les valeurs d'amitié et de partage. Et lui, un jour, à son tour… Un récit initiatique à hauteur d'enfant, concret et touchant, accompagné d'illustrations pleines de vivacité et de finesse.

COMME DES GÉANTS
ISBN 978-2-924332-40-5
21,95 $CAN

♥
À PARTIR DE 8 ANS C2 C3
Rodolpho Walsh, trad. de l'espagnol (Argentine) par Jude des Chênes, ill. Inès Calveiro

406 **Trois Portugais sous un parapluie (sans compter le mort)**

Les éditions Les 400 coups nous offrent un album étonnant dont le texte, œuvre posthume d'un journaliste d'investigation argentin, est mis en valeur par une illustration combinant poésie et rigueur géométrique. En compagnie du commissaire Jimenez, le lecteur est invité à trouver le coupable d'un meurtre qui s'est déroulé… sous un parapluie. Les indices sont ténus mais précis et c'est une enquête aussi ludique que rigoureuse qui est proposée. Pour tous les âges, le plaisir d'un jeu intellectuel agrémenté d'un humour subtil.

LES 400 COUPS
ISBN 978-2-89540-720-1
13,50 €

405

POÉSIE

♥

À PARTIR DE 10 ANS C3 C4

Ill. Rogé

407 **Bagages mon histoire : poèmes de jeunes immigrants**

Ces 15 courts textes sont issus d'ateliers d'écriture scolaires. Ils ont été montés en spectacle, puis en film avant d'être réunis dans ce magnifique album grand format. Écrits par des lycéens migrants, nouveaux arrivants au Canada d'origines très diverses, ils expriment en mots simples, forts, toute la dualité de l'exil, entre la tristesse, la nostalgie, mais aussi l'espoir et la confiance. Leur histoire a ému l'artiste Rogé qui signe les portraits en vis-à-vis des textes, portraits tellement vivants, aussi touchants et percutants que les mots.

LES ÉDITIONS DE LA BAGNOLE
ISBN 978-2-89714-293-3
16,90 €

ROMANS

♥

À PARTIR DE 8 ANS C2 C3

Élise Gravel, trad. de l'anglais (Canada) par Isabelle Allard

408 **Olga et le machin qui pue**

409 **Olga, t.2 : On déménage !**

L'idée de l'inventive Élise Gravel est ici de démontrer que les scientifiques ne sont pas des extraterrestres mais des hommes et des femmes qui veulent à toute force comprendre le monde qui les entoure. Dans le rôle titre de ce roman graphique, la petite Olga illustre à merveille ce propos, assumant le décalage que sa curiosité scientifique instaure avec les autres (à l'exception de Charlie). On s'attache à cette héroïne indépendante et curieuse, ainsi qu'à son animal étrange (et malodorant) qu'elle regarde scientifiquement certes, mais aussi affectueusement. Car l'un n'empêche pas l'autre ! Un propos et deux romans originaux et attachants, réussis autant par le texte que par l'image.

NATHAN
ISBN 978-2-09-257272-6
9,95 €
SCHOLASTIC
ISBN 978-1-4431-6599-0
16,99 $CAN

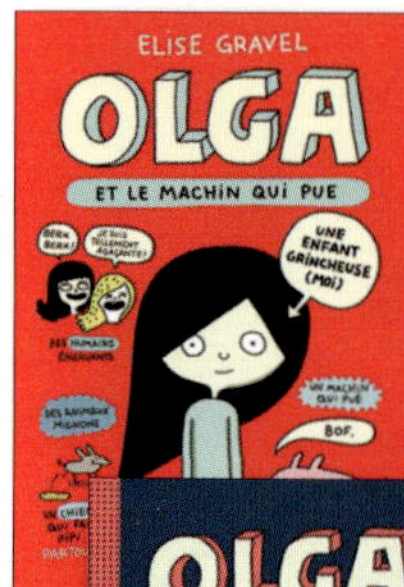

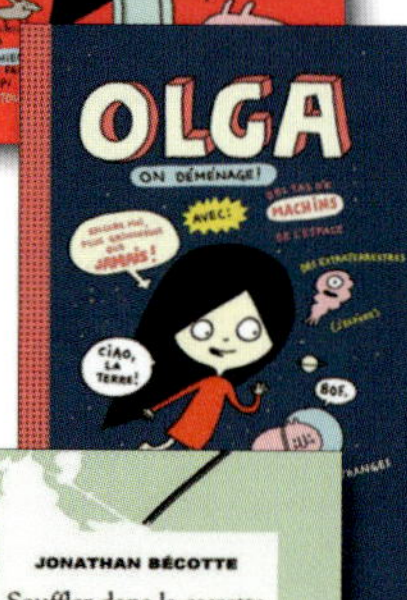

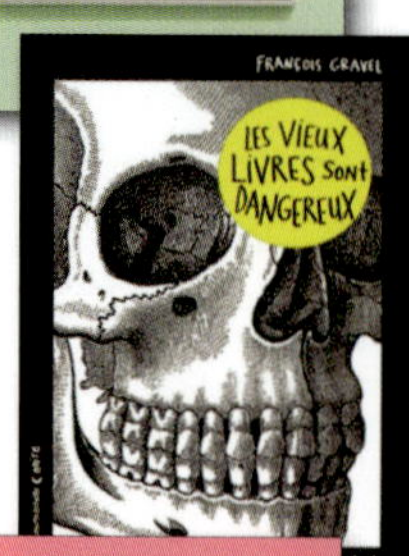

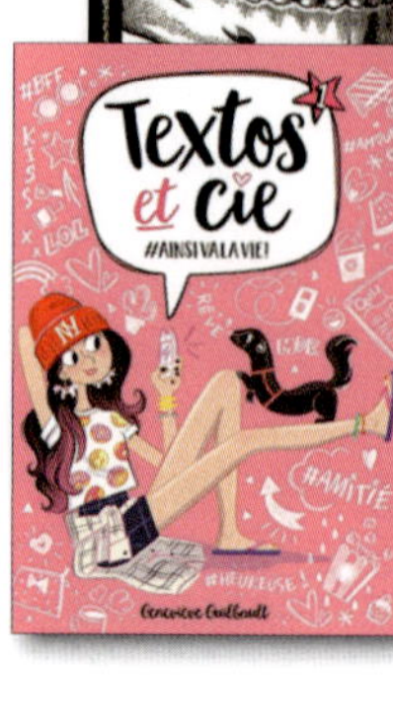

À PARTIR DE 10 ANS C3

Jonathan Bécotte

410 **Souffler dans la cassette**

Ce premier roman d'un auteur venu du théâtre pourrait aussi se ranger du côté de la poésie intime. L'auteur s'approche le plus possible d'un émoi amical/amoureux d'un tout jeune garçon pour un autre, au fil d'une vie quotidienne que ce sentiment intense baigne de lumière, de joie et de fragilité. Car la nouvelle année scolaire sépare les deux garçons et rend la suite du texte impossible. De la littérature, en somme.

LEMÉAC JEUNESSE
ISBN 978-2-7609-4228-8
13,40 €

À PARTIR DE 13 ANS C4

François Gravel

411 **Les Vieux livres sont dangereux**

Puni, Mathieu doit aider le bibliothécaire du collège à classer de vieux livres le samedi, quand l'établissement est désert. Dans les bas-fonds de la bibliothèque, il se retrouve piégé dans le noir sans rien à boire ni à manger, au milieu d'animaux empaillés. Le récit de la montée du stress est remarquable, le jeu de noir et blanc dans l'impression du texte et le contraste des pages sont réussis. C'est un court roman d'horreur pure dans l'enfer des livres entre les mains d'un bibliothécaire fou !

LA COURTE ÉCHELLE, NOIRE ; HORREUR
ISBN 978-2-8977-4053-5
12 €

À PARTIR DE 13 ANS C4

Geneviève Guilbault

412 **Textos et c^ie^, t.1 : #ainsi va la vie.**

Morgane, 14 ans, rejoint un nouveau collège en *Secondaire* 3 (3e), comme interne. Sa compagne de chambre est en plein chagrin d'amour : son *chum* est parti avec sa *best* ! Pleine d'énergie, positive à 200 % et un brin autoritaire, Morgane a un look… assumé, bien loin de la mode. Elle s'intègre bien, même si tout le sel du roman vient des quiproquos dus au fait que, nouvelle, elle ignore certaines choses. Humour, écriture enlevée (les nombreux échanges de textos arrivent à ne pas être pesants !), on accroche à cette nouvelle série. Idiomes québécois explicités en notes de bas de page et repris dans un lexique final.

KENNES
ISBN 978-2-8758-0534-8
14,90 €

♥
À PARTIR DE 13 ANS C4
Stéphanie Lapointe, ill. Marianne Ferrer
413 **Fanny Cloutier ou l'année où j'ai failli rater mon adolescence**

Ce journal proche du livre-objet, à l'édition inventive et soignée, nous plonge dans la vie 100 % québécoise d'une adolescente en pleine révolution personnelle. Soudain séparée de son père et expédiée au fin fond de nulle part, Fanny tempête en silence dans ce journal haut en couleurs. Pourtant, ce nulle part où elle se retrouve est le village d'origine de son père et de sa mère, morte il y a plus de dix ans et dont père et fille parlent si peu. Et cette révolution, l'un et l'autre vont vraiment l'accomplir. Une héroïne active et attachante pour un roman énergique, sensible et vraiment réussi.

LES ÉDITIONS LES MALINS
ISBN 978-2-89657-418-6
30,20 €

À PARTIR DE 15 ANS LYC
Sandra Dussault
414 **Le Programme**

2073. Après avoir commis un crime, Victor, 16 ans, s'enfuit au fin fond d'une forêt, où il découvre une étrange communauté d'adolescents. Sans le savoir, le garçon intègre le « programme », une expérience où, pour éviter la prison, les jeunes se retrouvent obligés de refaire société. Thriller sombre, renvoyant tant à *Sa Majesté des Mouches* qu'à la série *Lost*, *Le Programme* constitue une expérience de lecture glaçante, mêlant avec brio les dérives de la réalité virtuelle, les manipulations neurologiques et l'expérimentation concentrationnaire.

QUÉBEC AMÉRIQUE, MAGELLAN
ISBN 978-2-7644-3493-2
27,95 €

BANDES DESSINÉES

À PARTIR DE 8 ANS C2 C3
Elodie Shanta
415 **Crevette**

Crevette est une petite sorcière qui vit seule depuis la mort de sa maman. C'est une fillette très émotive, mais plus forte qu'il y paraît. Son drame : échouer systématiquement à l'examen d'entrée à l'école de sorcellerie. Coachée par un petit diablotin malin et un chat vampire, chez qui elle emménage en échange de quelques heures de ménage, la voilà bientôt admise. L'occasion de se faire de nouveaux amis, de découvrir qu'un chat vampire peut aussi être jaloux, et surtout de grandir. Une histoire tendre au dessin enfantin et coloré.

LA PASTÈQUE
ISBN 978-2-89777-040-2
16 €

À PARTIR DE 13 ANS C4
Matteo Berton, d'après l'œuvre de Jules Verne, trad. de l'italien par Véronique Dassas
416 **Voyage au centre de la Terre**

Adaptation fidèle de Jules Verne, l'aventure débute avec la découverte d'un manuscrit par un savant allemand ; celui-ci entreprend, avec son neveu et un guide, un voyage vers le centre de la Terre. L'originalité de la BD réside dans le langage graphique utilisé par l'auteur. Il modernise ce classique par son dessin minimaliste décliné en quatre couleurs. L'histoire emprunte un rythme narratif pertinent grâce au travail sur la structuration et la taille des cases. Une expédition surprenante !

LA PASTÈQUE
ISBN 978-2-89777-021-1
21 €

DOCS

À PARTIR DE 8 ANS C2 C3
Raphaëlle Barbanègre
417 **Les Saisons de Montréal**

C'est à une visite guidée joyeuse et colorée de la métropole québécoise que nous convie cet album. Du blanc de l'hiver à l'automne orangé, on visitera différents quartiers de Montréal, du Mont-Royal à la Place d'Armes, en passant par Hochelaga et le Mile End. Ce sera aussi l'occasion de goûter à la gastronomie locale ou de participer au jour des déménagements. Servi par un graphisme stylisé, ce livre donnera sans nul doute envie de découvrir et d'explorer toute l'île de Montréal.

LA PASTÈQUE
ISBN 978-2-89777-024-2
16 €

À PARTIR DE 8 ANS C2 C3
Marie Barguirdjian
418 **Riopelle : l'artiste magicien**

Biographie originale et ludique pour re-découvrir cet artiste québécois – à la fois peintre, graveur et sculpteur – dont l'art foisonnant (plus de 6 000 œuvres) est rattaché au mouvement expressionniste abstrait. Le spectacle de la nature l'a inspiré, la couleur explose dans ses tableaux au gré de ses émotions, son énergie l'accompagne dans sa créativité permanente. On est en présence d'un grand raconteur d'histoires : le ton du livre le met en valeur, ce qui accentuera l'attention des jeunes lecteurs.

ÉDITO JEUNESSE
ISBN 978-2-924720-26-4
24,95 $CAN

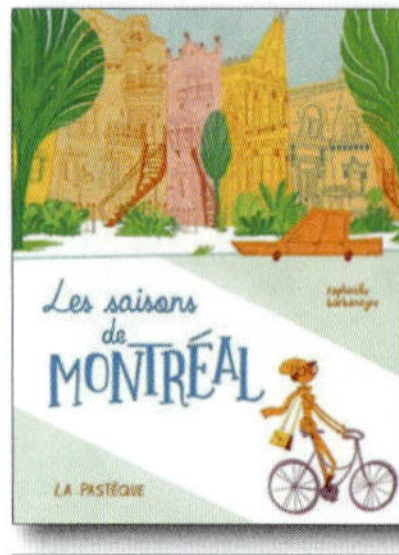

À PARTIR DE 10 ANS C3
India Desjardins, Marianne Ferrer
419 **Une histoire de cancer qui finit bien**

Une histoire grave et douloureuse, « qui finit bien », racontée sous la forme d'un récit autobiographique poignant mais sans pathos. Un texte admirable qui donne la voix à une enfant mature et lucide, qui n'en oublie pas pour autant d'être une jeune fille comme les autres malgré la maladie et les idées noires. Les illustrations à l'aquarelle mettent parfaitement le récit en valeur, en jouant sur les tonalités sombres et les touches de couleur rouge, symbole d'espoir. Avec, au final, beaucoup d'émotion.

LA PASTÈQUE
ISBN 978-2-89777-025-9
19 €

♥
À PARTIR DE 10 ANS C3
Lucile de Pesloüan, ill. Geneviève Darling
420 **Pourquoi les filles ont mal au ventre ?**

Coup de cœur pour ce livre coup de poing, tiré d'un fanzine écrit en 2014. Puisant dans des faits tirés de la société canadienne – et largement au-delà –, il dénonce les différences de traitement et de représentation entre hommes et femmes, que ce soit dans la vie quotidienne, le monde du travail, ou dans la vision collective de la société. Les illustrations monochromes percutantes rappellent l'importance de tous les combats féministes contre le sexisme et les inégalités. Un album idéal pour ouvrir les yeux et serrer le poing.

L'ISATIS
ISBN 978-2-924769-06-5
17,95 $CAN

Je dirais même plus !

Les 400 coups (Montréal), Alice jeunesse (Bruxelles), Mijade & NordSud (Namur), Ker éditions (Hévillers, Brabant wallon) se sont associés pour rendre plus visibles leurs livres dans un magazine trimestriel gratuit adressé aux libraires et aux bibliothécaires français. À croire que c'est une bonne idée puisque de 25 000 exemplaires pour le premier numéro (janvier 2018) le tirage est désormais de 30 000 exemplaires. 5 075 bibliothèques et 1 640 librairies françaises en reçoivent chacun 4 exemplaires. Réalisé avec soin, ce magazine est également envoyé aux bibliothèques ou librairies belges francophones ou suisses. Pour le Québec, la diffusion se fait pour l'instant par téléchargement numérique mais la diffusion papier est en projet pour 2019.

L'abonnement se fait sur le site, où vous pouvez également le télécharger : www.jediraismemeplus.be

Merci à Michel Demeulenaere, directeur de Mijade & NordSud, architecte de ce projet, d'avoir répondu à nos questions.

Responsables de la rubrique : Emmanuelle Kabala et Marie Lallouet
Rédacteurs : Manuela Barcilon, Corinne Bouquin, Claudine Hervouët, Pascale Joncour, Marie Lallouet, Christophe Patris, Jonathan Paul, Marie-Ange Pompignoli et Catherine Thouvenin

Version numérique   Première lecture

7 AFRIQUE, CARAÏBE, OCÉAN INDIEN ET MONDE ARABE

AFRIQUE CARAÏBE OCÉAN INDIEN ET MONDE ARABE

421

Cette année encore la moisson de nouveautés pour les quatre zones Afrique, Monde arabe, océan Indien et Caraïbe, présentées dans la revue *Takam Tikou* tout au long de l'année, est riche et de qualité.

Ce choix d'ouvrages africains compte de jolis coups de cœur ! Des albums et romans traitant de la vie quotidienne au plus près des jeunes jusqu'à une bande dessinée de super-héros se mobilisant contre la traite des enfants, en passant par des textes mettant en scène des personnages historiques ou des traditions bien ancrées, le choix est large !

La Caraïbe quant à elle resserre ses publications autour des traditions, documentaire historique ou conte, servies par des publications de grande qualité. Pour l'océan Indien, beaucoup d'inventivité à souligner, avec une mention spéciale pour la *Balade de Little Momo*, un très grand format sans texte mais avec un détail dans les illustrations qui le rend passionnant.

Du côté du Monde arabe, des livres bilingues français-arabe ou qui existent dans deux versions séparées pour chaque langue ; de quoi enrichir les bibliothèques en établissant des passerelles entre les langues. Des histoires légères pleines d'humour coexistent avec des ouvrages abordant des thématiques plus graves, comme l'autisme ou le terrorisme. Une variété que nous sommes heureux de mettre en avant.

AFRIQUE
ALBUMS

♥
À PARTIR DE 3 ANS C1
Saliou Bah, ill. Irina Condé
421 **Bobo a peur du chien**

Caco et Amara, deux copains occupés à jouer aux billes, décident de rejoindre Fooly pour une partie de ballon. Mais sur le chemin, il y a un terrible chien. Les deux petits doivent absolument trouver un stratagème pour contourner l'effrayant obstacle. Réconfortant et drôle, l'album – dans un décor urbain parfois inquiétant – est à hauteur de l'enfant et de ses peurs. À deux, décidément, on est bien plus fort.

GANNDAL (GUINÉE). DISTRIBUTION FRANCE L'OISEAU INDIGO
ISBN 978-2-35045-064-3
7 €

♥
À PARTIR DE 3 ANS C1
Hortense Mayaba
422 **Eza ma poupée**

Une fillette nouvelle venue déclenche chez ses petites camarades le désir intense d'avoir une poupée aussi belle que la sienne. Cette folle envie incite tous les parents à fabriquer une poupée pour leur enfant, chaque famille rivalisant de créativité. Ce faisant, le récit nous rapproche avec subtilité d'une pratique culturelle du golfe du Bénin, puisque la poupée d'une des fillettes a rang de statuette sacrée, double de sa jumelle morte à la naissance. À la finesse de son récit, l'auteure apporte la grâce de ses illustrations simples et expressives. Remarquable.

RUISSEAUX D'AFRIQUE (BÉNIN), SELBÉ.
DISTRIBUTION FRANCE SERENDIP LIVRES
ISBN 978-99919-2-778-7
3 000 F CFA (Bénin), 4 000 F CFA (Afrique),
10 € (France)

♥
À PARTIR DE 6 ANS C1 C2
Aminata Hien Fofana, ill. Claude Adjaka
423 **Mouna va à l'école**

C'est la rentrée à Dora, village à l'ouest du Burkina Faso. Mouna, 9 ans, veut aller à l'école mais sa mère a besoin d'elle à la maison… Heureusement, un groupe de femmes vient au secours de la fillette désespérée. Un nouvel album pour sensibiliser à la nécessaire scolarisation des filles – car il y a toujours d'innombrables Mouna à travers le monde… Un album sans doute pédagogique mais aussi délicat et très réussi, qui met en valeur le rôle important des associations de mères éducatrices (présentées en fin de volume). Jolies illustrations couleur de Claude Adjaka.

RUISSEAUX D'AFRIQUE (BÉNIN), LA LIBELLULE.
DISTRIBUTION FRANCE SERENDIP LIVRES
ISBN 978-99919-2-763-3
1 800 F CFA (Bénin), 2 000 F CFA (Afrique),
5 € (France)

422

POÉSIE

♥
À PARTIR DE 10 ANS C3
Caya Makhélé
424 **Murmures d'Afrique : Poésie jeunesse**

La poésie est devenue rare dans la littérature africaine pour la jeunesse aussi saluons la parution de ce joli livre ! Caya Makhélé, dramaturge, romancier, éditeur, se fait ici poète. Il livre vingt poèmes où « l'adulte interroge l'enfant » qu'il a été. Avec des mots simples et évocateurs, les poèmes évoquent l'enfance, les valeurs héritées, le grandissement, les parfums de la pluie, les masques et le village de son grand-père… Mais aussi la main, le sourire, le temps, les voyages et les chemins parcourus… La vie, tout simplement racontée aux enfants, et aussi aux adultes. Une réussite.

ACORIA (FRANCE), POÉSIE JEUNESSE
ISBN 978-2-35572-159-5
10 €

THÉÂTRE

♥
À PARTIR DE 15 ANS LYC
Kangni Alem
425 **Atterrissage : Théâtre**

Une pièce de Kangni Alem, Togolais, homme de théâtre et romancier. Truculent, l'auteur a l'art de rire de tout pour, insensiblement, franchir le mur de la comédie et toucher au plus sensible, à un tragique douloureux. Une pièce à la mémoire de Yaguine Koïta et Fodé Tounkara, les deux garçons guinéens qui voulaient aller en Europe et sont morts de froid cachés dans les roues d'un avion. Une tragédie rendue encore plus poignante par l'humour, l'ironie mordante, le plaisir de la langue. Ce texte de 2002 n'a rien perdu de sa contemporanéité.

GRAINES DE PENSÉES (TOGO). DISTRIBUTION FRANCE ALLIANCE INTERNATIONALE DES ÉDITEURS INDÉPENDANTS
ISBN 978-2-916101-74-3
8 €

ROMANS

À PARTIR DE 10 ANS C3
Augustin Mansaré

426 **Bras de fer pour un ballon**

Salif a 15 ans, adore le football et voudrait en faire son métier. Mais son père, qui regrette de ne pas être allé à l'école, veut que l'adolescent poursuive ses études. « Dans la vie, il faut respecter trois personnes : ton père, ta mère et celui qui t'enseigne ». Un bras de fer s'engage entre le père et le fils... Adolescent travailleur, Salif est partagé entre le respect qu'il porte à son père et son désir propre. Ce récit bien écrit, à l'intrigue intelligemment menée, est un beau chemin d'adolescence. On suit avec plaisir la vie du garçon au lycée, avec ses amis footballeurs, son amie Binta ou en famille.

GANNDAL (GUINÉE), GOS & GARS.
DISTRIBUTION FRANCE L'OISEAU INDIGO
ISBN 978-2-35045-086-5
3,50 €

À PARTIR DE 13 ANS C4
Fako Donki Diarra

427 **Ngolo Roi de Ségou : roman historique**

Cette belle biographie romancée retrace la vie de Ngolo, septième roi de Ségou et fondateur de la dynastie des Diarra. Né de parents handicapés et indigents, Ngolo a été cédé au roi de Ségou à l'âge de 12 ans. Sur la route, il se fait remarquer par son caractère bien trempé et sa bravoure et les Peuls lui prédisent un destin royal. Le jeune homme devient influent à la cour. Expédié en pays musulman sous un prétexte religieux par le roi qui se sent menacé par lui, il s'y montre imperméable à l'islam et s'enfuit. Envoyé ensuite à Tombouctou, il y reçoit confirmation de sa destinée et accède finalement au trône de Ségou en 1766. Second roman de l'auteur, écrivain et chercheur spécialiste du royaume bambara de Ségou, qui offre ici un récit historique autant qu'héroïque. Carte et préface documentaire.

CAURIS-LIVRES (MALI). DISTRIBUTION FRANCE L'OISEAU INDIGO
ISBN 978-999-52-60-31-6
13 €

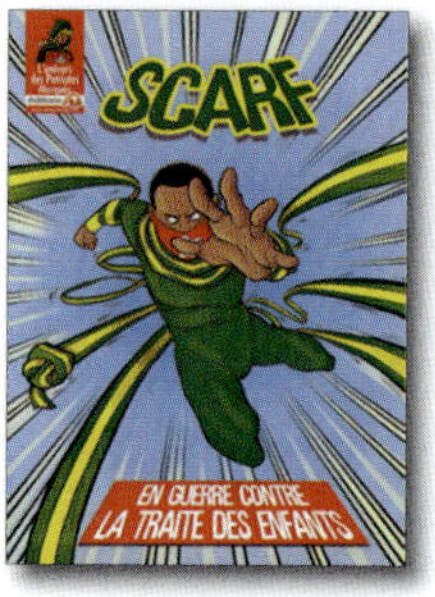

BANDE DESSINÉE

À PARTIR DE 10 ANS C3
KanAd, Relutet, ill. KanAd

428 **Scarf : en guerre contre la traite des enfants**

Aidant les forces de l'ordre, Scarf immobilise une camionnette en fuite. À l'intérieur, un groupe d'enfants... Commence alors une enquête pour retrouver les responsables de ce trafic. Doté du pouvoir du baobab, Scarf, ce héros au grand cœur, prend des risques, affronte les malfaiteurs qui utilisent le même pouvoir que lui, explique aux parents les dangers de confier leurs enfants à des inconnus. Très réussie, cette bande dessinée de super-héros met en scène un personnage attachant autour d'un enjeu essentiel. Bienvenue à Scarf, nouveau super-héros africain, et bravo aux éditions Ago !

AGO (TOGO), L'UNIVERS DES PATRIOTES MASQUÉS. DISTRIBUTION FRANCE ALLIANCE INTERNATIONALE DES ÉDITEURS INDÉPENDANTS
[SANS ISBN]
8 €

428

DOCS

À PARTIR DE 8 ANS C2

Amanda Albertson

429 **Les Gens de Sara**

À Sara, Burkina Faso, vivent les Bwaba, les Peuls, les Moose, les Miyanke, les Dafing... Tous s'y sont installés avec leur langue, leur religion, leur cuisine. Ce qu'ils ont en commun : le parler français et un goût pour le Tô (pâte à base de farine accompagnée d'une sauce) ! La galerie de beaux portraits photographiques complète des textes assez brefs. Une carte et des précisions complémentaires auraient pu être ajoutées, mais ce n'est pas la démarche de la collection, destinée aux lecteurs burkinabés. Cet album documentaire fait partie d'un programme de création de livres géré par l'association Amis des Bibliothèques de Villages Africains.

Citons également, dans la même collection :

Dounko Sanou

430 **Allons à la découverte d'une femme leader**

FRIENDS OF AFRICAN VILLAGE LIBRARIES (ÉTATS-UNIS D'AMÉRIQUE). DISTRIBUTION FASTPENCIL
[SANS ISBN]
8,99 US $ CHACUN

À PARTIR DE 10 ANS C3

Tshitenge Lubabu Muitubile K., ill. Christian Epanya

431 **Léopold Sédar Senghor : Le poète président du Sénégal (nouvelle édition)**

Le texte court, limpide, et ses belles illustrations composent à grands traits une biographie de celui qui s'est distingué tant comme homme de lettres que comme homme politique et dont l'histoire commence dans un petit village de pêcheurs en 1906. Le récit illustré de sa vie est suivi d'une chronologie et de quelques pages sur le Sénégal. Cette nouvelle édition qui fait connaître Senghor aux plus (et moins) jeunes nous rappelle également l'œuvre fondatrice de la littérature jeunesse en Afrique, *Les Aventures de Leuk-le-lièvre* de Senghor et Sadji, et *La Ballade Toucoulore de Samba Foul* avec un texte de Senghor illustré par Pierre Droal (Seuil).

Signalons dans la collection Les Classiques ivoiriens :

Moudjibath Daouda Koudjo, ill. Al'Mata

432 **Félix Houphouët-Boigny, le premier président de la Côte-d'Ivoire**

CAURIS (MALI), LUCY.
1ÈRE ÉD. 2005, LES CLASSIQUES IVOIRIENS.
DISTRIBUTION FRANCE L'OISEAU INDIGO
ISBN 978-99952-60-35-4
ISBN 978-99952-60-34-7
7 € CHACUN

À PARTIR DE 13 ANS C4

Béatrice Lalinon Gbado, Christelle Ouassa et al., ill. Claude Adjaka, photogr. Alexandre Gbado, Charles P. Tossou

433 **Les Messages du pagne**

Un superbe album consacré au langage des pagnes africains du Bénin : inscriptions, motifs, façon de les porter... C'est toute une sagesse populaire qui est ici mise en lumière, parfois tendre, parfois rude, parfois pleine d'humour, toujours poétique. Le livre se conclut sur une petite histoire du pagne africain et de ses origines hollandaises. Si les motifs montrés proviennent de différents pays, les noms qui leur sont attribués ici sont en fongbé, l'une des langues béninoises.

Une édition très soignée où alternent photographies et dessins pour ce livre d'art et livre de civilisation, à recommander à de bons lecteurs.

RUISSEAUX D'AFRIQUE (BÉNIN), ARTS DE VIVRE EN AFRIQUE. DISTRIBUTION FRANCE SERENDIP LIVRES
ISBN 978-99919-2-779-4
30 €

431

Responsable de la rubrique : Viviana Quiñones
Rédactrices : Marie Laurentin, Béatrice de Lavenne, Viviana Quiñones, Caroline Rives, Djénéba Sidibé, Sarah Tournerie et Françoise Ugochukwu

CARAÏBE
CONTE

8-10 ANS **C3**
Robert D. San Souci, ill. Brian Pikney, trad. Renée-Laure Zou
434 **L'Ami fidèle**

Sur l'île de la Martinique, Clément vit avec son ami Hippolyte. Les deux jeunes gens partent à la rencontre de la future épouse de Clément, à l'autre bout de l'île. Mais en arrivant ils trouvent une situation familiale conflictuelle. Cette trame narrative inspirée d'un conte traditionnel des Antilles françaises est classique. Plusieurs variantes existent dans les îles du Cap-Vert, la République dominicaine, l'Argentine ou encore au Brésil. Les illustrations sont très colorées, proches du récit et apportent un réalisme à cette histoire entre magie, sorcellerie, amour et amitié.

CARAÏBÉDITIONS (MARTINIQUE)
ISBN 978-2-37311-0142
13,50 €

DOC

8-10 ANS **C3**
Erika Sylvestre, ill. Frédérik Barois
435 **L'Histoire de la Martinique racontée aux enfants**

Cet album débute avec l'installation des Amérindiens et nous emmène jusqu'au XXIe siècle. Photos, cartes, dessins complètent le propos qui, avec des phrases courtes, permet au lecteur d'aller à l'essentiel sans cacher la vérité. En effet plusieurs doubles pages sont consacrées à la question de l'esclavage et expliquent le problème sans ambiguïté : « *L'esclavage est le contraire de la liberté. L'esclave est fait prisonnier, travaille pour son maître sans être payé* ». Un documentaire historique sur la Martinique accessible et richement illustré.

ORPHIE (LA RÉUNION)
ISBN 979-10-298-0216-4
12,50 €

OCÉAN INDIEN
ALBUMS

♥
0-3 ANS
Moniri M'Baé
436 **La Balade de Little Momo**

Album sans texte de grand format, tout en carton et qui se déplie en accordéon, proposant d'un côté la balade de Momo dans la nature réunionnaise. Ce côté, noir et blanc, est à colorier. De l'autre côté on retrouve Momo dans la ville, tout en couleurs avec seuls les personnages en noir et blanc. Déployé, le livre enveloppe son lecteur comme une cabane. Cet album permet de nombreux niveaux de lecture mais aussi de jeu : coloriages, « cherche et trouve », il plaira aux petits et aux grands.

ZÉBULO ÉDITIONS (LA RÉUNION)
ISBN 979-10-96163-01-4
26,90 €

3-6 ANS **C1**
Malo Griès, ill. Solen Coeffic
437 **Zoé et la tortue**

Luna est une très vieille tortue qui connaît toute l'histoire du monde par ses océans. Pourtant elle se prend dans les mailles d'un filet et se retrouve prisonnière sur le bateau de pêche du père de Zoé. Une amitié naît entre la tortue et la fillette qui va la sauver. Album du duo Malo Griès et Solen Coeffic qui allie une nouvelle histoire de rencontre, de transmission, de rêve et d'amitié avec des illustrations très originales : des dessins en couleurs dans lesquels la tortue est soulignée au feutre noir.

ORPHIE (LA RÉUNION)
ISBN 979-10-298-0224-9
8 €

Version numérique   Première lecture

CONTE

♥
3-6 ANS C1
Amarnath Hosany, Véronique Massenot,
ill. Solen Coeffic
438 **Tizan et le loup**

En forêt, Tizan rencontre une fillette, avec une cape rouge, à qui un cochon-marron a volé son panier. Pour l'aider, il lui donne des bonbons à semer en chemin. Album pour les petits qui mêle les contes de Perrault et le conte créole avec Tizan, bien connu des enfants mauriciens. Les remarquables illustrations à l'aquarelle de Solen Coeffic apportent une douceur par leurs tons pastel, la forêt est un endroit rassurant, et les deux enfants paisibles. La créativité de cette jeune illustratrice associée à un texte original propose un album réussi.

ATELIER DES NOMADES (FRANCE – ÎLE MAURICE)
ISBN 978-2-91930013-6
12,60 €

ROMAN

6-8 ANS C2
Lalou
439 **Où le vent te mène**

L'histoire se situe dans un village de pêcheurs, *Au Pays du Nord*, un pays imaginaire. Les habitants de ce village sont dotés d'une pilosité hors-norme car il y fait très froid. C'est l'amitié entre un jeune garçon, Sol, et Diomède, un oiseau particulier, que raconte ce roman, mais il aborde aussi la question du rejet par les autres qui oblige à quitter « le nid ». La lecture de ce roman d'apprentissage est très agréable, avec ce qu'il faut d'aventures et de rebondissements.

ZÉBULO ÉDITIONS (LA RÉUNION)
ISBN 979-10-96163-03-8
13 €

BANDE DESSINÉE

13-15 ANS C4
Dwa, ill. Liva
440 **La Réunion Kely**

La « lumière » d'Antananarivo, capitale de Madagascar, attire nombre de paysans qui quittent leur village dans l'espoir d'y faire fortune. La Réunion Kely (Petite Réunion) accueille ainsi plusieurs centaines de sans-abris. Dans ce milieu urbain, assommé par la pauvreté, où la violence est latente, réussir sa vie, pour un migrant, relève de l'utopie. L'histoire de Fabrice témoigne d'un parcours jonché d'espoirs qui se transforme en cauchemar. Les dessins en noir et blanc au crayon de Liva Raobelina accompagnent bien ce texte de Dwa, auteur malgache sensible.

DES BULLES DANS L'OCÉAN (LA RÉUNION)
ISBN 978-2-919069-48-4
15 €

DOC

♥
3-6 ANS C1
Fred Theys
441 **Les Zazous dans la nature. Île de la Réunion**

Fred Theys nous invite à redécouvrir la faune et la flore de l'île de la Réunion à travers les matières et les textures. Cet artiste-peintre, illustrateur, que l'on ne présente plus, peint de tout petits personnages, les Zazous, dans des musées mais aussi dans l'espace public. Dans cet album les Zazous permettent de mettre en valeur les arbres et les rochers de lieux emblématiques de l'île de la Réunion. C'est un livre d'art à la portée des plus jeunes, une très belle réussite ; les peintures sont bien mises en pages et invitent au voyage.

ZÉBULO ÉDITIONS (LA RÉUNION)
ISBN 979-10-96163-00-7
14,80 €

Responsable de la rubrique : Corinne Bouquin
Rédacteurs : Corinne Bouquin et Alain Rajaonarison

MONDE ARABE ALBUM

♥

À PARTIR DE 6 ANS C1 C2

Heyna Bé, ill. Céline Chevrel

442 **Quelle histoire Nestor !**

Nestor le lapin va, pour la première fois de sa vie, partir en voyage pour rendre visite à son cousin Eugène. Il doit donc emprunter une valise. Commence alors un long périple, d'un détenteur potentiel de valise à un autre : on renvoie toujours notre lapin vers « quelqu'un qui connaîtrait quelqu'un qui aurait une valise »... Les rencontres s'enchaînent jusqu'à l'arrivée au domicile d'un lapin, grand voyageur... Le fameux cousin Eugène ! Le texte et les illustrations se répondent et se complètent pour donner un album malicieux, plein de détails amusants et de clins d'œil.

SAMIR (LIBAN)

ISBN 978-614-443-158-0

13 €

Existe en arabe, trad. Samar Mahfouz Barraj

يا لها من قصّة يا نوبي !

ISBN 978-614-443-304-1

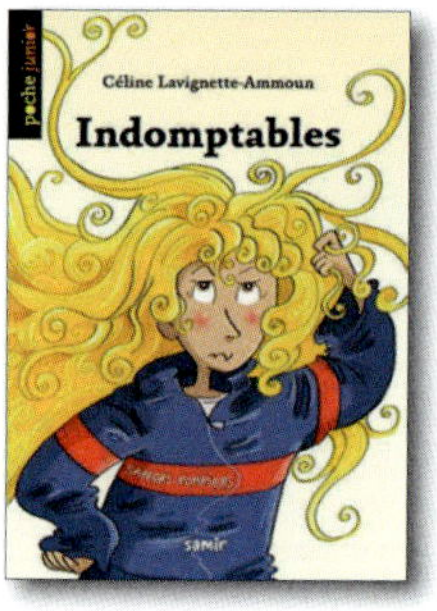

CONTE

À PARTIR DE 6 ANS C1 C2

Halima Hamdane, trad. du français Abd al-Hadi Saïd, ill. Antonina Novarese

443 **Le Roi qui aimait les devinettes**

السلطان عاشق الألغاز

Le roi doit choisir son plus proche conseiller. Comme il adore les devinettes, il décide de recruter la personne qui trouvera la réponse à la devinette qu'il pose. Parmi tous les candidats, un seul donne satisfaction. Le roi le fait siéger à ses côtés, mais chaque fois qu'il est consulté, l'homme demande de remettre la décision au lendemain. Ainsi, le soir, il peut demander conseil à sa fille Aïcha... Ce conte populaire marocain, qui met en valeur l'intelligence des femmes, est très bien rendu par la conteuse Halima Hamdane. À noter que le texte arabe de ce livre bilingue est entièrement vocalisé.

MARSAM (MAROC)

ISBN 978-9954-9676-7-6

10 €

ROMANS

À PARTIR DE 10 ANS C3

Céline Lavignette-Ammoun

444 **Indomptables**

Que faire quand on a des cheveux frisés indomptables, des sœurs parfaites, et une mère qui ne rêve que de présenter ses filles à des concours de beauté ? Mais Capucine a trouvé sa voie, très éloignée des rêves de sa mère : elle veut faire partie des sapeurs-pompiers spécialisés dans le sauvetage aquatique ! Et une tignasse bouclée est incompatible avec cette vocation... La personnalité de Capucine, personnage attachant, crédible, atypique, fait toute la force de ce roman.

SAMIR (LIBAN), POCHE JUNIOR

ISBN 978-614-443-179-5

7,50 €

442

À PARTIR DE 10 ANS C3

Sophie Noël

445 **La Justicière du CM2**

La classe de CM2 de Justine accueille Sacha, un enfant autiste. La réaction hostile de certains déroute la jeune fille, qui veut militer en faveur de la présence de Sacha en classe. L'univers de ce dernier bascule quand Mirabelle, l'ânesse avec laquelle il avait noué une relation particulière dans le cadre de sa thérapie, se blesse ; l'enfant ne peut plus la voir et il se renferme sur lui-même. Mais Justine a une idée… Un ouvrage qui ouvre une fenêtre, à hauteur d'enfant, sur l'autisme, un trouble souvent méconnu, voire ignoré dans la littérature pour la jeunesse du Monde arabe.

SAMIR (LIBAN), POCHE JUNIOR
ISBN 978-614-443-178-8
7 €

À PARTIR DE 13 ANS C4

Nabil Amar

446 **Mon ami ce futur terroriste**

Ali et Hicham vivent au Maroc et sont amis depuis toujours. Mais depuis quelque temps, Hicham semble s'être transformé, au contact de Kamal, un rigoriste religieux qu'il a rencontré pendant ses études. Hicham, ses bêtises, ses aventures amoureuses, ses soirées arrosées et son insouciance ont laissé place à un jeune homme étrangement assagi, obnubilé par la religion. Ali s'inquiète : la transformation de Hicham s'aggrave… Un roman à visée didactique, parfois dur et sombre, qui assume son réalisme jusqu'au bout ; une lecture utile sur un sujet qui questionne et qui trouble.

ÉDITIONS LA CROISÉE DES CHEMINS (MAROC)
ISBN 978-9954-0-1597-1
18 €

445

BANDE DESSINÉE

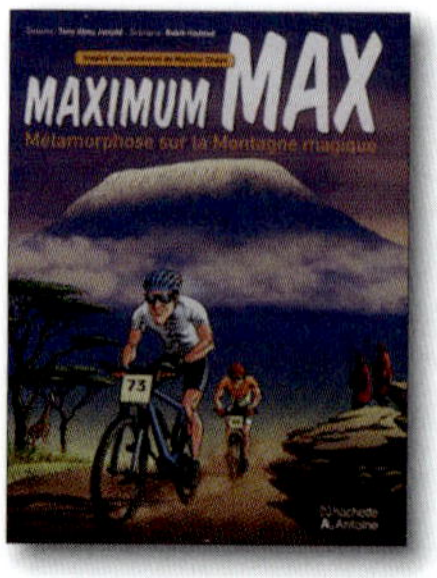

À PARTIR DE 8 ANS C2
Rabih Haddad, ill. Tony Abou Jaoudé
447 **Maximum Max : métamorphose sur la montagne magique**

Les exploits du sportif libanais Max Chaya ont inspiré cette bande dessinée façon biopic. Cycliste, le héros a parcouru le monde pour participer aux courses internationales, qu'il a parfois remportées. Alpiniste, il est le premier Libanais à vaincre le sommet mythique de l'Everest après celui du Kilimandjaro. De très nombreuses anecdotes et informations sur les pays visités enrichissent la partie documentaire de fin d'ouvrage, ainsi que des photos de Max et des pays traversés.

HACHETTE-ANTOINE (LIBAN)
ISBN 978-614-438-389-6
18 €

Existe en arabe
مكسيموم ماكس : على قمّة الجبل السحري
ISBN 978-614-438-388-9

DOC

À PARTIR DE 3 ANS C1
France Quatromme, ill. Karim al-Dahdah
448 **Tout neuf !**

Potiron et Mirabelle attendent un enfant. Durant un grand nettoyage, Potiron trouve une vieille caisse en bois qu'il s'apprête à jeter à la poubelle. Mais Mirabelle veut absolument réutiliser cette caisse ! Après plusieurs tentatives infructueuses, qui ajoutent une note d'humour à l'histoire, Potiron intervient et transforme la caisse en berceau pour le bébé à naître. Un ouvrage qui a le mérite d'aborder le thème de l'écologie, souvent absent de la littérature pour la jeunesse du monde arabe.

SAMIR (LIBAN), LES ÉCOLOPAINS
ISBN 978-995-33-1649-9
12 €

Existe en arabe, trad. Samar Mahfouz Barraj
كأنه جديد !
ISBN 978-995-33-1652-9

448

Responsable de la rubrique : Hasmig Chahinian
Rédactrices : Hasmig Chahinian, Camille Etedali-Khou, Naïla Hanna, Sarah Rolfo, Nathalie Sfeir, Laurence Veyssier et Marianne Weiss

Où se procurer les ouvrages cités ?

Pour l'Afrique, la Caraïbe et l'océan Indien :

L'Harmattan. Librairie internationale
16, rue des Écoles - 75005 Paris
Tél. 01 40 46 79 11
www.librairieharmattan.com

Pour le Monde arabe :

Librairie de l'Institut du monde arabe
1 rue des Fossés-Saint-Bernard - 75005 Paris
Tél. 01 40 51 38 38
www.imarabe.org

Et auprès des éditeurs :

Consulter le carnet d'adresses des éditeurs accessible à partir de la page d'accueil de *Takam Tikou* en ligne :
http://takamtikou.bnf.fr

Version numérique   Première lecture

8 BANDES DESSINÉES

BANDES DESSINÉES

455

2018, une année grise et sans relief en bande dessinée ? Oui, l'absence de série manga prenant le relais du phénomène Naruto, la fin du cycle d'édition du patrimoine « prestige » des comics, la baisse des tirages moyens, celui des best-sellers tombant à seulement 75 000… Oui encore pour cette crise de revenus des auteurs toujours sans solution, pour ce manque d'écho public des auteurs récents, quand *Alix* et *Blake et Mortimer* dominent les ventes ; oui encore quand les revues Marvel (Panini en fait) disparaissent des kiosques après 50 ans de présence… Mais non peut-être grâce à trois auteurs de comics toujours renouvelés, Jeff Lemire, B. K. Vaughan, B. M. Bendis. Non grâce à trois chefs-d'œuvre signés des anciens : Le Gall de retour avec *Théodore Poussin*, Giardino concluant *Jonas Fink*, et Ferrandez adaptant *Le Premier homme* de Camus. Et le manga se renouvelle avec *L'Atelier des sorciers*, *Made in Abyss*, *The promised Neverland*. On redécouvre le patrimoine du petit *Jojo*, des *Démons d'Alexia*, du *Mickey* de Scarpa, *Benjamin et Benjamine* d'Uderzo. Et ces surprises inclassables que sont *Ailefroide* de Rochette, Marion Montaigne *Dans la Combi de Thomas Pesquet*, Loïc Clément *Chaque jour Dracula*, *L'île errante* de Tsuruta, *Les Chats du Louvre* de Matsumoto. Et l'on rira toujours avec *Les Cahiers d'Esther*, *Les Sisters* ou ce bon vieux *Dad* ! 2018, pas si mal en fait !

PREMIÈRES BD 3-6 ANS

C1
Aki
449 **Le Quotidien extraordinaire**

Cette suite de gags en une planche, sans texte, met en scène un petit lapin dans des situations quotidiennes ou fantasmées. Un album à l'humour absurde (on ne va pas bronzer à la plage quand on est une glace à l'eau !), au trait fin et naïf assorti de couleurs franches en aplats, qui joue aussi des codes de la bande dessinée. Il y a du rêve et du surréalisme dans ces planches, à savourer comme un bonbon acidulé, pour petits et grands enfants !

GALLIMARD-JEUNESSE – GIBOULÉES
ISBN 978-2-07-509693-5
12,90 €

C1
Scén. Serge Bloch, dessin Nicolas Hubesch
450 **Zouk, t.16 : Super-justicière !**
451 **et t.17 : L'été sera chaud !**

« La petite sorcière qui a du caractère » est toujours aussi attachante et drôle. Dans ces deux nouveaux albums, huit histoires la confrontent à de drôles de vrais méchants, la révélant graine de super-héroïne ; huit autres débrident son imaginaire, perturbant la météo de cet été trop chaud. C'est toujours aussi réussi, un « classique » pour les tout-petits.

BD KIDS, MINI BD KIDS
ISBN 978-2-7470-8814-5
ISBN 978-2-7470-8882-4
9,95 € CHACUN

Version numérique   Première lecture

C1
Marta Cunill
452 **Petit le poisson**

Un petit garçon rapporte d'une après-midi à la mer un petit poisson. Mais très vite, celui-ci grandit et ne tient plus dans son habitacle. L'enfant le transfère dans la baignoire, puis dans une piscine gonflable, ce qui n'est pas du tout du goût de son entourage. Se résignant à relâcher son ami dans la mer, il trouve sur le chemin du retour un bébé lézard… Une histoire simple, drôle, colorée, racontée en cases sans texte, principe de cette collection destinée aux enfants ne sachant pas encore lire pour les rendre autonomes face au livre.

BANG ÉDITIONS, MAMUT
ISBN 978-84-17178-00-0
13 €

C1
Scén. Delphine Cuveele, dessin Dawid
453 **Pas de deux**

À la poursuite d'une souris verte (qui ne se contentera pas de courir dans l'herbe), une petite fille et un petit garçon lient connaissance. Une virevoltante cavalcade à travers les rues d'un village et sa campagne environnante où la réserve, voire l'animosité de départ entre les deux enfants se transforme en une belle complicité au cours d'une après-midi. Sans texte, joliment dessiné dans des couleurs chaudes, un « pas de deux » frais et léger comme savent les improviser les enfants.

LA GOUTTIÈRE
ISBN 979-10-92111-75-0
10,70 €

C1
Scén. Alexis Dormal, dessin Dominique Roques
454 **Ana Ana, t.11 : Ana Ana très pressée**

Aujourd'hui Ana Ana et son équipe de doudous ont un programme chargé : aller à la mer, faire des gâteaux, jouer avec les voisins, lire des livres… En voulant tout faire et contenter tout le monde, Ana Ana va bien sûr manquer son objectif et on devine la leçon de ce petit album pressé. Prenons donc le temps de le lire tranquillement, de savourer la qualité du dessin vif et enjoué et le charme de ces minuscules aventures du quotidien.

DARGAUD, JEUNESSE
ISBN 978-2-205-07704-9
7,95 €

C1
Scén. Céline Fraipont, dessin Pierre Bailly
455 **Petit Poilu, t.21 : Chandelle-sur-Trouille**

On ne présente plus Petit Poilu, ce petit bonhomme curieux, optimiste et courageux qui vit d'incroyables aventures muettes sur le chemin de l'école. Ici le voilà confronté au drame des réfugiés. Bravo aux auteurs de si bien expliquer sans aucune parole l'exil et le drame des migrants en mettant en scène deux allumettes et en inventant la communauté de Chandelle-sur-Trouille où Petit Poilu et ses deux nouveaux amis débarquent après une dangereuse traversée pour échapper à des boules de feu et des coulées de lave.

DUPUIS, PUCERON
ISBN 978-2-8001-7158-6
9,90 €

C1
Ben Hatke, trad. de l'anglais (États-Unis)
456 **Petit robot**

Une fillette solitaire et dégourdie découvre un petit robot tombé d'un camion en route vers une usine d'assemblage. C'est le début d'une drôle d'amitié très vite menacée lorsque, sur la chaîne de fabrication, l'unité 00012 (notre « Petit robot ») est détectée manquante… L'auteur de *Zita, la fille de l'espace* nous enchante encore avec cette histoire pleine de fantaisie, belle ode à l'amitié. La nature, avec son petit peuple animal et les objets obsolètes abandonnés par l'homme, s'impose en terrain de jeux et d'apprentissage de cet attachant duo.

FRIMOUSSE, BD MOUSSE
ISBN 978-2-35241-336-3
16 €

C1
Keisuke Kotobuki, trad. du japonais par David Le Quéré
457 **Roji ! t.10 et 11**

La petite Yuzu explore les ruelles de sa ville en compagnie de sa petite sœur Karin, de Zanzibar et de toute sa bande d'amis. Elle continue de nous enchanter en nous faisant découvrir dans de courtes histoires un univers fantastique et merveilleux peuplé de petites créatures féeriques, où les chats ont de drôles de pouvoirs. Une merveille de poésie enfantine et d'humour illuminée par de très beaux dessins aux teintes chatoyantes.

KI-OON, KIDS
ISBN 979-10-327-0153-9/ISBN 979-10-327-0252-9
9,65 € CHACUN

C1
Scén. Frédéric Maupomé, dessin Stéphane Sénégas
458 **Anuki, t.8 : Petit frère**

C'est l'hiver, la neige et le lac gelé permettent de nouveaux jeux, Anuki adore la luge. Pas de chance, il se voit confier son petit frère. En chemin, les digressions ne manquent pas pour le benjamin, exaspérant l'aîné. Puisque Anuki refuse de jouer avec lui, le petit frère devient ami avec un jeune caribou, s'attirant la sympathie de la maman de l'animal. Celle-ci et Anuki ne partagent pas les mêmes notions de ce qui est dangereux pour les petits. Une menace plus grande fera tomber toutes les animosités. Drôle, tendre, éloquent !

LA GOUTTIÈRE
ISBN 979-10-92111-80-4
10,70 €

HUMOUR 6-8 ANS

C2
Scén. Marguerite Abouet, dessin Mathieu Sapin, d'après l'univers graphique de Clément Oubrerie
459 **Akissi, t.8 : Mission pas possible**

C'est décidé, Akissi va partir à Paris avec son frère Fofana. Désespérée, elle cherche le moyen d'échapper à ce sombre destin, loin de son singe Boubou, de ses copains, de sa famille… Tous les moyens sont bons : tenter de voler un bébé, soudoyer le maître d'école, attendrir son pépé. Où l'on retrouve ce mélange inégalable de poésie, de témoignage, de fraîcheur enfantine, de liberté et d'humour sans frontières, assorti de clins d'œil, tel le commissaire Kouamé, un des nouveaux héros de l'auteure, au détour d'une case.

GALLIMARD, GALLIMARD BANDE DESSINÉE
ISBN 978-2-07-508469-7
10,50 €

♥
C2
Adrien Albert
460 **Claude et Morino**

Morino, jeune taurillon, vit dans une caravane. Il rencontre Claude, petit squelette vert pomme qu'il a réveillé par inadvertance, et qui devient vite un compagnon un peu trop collant, puis son meilleur ami. Morino le solitaire bougon et Claude le candide vivent des aventures saugrenues, dans une ambiance bon enfant et réjouissante. Le ton, les personnages, l'humour, les couleurs en aplat et le dessin facétieux, tout est réussi dans cette très jolie bande dessinée pour petits lecteurs audacieux.

L'ÉCOLE DES LOISIRS, ALBUM DE L'ÉCOLE DES LOISIRS
ISBN 978-2-211-23534-1
13,50 €

C2
Scén. Christophe Cazenove et William Maury, dessin William Maury
461 **Les Sisters, t.12 : Attention tornade**

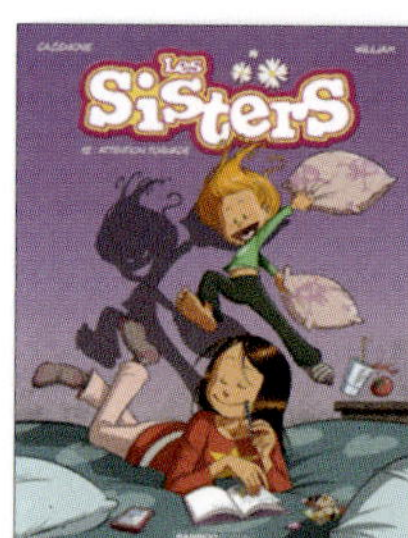

Dans ce volume, les Sisters passent des vacances aux États-Unis en famille, et chacune en profite à sa manière… Wendy revient avec des images plein les yeux, et un chouette déguisement de cow-boy pour « garder le troupeau » (à savoir Marine et ses copines). On retrouve aussi des classiques de la série (comment subtiliser le journal intime de Wendy), des variations autour de Halloween, des batailles de polochon sportives. Un indéfectible cocktail d'énergie, d'humour et de bonne humeur !

BAMBOO, HUMOUR
ISBN 978-2-8189-4350-2
10,95 €

C2
Scén. Emmanuel Guibert, dessin Marc Boutavant
462 **Ariol, t.13 : Le Canard calé**

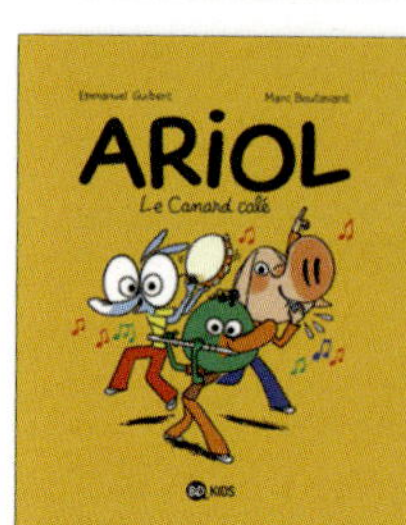

Plusieurs épisodes remarquables dans ce nouvel Ariol, qui navigue, à hauteur d'enfant, entre humour et questions de société : Kwax, les Roms et la musique ; Ramono et les cartes postales ; le réveil de Batégaille, dont on découvre qu'il sait parler et Mirlune, une petite fille pas comme les autres… C'est drôle, toujours juste, en prise avec l'actualité et le monde comme il est. Le « petit âne comme vous et moi » reste un incontournable de la bande dessinée pour la jeunesse.

BD KIDS, LES HÉROS. J'AIME LIRE
ISBN 978-2-7470-8601-1
11,50 €

C2
Scén. Jennifer L. Holm, dessin Matthew Holm, trad. de l'anglais (États-Unis) par Marion Hameury
Babymouse,
463 **t.1 : Reine du monde !,**
464 **t.2 : Super-héroïne,**
465 **t.3 : Rock-star**

Babymouse est une petite souris qui doit affronter les terribles épreuves de son quotidien d'écolière, à commencer par la méchante Félicie Féline ! Reine du monde, super-héroïne ou rock-star, elle se retrouve dans des situations épiques et loufoques dont seule son imagination débordante lui permet de s'extirper. Un rythme ébouriffant, soutenu par des dessins tordants et une mise en pages animée rendent cette série attachante, drôle et créative.

DE LA MARTINIÈRE JEUNESSE, FICTION J.
ISBN 978-2-7324-8690-1
ISBN 978-2-7324-8701-4
ISBN 978-2-7324-8705-2
8,90 € CHACUN

C2
Scén. Alain Jost et Thierry Culliford, d'après Peyo, dessin Jeroen De Coninck et Miguel Díaz, coul. Nine Culliford
466 **Une histoire des Schtroumpfs, t.36 : Les Schtroumpfs et le dragon du lac**

Le monde enchanteur créé par Peyo se survit remarquablement grâce aux auteurs réunis autour de son fils. Les nouveaux albums se suivent avec une incontestable maîtrise et une capacité à recycler les créations de Peyo. Dans cette histoire classique, les lutins bleus doivent aider un seigneur en détresse, à la demande d'un dragon insistant. Une pincée de « Pays maudit », une poudre des sept fontaines et le charme opère.

LE LOMBARD
ISBN 978-2-8036-7284-4
10,95 €

C2
Ferdinand Lutz, trad. de l'allemand par Brice Germain
467 **U-B-R : le nouveau voisin**

Venant d'une planète où l'on reste enfant toute sa vie, un extraterrestre à l'apparence de petit blondinet débarque sur Terre pour étudier les mœurs des humains. Il emménage dans un immeuble où les habitants, tous très originaux à leur façon, le prennent juste pour un enfant bizarre. Son compagnon, étrange créature douée de mimétisme, loin de passer inaperçu ajoute plutôt à la confusion. Loufoques et drôles, les aventures d'U-B-R ont d'abord été publiées sous forme de comic strips dans la presse allemande.

FRIMOUSSE, BD MOUSSE
ISBN 978-2-35241-335-6
16 €

C2
Bianca Pinheiro, trad. du portugais (Brésil) par Alexandre Blanzat, Vincent Henry, Delphine Pennaneac'h
468 **Raven & l'ours, t.2**

Raven, petite fille haute comme trois pommes, bonnet bleu enfoncé sur ses cheveux noirs et grosses lunettes lui mangeant le visage, est toujours à la recherche de ses parents, accompagnée de Dimas, l'ours qu'elle a malencontreusement réveillé dans sa grotte. Après le village des énigmes, le duo arrive à Métodica où une malédiction affecte les adultes : ils sont redevenus des enfants, créant une sacrée confusion chez les « vrais » enfants. Malin et réjouissant.

LA BOÎTE À BULLES, LA MALLE AUX IMAGES
ISBN 978-2-84953-309-3
16 €

8-10 ANS

C2 C3
Scén. Bruno Bozzetto, dessin Grégory Panaccione, trad. de l'italien Camille Pazdej
MiniVip & SuperVip :
469 **le mystère du va-et-vient**

Sur la Terre, polluée à 99,999 %, vivent deux frère : SuperVip, balèze et maladroit, et MiniVip, faible et ingénieux. Très loin de là, sur la planète Sparky, la reine des extraterrestres prépare son invasion… Un album d'une inventivité folle et remarquable en tous points : à la fois comédie romantique, satire sociale, science-fiction azimutée et aventure irrésistible. Le tout mis en scène avec un talent graphique incontestable qui donne vie à ces personnages et leur univers brindezingue.

SOLEIL, METAMORPHOSE
ISBN 978-2-302-06967-1
27,95 €

C2 C3

Nob

470 **Dad, t.4 : Star à domicile**
471 **et t.5 : Amour, gloire et corvées**
472 **Manuel du Dad (presque) parfait**

Qui ne connaît Dad, ce papa poule divorcé, élevant seul ses quatre filles, chômeur et comédien malchanceux, producteur de vidéos cultes sur YouTube – par leur effroyable nullité ! C'est hilarant tant pour les enfants que pour les parents, et c'est toujours tendre. Mention particulière aux couleurs et à leur harmonie poétique, qui participent au climat et à l'identité de la série. Nob propose également un manuel : les repas des enfants, les sorties, les loisirs, le ménage, etc., sous forme de fiches, démenties par les images de la réalité.

DUPUIS
ISBN 978-2-8001-7033-6
ISBN 978-2-8001-7453-2
ISBN 978-2-8001-7462-4
10,95 € CHACUN

10-12 ANS

C3

Scén. Régis Hautière, dessin Arnaud Poitevin

Une aventure des spectaculaires,
473 **t.2 : La Divine amante**
474 **t.3 : Les Spectaculaires prennent l'eau**

Retour des Spectaculaires, cette drôle de troupe d'artistes menée de main de maître par la belle Pétronille, s'improvisant détectives avec l'aide d'un savant amnésique, bricoleur d'inventions plus calamiteuses qu'efficaces dans les mains de cette bande de Pieds Nickelés. Les voilà gardes du corps de Sarah Bernhardt dans une savoureuse virée bretonne. Puis appelés à l'aide par le préfet Lépine alors qu'une crue sans précédent de la Seine livre banques et musées de la capitale à la convoitise d'un mystérieux scélérat. Savoureux !

RUE DE SÈVRES
ISBN 978-2-36981-379-8
ISBN 978-2-36981-900-4
14 € CHACUN

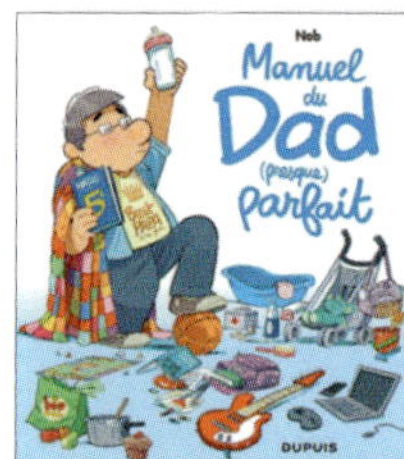

C3

Makoto Isshiki, trad. du japonais par Sébastien Ludmann

475 **Hanada le garnement, t.1 à 5**

Hanada, le pire garnement du village, fait tourner tout le monde en bourrique jusqu'au jour où il échappe à un accident. Désormais, il voit des fantômes qui viennent lui demander de l'aide pour rejoindre l'au-delà. Ce manga, publié dans les années 1990, complet en 5 tomes, met en scène des histoires de fantômes drôles et poignantes avec un Hanada à la bouille toute ronde et au grand cœur. Le dessin croque finement les personnages souvent grotesques, les fantômes, parfois effrayants, et les scènes de la vie rurale.

KI-OON, KIZUNA
ISBN 979-10-327-0125-6
ISBN 979-10-327-0144-7
ISBN 979-10-327-0222-2
ISBN 979-10-327-0278-9
ISBN 979-10-327-0281-9
7,90 € CHACUN

C3

Richard Thompson, trad. de l'anglais (États-Unis) par Christophe Gouveia Roberto et Pierre Borgnet

476 **Cul-de-sac, t.3 : Suprême Alice**

Dernier volume de cette magnifique intégrale de comics strips contant les aventures de la famille Otterloop et de ses deux enfants, Petey l'anxieux (qui ici s'essaie à la bande dessinée), et Alice l'aventureuse. L'humour pince sans rire, les situations cocasses, une vision tellement juste de l'enfance, et surtout la « grâce cartoonesque » du dessin (selon les mots d'Art Spiegelman) en font une œuvre indispensable, celle d'un grand auteur prématurément disparu. Prix Eisner 2015 de la meilleure publication humoristique.

URBAN COMICS, URBAN STRIPS
ISBN 979-10-268-1191-6
22,50 €

QUESTIONS DE SOCIÉTÉ

8-10 ANS

C2 C3
Scén. Loïc Clément, dessin Clément Lefèvre
477 **Chaque jour Dracula**

Et si Dracula, enfant, avait été victime de harcèlement scolaire ? Ses camarades de classe se moquent de sa peau pâle, de ses yeux rouges, de sa manière de s'exprimer… Pédagogique, le scénario déroule les différentes étapes de ce drame du quotidien que l'enfant garde d'abord pour lui seul, avant de parvenir à retourner la situation avec l'aide de son père. Le dessin, tout en jeux de couleurs et de transparence, rend un délicat hommage au cinéma de genre. Un album sensible, et utile.

DELCOURT, JEUNESSE
ISBN 978-2-413-00166-9
10,95 €

C2 C3
Olivier Clert
478 **Charlotte et moi, t.2 et 3**

Gus, 8 ans, dont les parents viennent de divorcer, et Charlotte, jeune femme très introvertie et bien enrobée élevée par sa grand-mère, tous deux malmenés par leur histoire familiale, se lancent dans une rocambolesque cavale dans la capitale, l'un pour retrouver son père, l'autre sa maman. Les obstacles et les dangers ne manquent pas, les coups de pouce du destin non plus. Heureusement ils sont deux… Étonnante bande dessinée sur les a priori, les préjugés, le handicap social, l'amitié, complète en 3 tomes.

MAKAKA
ISBN 978-2-917371-92-3
ISBN 978-2-917371-93-0
17 € CHACUN

C2 C3
Cuvie, trad. du japonais par Satoko Fujimoto
479 **En scène !, t.6 à 9**

Petite fille, Kanade assiste au spectacle de danse de sa voisine Lisa et en ressort éblouie, elle veut absolument elle aussi briller et virevolter sur scène ! Commence alors l'apprentissage rude de cette discipline exigeante. Les périodes d'euphorie alternent avec celles de découragement, les rencontres sont importantes et l'aspect financier n'est pas négligé. Servie par un dessin gracieux et beaucoup de sensibilité, cette série ne s'adresse pas qu'aux passionnés de danse.

KUROKAWA
ISBN 978-2-36852-483-1
ISBN 978-2-36852-598-2
ISBN 978-2-36852-599-9
ISBN 978-2-36852-680-4
7,65 € CHACUN

C2 C3
Tanja Esch
480 **Super cool : une histoire de cour de récré**

Tanja arbore enfin la veste de ses rêves, mais devient la risée de la récré. Moquée, la petite héroïne médite en secret un coup plus osé. Mais c'est difficile d'affronter les autres ! Alors elle garde son casque de vélo sur la tête, pour faire durer le suspense, attirer l'attention et surtout retarder les moqueries… Que cache-t-elle donc ? Heureusement, le culot l'emporte, elle devient l'égérie de la classe ! Cet album acidulé aborde en finesse et avec humour la place des émotions chez les petits.

BISCOTO
ISBN 979-10-92119-80-0
12 €

10-12 ANS

C3
Noémie Weber
481 **Junk food book**

Malbouffe-City, ville aux 500 000 fast-foods, est le royaume du roi du Hungry Tiger, à la tête de cette industrie de la malbouffe et maire de la ville. Pour défendre le droit de manger du vert s'est développée une armée de « hors-la-loi » dirigée par le dénommé Youssouf Ralatouf. Découvrant que son pire ennemi a un fils, le magnat du hamburger lance ses sbires à la recherche de l'enfant. S'ensuit une folle course-poursuite avec des personnages hauts en couleur ! Drôle, enlevée, inventive, une histoire qui épingle un mal préoccupant de notre société.

GALLIMARD, GALLIMARD BANDE DESSINÉE
ISBN 978-2-07-508676-9
17 €

13-15 ANS

♥
C4
Riad Sattouf
482 **Les Cahiers d'Esther, t.3 : Histoire de mes 12 ans**

Esther entre au collège, dans un établissement sélect du centre de Paris. Le début d'une nouvelle vie, avec de nouveaux amis, et de nouvelles préoccupations : la politique, très présente en cette année électorale, mais aussi les questions sociales, la pauvreté, le sort des Roms… Esther s'interroge sur son avenir professionnel, envisage de devenir éditrice, ou peut-être auteure, mais finalement elle préfère lire. L'affirmation d'une personnalité, sous l'œil toujours tendre, amusé et curieux d'un auteur passionné par l'adolescence.

ALLARY ÉDITIONS, IMAGES
ISBN 978-2-37073-153-1
16,90 €

C4
Scén. Bruna Vieira, dessin Lu Cafaggi, trad. du portugais (Brésil) par Hélène Melo
483 **Dans la bulle de Brune**

Brune, jeune fille timide, se rend à sa première soirée avec ses camarades de classe mais elle appréhende cette fête, qui ne va pas bien se passer. En effet, elle s'évanouit durant la soirée, ce qui fait naître de folles rumeurs ! Mortifiée, elle finit par révéler à sa meilleure amie que son malaise était dû à l'arrivée de ses premières règles. Le récit, très bien construit autour de cet événement marquant de la vie d'une jeune fille, la qualité des dessins et l'originalité de la mise en pages participent au charme de cet album qui séduira les adolescentes.

SARBACANE
ISBN 978-2-37731-048-7
15,50 €

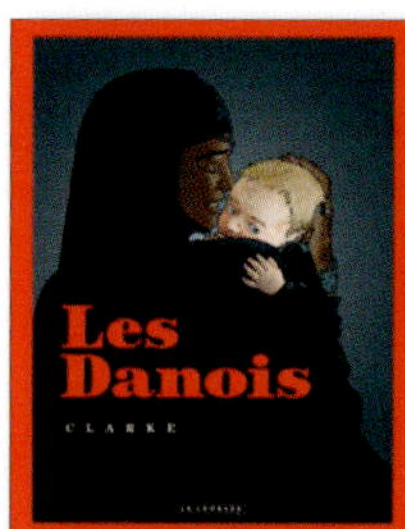

C4
Samir Dahmani, préf. de Thierry Groensteen
484 **Je suis encore là-bas**

Interprète pour une grande société à Séoul, Sujin fait la connaissance de Daniel, un client français très curieux de la société sud-coréenne. Séances de travail et rencontres extra-professionnelles permettent à la jeune femme de comprendre la difficulté qu'elle ressent, après dix années passées en France, à se réapproprier les codes de sa propre culture et à se plier désormais au modèle traditionnel coréen. Une BD délicate qui nous plonge au cœur de la société coréenne tout en explicitant le problème du déracinement.

STEINKIS, ROMAN GRAPHIQUE
ISBN 978-2-36846-071-9
16 €

À PARTIR DE 15 ANS

LYC
Clarke, couleur Cerise
485 **Les Danois**

Ce récit fantastique mais réaliste épingle les comportements humains, sociaux et économiques engendrés par une situation déconcertante : la naissance, en masse, de bébés blonds aux yeux bleus dans les communautés étrangères de Copenhague. Il n'est plus possible en voyant un bébé d'identifier l'origine de ses parents. Bientôt ce virus blond va gagner le reste de l'Europe et provoquer des émeutes. L'absence de différence facilite l'intégration mais devient aussi une menace et exacerbe les extrêmes ! Troublant.

LE LOMBARD
ISBN 978-2-8036-7177-9
17,95 €

482

TÉMOIGNAGES - RÉCITS DE VIE 10-12 ANS

C3

Scén. Denis Lapière, dessin Ricard Efa, d'après les souvenirs de Lola

486 **Seule**

Basé sur ses souvenirs d'enfance, *Seule* raconte le destin de Lola, petite fille vivant chez ses grands-parents en Catalogne, durant la guerre civile espagnole. La qualité de la narration retranscrit parfaitement les sentiments de Lola face à la réalité de la guerre et les interactions avec ses grands-parents, sa mère et sa petite sœur. Efa utilise avec brio l'alternance des techniques, les contrastes de couleurs et des perspectives pour magnifier ce récit familial poignant.

FUTUROPOLIS
ISBN 978-2-7548-2099-8
16 €

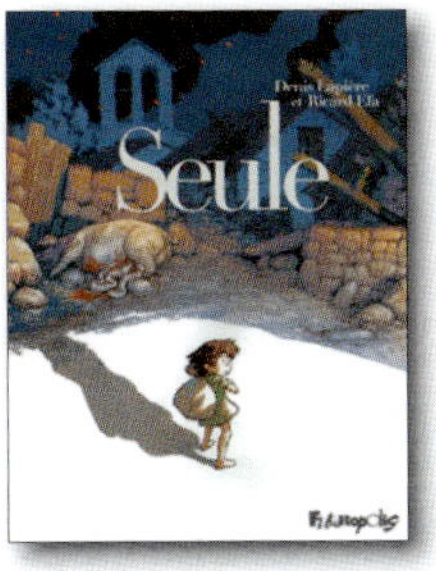

C3

Marion Montaigne

487 **Dans la combi de Thomas Pesquet**

En 2017, les Français ont pu se passionner pour l'aventure de Thomas Pesquet dans l'ISS : 6 mois d'expériences, de selfies et de paysages magnifiques, de relais pédagogiques et médiatiques. Marion Montaigne, célèbre pour son blog scientifique *Tu mourras moins bête*, a appliqué sa méthode et son humour au beau gosse de l'espace, et à tous les à-côtés et secrets d'un séjour spatial. C'est réjouissant, documenté, très instructif, remarquablement mis en scène, propre à éveiller des vocations, et rappellera que le rêve de l'humanité est sans limites...

DARGAUD
ISBN 978-2-205-07639-4
22,50 €

C3

Scén. Jean-David Morvan, Séverine Tréfouël, dessin David Evrard, coul. Walter

488 **Irena, t.3 : Varso-Vie**

Avant-dernier tome de ce récit absolument remarquable sur la Shoah à travers le destin d'Irina Sendlerowa, une Juste qui œuvra dans le Ghetto de Varsovie. Après la guerre, la famine, la déportation... ce tome s'ouvre sur l'après-guerre, quand l'antisémitisme violent, notamment de la part des soviétiques et du gouvernement polonais communiste, mais aussi de la société, prolonge l'horreur nazie. Dessinée dans un style très enfantin, en partie racontée du point de vue d'une enfant, cette œuvre est à la portée des plus jeunes par la délicatesse de sa narration.

GLÉNAT, TCHÔ !
ISBN 978-2-34402276-4
14,95 €

13-15 ANS

C4

Scén. Olivier Bocquet, Jean-Marc Rochette, dessin Jean-Marc Rochette, postface Bernard Amy

489 **Ailefroide : altitude 3 954**

Enfant renfermé, Jean-Marc a la révélation de la haute montagne et se rêve guide. Une ascension facile et maîtrisée, un rappel banal, une pierre qui frappe et lui détruit la face, une survie miraculeuse... Rochette sera dessinateur et non guide. Il n'est pas nécessaire d'avoir gravi une falaise ou regardé le monde depuis un sommet pour comprendre cet exceptionnel témoignage, tellement humain, tellement authentique. Une confession, pleine d'amour et de respect pour le royaume des cimes, où la seule victoire réelle est de vivre vieux...

CASTERMAN
ISBN 978-2-2031-2193-5
28 €

C4
Saya Miyauchi, d'après Tomiko Higa, trad. du japonais par Miyako Slocombe
490 **La Fillette au drapeau blanc**

Ce récit, dans la même veine que *Le Tombeau des lucioles*, relate la véritable histoire de Tomiko en pleine guerre du Pacifique sur l'île d'Okinawa. La fillette de 6 ans est séparée de sa famille lors du débarquement américain ; elle survivra seule. Les atrocités de la guerre vues à hauteur d'enfant sont particulièrement poignantes. Seule la nature, dessinée avec minutie, offre des moments de répit. La force du récit et le travail de l'image rendent l'intensité de cet épisode tragique et bouleversant.

AKATA, L
ISBN 978-2-36974-242-5
7,95 €

À PARTIR DE 15 ANS

LYC
Tillie Walden, trad. de l'anglais (États-Unis) par Alice Marchand
491 **Spinning**

Tillie, championne de patinage, aborde l'adolescence avec un handicap de plus : elle déménage, change de coach, d'amies, doit faire face au stress grandissant des compétitions. Quittée par la passion du sport, bousculée par ses sentiments et l'affirmation de son homosexualité, elle veut continuer à gagner pour justifier les sacrifices endurés. Ce roman graphique autobiographique devient alors un manifeste : oser quitter les patins pour les pinceaux, sa deuxième passion. Prix Eisner 2018 de la « meilleure œuvre inspirée de la réalité ».

GALLIMARD, GALLIMARD BANDE DESSINÉE
ISBN 978-2-07-509261-6
24 €

HISTOIRE 13-15 ANS

C4
Vittorio Giardino, trad. de l'italien par Donatella Saulnier
492 **Jonas Fink, t.2 : Le libraire de Prague**

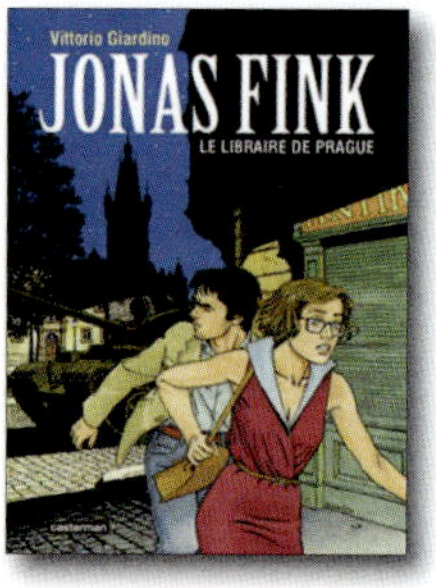

C'est une série mythique, d'un maître italien qui influença Taniguchi. Créé en 1991, Jonas Fink conte l'enfance brisée d'un jeune Tchécoslovaque après-guerre, dont la famille est victime de persécutions communistes et antisémites. C'était aussi un récit universel d'initiation, d'adolescence. On retrouve Jonas en 1968, acteur et victime d'un Printemps de liberté bientôt écrasé. Une leçon d'Histoire pour les jeunes, teintée d'amertume autant que d'amour de la vie. Le style élégant et pondéré de Giardino fait toujours mouche.

CASTERMAN
ISBN 978-2-203-10068-8
22 €

C4
Scén. Kris, dessin Jean-Claude Fournier
493 **Plus près de toi, t.1**

Cette BD aborde le sort méconnu des tirailleurs sénégalais durant la Seconde Guerre mondiale. Addi, un jeune séminariste, et son ami Ibrahim, sont faits prisonniers par les Allemands et envoyés en Bretagne pour remplacer aux champs les hommes prisonniers ou retenus par le STO. Addi et Ibrahim s'intègrent alors à la vie du village, non sans difficultés et questionnements. Avec sensibilité, Kris dépeint les difficultés quotidiennes de la guerre mais aussi le racisme ordinaire de l'époque. Les dessins à l'aquarelle de Fournier, superbement mis en couleurs, illuminent ce récit.

DUPUIS, AIRE LIBRE
ISBN 978-2-8001-6300-0
14,50 €

493

C4
Mikaël
494 **Giant, t.1 et 2**

Malgré la grande dépression, les buildings s'élèvent dans le ciel de Manhattan où Giant, homme taciturne à la carrure imposante, travaille. Chargé d'avertir la famille d'un compatriote irlandais décédé, le mystérieux colosse entame une correspondance avec la jeune veuve en se faisant passer pour son mari. Ce diptyque offre une collection de portraits attachants et restitue avec finesse l'esprit d'une époque sans tomber dans les clichés. L'album aux tons sépia et à la construction très cinématographique donne un ton nostalgique au récit.

DARGAUD
ISBN 978-2-505-06609-5
ISBN 978-2-505-06953-9
14 € CHACUN

C4
Scén. Yves Sente, dessin Steve Cuzor, coul. Meephe Versaevel
495 **Cinq branches de coton noir**

Les héros sont ici des Noirs, liés à un « secret de famille » des USA : une étoile noire, symbolisant les esclaves, aurait été cachée dans le tissage du tout premier drapeau américain. Le groupe doit récupérer cette relique à double titre… chez les nazis. Quand vient la bataille des Ardennes, on bascule sur une remarquable vision de la guerre, effroyable, presque « hors-sol ». Une œuvre forte, aux nombreuses connotations politiques et qui brasse des thèmes universels, comme le racisme, la vérité historique, à travers des destins individuels.

DUPUIS, AIRE LIBRE
ISBN 978-2-8001-6176-1
24,95 €

C4
Lucas Vallerie
496 **Cyparis : le prisonnier de Saint-Pierre**

En cette année 1902, Saint-Pierre est une splendide cité coloniale martiniquaise au commerce florissant comme prend le temps de nous le faire découvrir un récit enlevé et drôle, au style très cartoonesque, avec des personnages hauts en couleur, Cyparis notamment, ouvrier agricole créole, qui échappera par deux fois aux nuées ardentes de la montagne meurtrière. Mêlant romanesque, faits historiques et connaissances scientifiques, un étonnant journal de bord de la terrible éruption de la montagne Pelée qui anéantit la ville et ses habitants le 8 mai 1902.

LA BOÎTE À BULLES
ISBN 978-2-84953-278-2
32 €

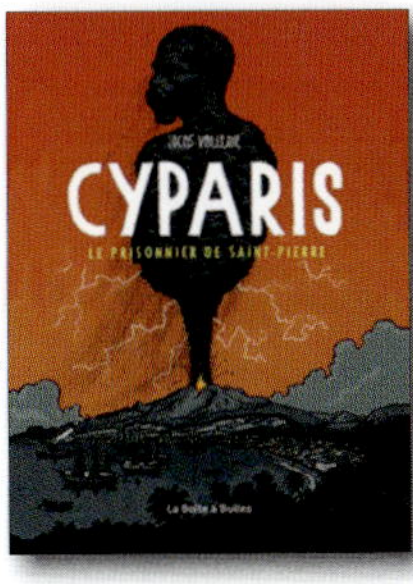

C4
Makoto Yukimura, trad. du japonais par Xavière Daumarie
497 **Vinland saga, t.19 et 20**

Thorfinn rêve de s'installer au Vinland avec Leif Ericsson, mais leurs recherches les lancent dans le commerce de l'ivoire… jusqu'à ce qu'ils recueillent une jeune femme et soient mêlés à des vendettas, et rattrapés par le passé. Ballottés du Groenland à la Mer noire, le but semble loin. D'un remarquable réalisme, ce manga oscille entre désespoir et émotion, avec une réflexion sur les dramatiques conséquences de la guerre. Sublimée par un graphisme minutieux, l'intrigue se révèle toujours captivante.

KUROKAWA
ISBN 978-2-36852-586-9
ISBN 978-2-36852-698-9
7,65 € CHACUN

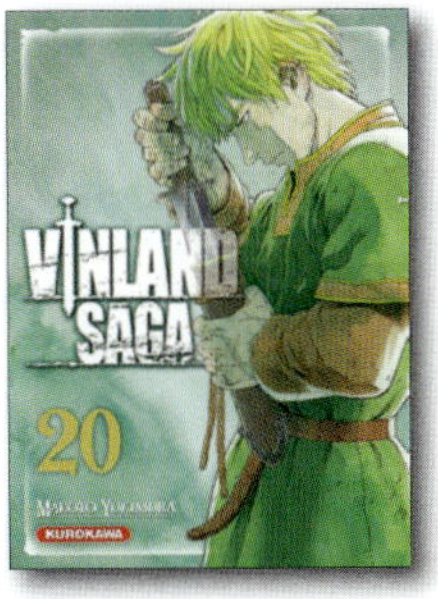

496

AVENTURES

6-8 ANS

C2

Scén. Véronique Cauchy, dessin Lisa Blumen

498 **Trafic à la fosse aux griffes**

Dans un petit coin de Normandie, pendant les vacances de Pâques, la résolution d'une enquête menée par deux détectives en herbe, Benjamin et Cemil (dont le père est gendarme). La forme est un peu hybride : bandes légendées d'un texte assez littéraire, documentaire, l'enquête porte sur un trafic de chardonnerets élégants, oiseaux menacés en France comme nous l'apprend une double page en conclusion du récit. Un petit roman graphique original, une histoire simple qui parle d'amitié et de protection de la nature.

KILOWATT, ENQUÊTE GRAPHIQUE
ISBN 978-2-917045-54-1
16,50 €

8-10 ANS

C2 C3

D'après Walt Disney, scén. Lewis Trondheim, dessin Nicolas Kéramidas

499 **Donald's happiest adventures : à la recherche du bonheur**

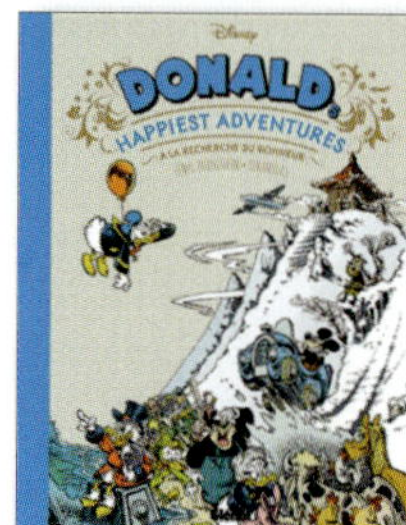

D'après Walt Disney, scén. Denis-Pierre Filippi, dessin Silvio Camboni

500 **Mickey et l'Océan Perdu**

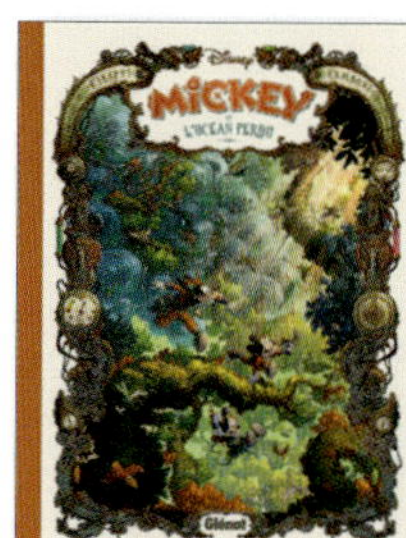

Après de très beaux albums d'auteurs, Glénat poursuit la relecture de Disney. Convié par son oncle pour partir à la recherche d'un énième trésor, Donald lui suggère que son véritable but est le secret du bonheur. Mais où chercher ? À la rencontre de sa famille et de ses amis ! Chacun lui donnera sa recette du bonheur.

Mickey, dans un univers steampunk, doit sauver le monde d'un savant fou qui s'emploie à faire s'envoler l'eau pour fouiller les fonds marins. Une grande fantaisie, une grande liberté et une dynamique permanente.

GLÉNAT, CRÉATIONS ORIGINALES
ISBN 978-2-344-02478-2
ISBN 978-2-3440-2505-5
15 € CHACUN

10-12 ANS

C3

Faith Erin Hicks, trad. de l'anglais

501 **La Cité sans nom t.2 : Le Secret du cœur de pierre**

Kaidu et Rate croyaient avoir sauvé la Cité des complots, mais les menaces viennent cette fois de l'intérieur. Erzi, héritier légitime, se sent spolié par le projet du père de Kaidu autour d'une cohésion des peuples. Tout se cristallise autour du Cœur de pierre, le monastère dont la bibliothèque pourrait receler le secret des peuples du Nord pour percer la montagne. Nos deux héros prennent la fuite quand Erzi prend le pouvoir par la force. Vivement la suite de cette saga dans la Chine médiévale, très bien construite et documentée.

RUE DE SÈVRES
ISBN 978-2-36981-373-6
16 €

C3

Chûya Koyama, trad. du japonais par Sylvain Chollet

502 **Space brothers, t.21 à 23**

Enfants, ils ont fait le serment de devenir astronautes. Adultes, Hibito, le cadet, est à la NASA ; Mutto, au chômage, se trouve rattrapé par sa promesse. Retenu candidat par l'Agence d'exploration aérospatiale japonaise, il franchit peu à peu les étapes. Tandis qu'Hibito fait ses premiers pas sur la lune, Mutto, aspirant astronaute, s'entraîne, prend de l'assurance, s'implique, vise une prochaine mission sur la Lune. Une belle histoire sur la force des rêves d'enfant et sur l'appel de l'espace !

PIKA, PIKA SEINEN
ISBN 978-2-8116-3788-0
ISBN 978-2-8116-4070-5
ISBN 978-2-8116-4215-0
8,05 € CHACUN

♥
C3
Frank Le Gall
503 **Les Aventures de Théodore Poussin, t.13 : Le Dernier voyage de l'Amok**

Théodore, né dans la vallée des roses, serait-il en fait un aigle des mers ? Le capitaine Poussin vient reconquérir son île tombée aux mains des pirates. Cela faisait plus de dix ans que Le Gall avait délaissé son anti-héros juvénile, ses chagrins d'amour et sa quête, et cet univers tout droit sorti d'un roman de Joseph Conrad. Le récit est léger, l'aventure ressemble à une plaisanterie d'idéaliste. Et pourtant Théodore recrute ses forbans et manipule tout le monde : le poussin est devenu loup (des mers) ! Le dessin de Le Gall atteint un classicisme intemporel.

DUPUIS
ISBN 978-2-8001-6757-2
14,50 €

C3
Taiga Sassa, trad. du japonais par Sébastien Ludmann
504 **Isabella Bird : femme exploratrice, t.1 à 4**

S'inspirant de la vie d'Isabella Bird, un voyage à travers le Japon à la fin du XIXe siècle à la suite de cette aventurière en jupon. Déjà célèbre par ses écrits, Isabella étonne par sa destination : Ezo, le territoire des Aïnous, terre quasi inexplorée aux confins de l'archipel nippon. Accompagnée d'un guide-interprète discret et efficace, la jeune femme traverse un pays en plein bouleversement qui commence juste à s'ouvrir à l'Occident. Un choc de cultures à travers le regard d'une héroïne attachante, chaleureuse et curieuse de l'autre.

KI-OON, KIZUNA
ISBN 979-10-327-0166-9
ISBN 979-10-327-0167-6
ISBN 979-10-327-0248-2
ISBN 979-10-327-0305-2
7,90 € CHACUN

C3
Scén. Yoshiki Tanaka, dessin Hiromu Arakawa, trad. du japonais par Fabien Vautrin
505 **The heroic legend of Arslan, t.8**

L'auteur du célèbre *Fullmetal Alchemist* poursuit ces aventures pseudo-historiques du jeune Arslan, héritier d'une Perse à peine décalée (Parse). Le royaume envahi, son père captif, armées et notables dispersés ou trahissant, voilà un défi pour le jeune prince, à peine entouré d'une poignée de compagnons, certes héroïques. Le trait est épuré et le style de la dessinatrice en pleine maîtrise, campant des personnages marquants, et n'oubliant pas quelques touches de l'humour qui la caractérise.

KUROKAWA
ISBN 978-2-36852-642-2
7,65 €

13-15 ANS

C4
Satoru Noda, trad. du japonais par Sébastien Ludmann
506 **Golden Kamui, t.9 à 12**

Sugimoto l'immortel et Ashirpa la petite Aïnou sont sur les traces d'un incroyable trésor, ensemble ils bravent tous les dangers pour tenter de le retrouver en récupérant les indices, des tatouages gravés sur le corps de dangereux criminels évadés. Distingué par le prix du meilleur manga au Japon, *Golden Kamui* mêle chasse au trésor, aventure, rebondissements, découverte culturelle des Aïnous, manuel de survie en pleine nature, personnages attachants, dessins magnifiques et humour, tout y est !

KI-OON, SEINEN
ISBN 979-10-327-0161-4/ISBN 979-10-327-0277-2
ISBN 979-10-327-0280-2/ISBN 979-10-327-0317-5
7,90 € CHACUN

C4
Tarmasz
507 **Voyage en République de Crabe**

Bienvenue en République de Crabe, petite île vivant en autarcie et qui n'accueille qu'un étranger à la fois sur son territoire. Au cours de son périple interminable et hostile, Maya, employée pour une société de livraison, découvre un pays à l'humidité affolante, où les moustiques vous dévorent vivants et où la seule culture possible est l'oignon d'eau. Tarmasz, jeune illustratrice à l'imagination débordante, nous livre ici une première œuvre hors norme par son contenu, son scénario et son graphisme.

DELCOURT
ISBN 978-2-413-00012-9
19,99 €

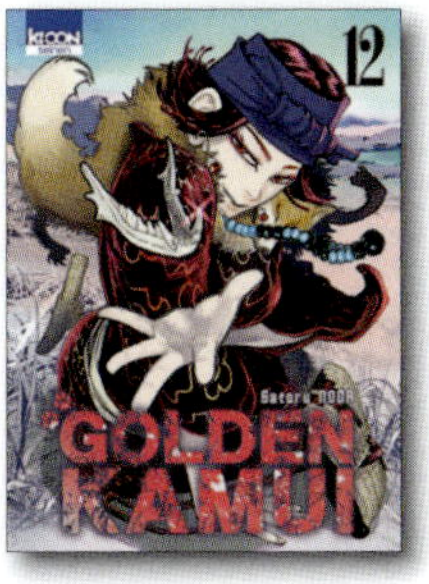

SENTIMENTS 8-10 ANS

C2 C3

Umetaro Aoi, trad. du japonais par Fédoua Lamodière

508 **Le Bonheur c'est simple comme un bento de Yuzu, t.1 et 2**

Yuzu vit avec sa grand-mère dans un joli village paisible en bord de mer. Elles y tiennent un magasin de bentos. La fillette, pleine d'énergie et toujours de bonne humeur, a un don : elle devine l'ingrédient « madeleine de Proust » qui apporte un début de solution aux préoccupations de ses « clients ». Les petites tranches de vie racontées abordent délicatement des problèmes très différents, le passé de la fillette créant une vraie surprise dans le second et dernier tome. Sous un aspect très « kawaii », une série courte pleine de douceur qui convainc par sa finesse psychologique.

NOBI NOBI !
ISBN 978-2-37349-121-0
ISBN 978-2-37349-122-7
7,90 € CHACUN

C2 C3

Matthias Arégui

509 **Papayou**

Inspiré d'une fable traditionnelle japonaise, cet album grand format met en scène le singe Papayou, qui trouve un jour un petit chien, Pipou. Mais Pipou attise la jalousie du grand Bachkopf, et le drame survient... Conte magique et conte moral sur le pouvoir, la vie en société, le bien et le mal, ce livre singulier intrigue et envoûte par son propos et son graphisme naïf, épuré, dans une mise en pages élaborée et une palette de couleurs réduite. Le texte, très littéraire, se marie à l'élégance sensible du dessin.

THIERRY MAGNIER, ALBUM
ISBN 979-10-352-0132-6
20,50 €

C2 C3

Scén. Christian Demilly, dessin Vincent Mahé

510 **Pour toujours**

Très bel album, dont le format atypique et la sobriété des dessins de Vincent Mahé font mouche. Cette bande dessinée « muette » nous présente trois tranches de vie : l'enfance et l'attachement que l'on porte à son animal de compagnie, l'âge adulte et la rencontre de l'être aimé ; la naissance d'un enfant. Chaque séquence est précédée d'une double page de texte qui aborde des thèmes essentiels comme l'amour, la mort et le souvenir, pour mieux les expliquer aux enfants.

ACTES SUD JUNIOR
ISBN 978-2-330-08665-7
15,80 €

♥

C2 C3

Scén. Sibylline, dessin Jérôme d'Aviau, lettrage Capucine

511 **Rat & les animaux moches**

Chassé par les humains, Rat trouve refuge au village des animaux moches peuplé de petites et grosses bêtes toutes très gentilles en dépit de leur physique ingrat et effrayant. Malgré tout, tous sont un peu tristes d'être rejetés par les humains et Rat décide de trouver à chacun un foyer... S'égare au village un caniche très imbu de sa personne, qui renvoie tous ces animaux à leur laideur. L'esprit de La Fontaine et de Voltaire souffle dans cet album, véritable leçon de tolérance et de philosophie, où tout est fait pour faciliter la lecture des plus jeunes.

DELCOURT
ISBN 978-2-413-00150-8
19,99 €

C2 C3

Saku Yamaura, trad. du japonais par Aurélien Estager

512 **Une vie au zoo, t.1 à 4**

La jeune Haruko a développé un don particulier : une hypersensibilité aux odeurs qui lui permet de percevoir les émotions des animaux. Embauchée dans un zoo comme soigneuse, son rêve depuis toujours, elle va d'abord multiplier les bourdes, avant de gagner la confiance des animaux, du directeur et de ses collègues par son enthousiasme et sa sincérité à toute épreuve. Sur un sujet qui passionne beaucoup d'enfants, un manga instructif et bien mené, complet en quatre volumes.

NOBI NOBI !, MANGA
ISBN 978-2-37349-123-4
ISBN 978-2-37349-124-1
ISBN 978-2-37349-125-8
ISBN 978-2-37349-126-5
6,95 € CHACUN

10-12 ANS

C3
Fumie Akuta, trad. du japonais
par Aline Kukor
513 **Au-delà de l'apparence, t.1 à 6**

Habituée depuis l'enfance à dissimuler ce qu'elle ressent pour plaire à tous, la jeune Chitose est bousculée par sa rencontre avec le charmant Itsuki. Non seulement celui-ci lui donne envie de s'inscrire à l'école d'art qu'il fréquente mais il la perturbe en lui révélant qu'elle est beaucoup plus intéressante et attirante quand elle dévoile sa vraie personnalité. Un shôjô prometteur qui, au-delà d'une simple relation amoureuse, dévoile avec délicatesse l'épanouissement d'une jeune fille timide et talentueuse.

KANA, SHOJO KANA
ISBN 978-2-505-06936-2
ISBN 978-2-505-06937-9
ISBN 978-2-505-06938-6
ISBN 978-2-505-06939-3
ISBN 978-2-505-07122-8
ISBN 978-2-505-07123-5
6,85 € CHACUN

C3
Élizabeth Holleville
514 **L'Été fantôme**

Un été à la mer, quatre cousines en vacances chez leur grand-mère, un chien et un fantôme ! Louison, 10 ans, dont les cousines et la grande sœur adolescentes ne partagent plus les jeux, s'ennuie et erre dans la maison et le jardin où elle rencontre Lise, le fantôme de sa grand-tante morte soixante ans plus tôt. Le fantastique s'invite alors dans cette histoire qui sent bon l'été et l'auteure restitue avec justesse et subtilité le tourbillon des émotions particulières de cet été-là.

GLÉNAT, 1000 FEUILLES
ISBN 978-2-344-01912-2
25 €

C3
Kaoru Mori, trad. du japonais par Yohan Leclerc
515 **Bride stories, t.10**

Ce remarquable manga multi récompensé poursuit son histoire quasiment non narrative, avec plusieurs lignes parallèles. Le jeune savant occidental, le jeune couple Amir et Karluk, la jeune Pariya, la jeune mariée Anis nous offrent des facettes pleines de vie du passage au monde des adultes et du couple. Dans cette Asie centrale du XIXe siècle, Kaoru Mori mène avec grâce des chapitres pleins d'humanité et d'humour, et nous offre une débauche graphique de costumes et scènes de groupes, un régal pour les yeux !

KI-OON, SEINEN ET LATITUDE
ISBN 979-10-327-0241-3
ISBN 979-10-327-0240-6
7,65 € ET 14 € (PETIT ET GRAND FORMAT)

C3
Taro Samoyed, trad. du japonais
516 **Artiste : un chef d'exception, t.1 et 2**

Dans un Paris « vu du Japon », nous faisons la connaissance de Marco et Gilbert, plongeurs dans un grand restaurant. Les deux hommes se lient d'amitié, et Marco va découvrir le secret de Gilbert, qui subit les brimades du chef... Un manga passionnant, qui ménage les surprises, avec des personnages complexes, une bonne restitution du microcosme de la grande cuisine, avec ses règles strictes, sa part de créativité et de passion. Le dessin, énergique, est plein de personnalité. Une belle découverte.

GLÉNAT, SEINEN MANGA
ISBN 978-2-344-02730-1
ISBN 978-2-344-03020-2
7,60 € CHACUN

13-15 ANS

C4
Rie Aruga, trad. du japonais par Chiharu Chujo, adapté par Nathalie Bougon
517 **Perfect world, t.6 et 7**

Tsugumi Kawana, jeune femme travaillant dans une entreprise de décoration d'intérieur, retrouve Itsuki Ayukawa, son amour de lycée devenu architecte. Celui-ci, suite à un accident de vélo, est en fauteuil roulant et ne pourra jamais remarcher. Petit à petit leurs sentiments se révèlent, mais les difficultés sont nombreuses à surmonter : entre les problèmes de santé que la paralysie induit et les pressions sociales et familiales, le couple a du mal à s'affirmer. Un sujet fort abordé avec délicatesse.

AKATA, L
ISBN 978-2-36974-286-9
ISBN 978-2-36974-296-8
6,99 € CHACUN

C4
Scén. et dessin Cosey
518 **Calypso**

Le récent Grand Prix d'Angoulême a choisi le noir et blanc pour ce one-shot, parti pris qui met en avant sa capacité à exprimer la psychologie et les sentiments des personnages. Georgia Gould, ancienne star de films de sirènes, manipulée et malade, retrouve sa Suisse d'origine pour se soigner. Elle y croise Gus, son amour de jeunesse. Leur rencontre rallume la flamme fugace d'un vrai bonheur. Remarquablement construite, cette histoire alterne rythmes et registres avec habileté et sait émouvoir.

FUTUROPOLIS
ISBN 978-2-7548-2115-5
20 €

C4
Shinichi Ishizuka, trad. du japonais par Anne-Sophie Thévenon
519 **Blue giant : tenor saxophone, Miyamoto Dai, t.1 à 3**

Dai, jeune lycéen, découvre le jazz et se prend de passion pour cette musique à tel point qu'il s'achète un saxophone. Ne connaissant pas la musique, il s'entraîne comme un forcené. Sa rage et la force de son souffle impressionnent et attirent l'aide de professionnels. Ce manga prévu en 10 tomes retrace le parcours de Dai jusqu'à sa consécration. Le mangaka dessine la musique comme un sport de combat. Ce graphisme très dynamique permet de communiquer l'enthousiasme du musicien autodidacte au lecteur.

GLÉNAT, SEINEN MANGA
ISBN 978-2-344-02551-2
ISBN 978-2-344-02552-9
ISBN 978-2-344-02611-3
7,60 € CHACUN

519

C4
Taamo, trad. du japonais par Claire Olivier
520 **La Maison du soleil, t.6 à 12**

Petite fille, Mao se réfugiait volontiers chez ses voisins, une famille heureuse. Des années plus tard, rejetée par ses parents, elle revient s'installer dans cette « maison du soleil », où seul vit désormais le fils aîné de la famille. Lui est très protecteur et maternel, alors qu'elle développe des sentiments moins innocents. Les relations entre les personnages sont riches et complexes, la naissance du sentiment amoureux finement observée. Un shojo très séduisant, au dessin tout en délicatesse.

PIKA, PIKA SHOJO
ISBN 978-2-8116-3034-8
ISBN 978-2-8116-3035-5
ISBN 978-2-8116-3036-2
ISBN 978-2-8116-3037-9
ISBN 978-2-8116-3038-6
ISBN 978-2-8116-3039-3
ISBN 978-2-8116-3040-9
6,95 € CHACUN

POLICIER ET ESPIONNAGE
8-10 ANS

C2 C3
Gosho Aoyama, trad. du japonais par Cyril Coppini
521 **Détective Conan, t.91 à 94**

Le détective lycéen transformé en enfant poursuit ses enquêtes, accompagné de son petit cercle élargi. L'histoire est toujours remarquablement construite et la série, addictive, maintient toute sa dynamique. Chaque énigme est un petit théâtre autant qu'un jeu de devinettes avec le lecteur. Dans ces tomes, les intrigues nous emmènent à la poursuite de Ran, de sa maman, dans le cadre d'un tournoi de Kendo, ou dans une mystérieuse affaire au cœur du café Poirot. L'affaire Wakasa fonctionne en fil rouge des épisodes. Aoyama nous mystifie... encore !

KANA, SHONEN KANA
ISBN 978-2-505-06847-1
ISBN 978-2-505-06848-8
ISBN 978-2-505-06849-5
ISBN 978-2-505-07134-1
6,85 € CHACUN

C2 C3

Scén. Dominique Zay, dessin Greg Blondin, coul. Dawid

522 **Les Enquêtes polar de Philippine Lomar, t.3 : Poison dans l'eau**

Tout comme le héros de Raymond Chandler, Philippine aime mener l'enquête. Mais elle n'a que 13 ans et des poussières, et arpente les rues d'Amiens. Cette fois-ci, elle navigue en eaux troubles et met au jour une affaire de pollution aquatique… Mais les malfrats ont des têtes d'anges et elle commence par se faire embobiner. Bien menée, servie par un dessin dynamique mâtiné d'influences manga, cette troisième aventure met le polar à la portée des enfants.

LA GOUTTIÈRE
ISBN 979-10-92111-76-7
12,70 €

13-15 ANS

C4

Scén. Brian M. Bendis, dessin David Marquez, trad. de l'anglais (États-Unis) par Laurence Belingard

523 **Defenders, t.1 et 2**

En écho aux séries Netflix, Marvel relance les Defenders, groupe réunissant Daredevil, Luke Cage, Jessica Jones et Iron Fist. Brian Bendis situe l'intrigue dans un univers très urbain, alors que l'équipe tente de résorber la montée en puissance d'un chef de gang auquel personne ne croit. Marquée par une tonalité sombre et pesante, l'histoire est réussie, confortée par le réalisme des dessins virtuoses de David Marquez. Avis aux amateurs de super-héros, mais aussi de polars.

PANINI COMICS, MARVEL. 100 % MARVEL
ISBN 978-2-8094-6950-9
ISBN 978-2-8094-7331-5
16 €

C4

Scén. Timothée de Fombelle, dessin Christian Cailleaux

524 **Gramercy Park**

Timothée de Fombelle apporte toute la grâce de son écriture à cette magnifique bande dessinée, tout à la fois roman d'amour déchirant et thriller policier. Le récit procède par flash-backs mêlant les époques (du Paris des années 1930 au New York des années 1950) et les références à la danse, au jazz, au film noir, à travers un dessin souple et élégant aux couleurs travaillées. Le récit bouleversant d'une vie sabordée par l'Histoire, la malchance, le chagrin, et le destin hors du commun d'une héroïne mélancolique et singulière.

GALLIMARD, GALLIMARD BANDE DESSINÉE
ISBN 978-2-07-065756-8
20 €

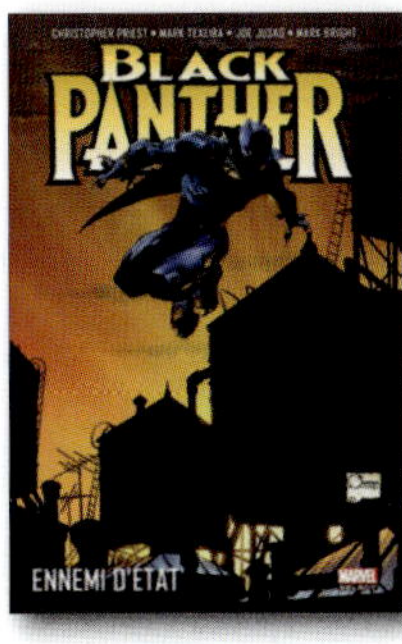

C4

Scén. Christopher Priest, dessin Mark Texeira, Joe Jusko, Mark Bright, trad. de l'anglais (États-Unis)

525 **Black Panther, t.1 : Ennemi d'État**

Réédition des travaux de Christopher Priest sur la série *Black Panther*. Datant de 1998, ces épisodes n'ont pas vieilli, prenant le parti d'un humour acide inspiré des films de Tarantino. La narration, désordonnée, est très originale, centrée sur un agent spécial décalé, chargé de seconder le héros lors d'une enquête aux États-Unis. Les peintures de Mark Texeira s'inscrivent dans la veine d'un Norman Rockwell super-héroïque, ce qui contribue parfaitement à la tonalité ironique de l'ensemble.

PANINI COMICS, MARVEL. MARVEL SELECT
ISBN 978-2-8094-6837-3
18 €

524

C4

Scén. Nick Spencer, dessin Jesus Saiz, Javier Pina, Miguel Sepulveda, trad. de l'anglais (États-Unis) par Jérémy Manesse

526 **Captain America : Steve Rogers, t.1 et 2**

Scén. Nick Spencer, dessin Daniel Acuna, Mike Choi, Paul Renaud, Joe Bennett, coul. Romulo Fajardo, trad. de l'anglais (États-Unis) par Jérémy Manesse

Captain America : Sam Wilson,
527 **t.1 : Pas mon Captain America,**
528 **t.2 : Civil war II,**
529 **t.3 : Qui mérite le bouclier ?**

Actuellement, deux Captain America sévissent chez Marvel. Le premier, Steve Rogers, aujourd'hui manipulé par une cellule nazie, est persuadé d'être un espion travaillant pour elle aux États-Unis. Miroir déformant de la situation politique américaine, il rappelle aussi bien la montée des extrêmes que le révisionnisme. De son côté, Sam Wilson, afro-américain, incarne un Captain America très controversé et particulièrement militant. À elles deux, ces séries évoquent la scission actuelle des États-Unis, détonnant dans cet univers généralement apolitisé par la finesse des scénarios.

PANINI COMICS, MARVEL NOW !
ISBN 978-2-8094-6901-1
ISBN 978-2-8094-7132-8
ISBN 978-2-8094-6700-0
ISBN 978-2-8094-7113-7
ISBN 978-2-8094-7336-0
16 €, 19 €

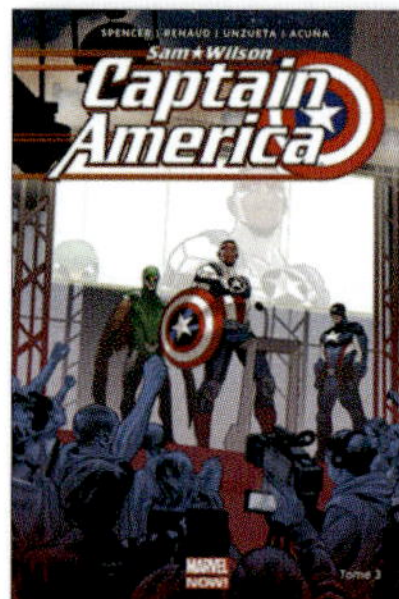

FANTASTIQUE ET FANTASY
8-10 ANS

C2

Scén. Wilfrid Lupano, dessin Gradimir Smudja

530 **Cheval de bois, Cheval de vent**

Conte savoureux autour du gâteau d'anniversaire d'un roi ventru et puéril. Dans la ville, vivent un frère et une sœur qui n'ont rien à manger ; ils enfilent un masque et attrapent au vol le cheval de vent et dérobent le gâteau du roi pour le distribuer aux gens de la ville ! S'ensuit une course poursuite homérique entre le cheval de vent et celui de bois du roi. Album de grande taille où le dessin joue avec les cases, fourmille de détails et parle d'égoïsme et de générosité.

DELCOURT, LES ENFANTS GÂTÉS
ISBN 978-2-7560-8173-1
14,50 €

C2 C3

Scén. Jonathan Garnier, dessin Amélie Fléchais

531 **Bergères guerrières, t.1 et t.2**

Dans un pays imaginaire entouré par la mer et secoué par les vents, se trouve un village de femmes, de vieillards et d'enfants. Les hommes, partis à la guerre depuis dix ans, ne sont jamais revenus. Alors les femmes ont créé l'ordre des « bergères guerrières », où les petites filles sont initiées aux techniques de combat. Mais gare à la Malbête qui rôde… L'univers, inspiré des légendes celtiques, est bien construit, le dessin riche et précis, les couleurs habilement travaillées. Un récit d'heroic fantasy initiatique et féministe très réussi.

GLÉNAT, TCHÔ !
ISBN 978-2-344-01645-9
ISBN 978-2-344-02409-6
14,95 € CHACUN

C2 C3
Ben Hatke, trad. de l'anglais (États-Unis)
par Fanny Soubiran
Jack le téméraire,
532 **t.1 : Dans les griffes du jardin maléfique**
533 **t.2 : Face au roi des Gobelins**

Variation sur « Jack et le haricot magique », où il fait un malheureux échange au marché d'une voiture contre des graines, celles-ci transformant le jardin en monde fantastique. Sa sœur Maddy ayant été enlevée par les ogres, Jack et ses amis doivent sauter de monde en univers pour la retrouver et vaincre une belle collection de monstres. On peut y voir une joyeuse parodie des comics de super-héros. C'est bondissant, jamais ennuyeux, et aussi enfantin que *Zita*. Une très belle réussite.

RUE DE SÈVRES
ISBN 978-2-36981-497-9
ISBN 978-2-36981-499-3
12,50 € CHACUN

C2 C3
Takuto Kashiki, trad. du japonais
par Fédoua Lamodière
534 **Minuscule, t.5**

On retrouve avec plaisir Hakumei et Mikochi, ces deux petites filles hautes comme trois pommes, dans des aventures à la fois très quotidiennes et très loufoques où animaux et humains vivent en bonne entente. Ici, on partage une partie de pêche par très mauvais temps, l'après-midi bien rempli d'un bibliothécaire, les traditions de la fête de l'abattage (étrange Halloween), les affres d'un bousier sur la décoration de son intérieur. Poétique, rafraîchissant, c'est minutieusement dessiné en jouant avec malice des variations d'échelle de ce monde miniature.

KOMIKKU
ISBN 978-2-37287-244-7
8,50 €

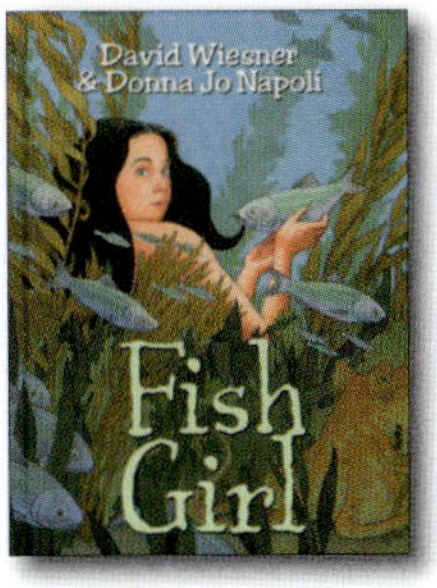

536

C2 C3
Ted Naifeh, trad. de l'anglais (États-Unis)
par Achille(s)
535 **Courtney Crumrin – Intégrale couleur, t.1, 2 et 3**

Une des plus jolies séries fantastiques américaines, créée en 2002 chez Oni Press. La petite Courtney vit dans un univers étrange, avec des parents plutôt absents, un vieil oncle très impliqué dans l'autre monde et une demeure type « famille Addams ». Capable de dialoguer avec les créatures magiques, Courtney la curieuse se trouve régulièrement impliquée dans une aventure de l'autre côté du miroir. Cousine de l'Isabelle de Will, cette série intelligente et poétique, récompensée par un Eisner, est accessible aux enfants… comme à leurs aînés !

AKILEOS
ISBN 978-2-35574-281-1
ISBN 978-2-35574-282-8
ISBN 978-2-35574-313-9
19 € CHACUN

C2 C3
Scén. Donna Jo Napoli et David Wiesner, dessin David Wiesner, trad. de l'anglais (États-Unis) par Julia et Simon Segal
536 **Fish girl**

« Fish girl », une vraie sirène, travaille dans un aquarium. Elle y rencontre une jeune fille de son âge, qui devient son amie, et lui ouvre les portes de la connaissance, du langage, de la liberté. Ce roman graphique très bien construit décrit avec finesse la prise de conscience et la quête d'indépendance de l'héroïne, qui se libère progressivement de la figure paternelle de son gardien/bourreau, « Neptune ». Le dessinateur construit autour d'eux un univers marin envoûtant, ambivalent et magnifique.

LE GENÉVRIER, EST-OUEST
ISBN 978-2-36290-105-8
20 €

C2 C3

Kamome Shirahama, trad. du japonais par Fédoua Lamodière

537 **L'Atelier des sorciers, t.1 à 3**

Coco, petite fille ordinaire, rêve de devenir magicienne mais la magie est héréditaire. En observant en cachette un sorcier, elle découvre comment faire. Pour garder le secret, le magicien va en faire son apprentie. Un récit initiatique prometteur et original au graphisme inhabituel entre manga et dessin occidental où le souci du détail et l'expressivité des visages sont tout en finesse. Un manga de sorcellerie singulier grâce à un univers onirique, symbolique et mystérieux vraiment remarquable.

PIKA, PIKA SEINEN
ISBN 978-2-8116-3877-1
ISBN 978-2-8116-4089-7
ISBN 978-2-8116-4394-2
7,50 € CHACUN

10-12 ANS

C3

Scén. Giovanna Furio, dessin Marco Nizzoli, trad. de l'italien

538 **La Route de la vie**

Une approche poétique et fantastique d'un épisode terrible de la Seconde Guerre mondiale, le siège de Leningrad. Raconté à travers la petite orpheline Olenka, 8 ans et violoniste, le récit de guerre bascule dans un conte à la Andersen. Un aigle visite la petite fille en rêve, pour lui demander de lever, par sa musique, la malédiction de la ville, de libérer la Déesse gelée qui la symbolise. Les scènes oniriques et réelles alternent, portées par un dessin très réaliste accompagné de couleurs nuageuses et rêveuses. Une réussite originale et méritée.

GLÉNAT, GRAFICA
ISBN 978-2-344-00595-8
15,50 €

C3

Yako Gureishi, trad. du japonais par Ryoko Akiyama

539 **Somali et l'esprit de la forêt, t.4**

Dans un monde où les humains ont presque disparu, victimes des persécutions des non-humains, créatures monstrueuses qui les dévorent, un Golem, gardien des forêts, accompagne une petite fille à la recherche de sa famille. Des fées, des bibliothécaires sorcières et cuisinières à la fois, un mini démon herboriste… peuplent cet univers d'heroic fantasy foisonnant et fascinant, qui n'est pas sans rappeler la forêt de *Princesse Mononoké*, mélange de merveilleux, de mystère et de danger.

KOMIKKU
ISBN 978-2-37287-337-6
7,99 €

C3

Chihiro Ishizuka, trad. du japonais par Aurélien Estager

540 **Flying witch, t.5 et 6**

À 15 ans, comme le veut la tradition, Makoto, jeune sorcière maladroite, quitte Yokohama pour venir habiter chez ses cousins à la campagne. Elle est accompagnée de son chat noir Chito et démarre tout doucement sa formation de sorcière. Elle découvre la nature, les habitants, un rythme de vie plus tranquille et développe ses talents, conseillée par sa grande sœur qui apparaît de temps en temps. Chronique campagnarde sur fond de magie, ce shonen est plaisant et on se sent bien dans cette ambiance à la *Kiki's Delivery*.

NOBI NOBI !
ISBN 978-2-37349-152-4/ISBN 978-2-37349-221-7
6,95 € CHACUN

C3

Scén. Nicolas Jarry, dessin Djief, coul. Élodie Jacquemoire

541 **Brocéliande : forêt du petit peuple, t.3 : Le jardin aux moines**

Scén. Stéphane Betbeder, dessin Paul Frichet

542 **Brocéliande : forêt du petit peuple, t.4 : Le tombeau des géants**

Scén. Sylvain Cordurié, dessin François Gomes

543 **Brocéliande : forêt du petit peuple, t.5 : Le miroir aux fées**

Dans la forêt de Brocéliande, humains et petit peuple légendaire se partagent le territoire. Lutins, korrigans, enchanteurs, vivent dans ce lieu mythique depuis plusieurs centaines d'années. Confié à des auteurs différents, chaque tome met en scène, souvent avec humour, une légende ou un aspect de ce territoire enchanté. Des enfants qui partent en exploration, des géants dont on cherche à prouver l'existence, des korrigans et des fées assassinés, les mystères sont nombreux dans la forêt de Brocéliande ! Une belle série prévue en sept histoires.

SOLEIL, SOLEIL CELTIC
ISBN 978-2-302-06629-8/ISBN 978-2-302-06876-6
ISBN 978-2-302-07125-4
14,95 € T.3 ET 4, **14,50 €** T.5

C3
Satoko Kiyuduki, trad. du japonais
par Nathalie Terisse
544 **Le Voyage de Kuro : histoire d'une itinérante, t.6**

Suite de l'étrange voyage de Kuro, gamine vêtue de noir transportant un cercueil sur le dos, accompagnée de Sen, une chauve-souris savante et douée de parole, et de deux fillettes, curieuses et espiègles. Le terme de cet envoûtant périple approche (conclusion dans le prochain tome) mais, au fil de celui-ci, on continue de faire de surprenantes rencontres, entre rêve et réalité. Un manga fantastique et noir, poético-gothique, où le récit emprunte de nombreux chemins de traverse, sombres ou lumineux. Original et intrigant !

KANA, MADE IN
ISBN 978-2-505-07059-7
12,70 € CHACUN

C3
Jun Mochizuki, trad. du japonais
par Fédoua Lamodière
545 **Les Mémoires de Vanitas, t.1 à 5**

La créatrice de *Pandora hearts* débute une série située à Paris, à la fin du XIXe siècle. Deux mondes coexistent, celui des humains et celui des vampires. Mais l'équilibre est rompu. Un duo atypique mène l'enquête : Noé, jeune vampire un peu naïf mais bon combattant, et Vanitas, humain facétieux et dépositaire du grimoire qui sauverait les vampires. Le scénario laisse entrevoir l'ambivalence des héros autour desquels gravitent des personnages hauts en couleur. Une aventure passionnante au graphisme virtuose.

KI-OON, SHONEN
ISBN 979-10-327-0121-8/ISBN 979-10-327-0130-0
ISBN 979-10-327-0146-1/ISBN 979-10-327-0218-5
ISBN 979-10-327-0274-1
7,90 € CHACUN

C3
Scén. Tappei Nagatsuki, dessin Makoto Fugetsu et Shinichirou Otsuka,
trad. du japonais par Yoan Giraud
546 **Re:zero, re-life in a different world from zero : premier arc, une journée à la capitale, t.1**
547 **Deuxième arc : une semaine au manoir, t.1 à 5**

Scén. Tappei Nagatsuki, dessin Daichi Matsuse et Shinichirou Otsuka,
trad. du japonais par Yoan Giraud
548 **Re:zero, re-life in a different world from zero : premier arc, une journée à la capitale, t.2**

Subaru, lycéen un peu looser et maladroit, se retrouve transporté dans un monde parallèle de fantasy. Sa rencontre avec une jeune fille moitié fée moitié elfe, qui lui sauve la vie, lui fait découvrir qu'il possède un pouvoir singulier… En aidant sa bienfaitrice à pourchasser un voleur qui lui a dérobé un précieux insigne, ils vont mourir mais Suburu se rend compte qu'il peut renaître indéfiniment. Reste à savoir comment utiliser ce pouvoir à bon escient ! Ce manga au scénario malin et au suspense prenant vaut aussi pour son humour décalé et ses personnages attachants.

OTOTO, SHONEN
ISBN 978-2-37717-006-7
ISBN 978-2-37717-035-7
ISBN 978-2-37717-063-0
ISBN 978-2-37717-082-1
ISBN 978-2-37717-095-1
ISBN 978-2-37717-116-3
ISBN 978-2-37717-007-4
6,99 € CHACUN

C3
Lewis Trondheim
549 **Ralph Azham, t.11 : L'engrenage**

La série d'heroic-fantasy de Trondheim s'est imposée après des débuts déroutants : un héros grognon et fuyant ses responsabilités, un univers d'apparence sommaire… Mais tout a pris de l'épaisseur : les relations complexes de Ralph avec ses amis et rivaux, sa famille avec son histoire cachée, les mystérieux pouvoirs des « bleus »… Ralph est en fait comme le lecteur, passé de naïf villageois à enquêteur obstiné d'un monde maudit par les magies. Il y a autant d'humour que d'amertume, et la pochade s'est muée en réflexion politique.

DUPUIS
ISBN 978-2-8001-7406-8
12,50 €

549

C3
Akihito Tsukushi, trad. du japonais
par Vincent Zouzoulkovsky
550 **Made in Abyss, t.1 à 3**

Rico, une jeune orpheline de 12 ans, vit au bord de l'Abysse, gouffre d'une profondeur exceptionnelle peuplé de créatures étranges et recélant de nombreuses reliques convoitées. Elle rencontre un robot amnésique à l'aspect humain et entreprend avec lui de descendre dans l'Abysse pour y retrouver sa mère disparue et qu'elle pense toujours vivante malgré la « Malédiction » qui rend périlleux le retour vers la surface. Voyage dans une nature merveilleuse, mais aussi danger et cruauté attendent les jeunes aventuriers…

OTOTO, SEINEN
ISBN 978-2-37717-117-0/ISBN 978-2-37717-124-8
ISBN 978-2-37717-145-3
8,99 € CHACUN

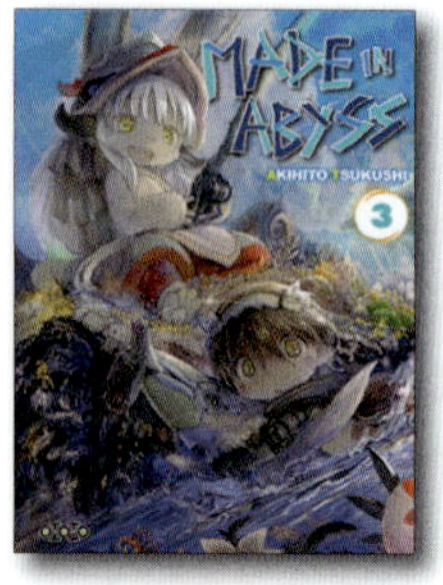

C3
Abi Umeda, trad. du japonais
551 **Les Enfants de la baleine, t.10 et 11**

À bord de « la baleine de glaise », voguant sur un océan de sable, vit une communauté peuplée de deux groupes : les marqués possédant un pouvoir venu de leurs émotions, les condamnant à mourir jeune, les non-marqués dépourvus de cette faculté vivant jusqu'à un âge avancé. Ces « sages » gouvernent. Jusqu'au jour où une jeune étrangère, découverte sur une île, vient gripper la mécanique. Une histoire qui embarque le lecteur dans un univers original et poétique, servie par un très beau graphisme.

GLÉNAT, SEINEN MANGA
ISBN 978-2-344-02765-3/ISBN 978-2-344-03077-6
6,90 € CHACUN

C3
Scén. Fabien Vehlmann, dessin Bruno Gazzotti
552 **Seuls, t.11 : Les cloueurs de nuit**

Après Terry dans le précédent, c'est Yvan qui est au cœur de ce volume. Isolé dans une villa au bord de la mer, il devient la cible du « ravaudeur » et de sa bande de zombies. Séparé de ses amis, la rencontre avec un nouvel enfant dans ce village perdu va lui être d'un grand secours. Toujours aussi addictive et de plus en plus effrayante, la série-phare des préados maintient le suspense, s'enrichit et se complexifie en ramifications multiples. Mais le mystère demeure…

DUPUIS
ISBN 978-2-8001-7047-3
10,95 €

13-15 ANS

C4
Scén. David Chauvel, dessin Alex Kosakowski, coul. Lou
553 **La Route de Tibilissi**

Jake et Oto, deux frères désormais orphelins, traversent un territoire hostile sous la menace d'ennemis invisibles. Accompagnés d'une étrange créature à fourrure et d'un robot rafistolé, ils trouvent refuge pour une nuit chez une inquiétante vieille dame avant de se joindre à une petite communauté bientôt piégée et emmurée dans une mine désaffectée. Oto, avec sa petite taille, est le seul à pouvoir se glisser à l'extérieur en quête de secours… La fin éclaire cette troublante lecture et donne à l'histoire un sens imprévu et une force inattendue !

DELCOURT
ISBN 978-2-7560-6231-0
22,95 €

♥
C4
Scén. Serge Lehman, dessin Frederik Peeters
554 **L'Homme gribouillé**

Oscillant entre voyage initiatique, enquête policière et drame familial, ce roman graphique conte le destin d'une mère et de sa fille adolescente, confrontées à un extraordinaire secret de famille. Il nous transporte dans un univers fantastique en noir et blanc, à l'atmosphère prégnante et à la trame addictive. Des personnages forts, une histoire solide emplie de mythes et de croyances, une ambiance « apocalyptique », le tout entretenu par le réalisme des dialogues et un graphisme sombre pour une œuvre riche et originale.

DELCOURT
ISBN 978-2-7560-9625-4
29,95 €

♥
C4
Taiyô Matsumoto, trad. du japonais par Ilan Nguyên
555 **Les Chats du Louvre, t.1 et 2**

Après Taniguchi, c'est un autre grand du manga qui s'est attelé à un projet autour du « plus grand musée du monde ». Matsumoto nous emmène au « royaume des chats », société parallèle et secrète installée dans le château-musée, pont entre le monde des gardiens et celui de la mémoire, des esprits... Porté par un dessin toujours aussi recherché autant que puissamment expressif, le récit nous emmène dans un voyage onirique cousin des films de Miyazaki. Livre après livre, la démarche du Louvre est une incontestable réussite.

FUTUROPOLIS – MUSÉE DU LOUVRE
ISBN 978-2-7548-2277-0
ISBN 978-2-7548-2489-7
26 € CHACUN

C4
Scén. Mike Mignola et Chris Roberson, dessin Richard Corben, Patric Reynolds, Stephen Green, Brian Churilla, coul. Dave Stewart, trad. de l'anglais (États-Unis) par Anne Capuron
556 **Hellboy & B.P.R.D., t.3 : 1954**

Ce tome très lovecraftien est situé en Arctique avec son lot de phénomènes et créatures étranges et de savants fous. Avec Hellboy, le diable justicier, les monstres sont plutôt à chercher du côté des humains, jaloux, racistes, inquiétants. Les scénarios solides mêlent espionnage, fantastique, science-fiction et aventures, mais toujours avec un humour cinglant et une ironie acérée. L'ambiance rétro est particulièrement bien servie par les différents dessinateurs aux styles bien rodés et habitués de ce registre.

DELCOURT, CONTREBANDE
ISBN 978-2-413-00709-8
15,95 €

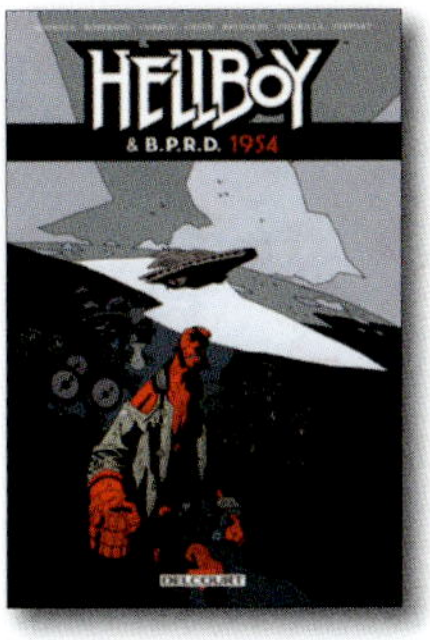

C4
Nagabe, trad. du japonais par Fédoua Lamodière
557 **L'Enfant et le maudit : Siúil, a Rún, t.4 et 5**

Une petite fille a été recueillie par un être mystérieux à tête d'animal, qui veille sur elle avec une infinie tendresse. Dans ce monde, une étrange malédiction sépare « ceux de l'extérieur », les maudits, mi-hommes mi-bêtes, de « ceux de l'intérieur », retranchés dans les villes, qui vivent dans la crainte d'être contaminés. Le scénario est prenant, riche d'interprétations, et le dessin d'une beauté saisissante, tout en ombres et lumières, installe des ambiances fortes et envoûtantes. Une série et un auteur à suivre.

KOMIKKU
ISBN 978-2-37287-336-9
ISBN 978-2-37287-356-7
7,90 € CHACUN

♥
C4
Eric Powell, trad. de l'anglais (États-Unis) par Nicolas Meylaender
558 **Hillbilly, t.1 et 2**

Suivez les aventures de Rondel, le vagabond aveugle qui, armé d'un tranchoir dérobé au diable lui-même, parcourt forêts et montagnes pour y chasser sorcières et monstres malfaisants. Eric Powell (*The Goon*) explore le folklore américain pour cette version intemporelle de l'Amérique rurale, quelque part entre la guerre de Sécession et la Grande Dépression. Son dessin, très expressif, est magnifique. Une très belle réussite.

DELCOURT, CONTREBANDE
ISBN 978-2-413-00159-1
ISBN 978-2-413-00160-7
15,95 € CHACUN

C4
Scén. Kaiu Shirai, dessin Posuka Demizu, trad. du japonais Sylvain Chollet
559 **The Promised Neverland, t.1 à 4**

Comme la vie semble idyllique pour les enfants à l'orphelinat de Grace Field House grâce à l'attention de « Maman ». Emma, Norman et Ray, 11 ans, sont les trois aînés de cette famille recomposée, les plus brillants aussi. Un objet adoré oublié par une petite placée en famille d'accueil et l'histoire bascule dans le registre horrifique : Emma et Norman découvrent une macabre vérité ! Désormais ils vont devoir tout mettre en œuvre pour sauver leur peau et celles de tous les orphelins. Un diabolique jeu de chats et souris où les pistes se brouillent continuellement !

KAZÉ, SHONEN
ISBN 978-2-8203-3223-3
ISBN 978-2-8203-3243-1
ISBN 978-2-8203-3261-5
ISBN 978-2-8203-3284-4
6,79 € CHACUN

C4
Kenji Tsuruta, trad. du japonais
par Géraldine Oudin
560 **L'Île errante, t.1 et 2**

Avec son hydravion, Mikura Amelia effectue des livraisons entre les îles les plus éloignées de la préfecture de Tokyo. À la mort de son grand-père qui l'a élevée, elle hérite de sa maison et y découvre des carnets de notes, une carte et un courrier adressé à une Mme Amelia sur l'île d'Electriciteit à la réputation de mystérieuse île errante. La curiosité de la jeune fille est piquée… Un récit intrigant, contemplatif, empreint de poésie, aux dessins somptueux, autour d'une héroïne attachante entourée d'un monde de pêcheurs traditionnels très bienveillants.

KI-OON, LATITUDES
ISBN 979-10-327-0185-0
ISBN 979-10-327-0239-0
15 € CHACUN

À PARTIR DE 15 ANS

LYC
Scén. Mike Carey, dessin Peter Gross, trad. de l'anglais (États-Unis) par Jérémy Manesse
561 **The unwritten : entre les lignes, t.1 et 2 :**

Transportés dans un multivers temporel et fantastique aux nombreuses références littéraires, nous suivons les aventures de Tom Taylor, Lizzie Hexam et Savoy aux prises avec les forces du mal, incarnées par le personnage d'Ambrosio. En arrière-plan, on trouve Rudyard Kipling, la créature du Dr Frankenstein ou encore les animaux du « Bois des jolis songes » ! Le dessin protéiforme de Peter Gross illustre admirablement le scénario de Mike Carey et la mise en pages originale permet une immersion totale dans cet univers.

URBAN COMICS, VERTIGO ESSENTIELS
ISBN 979-10-268-1285-2
ISBN 979-10-268-1412-2
28 € CHACUN

LYC
Jeff Lemire, trad. de l'anglais (États-Unis) par Benjamin Rivière
562 **Royal city, t.1 : Famille décomposée,**
563 **t.2 : Sonic youth**

Royal city, ville moyenne des États-Unis où l'économie tourne autour de la firme Royal Manufacturing, est le berceau de la famille Pike depuis trois générations. La crise cardiaque du patriarche réunit tous les membres de cette famille cabossée et fait remonter le drame qui ébranla leur vie des années auparavant : la mort de Tommy, le frère cadet, à l'âge de 14 ans. Celui-ci les hante, sous une apparence différente en âge à chacun, révélant la place de cet absent et de la culpabilité dans leur inconscient. Récit brillamment construit.

URBAN COMICS, URBAN INDIES
ISBN 979-10-268-1393-4
ISBN 979-10-268-1394-1
15,50 €

LYC
Yukio Tamai, trad. du japonais
564 **Kedamame : l'homme venu du chaos, t.1 à 4**

1246, Japon médiéval. Kokemaru est un jeune saltimbanque doté d'une grande force et de pouvoirs étranges, qu'il emploie pour protéger la danseuse Mayu, en proie à de mystérieux dangers. Lors d'une réception, Kokemaru rencontre le samouraï Toura chargé d'enquêter sur les meurtres sanglants de prostituées à Kamakura. Les soupçons de Toura se portent très vite sur Kokemaru, qu'il prend en chasse. Le suspense progressif de l'intrigue et les magnifiques dessins nous immergent avec bonheur dans cet univers aux confins du réalisme et du fantastique. Série courte de 4 tomes.

GLÉNAT, SEINEN MANGA
ISBN 978-2-344-02614-4
ISBN 978-2-344-02615-1
ISBN 978-2-344-02616-8
ISBN 978-2-344-02617-5
7,60 € CHACUN

SCIENCE-FICTION

10-12 ANS

C3
Alex Alice
565 **Le Château des étoiles, t.4 : Un français sur Mars**

Seconde moitié du XIXe siècle, la scientifique Claire Dulac fait une prodigieuse découverte permettant le voyage dans l'espace mais elle disparaît au-delà des nuages. Son mari, ingénieur, et son fils sont alors embarqués dans une formidable épopée spatiale orchestrée par le rêve d'un monarque romantique, Louis II de Bavière en personne, et menacé par le désir de conquête du redoutable Bismarck. Un nouvel épisode somptueusement dessiné dévoilant les envoûtants habitants de la planète Mars !

RUE DE SÈVRES
ISBN 978-2-36981-418-4
14 €

♥
C3
Yoshitoki Oima, trad. du japonais par Thibaud Desbief
566 **To your eternity, t.4 à 7**

Une histoire qui mêle science-fiction, fantastique, écologie et chronique adolescente. Un être mystérieux, sous forme de boule, arrive sur Terre, et se fond dans une série d'êtres vivants successifs : un loup, puis un jeune garçon. Ces « hôtes » lui permettent de découvrir les humains comme leur univers situé dans une sorte de forêt arctique. Un renouvellement très réussi du manga fantastico-poétique, par le biais de cette quête mystico-philosophique, vrai coup de cœur.

PIKA, PIKA SHONEN
ISBN 978-2-8116-3816-0
ISBN 978-2-8116-3822-1
ISBN 978-2-8116-4219-8
ISBN 978-2-8116-4419-2
6,95 € CHACUN

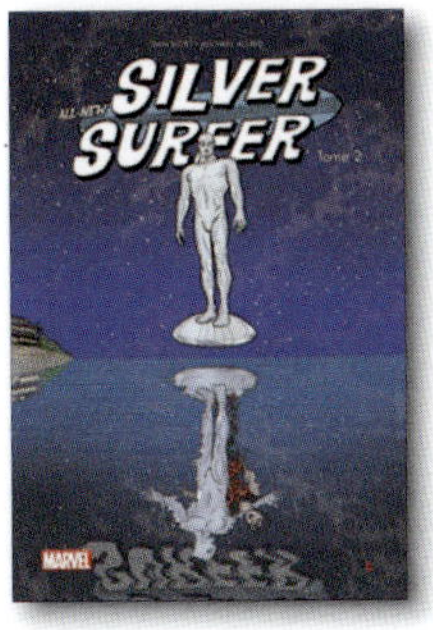

13-15 ANS

C4
Enki Bilal
567 **Bug, t.1**

En 2041, la Terre, victime d'un bug généralisé de tous les systèmes informatiques, est précipitée dans le chaos. Simultanément, de retour d'une mission sur Mars dont il est le seul survivant, Kameron découvre qu'un corps étranger a pris possession de son cerveau, le dotant d'une mémoire phénoménale. Est-il le détenteur de la mémoire disparue sur Terre ? Ce récit d'anticipation démarre en trombe, passionne d'emblée et laisse présager une suite foisonnante. Le grand retour à la BD du virtuose Bilal.

CASTERMAN
ISBN 978-2-203-10578-2
18 €

♥
C4
Scén. Dan Slott, dessin Michael Allred, trad. de l'anglais (États-Unis) par Sophie Watine-Viévard
568 **All-new Silver surfer, t.2 : Plus puissant que le pouvoir cosmique**

Dan Slott et Michael Allred achèvent ici leur passage sur la série *Silver Surfer* non sans avoir réussi à rendre au héros ses lettres de noblesse. Tantôt émouvantes, tantôt drolatiques, ces aventures le mènent dans les recoins d'une galaxie délirante évoquant la saga *H2G2* de Douglas Adams. Michael Allred, dessinateur particulièrement brillant, rappelle la fraîcheur de Jack Kirby tout en distillant ironie et références savantes à l'histoire de l'art. Un dernier tome à ne pas manquer.

PANINI COMICS, MARVEL. 100 % MARVEL
ISBN 978-2-8094-6415-3
18 €

C4
Scén. Brian K. Vaughan, dessin Marcos Martin, trad. de l'anglais (États-Unis) par Jérémy Manesse

569 **The private eye**

Dans cette Amérique de 2076, sevrée du Net depuis qu'un accident a fait imploser la toile et livré à la connaissance de tous ses informations plus ou moins confidentielles, tout citoyen veille scrupuleusement au respect de sa vie privée. À Los Angeles, un jeune paparazzi est embarqué dans une folle et dangereuse course poursuite pour contrecarrer les plans d'un magnat de la télé prêt à tout pour rétablir Internet. Un thriller haletant et musclé et une brillante réflexion sur la vie privée et l'information. Prix Eisner 2015 de la meilleure web série.

URBAN COMICS, URBAN STRIPS
ISBN 979-1-0268-1066-7
28 €

C4
Scén. Brian K. Vaughan, dessin Cliff Chiang, coul. Matt Wilson, trad. de l'anglais (États-Unis) par Jérémy Manesse

570 **Paper Girls, t.4**

Nouvelle série de Brian Vaughan (*Saga*), Paper Girls nous conte l'histoire de quatre jeunes livreuses de journaux dans une petite ville américaine, aux prises avec d'étranges individus semblant venir d'une autre planète. Située dans les années 1980, l'histoire reprend bon nombre de poncifs du film de genre de cette époque, un peu à la manière de la récente série TV *Stranger Things*. Le tout est de très bonne facture et évolue au fil des tomes en voyages temporels décalés et savoureux. Mention spéciale pour le style Art-déco de Cliff Chiang.

URBAN COMICS, URBAN INDIES
ISBN 979-10-268-1524-2
15,50 €

À PARTIR DE 15 ANS

LYC
Scén. Brian Michael Bendis, dessin Andrea Sorrentino, trad. de l'anglais (États-Unis) par Nicole Duclos

571 **Secret Wars : Old Man Logan**

Scén. Jeff Lemire, dessin Andrea Sorrentino, trad. de l'anglais (États-Unis) par Nicole Duclos

572 **Old Man Logan, t.1 à 4**

Arrivé du futur, le vieux Wolverine atterrit dans notre présent et y entame un périple métaphysique pour remonter la trace de ceux qui feront partie plus tard de sa vie. L'histoire poursuit l'intrigue développée par Mark Millar dans le *Old Man Logan* de 2008. Alternant vies passée et à venir, elle repose sur un rythme entraînant et s'accorde parfaitement aux graphismes d'Andrea Sorrentino, empreints tout à la fois de nostalgie et d'amertume. Ces volumes, assez sombres, se destinent davantage aux plus grands.

PANINI COMICS, MARVEL NOW !
ISBN 978-2-8094-6516-7
ISBN 978-2-8094-6673-7
ISBN 978-2-8094-6956-1
ISBN 978-2-8094-7131-1
ISBN 978-2-8094-7364-3
16 €, 15 €, 15 €, 16 €, 15 €

571

SUPER-HÉROS

8-10 ANS

C2 C3
Scén. collectif, dessin collectif, trad. de l'anglais (États-Unis)
573 **Justice league aventures, t.2 et 3**
574 **Superman aventures, t.3**

Nouveaux volumes de la collection « Urban Kids », centrée sur des comics destinés aux plus jeunes. Réalisés par de grands noms tels que Ty Templeton ou Dan Slott, ces tomes se composent d'aventures adaptées des dessins animés diffusés dans les années 1990. Malgré leur âge, ces épisodes, au style cartoon proche parfois de l'esthétique Art déco, sauront plaire aux plus jeunes, grâce à l'alliance de justiciers aussi populaires que Superman, Batman ou Wonder Woman.

URBAN COMICS, DC KIDS – URBAN KIDS
ISBN 979-10-268-1153-4
ISBN 979-10-268-1362-0
ISBN 979-10-268-1407-8
10 € CHACUN

10-12 ANS

C3
Scén. Brian Michael Bendis, dessin David Marquez, trad. de l'anglais (États-Unis)
575 **Spider-Man : Miles Morales : Ultimate comics, t.2**

Brian Bendis poursuit les aventures de Miles Morales, adolescent d'origine africano-hispanique ayant repris le masque de Spider-Man dans l'univers Ultimate. Si ce contexte semble complexe (nouveau Spider-Man, univers parallèle), la série se lit en réalité en toute simplicité, se concentrant sur les affres de l'adolescence de ce super-héros très attachant. Les intrigues sont percutantes et le rythme, enfiévré, ne laisse jamais le lecteur s'ennuyer. Le dessin de David Marquez est particulièrement efficace.

PANINI COMICS, MARVEL. MARVEL OMNIBUS
ISBN 978-2-8094-6701-7
70 €

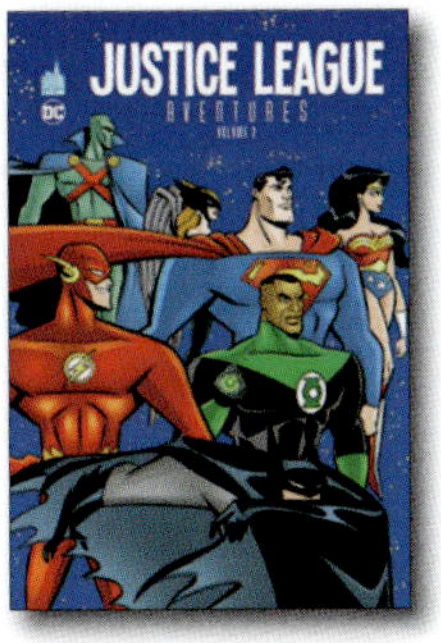

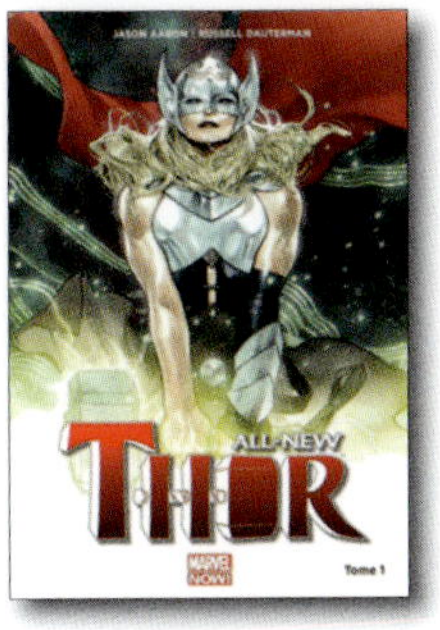

13-15 ANS

C4
♥
Scén. Jason Aaron, dessin Russell Dauterman, trad. de l'anglais (États-Unis) par Jérémy Manesse
576 **All-New Thor, t.1 : Le Tonnerre dans les veines**

Scén. Jason Aaron, dessin Russell Dauterman, Rafa Garres, trad. de l'anglais (États-Unis) par Jérémy Manesse
577 **All-New Thor, t.2 : Les seigneurs de Midgard**

Scén. Jason Aaron, dessin Russell Dauterman, Frazer Irving, Steve Epting, et al., trad. de l'anglais (États-Unis) par Jérémy Manesse
578 **All-New Thor, t.3 : La guerre Asgard-Shi'ars**

Série dédiée à la nouvelle Thor qui, dans le monde nordique des comics, occupe actuellement les devants de la scène. Les auteurs dépeignent avec intelligence les tourments de cette femme atteinte d'un cancer du sein, qui se sert de son rôle super-héroïque pour, dans toute sa candeur, s'extraire de cette condition. À cela s'ajoutent des intrigues de cour du royaume d'Asgard qui ne sont pas sans rappeler celles de *Game of Thrones*, le tout brillamment dessiné par Russell Dauterman. À lire absolument.

PANINI COMICS, MARVEL NOW ! ALL-NEW
ISBN 978-2-8094-6666-9
ISBN 978-2-8094-6863-2
ISBN 978-2-8094-7129-8
16 €, 16 € ET 19 €

573

C4

Scén. Tom King, Scott Snyder, dessin David Finch, Mikel Janin, Ivan Reis, trad. de l'anglais (États-Unis) par Jérôme Wicky

579 **Batman Rebirth, t.1 : Mon nom est Gotham**

Scén. Tom King, dessin Mikel Janin, Mitch Gerads, trad. de l'anglais (États-Unis) par Jérôme Wicky

580 **Batman Rebirth, t.2 : Mon nom est Suicide**

Scén. Tom King, dessin David Finch, Mitch Gerads, Clay Mann, trad. de l'anglais (États-Unis) par Jérôme Wicky

581 **Batman Rebirth, t.3 : Mon nom est Bane**

Scén. Tom King, dessin Mikel Janin, Clay Mann, trad. de l'anglais (États-Unis) par Jérôme Wicky

582 **Batman Rebirth, t.4 : La Guerre des rires et des énigmes**

Scén. Tom King, Joëlle Jones, dessin Clay Mann, Travis Moore, Mikel Janin, trad. de l'anglais (États-Unis) par Jérôme Wicky

583 **Batman Rebirth, t.5 : En amour comme à la guerre**

En 2016, la série *Batman* a été reconduite sous la houlette du scénariste Tom King (déjà auteur du brillant *Vision*). Le héros y atteint une profondeur psychologique rarement égalée, à mesure que ses aventures l'amènent à s'interroger sur ses rapports avec ses proches. Très poétique, la narration superpose avec majesté les différentes voix des protagonistes, au sein de planches particulièrement travaillées. Une quête introspective particulièrement raccord avec la figure du Dark Knight.

URBAN COMICS, DC REBIRTH
ISBN 979-10-268-1125-1
ISBN 979-10-268-1318-7
ISBN 979-10-268-1350-7
ISBN 979-10-268-1351-4
ISBN 979-10-268-1382-8
17,50 € T.1, 3 ET 4, 15,50 € T.2 ET 5

C4

Enrico Marini, trad. de l'anglais (États-Unis) par Jérôme Wicky

584 **Batman, the dark prince charming, t.1 et 2**

Batman est-il réellement le père de cette gamine enlevée par son ennemi juré, le Joker, pour neutraliser le justicier et pouvoir dérober en toute tranquillité un somptueux diamant pour sa fiancée Harley Quinn ? Marini imprègne le personnage de sa patte toute latine et fait très habilement planer le doute sur cette paternité. Dessins somptueux, particulièrement les décors en extérieur de la ville de Gotham, narration cinématographique, Marini relooke brillamment les personnages iconiques tout en restant fidèle aux originaux américains.

DARGAUD
ISBN 978-2-505-07083-2
ISBN 978-2-505-07138-9
14,99 € CHACUN

C4

Scén. Mark Millar, dessin Rafael Albuquerque, coul. Dave McCaig, trad. de l'anglais (États-Unis) par Laurence Belingard

585 **Huck, t.1**

Dans cette série publiée depuis 2015 chez Image Comics, Millar passe à la moulinette le modèle de Superman. Huck est un orphelin, bébé doué de pouvoirs, élevé dans une petite ville mais en secret ! Esprit simple et bon, sa philosophie est celle de Baden-Powell : une B.A. par jour. Que ce soit retrouver un chat, une jeune fille enlevée ou sauver le monde ! Ce conte de fées peut parfois tourner au cauchemar. Un excellent scénario, un dessin particulièrement dynamique et simplifié, un bel exercice de style.

PANINI COMICS, BEST OF FUSION
ISBN 978-2-8094-6669-0
17,50 €

C4

Scén. Grant Morrison, dessin Frank Quitely, trad. de l'anglais (États-Unis) par Laurent Quessy

586 **All-star Superman**

Et si Superman découvrait tout à coup qu'il allait mourir ? Comme Icare, l'homme d'acier s'est approché trop près du soleil. Ses pouvoirs en ont été décuplés, mais en même temps s'est mis en route un processus de dégradation cellulaire inexorable. Comment va réagir le super-héros ? Son entourage ? Ses ennemis ? L'idée est forte et originale, et elle bouscule sérieusement la vision habituelle de Superman, super-héros par excellence, inaltérable et inébranlable. Prix Eisner de la meilleure série en 2006.

URBAN COMICS, DC ESSENTIELS
ISBN 979-1-0268-1359-0
28 €

C4
Scén. Jimmy Palmiotti, Amanda Conner, dessin Amanda Conner, John Tims, Mauricet et al., trad. de l'anglais (États-Unis) par Benjamin Rivière

587 **Harley Quinn : little black book**

Délurée, maladroite, insupportable, toujours prompte à provoquer des catastrophes, la petite poupée aux cheveux rouges et bleus est sans doute le personnage le plus enfantin de l'univers de Batman. Ici elle s'en donne à cœur joie, rencontre son idole (Wonder Woman) et l'improbable légion londonienne des super-héros, rivalise avec Superman pour sauver la Terre, et dit ses quatre vérités à Hitler... Un tourbillon virevoltant, drôle, déjanté : on ne s'ennuie pas avec Harley Quinn !

URBAN COMICS, DC DELUXE
ISBN 979-10-268-1324-8
22,50 €

C4
Scén. Tim Seeley, dessin Javier Fernandez, Yanick Paquette, trad. de l'anglais (États-Unis) par Thomas Davier

588 **Nightwing Rebirth, t.1 : Plus fort que Batman**

Scén. Tim Seeley, dessin Marcus To, Marcio Takara, Minkyu Jung, trad. de l'anglais (États-Unis) par Thomas Davier

589 **Nightwing Rebirth, t.2 : Blüdhaven**

Scén. Michael McMillian, Tim Seeley, dessin Christian Duce, Javier Fernandez, Minkyu Jung, trad. de l'anglais (États-Unis) par Thomas Davier

590 **Nightwing Rebirth, t.3 : Nightwing doit mourir**

Scén. Tim Seeley, Miguel Mendonça, Minkyu Jung, dessin Javier Fernandez, trad. de l'anglais (États-Unis) par Thomas Davier

591 **Nightwing Rebirth, t.4 : Blockbuster**

Le tout premier Robin, devenu jeune adulte, prend ici son indépendance sous l'identité de Nightwing. Plus légères que celles de Batman, ses aventures constituent un véritable rafraîchissement tout en gardant une certaine profondeur, les auteurs mettant l'accent sur les dilemmes moraux et les contradictions du jeune héros. Centrées ainsi sur ce personnage encore juvénile, elles s'adaptent parfaitement à un lectorat adolescent.

URBAN COMICS, DC REBIRTH
ISBN 979-10-268-1154-1/ISBN 979-10-268-1334-7
ISBN 979-10-268-1357-6/ISBN 979-10-268-1363-7
15,50 €, T.1 À 3, 17,50 € T.4

À PARTIR DE 15 ANS

LYC
Scén. Jeff Lemire, dessin Dean Ormston, trad. de l'anglais (États-Unis) par Julien Di Giacomo

592 **Black Hammer, t.1 : Origines secrètes**

Scén. Jeff Lemire, dessin Dean Ormston, David Rubín, trad. de l'anglais (États-Unis) par Julien Di Giacomo

593 **Black Hammer, t.2 : L'incident**

Jeff Lemire (*Plutona*, *Descent*) rend un hommage décalé à la culture populaire de la seconde moitié du XXe siècle : super-héros, science-fiction rétro, horreur, etc. Mais, coincés dans une petite ville perdue au milieu de nulle-part et se cachant sous l'apparence d'une famille ordinaire, les héros luttent essentiellement contre leurs propres démons. Une histoire exigeante mais très originale et prometteuse, bien mise en valeur par un dessin qui s'adapte à chaque histoire.

URBAN COMICS, URBAN INDIES
ISBN 979-1-0268-1188-6/ISBN 979-10-268-1206-7
17,50 € CHACUN

ADAPTATIONS LITTÉRAIRES 8-10 ANS

C2 C3
Xavier Coste, d'après Henri Bosco

594 **L'Enfant et la rivière**

Le jeune Pascalet fugue pour découvrir la rivière, territoire interdit. Le temps d'une courte escapade estivale il découvre l'univers de Bargabot le pêcheur et de Gatzo, son ami de quelques jours. Cette belle adaptation remet au goût du jour le roman d'Henri Bosco. Les bleus et les verts des aquarelles de Xavier Coste lui apportent de la fraîcheur et l'odeur de l'eau, tandis que les tons bruns introduisent la peau ambrée par le soleil des bohémiens de la rive.

SARBACANE
ISBN 978-2-37731-078-4
19,50 €

10-12 ANS

C3
Scén. Malika Ferdjoukh, d'après une idée de Gérard Goldman, dessin Nicolas Pitz

595 **La Bobine d'Alfred**

Malika Ferdjoukh adapte avec Nicolas Pitz son propre roman. Harry, au soir de sa vie, découvre le dénouement d'une aventure survenue 50 ans plus tôt. Alors âgé de 16 ans et cinéphile averti, il suit son père, cuisinier la nuit sur un tournage secret d'Hitchcock. Il s'introduit sur le plateau, miné par les trahisons et les jalousies, et se voit confier les rushs… qu'il croit perdre, dans une course poursuite digne d'un film d'espionnage. Efficace, bourré d'humour et de clins d'œil à l'univers du maître du suspense !

RUE DE SÈVRES
ISBN 978-2-36981-546-4
14 €

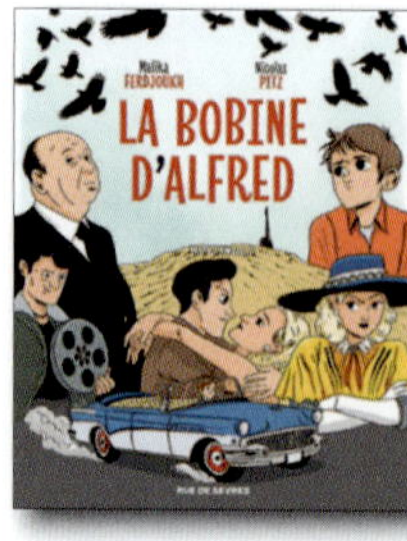

C3
Yoon-sun Park ; trad. du coréen

596 **Les Aventures de Hong Kiltong**

Libre adaptation d'un classique coréen écrit en 1612 qui conte les aventures d'un certain Kiltong, sorte de Robin des Bois facétieux, fils illégitime d'un notable et terriblement intelligent. Ce roman, que tous les élèves coréens connaissent, est écrit dans un style amusant où tous et tout est tourné en ridicule mais néanmoins plein de sagesse. Le dessin contribue avec son style naïf et enfantin à rendre la truculence du personnage.

MISMA
ISBN 978-2-916254-64-7
18 €

595

13-15 ANS

♥
C4
Scén. et dessin Jacques Ferrandez, d'après Albert Camus

597 **Le Premier homme**

Camus, mort en 1960, laissa un manuscrit inachevé révélé en 1994. C'est ce roman incomplet, à la fois chant à l'amour, monument autobiographique, « tombeau » d'une famille et d'un pays, l'Algérie, et ode mémorielle rendant leur voix aux humbles, qui est ici adapté. Le travail narratif est admirable, la construction prenante : la quête par l'écrivain à succès de ses origines résonne d'une vérité et d'une force étonnantes. Une adaptation exceptionnelle sur tous les plans, une réussite magistrale et l'écho d'un roman qui interroge tout homme.

GALLIMARD, FÉTICHE
ISBN 978-2-07-507415-5
24,50 €

C4
Scén. Lylian, d'après Yves Grevet, dessin Nesmo, coul. Christian Leroll

598 **Méto, t.1 : La Maison**

Adaptation prometteuse de la trilogie de Grevet : soixante-quatre enfants vivant coupés du monde dans « La maison » sont soumis à des règles très strictes et perverses. Ces garçons ignorent tout de leur passé et de leur avenir sauf que le moment venu, ils auront deux choix possibles. La BD reste fidèle au roman et l'atmosphère oppressante, carcérale est bien restituée grâce au dessin sobre et aux couleurs sombres. Le lecteur se laisse happer par le récit et suit l'éveil de Méto et sa quête de vérité.

GLÉNAT, LOG-IN
ISBN 978-2-344-01794-4
16,90 €

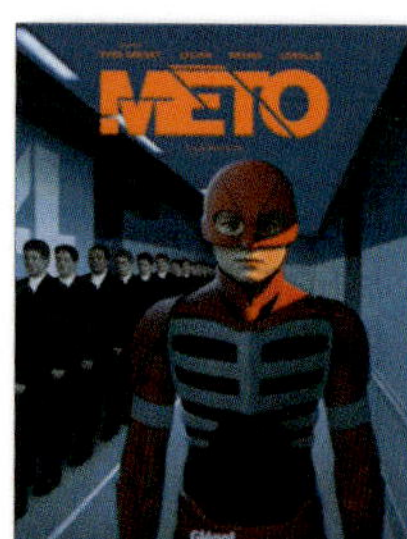

C4
David Sala, d'après Stefan Zweig

599 **Le Joueur d'échecs**

Sur un paquebot, lors d'une traversée, deux joueurs d'échecs s'affrontent. L'un a connu le nazisme et ses tortures. L'autre, paysan pauvre et illettré, est devenu un champion international des échecs. David Sala met en image le talent de Zweig, un récit à l'action quasi cérébrale, que le dessinateur transpose avec une mise en scène ample dont le dessin

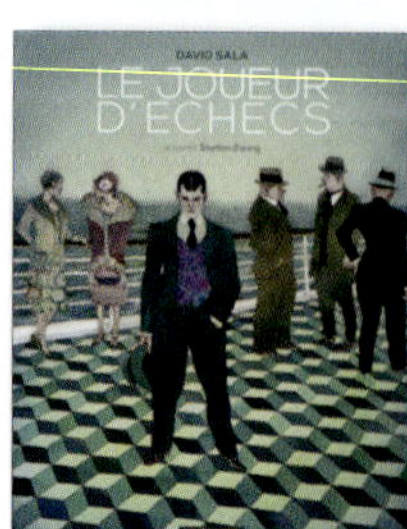

à l'aquarelle et aux couleurs directes transforme chaque case en un tableau tout en traduisant la psychologie des joueurs et la tension du jeu.

CASTERMAN
ISBN 978-2-203-09347-8
20 €

C4
Scén. Jin Yong, dessin Li Zhiqing, trad. du chinois par Soline Le Saux et Mathilde Colo

600 **La Légende du héros chasseur d'aigles, t.1 à 7**

Deux enfants, ignorants de leurs origines, l'un élevé à la cour, l'autre dans l'immensité de la steppe mongole auprès de Gengis Khan, deviennent l'enjeu d'un défi entre un maître taoïste et une bande d'originaux maîtres en arts martiaux. Une superbe fresque historique et initiatique qui plonge le lecteur au cœur de l'immense empire chinois au XIIe siècle où se fomentent moult complots entre dynasties rivales, avec des décors, des costumes et des scènes de combats époustouflants. Adaptation en BD d'un des plus célèbres récits de cape et d'épée chinois.

URBAN CHINA
ISBN 978-2-37259-029-7/ISBN 978-2-37259-030-3
ISBN 978-2-37259-031-0/ISBN 978-2-37259-044-0
ISBN 978-2-37259-059-4/ISBN 978-2-37259-060-0
ISBN 978-2-37259-061-7
19,95 € CHACUN

PATRIMOINE 6-8 ANS

♥
C2
André Geerts

601 **Jojo : intégrale, t.2 : 1991-1998**

Dupuis poursuit la publication en intégrales des aventures de Jojo, ce petit gamin rêveur, élevé par sa grand-mère, puis son père plombier itinérant. Apparue dans le journal *Spirou* en 1983, éditée en 18 albums de 1983 à 2010, cette chronique tendre et malicieuse des petits bonheurs et malheurs de l'enfance n'a pas perdu de sa justesse. Elle offre une rare vision du monde à hauteur d'enfant, tout en abordant des thèmes de société. Un bel hommage à André Geerts, trop tôt disparu.

DUPUIS, INTÉGRALES
ISBN 979-10-347-3014-8
28,95 €

C2
Floyd Gottfredson, trad. de l'anglais (États-Unis)

602 **Mickey Mouse, t.1 : La Vallée de la mort et autres histoires / 1930-1931**

603 **t.2 : En route pour l'île au trésor et autres histoires / 1932-1933**

On suit dans cette intégrale soignée, en noir et blanc, au format à l'italienne et à l'appareil critique conséquent, les toutes premières histoires de Mickey et Minnie en strips, avec des scénarios du grand Walt lui-même, pleins de bandits, de courses poursuites, de chercheurs d'or, d'aventure et d'humour. Pat Hibulaire est vraiment méchant, et Mickey pas toujours à son avantage. Un trésor du patrimoine du 9e art, qui réjouira petits et grands, malgré quelques références parfois datées.

GLÉNAT, DISNEY INTÉGRALE
ISBN 978-2-344-02314-3
ISBN 978-2-344-02812-4
29,50 € CHACUN

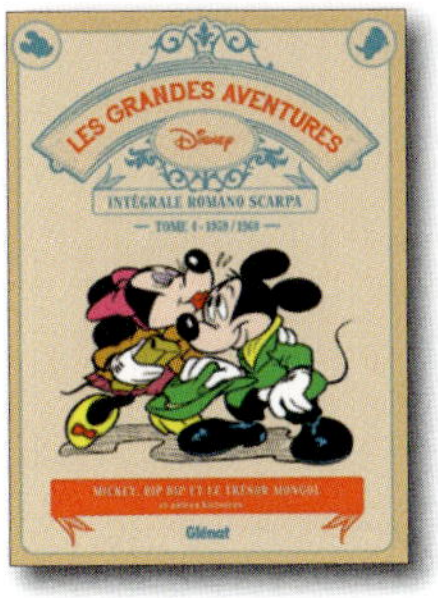

C2
Scén. et dessin Romano Scarpa
Intégrale Romano Scarpa,

604 **t.1 : 1953-1956,**
605 **t.2 : 1956-1957,**
606 **t.3 : 1957-1959,**
607 **t.4 : 1959-1960**

Après les formidables intégrales Barks, Gottfredson, Don Rosa, Glénat nous offre celles de l'un des plus grands faiseurs de Topolino, Romano Scarpa. Publiés en Italie puis dans Mickey-Parade, ces histoires fourmillent de personnages secondaires comme le fameux Fantôme noir, Iga Biva, l'inspecteur Finot… Scarpa a enrichi l'univers de Donaldville et Mickeyville en le peuplant et en explorant ses décors. Il a développé un style courbe plein de maîtrise, reconnaissable et élégant. Enfantins et dynamiques, les récits amuseront encore les enfants d'aujourd'hui.

GLÉNAT, LES GRANDES AVENTURES DISNEY
ISBN 978-2-344-02313-6
ISBN 978-2-344-02373-0
ISBN 978-2-344-02374-7
ISBN 978-2-344-02375-4
29,50 €

8-10 ANS

C2 C3

Dik Browne et Chris Browne,
trad. de l'anglais (États-Unis)

608 **Hägar Dünor, t.3 : 1976-1977**

Très loin des débats actuels sur le féminisme, l'esclavage, les migrations ou l'éducation de la jeunesse, Hägar « The Horrible » traîne sa pelisse et son casque à cornes à travers des strips jubilatoires datant des années 1970... Viking rondouillard, affligé de guerriers lamentables, d'une épouse assez matérialiste, d'un penchant pour une vie facile et pour de bons repas, le héros cumule avec sympathie et bonhomie tous les défauts, ouvrant une critique légère mais acérée de la société et de ses débats, toujours d'actualité.

URBAN COMICS, URBAN STRIPS
ISBN 979-1-0268-1068-1
22,50 €

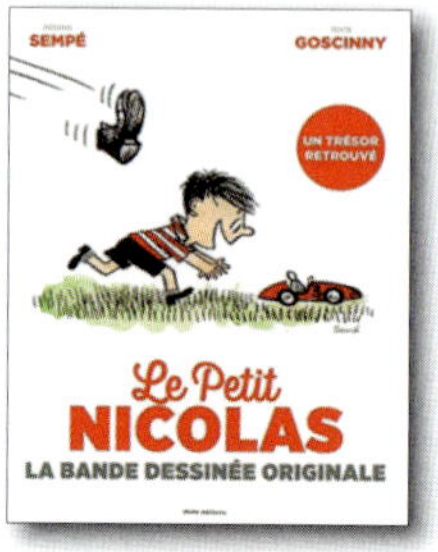

C2 C3

Scén. René Goscinny, dessin Jean-Jacques Sempé

609 **Le Petit Nicolas, la bande dessinée originale**

Tout le monde connaît le monde enfantin merveilleux développé par Goscinny et Sempé sous forme de nouvelles illustrées. Ce fut à l'origine une bande dessinée en planches et cases, publiée en 1955 par la revue *Moustique* de Dupuis. Les saynètes sont déjà d'une redoutable drôlerie, tendre et à double hauteur : enfantine et adulte. La vraie découverte, c'est la place centrale du papa, acteur et victime de tous les gags et catastrophes. Chronique d'un père attachant et maladroit, chouchoutant son gamin et toujours prêt à se sacrifier.

IMAV EDITIONS
ISBN 978-2-36590-136-9
12,90 €

608

♥

C2 C3

Scén. René Goscinny, dessin Albert Uderzo

610 **Benjamin et Benjamine l'intégrale**

Plongée dans les premières années des auteurs d'Astérix. Benjamin et Benjamine sont deux enfants, héros d'une série comique d'aventures qui les emmène des contrées exotiques à la banlieue parisienne, son métro, ses usines ou aux USA. *La Famille Moutonnet*, *La Famille Cokalane* sont deux séries de gags absurdes et délirants. Mais c'est *Poussin et Poussif*, autour d'un bébé gardé par un énorme chien, qui est le sommet de cette découverte. Tous ces récits ont remarquablement bien vieilli, tant par leur humour que par le dessin génial d'Uderzo.

ALBERT RENÉ
ISBN 978-2-86-497326-3
20,50 €

10-12 ANS

C3

Scén. Dugomier, dessin Benoît Ers

611 **Les Démons d'Alexia. L'intégrale, t.1**

En 2002 Ers et Dugommier (*Muriel et Boulon*) lancent dans *Spirou* une nouvelle héroïne, l'énergique et séduisante Alexia, exorciste et fille de sorcière ! Employée dans un institut officiel, elle traite des malédictions et phénomènes surnaturels type X-Files. L'intrigue se resserre sur l'institut, théâtre autrefois de mystérieux événements, avec zone interdite, prisonnier tentateur, dirigeants aux buts secrets... Du paranormal, la série glisse vers l'horreur, toujours avec ce dessin « enfantin » dans la grande tradition Dupuis. C'est ainsi une très bonne initiation, bien dosée et au suspense haletant. Depuis, les auteurs ont créé *Les Enfants de la résistance*, associant ce même thème réputé « adulte » et dessin « enfantin ».

DUPUIS
ISBN 978-2-8001-7415-0
25 €

C3
Charles Monroe Schulz, intro. Garry Trudeau, trad. de l'anglais (États-Unis) par Fanny Soubiran

612 **Snoopy & les Peanuts, t.19 : 1987-1988**

Dans ce nouveau volume, on suit la correspondance assidue entre Snoopy et son frère Spike, aventurier solitaire dans le désert, les histoires d'amour contrariées ou inabouties de Lucy, Linus et Marcie, le passage des saisons, des bonhommes de neige aux tentatives plus ou moins réussies de baignade… Ce sommet du comic strip émerveille toujours par sa force de concision, la parfaite économie de son dessin minimaliste, et sa faculté de parler tout autant aux plus jeunes qu'à leurs aînés.

DARGAUD
ISBN 978-2-205-07685-1
32 €

13-15 ANS

C4
Scén. et dessin Terry Moore, trad. de l'anglais (États-Unis) par Éric Bufkens et Aude Carlier

613 **Strangers in paradise, t.2 et 3**

Terry Moore a développé cette série et son univers de triangle amoureux chez Antarctic Press, Abstract puis Image Comics, de 1993 à 2007. Couronnée d'un Prix Eisner, cette œuvre feuilletonesque en noir et blanc, au dessin faussement simple, est autant une comédie de mœurs qu'un feuilleton d'aventures, passant du registre comique au sentimental mais aussi à une certaine violence. Le trait épuré de Moore et ses décors minimalistes créent des ambiances uniques. Un comics pour adolescent profondément original.

DELCOURT, CONTREBANDE
ISBN 978-2-7560-9328-4
ISBN 978-2-413-00072-3
45 € CHACUN

C4
Scén. Grant Morrison, Mark Millar, dessin Howard Porter, Gary Frank, Greg Land et al., trad. de l'anglais (États-Unis) par Jean-Marc Lainé, Jérémy Manesse, Stéphane Deschamps

614 **Justice league of America, t.2 : La Fin des temps**

Scén. Grant Morrison, Mark Waid, dessin Howard Porter, Arnie Jorgensen, Mark Pajarillo et al., trad. de l'anglais (États-Unis) par Jean-Marc Lainé, Jérémy Manesse

615 **Justice league of America, t.3 : Monde futur**

Scén. Grant Morrison, Mark Waid, dessin Howard Porter, Mark Pajarillo, trad. de l'anglais (États-Unis) par Jean-Marc Lainé, Jérémy Manesse

616 **Justice league of America, t.4 : Troisième guerre mondiale**

Urban réédite ici les aventures de la Justice League par Grant Morrison, l'un des scénaristes phares du monde des comics. Au programme : voyages dans le futur, exploration de contrées mentales… Plus que jamais, l'auteur recycle d'anciens thèmes de la BD de super-héros en y ajoutant une bonne dose de subversion et de modernité, jusqu'à atteindre un degré d'abstraction rarement égalé chez les justiciers. Une vision originale et décalée de cette équipe emblématique à (re)découvrir de toute urgence !

URBAN COMICS, DC CLASSIQUES
ISBN 979-10-268-1140-4/ISBN 979-10-268-1166-4
ISBN 979-10-268-1329-3
28 € CHACUN

♥
C4
Scén. Benoît Peeters, dessin François Schuiten

617 **Les Cités obscures : l'intégrale t.1 à 3**

Le lecteur de 2018 va découvrir en 324 pages exceptionnelles une aventure dessinée d'une intemporalité et d'une originalité rares. Schuiten, jeune turc de *Métal Hurlant*, et Peeters ont publié *Samaris* dans *(À suivre…)* en 1982 : dessin réaliste, quasi architectural, univers presque steampunk saturé de références à Jules Verne et Victor Horta, fable politique mâtinée de psychanalyse, poésie de mondes étranges, mystères d'intrigues au dénouement ouvert. Ce monde parallèle envoûte et séduit, puissant appel à notre imaginaire.

CASTERMAN
ISBN 978-2-203-10168-5/ISBN 978-2-203-15374-5
ISBN 978-2-203-15375-2
45 €, 47 € T.2 ET 3

C4
Scén. Greg Rucka, Ed Brubaker, Chuck Dixon et al., dessin Rick Burchett, Paul Pope, Steve Lieber et al., trad. de l'anglais (États-Unis) par Alex Nikolavitch

618 **Batman New Gotham, t.2 : Un homme à terre**

Scén. Greg Rucka, Jeph Loeb, dessin Shawn Martinbrough, Rick Burchett, Ed McGuinness et al., trad. de l'anglais (États-Unis) par Alex Nikolavitch

619 **Batman New Gotham, t.3 : Le garde du corps**

Après les événements de *No Man's Land*, Gotham renaît de ses cendres... aussi dangereuse qu'auparavant mais toujours protégée par le Chevalier Noir. Le tome 2 est centré autour du commissaire Gordon qui est, pour Batman, un ami voire même un modèle tant le policier incarne l'exemplarité et la justice. Le tome 3 tourne de son côté autour d'une garde du corps affectée à la sécurité de... Bruce Wayne ! Il va sans dire que la tâche risque d'être ardue. De bonnes histoires et de bons dessinateurs pour ces deux volumes.

URBAN COMICS, DC CLASSIQUES
ISBN 978-2-36577-901-2
ISBN 978-2-36577-931-9
22,50 € CHACUN

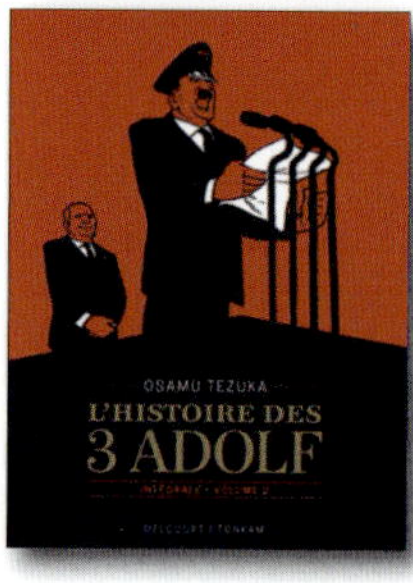

621

♥
C4
Osamu Tezuka, trad. du japonais par Jacques Lalloz et Patrick Honnoré, adaptation Philippe Marcel

620 **Ayako, édition intégrale prestige**

Le « dieu vivant » du manga en fin de carrière publia l'impressionnante *Ayako* dans *Big Comic* en 1972-1973. Drame familial, tragédie amoureuse, chronique historique, réflexion politique et sociale, ce manga majeur est avant tout une réflexion forte sur l'humanité. Une puissante famille rurale cache une petite fille née d'un viol dans une case-prison, sans contact avec l'extérieur. En parallèle se joue la construction du Japon contemporain.

DELCOURT TONKAM, SEINEN
ISBN 978-2-413-00502-5
29,99 €

♥
C4
Osamu Tezuka, trad. du japonais par Jacques Lalloz, adapt. Caroline Pellerin

621 **L'Histoire des trois Adolf, édition intégrale prestige, t.1 et 2**

Tezuka publia ce manga en 1983-1985, l'une de ses dernières œuvres. Dans le decor de l'Allemagne nazie et du Japon, le thème aborde la légende de la judéité d'Hitler : un étudiant japonais, qui en détient la preuve, est assassiné, et les nazis recherchent le document jusqu'au Japon. Là vivent Adolf Kamil, Juif émigré à Kobé, et son ami Adolf Kaufman, fils du chef local des nazis et d'une Japonaise. Le récit mêle narration policière et aventure humaine, avec en arrière-plan la tension entre l'amitié et la famille, l'idéologie et la réalité, le racisme et l'humanisme.

DELCOURT TONKAM, SEINEN
ISBN 978-2-413-00505-6
ISBN 978-2-413-00506-3
29,99 € CHACUN

Responsables de la rubrique : Pascale Joncour et Olivier Piffault
Rédacteurs : Camille Baurin, Elizabeth Béguery, Pierre-Henri Collin, Pascale Joncour, Wilfried Muller, Annabel Peltier, Olivier Piffault, Marine Planche, Marie Roussel, Hélène Valotteau

9 DOCUMENTAIRES

DOCUMENTAIRES

Quelques changements vous attendent dans la rubrique des Documentaires, avec une sélection organisée en 12 thématiques. Nous avons voulu un mode de présentation à la fois clair et précis, mais qui tienne aussi compte des sujets du moment… ainsi que des efforts de plusieurs éditeurs pour précisément métisser les genres et les thématiques.

Que dire à ce sujet, justement ? Que les livres d'arts se veulent une invitation au voyage et une porte d'entrée sur le monde, que les livres d'activité mettent l'accent sur la présence de la nature en ville, que les documentaires sur le corps humain rencontrent le féminisme, et que les nouvelles technologies bouleversent notre vision de la société. Hybridation des genres, hybridation des formes, aussi. Les collections de BD documentaires se multiplient, pour tous les âges et sur tous les sujets – notamment historiques ou biographiques. L'album documentaire est toujours aussi présent, que ce soit pour parler de nature, d'animaux ou de géographie. Et l'illustration en redevient la forme iconographique reine.

Nous pourrions aussi vous parler des DIY (Do it yourself) et de la part belle faite aux motifs et aux couleurs. De Mai 68 et de l'identité française. De beaux documentaires philosophiques, et d'autres questionnant notre rapport à l'information. De plantes vagabondes et d'animaux médecins. De livres remontant à l'origine de l'Univers et d'autres questionnant notre avenir. Une belle année 2018, en somme.

ARTS APPLIQUÉS
3-6 ANS

C1

Dominique Ehrhard

622 **5 maisons**

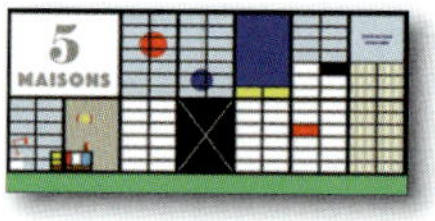

Après *10 chaises* en 2016, l'auteur a choisi cinq maisons du XXe siècle (de 1924 à 1995) remarquables pour leur architecture. Mise en avant, par le pop-up, de l'essentiel des concepts de ces maisons, novatrices, chacune à son époque, par leurs matériaux, lignes ou volumes. Maisons pour des particuliers (ou pour les architectes eux-mêmes) soucieux d'un certain art de vivre. Des indications techniques et historiques sur ces bâtiments ainsi que sur les relations entre commanditaires et concepteurs complètent l'ouvrage.

LES GRANDES PERSONNES

ISBN 978-2-36193-473-6

24,50 €

C1

Bobby et June George, trad. de l'anglais (Royaume-Uni) par Laurence Lenglet, ill. Boyoun Kim

623 **Mon premier livre de motifs**

Neuf formes pour découvrir très simplement dix motifs. Une ligne, qui se multiplie, s'épaissit, on passe de la rayure à l'écossais. La répétition du zigzag, du carré, du cercle, du losange, de l'hexagone construisent le chevron, le damier, les pois, l'arlequin, le nid d'abeille. Une ligne et un losange, c'est le jacquard. Une larme, une fleur sont les bases du cachemire et du motif floral. Un décor ou une scène aux couleurs acidulées en double page permet à l'œil enfantin de s'exercer à reconnaître le motif qu'il vient de découvrir. Astucieux !

PHAIDON

ISBN 978-0-7148-7294-0

15,95 €

Version numérique — Première lecture

10-12 ANS

C3
Sophie Guillou, ill. Alice Dufay
624 **Cristóbal Balenciaga**

Quatrième titre de cette collection qui raconte la vie de grands couturiers. Une partie fiction s'inspire de la réalité, sur un moment clé de son enfance qui a guidé Balenciaga vers son métier de couturier. Une biographie rappelle les étapes de son ascension professionnelle et son grand succès dès 1937, son travail, sa conception et son amour du métier.
Un abécédaire dessiné présente quelques silhouettes symboliques de ses collections. Bien écrit, vivant, on est au cœur d'un métier de passion.

LES PETITES MOUSTACHES, LES PETITES HISTOIRES DE LA MODE
ISBN 979-10-92763-13-3
17,50 €

624

ARTS DU SPECTACLE 10-12 ANS

C3 C4
Vincent Baticle, ill. Yoann Bomal
625 **Steven Spielberg : filmer avec des yeux d'enfant**

Les livres de la collection « Des graines et des guides » ressemblent à des carnets. Leur format court exige d'aller à l'essentiel. En partant de l'enfance, l'écriture de ces récits de vie est toujours claire, précise et agréable à lire. Les auteurs savent transmettre aux jeunes lecteurs leurs connaissances. Enseignant et chercheur en cinéma, Vincent Baticle, par son analyse d'extraits de films, révèle les techniques et le talent du cinéaste pour éveiller l'émotion. En mettant en scène ses rêves, Steven Spielberg a inventé un monde plus grand où l'enfance est toujours centrale.

Autres titres de la collection :

Bartlomiej Woznica, ill. Anastassia Elias
626 **Chris Marker : le cinéma et le monde**

Luc Baba, ill. Sophie Lecomte
627 **Léo Ferré : de tendresse et de révolte**

Rémi David, ill. Pauline Sciot
628 **Édith Piaf : un hymne à l'amour**

Ces trois titres intéresseront sans doute des lecteurs un peu plus âgés.

À DOS D'ÂNE, DES GRAINES ET DES GUIDES
ISBN 978-2-37606-069-7
ISBN 978-2-37606-068-0
ISBN 978-2-37606-047-5
ISBN 978-2-37606-079-6
7,50 CHACUN

13-15 ANS

C4
Réjane Hamus-Vallée, ill. Stéphane Kiehl
629 **Derrière l'écran : les effets spéciaux au cinéma**

Au cinéma les animaux disparus traversent l'écran, les acteurs défient les lois de la gravité, affrontent tous les dangers ou volent vers de lointaines planètes... Dans ce livre très dense et complexe nous découvrons le travail des techniciens – presque des magiciens – qui depuis l'invention du cinéma en 1895 fabriquent des trucages, des effets spéciaux, des personnages imaginaires. Pour que les histoires soient extraordinaires, et que l'on y croie. Les illustrations (tout en dessins, couleurs pastel), rappellent des story boards.

ACTES SUD JUNIOR / CITÉ DES SCIENCES & DE L'INDUSTRIE
ISBN 978-2-330-08664-0
17 €

À PARTIR DE 15 ANS

LYC
Scénario Noël Simsolo, dessin Paolo Martinello
630 **Sacha Guitry, t.1 : Le Bien-aimé**
631 **Sacha Guitry, t.2 : Le Mal-aimé**

Fils du grand acteur Lucien Guitry, Sacha découvre le théâtre à l'âge de 5 ans. Adolescent, il côtoie Rostand, Allais, Jarry, Mirbeau, Feydeau... et Sarah Bernhardt. Jeune homme, il monte naturellement sur scène, passe à l'écriture et met en scène ses pièces, se faisant une belle place dans le théâtre et le cinéma français. Ses positions politiques sont plus équivoques, particulièrement pendant la période trouble de l'Occupation. Portrait assez juste d'un homme brillant, pas toujours clairvoyant, amoureux à tout prix du théâtre, des lettres et des femmes, avec ses failles et ses ambiguïtés.

GLÉNAT
ISBN 978-2-344-01613-8
ISBN 978-2-344-01732-6
14,95 € CHACUN

BEAUX ARTS
0-3 ANS

♥
Claire Dé
632 **Qui suis-je ?**

Par qui la question est-elle posée ? Les fruits ? Les enfants ? Le lecteur ? Prises au cours d'ateliers dans des crèches et des écoles maternelles, les photographies colorées et joyeuses de Claire Dé témoignent d'une complicité avec ses jeunes modèles. Elles invitent à croquer la vie et à partager la palette d'émotions de 34 visages d'enfants. Au verso de ce livre-accordéon, une frise de 34 masques drôles et poétiques fabriqués avec les fruits. Ce jeu de devinettes et jeu de miroir, à partir de cette jolie salade de fruits du monde entier, se poursuit avec des cartes glissées dans la jaquette.
Une auteure décidément inventive.

LES GRANDES PERSONNES
ISBN 978-2-36193-518-4
24,50 €

3-6 ANS

C1
Claire Zucchelli-Romer
633 **Pop Up Paul Klee : voyage d'un tableau à un autre**

Invitation à entrer dans l'univers de Paul Klee avec deux de ses tableaux : le lecteur embarque et prend la mer depuis le "Pont rouge", et au gré du vent et des voiles, s'éloigne du port, de page en page, jusqu'au soleil couchant. Tous les bateaux se retrouvent en pleine mer, à l'image des « Voiliers » de Paul Klee... Voyage interprété avec légèreté, simplicité et élégance, le pop-up déploie ses voiles de papier au fil des pages et sème un joli vent de poésie.

PALETTE...
ISBN 978-2-35832-256-0
19,50 €

8-10 ANS

C2 C3
Laurent Corvaisier
634 **Meknès**

Joli petit livre leporello, en noir et blanc, comme une promenade au souk, qui raconte des rencontres entre marchands et acheteurs : on est séduit par cette histoire sans paroles. La force du noir et blanc et des dessins au pinceau donne à la fois vie et sérénité aux visages et aux regards que le lecteur croise pendant sa déambulation. On se souvient de *Ceci est mon carnet de dessin* du même auteur (en 2016 chez Rue du monde), ce titre aussi est un livre d'artiste.

À PAS DE LOUP
ISBN 978-2-930787-32-9
18 €

♥
C2 C3
Cruschiform
635 **Colorama**

Qu'est-ce qui différencie le violet du parme ? D'où vient le mot « glauque » ? Quelles sont ces couleurs aux noms étonnants, comme le vert Lincoln ou le brun de momie ? Toutes les réponses se trouvent dans cet incroyable nuancier, véritable ode au voyage dans l'espace et le temps. Un ouvrage atypique, au carrefour de l'art et du graphisme, qui passionnera les petits comme les grands. Cette somme impressionnante et érudite, fruit du travail d'une artiste française, a été justement récompensée lors du Salon du livre pour la jeunesse de Montreuil 2017.

GALLIMARD JEUNESSE – GIBOULÉES
ISBN 978-2-07-066653-9
25 €

♥
C2 C3
Kay Haring, trad. de l'anglais (États-Unis) par Marie Renier, ill. Robert Neubecker
636 **Keith Haring : le garçon qui dessinait**

« Comment il était Keith quand il était petit ? ». C'est pour répondre à cette question souvent posée que Kay Adele, la plus jeune sœur de l'artiste, a écrit cette histoire. Racontée à hauteur d'enfant, la vie de Keith (mort du sida à 31 ans) défile, pointant son insatiable passion pour le dessin, sa formidable générosité et son désir de rendre l'art accessible à tous. Glissant de nombreuses reproductions dans leur contexte de création, les illustrations de Robert Neubecker sont simples, percutantes, émouvantes, vivantes. Une approche intime de l'artiste.

QILINN
ISBN 978-2-37493-089-3
12,95 €

C2 C3
Carole Saturno, photographies Charles Fréger
637 **Parade : les éléphants peints de Jaipur**

Voyage en Inde dans un grand album accordéon cartonné. Au recto la photographie de magnifiques éléphants peints près de leurs maîtres. Au verso une déclinaison de récits à la première personne : celui de l'éléphant, du tissu, des couleurs, de Ganesh, du photographe Charles Fréger… Et pour clore ces histoires imaginaires ou documentaires : le conte des aveugles et de l'éléphant. Dans les images aux couleurs chatoyantes les animaux majestueux et patients se laissent décorer, enluminer par leurs maîtres artistes.

LES GRANDES PERSONNES
ISBN 978-2-36193-507-8
20 €

634

C2 C3

Javaka Steptoe, adapt. de l'anglais (États-Unis) par Gaël Renan

638 **Jean-Michel Basquiat : l'enfant radieux**

Cet enfant qui dessine, c'est le futur grand artiste Basquiat. Il partage avec sa mère le goût de créer et la sensibilité à l'art que l'on rencontre au musée, dans le quotidien, dans la rue... Puis nous suivons son parcours, des graffitis dans les rues de New York aux expositions dans les galeries. Ce très sensible et beau dialogue entre deux artistes aux univers proches nous fait percevoir la ressource que représente l'art dans une vie. Les très belles illustrations sont un hommage au travail de Basquiat.

LE GENÉVRIER, CALDECOTT
ISBN 978-2-36290-040-2
17 €

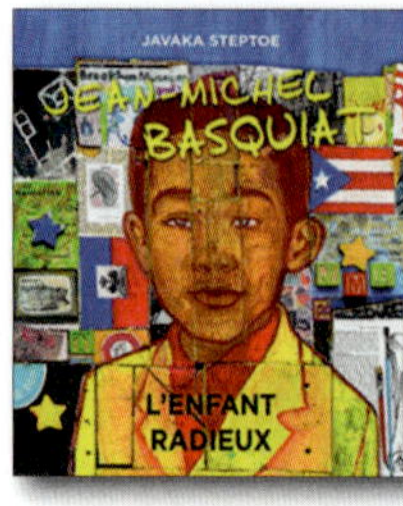

13-15 ANS

♥
C4

Élisabeth Brami, Emanuel Proweller

639 **La Couleur des saisons**

Hommage émouvant d'une fille (écrivaine) à son père, Emanuel Proweller (peintre précurseur de la Nouvelle Figuration des années 1950) qui aurait eu 100 ans cette année. Les textes accompagnent un choix sensible de toiles de l'artiste et racontent avec poésie des souvenirs, des touches de vie, des senteurs et des sensations. On se laisse porter par cette année rythmée par ses saisons hautes en couleurs, la lecture conjointe de mots et d'images touche tous les publics car elle renvoie aussi chacun à ses propres souvenirs d'enfance.

ÉDITIONS COURTES ET LONGUES
ISBN 978-2-35290-203-4
19,50 €

♥
C4

Maria Luque, trad. de l'espagnol (Argentine) par Hélène Harry

640 **La Main du peintre**

1865, guerre du Paraguay. Candido Lopez, jeune peintre enrôlé dans l'armée argentine, perd sa main droite. De retour à Buenos Aires, il apprend à peindre de la main gauche pour réaliser les scènes croquées sur le vif au front. 150 ans plus tard, son fantôme apparaît à l'arrière-arrière-petite-fille du médecin qui lui a sauvé la vie pour lui demander de terminer ses tableaux. Un très beau dialogue s'instaure entre ce peintre de guerre, très peu reconnu à son époque, et cette jeune dessinatrice de bandes dessinées d'aujourd'hui livrant une biographie originale jusque dans le dessin.

L'AGRUME, LITTÉRATURE GRAPHIQUE
ISBN 979-10-90743-57-1
22,90 €

À PARTIR DE 15 ANS

♥
LYC

Scénario Nathalie Ferlut, dessin Tamia Baudouin

641 **Artemisia**

Née à Rome en 1593, Artemisia montre très vite des prédispositions pour le dessin et la peinture dans l'atelier de son père, le peintre Orazio Gentileschi. Mais en ce début du XVIIe siècle, cet art est réservé aux hommes : les femmes ne peuvent ni entrer à l'Académie, ni signer leurs toiles, ni être payées pour celles-ci. Pourtant, grâce à sa force de caractère et à son talent, la jeune femme parviendra à tout cela, mais à quel prix ! Un très beau portrait qui rappelle que, même en art, la reconnaissance pour une femme a été un rude combat.

DELCOURT, MIRAGES
ISBN 978-2-7560-7435-1
15,50 €

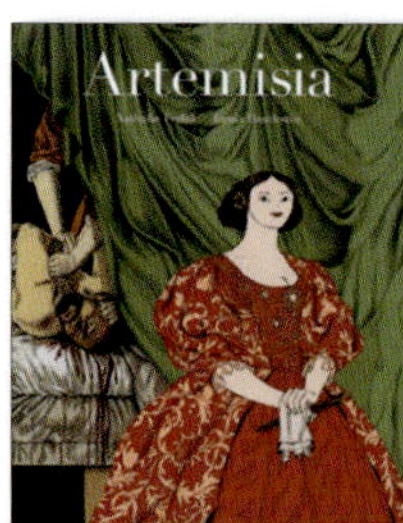

LYC
Florence Gauthey
642 **Le Mouvement dans l'art**

Comment insuffler la vie à des surfaces et des matières inertes ? Cet ouvrage s'attache au thème du mouvement dans l'art occidental : représentation de divers motifs en mouvement, moyens plastiques qui créent la sensation de dynamisme (cadrage, lumière, couleur, lignes, rythmes, performance ; action du spectateur…). Du baroque à Turner et aux futuristes, de Pollock à l'art cinétique, cet ouvrage confronte avec bonheur les différentes approches des artistes face à un questionnement commun.

PALETTE…
ISBN 978-2-35832-251-5
28 €

LYC
Mélanie Gentil
643 **Femmes artistes**

Cette très riche et didactique histoire des artistes femmes et de leur conquête d'une place dans l'art occidental aborde, par un parcours chronologique et structuré, la place des femmes dans le monde artistique. Accès à la formation, professionnalisation, expositions, les genres et médiums auxquels elles se consacrent (genres dits mineurs, majeurs, médiums divers, performances…), les thèmes de leurs œuvres (familiers, intimes, sociétaux…), l'ouvrage encyclopédique présente aussi des personnalités importantes.

PALETTE…
ISBN 978-2-35832-215-7
28 €

642

ACTIVITÉS CRÉATIVES ET SCIENTIFIQUES 3-6 ANS

♥
C2
Piotr Karski, trad. du polonais par Lydia Waleryszak
644 **La Mer !**

Ce livre d'activités est idéal pour occuper les enfants l'été en bord de mer : plus de 200 pages de coloriages, d'énigmes à résoudre, des informations sur les marées, le plancton ou l'histoire des phares. Des expériences complètent ces activités : réaliser un sablier, construire un sous-marin. Le format à l'italienne est intéressant et le graphisme simple en bichromie apporte une grande lisibilité. La reliure japonaise est un peu fragile mais c'est une belle réussite pour des vacances créatives !

DE LA MARTINIÈRE JEUNESSE
ISBN 978-2-7324-8502-7
16,90 €

C1
Lotta Nieminen, trad. de l'anglais par Delphine Billaut
645 **Pizza ! : une recette interactive pour cuisiner sans ingrédients**

Recette virtuelle pour fabriquer une pizza, « comme pour de vrai » diront les petits lecteurs. Les ingrédients et les ustensiles sont énumérés, les étapes d'élaboration de la recette sont dessinées et détaillées ; pour certaines, on retrouve des effets propres aux livres à système (rabats, languettes, tirettes). L'étape de pétrissage de la pâte est tactilement réussie. Les illustrations stylisées sont appétissantes. C'est ludique et réalisé avec humour !

PHAIDON, LE LIVRE QUI CUISINE
ISBN 978-0-71487444-9
12,95 €

C1
Hervé Tullet
646 **Points points**

Hervé Tullet continue d'explorer le territoire artistique qu'il a inventé, toujours aussi efficace car les enfants sont acteurs de ses propositions, sous le signe de la créativité. 3 points et 3 couleurs sont déclinés, le ton est incitatif pour des gestuelles crayonnées et ludiques : coloriage et gribouillages, lignes et points, courbes et boucles. Des gabarits de formes sont intégrés aux rabats des couvertures. À conseiller vivement aux parents, ce livre séduira les plus jeunes. Amusement garanti !

BAYARD JEUNESSE
ISBN 978-2-7470-8855-8
9,90 €

6-8 ANS

C2
Anne Crahay
647 **Bonjour, sommeil**

Méthode de relaxation inspirée du Brain Gym® avec mots et mouvements qui résonneront aussi bien sur le corps que sur l'esprit. Le rôle et les bienfaits de chaque posture sont décrits et illustrés sur plusieurs pages. Les textes, à lire à l'enfant, accompagnent et incitent à la relaxation. Les illustrations, douces et légères, participent à la mise en condition de détente. Idéal pour partager de bons moments et faciliter le rituel du coucher des plus petits.

ALBIN MICHEL JEUNESSE
ISBN 978-2-226-39962-5
9,90 €

648

C2
Jean-Luc Fromental, Joëlle Jolivet
648 **Compte avec les pingouins**

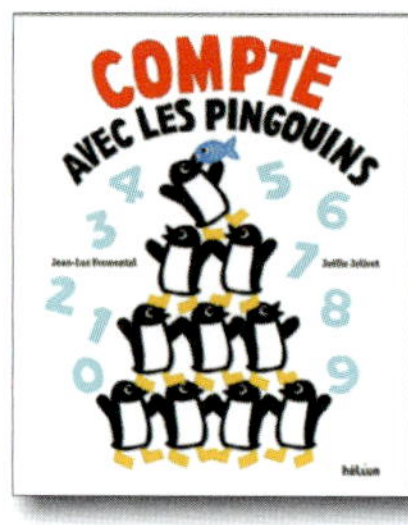

Dans la continuité des aventures « pingouinesques » du duo Fromental-Jolivet, voici un grand livre à compter ! Des exercices pour jouer avec les 4 opérations de base et des propositions de calculs, sur la banquise, dans la mer, à la pêche et aussi avec d'autres animaux (poissons, orque et ours blanc). Des pions et des chiffres à découper rendent les résolutions des problèmes faciles et ludiques. On en redemande !

HÉLIUM
ISBN 978-2-330-08014-3
13,90 €

C2
Dominika Lipniewska
649 **1001 choses à colorier**

Grandes planches graphiques denses et thématiques organisées par doubles pages : personnages, objets du quotidien, aliments, animaux et insectes, véhicules, bâtiments, plantes et fleurs. Les dessins stylisés aux cernés épais proposent un choix varié pour chaque thème et peuvent aussi être prétextes à d'autres jeux que celui du coloriage : cherche et trouve, cherche et compte, dessine, etc. Graphiquement réussi, ce « beau bazar » compte dans la nouvelle génération des albums de coloriage !
Lire aussi « Libre cours » RLPE n° 300, p. 156.

LA JOIE DE LIRE, À VOS CRAYONS !
ISBN 978-2-889-08365-7
10 €

C2 C3
Marie-Laure Pham-Bouwens, Steffie Brocoli
650 **L'Atelier récup'**
651 **L'Atelier imprimerie**

Créations à partir de matériaux de récupération (des canettes pour le chamboule tout aux boîtes d'œufs pour réaliser des masques, en passant par le kraft pour créer des animaux), pour l'un. Jouer à créer des empreintes (à l'éponge ou avec des fruits, faire du papier marbré) pour l'autre, ces livres sont très réussis : maquette lisible, couverture cartonnée et papier de bonne qualité peuvent supporter les manipulations. L'enfant peut tout faire, accompagné d'un adulte. Des rubriques d'aides complètent les réalisations.

MANGO JEUNESSE, LES APRÈS-MIDI CRÉATIFS
ISBN 978-2-7404-3267-9
ISBN 978-2-7404-3268-6
11,95 € CHACUN

8-10 ANS

C3

Thomas Bärnthaler, trad. de l'anglais par Jean-Bernard Gouillier

652 **Do it yourself pour les enfants. 25 objets design à faire toi-même**

Touche d'originalité apportée au DIY très à la mode, avec 24 designers du monde entier qui ont été sollicités pour concevoir du mobilier, des objets de décoration ou du quotidien, à moindre coût et souvent avec des matériaux de récupération. Pour chaque création : présentation de l'objet à réaliser, notice sur le designer, photo de la réalisation terminée, matériel photographié comme pour un inventaire et les étapes de fabrication accompagnées de croquis. Malin et astucieux, le design contemporain est à la portée de tous.

PHAIDON, JEUNESSE
ISBN 978-0-7148-7547-7
19,95 €

♥
C3

Gaby Bazin

653 **Écrire, c'est dessiner**

Élégante surprise que ce livre, bouquet final des études aux Arts Décoratifs de son auteure et de son travail avec des élèves non francophones. Démarche enthousiasmante autour de l'alphabet, de ce qui constitue les lettres : traits, ronds, boucles, ponts, vagues, pointes et spirales. Des exercices d'écriture sont proposés comme dans un cahier d'apprentissage ou de calligraphie : le geste de la main est mis à l'honneur et reproduit avec plaisir des tracés qui formeront des lettres, puisque dessiner, c'est aussi écrire !

MEMO, LIVRE EN JEU
ISBN 978-2-35289-352-3
18 €

657

♥
C3

Seymourina Cruse, ill. Lucia Calfapietra

654 **Goûters et desserts extraordinaires : le manuel sucré du petit pâtissier**

Grand format, mise en pages qui mêle jeux de typographies, de couleurs et qui réserve une large place aux illustrations stylisées empreintes d'humour pour 37 recettes gourmandes et faciles de goûters et desserts ! Du gâteau le plus long du monde au Rainbow cake, en passant par des recettes de chocolats et de crèmes, ce manuel donne envie de plonger en pâtisserie : après un régal de lecture, il promet celui des papilles !

THIERRY MAGNIER
ISBN 979-1035-20154-8
21,50 €

C3

Jackie Leigh Davis, trad. de l'anglais (États-Unis) par Anne-Sophie Gagné Fradier

655 **Labo Circus : Jonglage, acrobaties, numéros de clown et mise en scène**

Passion et professionnalisme pour découvrir, s'initier et pratiquer quelques disciplines du cirque. Un peu d'histoire, les effets bénéfiques de ces activités sur le développement des jeunes, des modes d'emploi pour fabriquer des accessoires (bâtons et balles de jonglage, diabolo, cerceau...), les étapes pour apprendre des figures et des gags. Importance de la sécurité et de l'aide d'adultes pour certaines acrobaties. Des annexes utiles (écoles, bibliographie...) et des tutoriels (en anglais) en ligne pour chaque figure.

EYROLLES, POUR LES KIDS
ISBN 978-2-212-67562-7
16,90 €

C3

Fiona Hayes, trad. de l'anglais (Royaume-Uni)

656 **51 créations avec des assiettes en carton**
657 **51 créations avec des boîtes en carton**

Créations très accessibles à partir de matériaux faciles à trouver et à transformer, des idées originales en découlent : des animaux mais aussi un chapeau fleuri, un ovni ou une barbe de pirate. Il y a des sujets pour tous et pour chaque saison. Les étapes sont bien expliquées, claires et faciles à suivre. La maquette est classique mais efficace. Même principe pour les créations avec des boîtes en carton. Deux belles réussites !

GRENOUILLE ÉDITIONS
ISBN 978-2-36653-301-9/ISBN 978-2-36653-300-2
12,90 € CHACUN

♥
C3
Thierry Heuninck, ill. Aurore Petit

658 **Des tomates sur mon balcon : Mon petit potager**

Idées simples et astucieuses pour jardiner en ville : radis, citrons, fraises et framboises, persil, tomates, carottes et lavande. Un calendrier des fruits et légumes de saison, des conseils sur leur récolte et leur consommation, et les outils du jardinier en herbe ! Matériel, meilleur moment pour semer les graines, étapes détaillées, qualités du fruit ou du légume ; et aussi recettes, explications de termes techniques et anecdotes historiques. Une mise en pages aérée, tout en illustrations stylisées, c'est incitatif et facile à mettre en œuvre.

DE LA MARTINIÈRE JEUNESSE
ISBN 978-2-7324-8659-8
14,90 €

♥
C3
François Lasserre, ill. Isabelle Simler

659 **Mon cahier d'observation et d'activités : Les Arbres**
660 **Mon cahier d'observation et d'activités : Les Insectes**
661 **Mon cahier d'observation et d'activités : La Nature en ville**

Des informations documentaires riches et précises soutenues par des activités pertinentes et variées, voici la base de ces cahiers remarquables à la fois dans la forme et le fond, illustrés de façon juste et sensible. Le mouvement Colibris pour la protection de la nature s'est associé à Nathan pour éditer ces trois fascicules afin de permettre à l'enfant d'être au plus près de la nature. Les activités qui complètent les observations (coloriages, vignettes à coller, ateliers à réaliser) permettront de s'impliquer dans la protection de l'environnement où que l'on soit.

NATHAN / COLIBRIS
ISBN 978-2-09-257461-4
ISBN 978-2-09-257460-7
ISBN 978-2-09-258278-7
8,90 € CHACUN

C3
Julie Lotte

662 **Mes après-midi tricotin**

Une technique ancienne remise au goût du jour avec 20 créations amusantes : magnet, broche, porte-clés, collier, porte-photos, décorations pour coussins, guirlande, pieuvre ou attrape-rêves. Une partie des modèles peut se faire avec moins d'un mètre de cordon, l'autre avec plus d'un mètre. Matériel, techniques avec tricotin manuel ou automatique précèdent les modèles dont les étapes – expliquées pas à pas – et la réalisation sont photographiées. Le tricotin contemporain devrait faire de nouveaux adeptes.

GLÉNAT JEUNESSE, GLÉNAT CRÉATIF KIDS
ISBN 978-2-344-02695-3
14,90 €

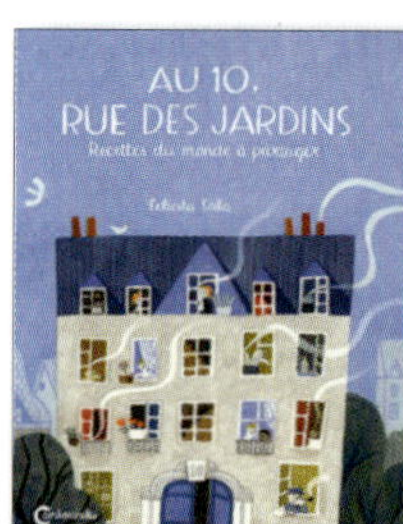

♥
C3
Felicita Sala, trad. de l'anglais par Géraldine Chognard

663 **Au 10, rue des Jardins : recettes du monde à partager**

Tout en illustrations, ce livre a du charme : les recettes salées et sucrées – de plusieurs pays du monde – simples et rapides à réaliser sont préparées par les habitants du 10 de la rue des Jardins. À gauche, mise en scène de la recette avec son auteur-cuisinier et à droite ingrédients et étapes. L'exotisme est garanti et il fleure bon habiter là : tous les voisins se retrouvent, à la fin du livre, dans le jardin de l'immeuble pour partager et déguster les plats concoctés par chacun.

CAMBOURAKIS
ISBN 978-2-36624-342-0
14 €

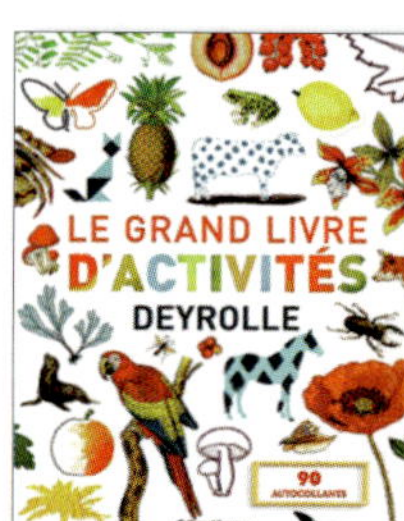

♥
C3

664 **Le Grand livre d'activités Deyrolle**

Reprise de deux ouvrages précédents (2012 et 2013) qui valorise des planches illustrées de la célèbre maison Deyrolle. La qualité des illustrations et des contenus documentaires sur les animaux, insectes et oiseaux, plantes, arbres et fleurs est pertinente avec les activités ludiques et pédagogiques (coloriage, dessins, jeux de mots, devinettes) et aussi des réalisations à faire avec les produits de la nature (fromage, confitures, jus et sirop, bonbon, chocolat, etc.). Régal des yeux et des papilles.

GALLIMARD JEUNESSE, HORS SÉRIE DOCUMENTAIRE
ISBN 978-2-07-510209-4
14,90 €

♥
C3
665 **Mon livre nature tout-en-un : coloriages, énigmes, expériences, jeux**

Ce bel ouvrage offre des jeux divers et variés (jeux des différences, labyrinthes, coloriages, rébus, expériences ou herbier) et de belles planches documentaires, sur des plantes mais surtout sur des animaux terrestres, marins ou des oiseaux. La richesse des informations sur leurs cadres de vie, leur alimentation et leurs spécificités est mise en valeur par de belles illustrations qui rappellent certaines gravures anciennes, avec une touche de modernité : tout est fait pour accrocher la curiosité des lecteurs.

GLÉNAT JEUNESSE
ISBN 978-2-344-02322-8
16,95 €

10-12 ANS

C4
Carrie Anne Philbin, trad. de l'anglais (Royaume-Uni) par Julie Perry
666 **Je programme avec un Raspberry Pi : embarque pour 10 aventures ludiques avec Minecraft, Python, Scratch**

Voici un très bon ouvrage pour s'initier au très économique Raspberry Pi, nano-ordinateur de 8,5 cm sur 5,3 cm où tout est à ajouter : système d'exploitation, boîtier de protection… motivant l'apprentissage de l'informatique. Après une présentation du matériel, de multiples usages sont proposés, notamment avec Scratch, Minecraft et le langage Python. Si cela peut s'adresser aux débutants dès 10 ans, la présence d'un adulte connaisseur est requise aux derniers chapitres. Utile pour des idées d'animation, créer un lecteur audio par exemple.

DUNOD
ISBN 978-2-10-076768-7
22,90 €

C4
Garret Romaine, trad. de l'anglais (États-Unis) par Anne-Sophie Gagné Fradier
667 **Labo Géologie pour les kids : 52 projets pour découvrir les trésors de la Terre**

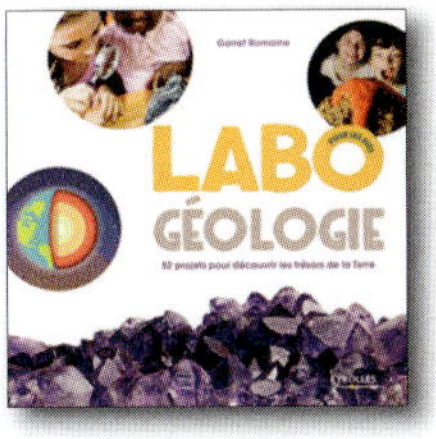

Cet ouvrage, à la fois documentaire et livre d'activités, propose de mieux connaître l'histoire et le fonctionnement de la planète Terre en expérimentant. À travers 12 chapitres et 52 ateliers, le lecteur va comprendre par la manipulation : par exemple tout savoir sur les volcans, avec la fabrication d'un gâteau au chocolat et de son cœur fondant. Des recettes de cuisine alternent avec des expériences en extérieur. Les explications sont claires, la mise en pages et les illustrations très agréables font de cet ouvrage une belle réussite.

EYROLLES
ISBN 978-2-212-67508-5
18 €

13-15 ANS

C4
Daniel Knox, trad. de l'anglais (Royaume-Uni) par Jean Boyer
668 **Petits robots à fabriquer**

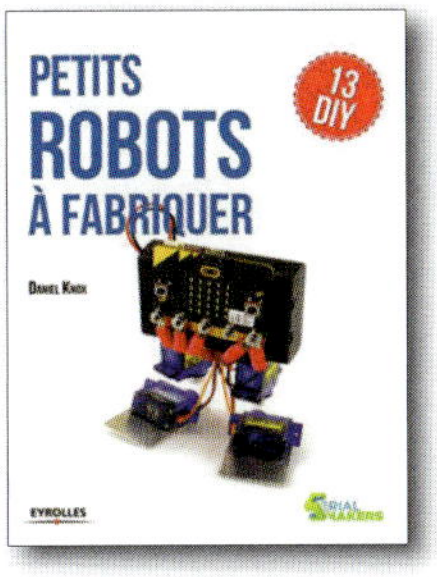

Pour les plus grands, cette initiation à l'électronique et à la programmation propose 13 modèles avec 3 niveaux de difficulté : robots basiques, simples et évolués. Informations pour chaque type de robot, outils spécifiques, composants requis et techniques de base et la fabrication des robots : ici tout est bien expliqué. Pour ceux nécessitant de la programmation, la connaissance du langage « Scratch » facilitera les choses, pour les autres, le langage de programmation graphique est suffisamment clair.

EYROLLES, SERIAL MAKERS
ISBN 978-2-212-67575-7
25 €

LOISIRS ET SPORTS 6-8 ANS

C2
Lee John Phillips, trad. de l'anglais (Royaume-Uni) par Lucas Condamine

669 **La Cabane à outils**

En 2013, l'enseignant en art et illustrateur Lee John Phillips décide de dessiner tous les objets contenus dans la cabane à outils de son grand-père, à raison d'un dessin par jour pendant un an. Le résultat est ce catalogue raisonné qui reproduit 1 400 dessins d'outils dont certains oubliés, sur les 100 000 objets contenus dans la cabane. Réalisation remarquable, très pédagogique, qui fourmille d'idées et de détails. Le crayon noir utilisé dans les jeux d'ombre et de lumière donne du relief à tous ces outils.

LES GRANDES PERSONNES
ISBN 978-2-36193-483-5
13,50 €

8-10 ANS

♥
C2 C3
Catherine Destivelle, ill. Yannick Chambon

670 **L'Escalade, tu connais ?**

Catherine Destivelle, alpiniste française, trois fois championne du monde d'escalade, propose ici de donner à tous l'envie de grimper. On trouve dans cet ouvrage des conseils pratiques : où grimper, le matériel nécessaire, les techniques à connaître, la sécurité indispensable, mais aussi l'histoire de ce sport et de ses pionniers. L'ensemble est très illustré : nombreux dessins et photographies, avec beaucoup d'humour dans les croquis. L'escalade sera une discipline proposée aux Jeux Olympiques à Tokyo en 2020.

ÉDITIONS DU MONT-BLANC
ISBN 978-2-36545-026-3
19,50 €

C2 C3
Benoît Nacci

671 **De Kopa à Pogba : 60 ans de football à se raconter en famille**

Le football, passion à partager entre les générations. Faire revivre les faits marquants de l'histoire de ce sport est l'objectif de ce livre et cela fonctionne bien. Un livre à regarder en famille, avec le jeu des questions où là aussi les réponses viendront de tous. Nombreuses illustrations, mise en pages attractive, c'est un documentaire réussi qui plaira à tous les fans de foot. L'auteur, ancien joueur et entraîneur, propose une approche sensible à la beauté du geste sportif et à l'esprit du jeu.

SALTIMBANQUE
ISBN 978-2-37801-000-3
14,90 €

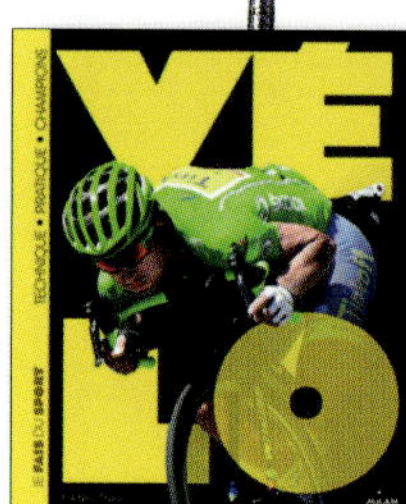

♥
C2 C3
Frédéric Thoos

672 **Vélo : technique, pratique, champions**

Cette intéressante collection aborde tous les aspects d'un sport : après le football, le judo, la gym, le handball, l'athlétisme, le tennis, le skate, le basket et le badminton, voici le cyclisme. On y trouve technique (avec un peu d'histoire, clubs et règles), pratique (avec la mécanique), conduite et spécialités cyclistes ; et enfin champions et courses mythiques, grands championnats, champions et championnes d'hier et d'aujourd'hui. C'est illustré par de nombreuses photographies.

MILAN, JE FAIS DU SPORT
ISBN 978-2-7459-9568-1
14,90 €

670

Version numérique Première lecture

HISTOIRE 8-10 ANS

C3

Dieter Böge, trad. de l'allemand par Isabelle Liber, ill. Bernd Mölck-Tassel

673 **Papy Mammouth : l'histoire de l'humanité racontée par notre ancêtre**

De 17 920 av. J.C. à nos jours, cette histoire de l'humanité racontée par un très lointain ancêtre commun aux « mille pères et mères, grands-pères et grands-mères » du lecteur séduit par le ton utilisé, chaleureux et intimiste, qui réussit à retracer les grandes évolutions de l'humanité, l'évolution des mentalités, les grandes inventions, les grandes étapes, sans entrer bien entendu dans le détail des événements ni dans les particularités nationales. La qualité de l'écriture, l'humour, les illustrations, l'intérêt du concept concourent à la réussite de ce volume.

ACTES SUD JUNIOR
ISBN 978-2-330-10390-3
19,50 €

C3

Philippe Brochard, ill. Fabian Grégoire

674 **La Première Guerre mondiale**

Deux cartes de l'Europe ouvrent et ferment ce volume consacré à la Première Guerre mondiale ; entre les deux, l'Empire austro-hongrois et l'Empire ottoman ont été démantelés, les frontières sont redessinées, le monde est bouleversé. Les images de Fabian Grégoire accompagnent avec force, efficacité et rythme le récit des grandes étapes d'un conflit qui peu à peu se mondialise. Un conflit qui se joue dans les tranchées mais aussi sur mer et dans les airs. Une galerie de portraits et un lexique terminent un volume réussi.

Autre titre dans la même collection :

Philippe Brochard, ill. Thibaud Guyon

675 **La Révolution industrielle**

L'ÉCOLE DES LOISIRS, GRANDES IMAGES DE L'HISTOIRE
ISBN 978-2-211-23463-4
ISBN 978-2-211-22742-1
11,80 € CHACUN

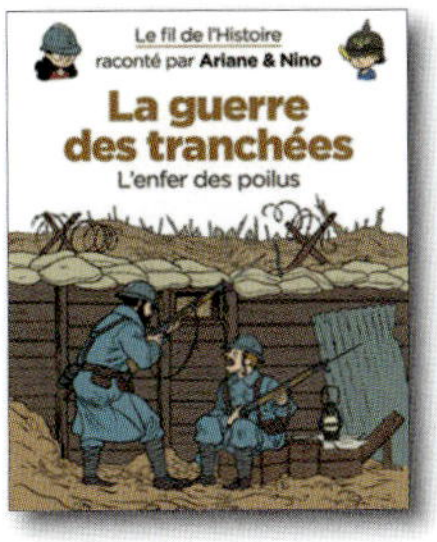

♥

C3 C4

Marie Desplechin, ill. Claude Ponti

676 **Enfances**

62 portraits d'enfants extra-ordinaires dont la vie a changé celles des autres, brossés par l'écriture sensible de Marie Desplechin et les crayons et pinceaux si forts de Ponti. Cette galerie de portraits de personnes très connues ou pas connues du tout est passionnante, instructive et permet, à la fin, avec « Le tout premier enfant du monde » d'avoir une réflexion sur les débuts de l'humanité : ne pas oublier qu'il y a d'abord des enfants qui deviendront des adultes. Cette vision sous l'angle des enfances est riche et plaisante à partager entre lecteurs de tous âges.

L'ÉCOLE DES LOISIRS
ISBN 978-2-211-20685-3
16,80 €

C2 C3

Scén. Fabrice Erre, dessin Sylvain Savoia

677 **La Guerre des tranchées : l'enfer des poilus**

Dans cette nouvelle collection de documentaires historiques en bande dessinée, le récit est porté par le dialogue entre une grande sœur incollable sur l'Histoire et son petit frère dévoré de curiosité. Ce qui est moins classique, c'est la façon dont les deux enfants sont plongés au cœur des événements. Un procédé efficace pour aider à une compréhension vivante, et une bonne introduction qui dit l'essentiel de la vie dans les tranchées pour les plus jeunes.

DUPUIS, LE FIL DE L'HISTOIRE RACONTÉ PAR ARIANE & NINO
ISBN 978-2-3903-4003-4
5,90 €

10-12 ANS

C3 C4
Max Curry, Hubert Poirot-Bourdain
678 **Au printemps fleurissent les pavés**

Sous la forme du journal de bord fictif d'un journaliste, le récit jour après jour des événements de 1968, des premières journées de mai au raz-de-marée de la majorité gaulliste le 30 juin. Au fil des rencontres, au fil des jours, le récit rend compte des parties en présence, du positionnement des uns et des autres, de l'évolution du mouvement, des grèves étudiantes à l'embrasement général. Les illustrations, entre dessin de presse et croquis sur le vif, sont très réussies et parfaitement adaptées au propos.

DE LA MARTINIÈRE JEUNESSE
ISBN 978-2-7324-8510-2
14,90 €

♥
C3
Fleur Daugey, ill. Sébastien Mourrain
679 **Qui a peur des momies ?**

Un livre sérieux sur ces témoins du passé qui font l'objet d'une description minutieuse. Le récit se réfère aux découvertes scientifiques et fait appel à l'histoire, à la mythologie ou au religieux pour analyser leur nature et décrire les différents processus qui les caractérisent. Un voyage dans le temps qui nous emmène au contact de peuples disparus ou d'anonymes tel Ötzi. Les illustrations redonnent vie avec humour à des momies emmaillotées de bandelettes évoluant au gré des situations évoquées dans le texte.

ACTES SUD JUNIOR
ISBN 978-2-330-09710-3
14,50 €

679

C3 C4 LYC
Bruno Doucey
680 **Lounès Matoub : Non aux fous de Dieu**

Récit poignant et bien mené de la vie du chanteur kabyle assassiné en 1998. L'auteur montre de quelle façon Lounès Matoub, au cours de sa carrière musicale entre France et Algérie, utilisait la chanson comme arme politique en faveur de la démocratie et de la laïcité, dans le contexte de la montée du fanatisme religieux en Algérie : cela lui vaudra notamment seize jours de séquestration par un groupe armé en 1994, avant son assassinat non élucidé quatre ans plus tard.

Autres titres dans la même collection qui fête ses dix ans :

Elsa Solal
681 **Leonard Peltier : Non au massacre du peuple indien**

Isabelle Collombat
682 **Chico Mendes : Non à la déforestation**

ACTES SUD JUNIOR, CEUX QUI ONT DIT NON
ISBN 978-2-330-09235-1
ISBN 978-2-330-07307-7
ISBN 978-2-330-07291-9
9 € CHACUN

C3 C4 LYC
Philippe Godard
683 **Mai 68 raconté aux enfants**

Ce volume retrace clairement le déroulement des événements, les replaçant justement dans leur contexte historique, politique, sociétal ; des événements qui vont bouleverser le quotidien des Français. Des approches thématiques (la libération de la femme, les affiches des Beaux-Arts, les slogans...), des portraits, une chronologie, contribuent au récit des événements de manière simple et facilement compréhensible. Une iconographie variée rend compte d'une époque, d'une ambiance.

DE LA MARTINIÈRE JEUNESSE, RACONTÉ AUX ENFANTS
ISBN 978-2-7324-8511-9
14,50 €

C3 C4
Sophie Humann
684 **Marie, fiancée de Louis XV : journal d'une future reine de France 1724-1725**

Marie Leszczynska, la fille du roi de Pologne en exil, se retrouve reine de France par les hasards de la diplomatie européenne. À travers ce journal fictif adressé à sa sœur défunte, le lecteur est invité à la suivre durant les deux années précédant son arrivée à Versailles. Sans anachronisme, le récit montre qu'une princesse devait se plier au destin choisi pour elle et donne une idée juste du mode de vie et des usages de la noblesse.

GALLIMARD JEUNESSE, MON HISTOIRE
ISBN 978-2-07-508048-4
9,90 €

C3 C4
Anne-Florence Lemasson, Dominique Ehrhard
685 **Rois & reines de tous les temps et de tous les pays**

Rois, reines, pharaon, empereurs, impératrice, princes et même pape : ces souverains de toutes les époques et de toutes les aires géographiques sont représentés en pied dans leur tenue d'apparat, le format allongé du livre rendant hommage à leur puissance. Pour chacun, un texte de présentation accessible est accompagné d'une carte qui permet de bien comprendre les enjeux de leur époque et de découvrir certaines figures moins connues. Un tour du monde instructif et élégant.

FLEURUS, DES COSTUMES ET DES HOMMES
ISBN 978-2-215-15674-1
17,95 €

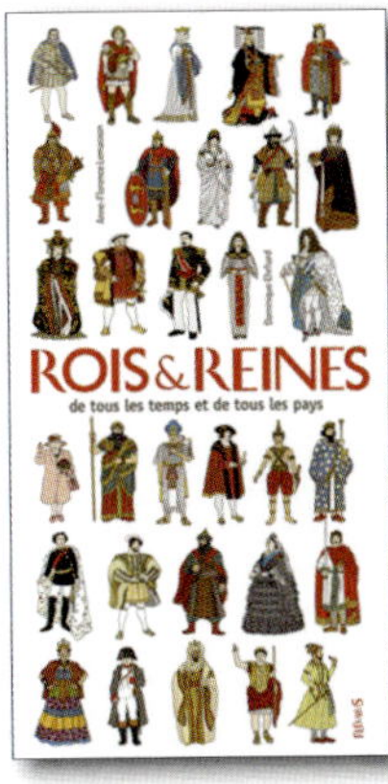

♥
C3 C4
Alexandra Litvina, trad. du russe par François Deweer et Marion Santos, ill. Ania Desnitskaïa
686 **L'Appartement, un siècle d'histoire russe**

De 1902 à 2002, cet album documentaire, entre livre d'Histoire et récit fictionnel, nous invite à partager la vie quotidienne d'une famille sur plusieurs générations et de ceux qui, amis, voisins, colocataires, les rejoignent peu à peu. Une histoire familiale, marquée par des anecdotes, des joies, des peines, des peurs, des épreuves traversées, qui a pour toile de fond l'Histoire mouvementée du XXe siècle russe. Les illustrations séduisent par leur sens du détail, leur capacité à restituer l'intimité des personnages et leur humour.

LIBRAIRIE DU GLOBE
ISBN 979-10-95454-25-0
17,50 €

C3 C4
Fabrizio Silei, trad. de l'italien par Martine Demeulier, ill. Simone Massi
687 **Le Maître d'école**

Ce maître d'école, c'est le prêtre italien engagé Don Lorenzo Milani, créateur dans les années 1950-1960 de l'école de Barbiana pour les enfants pauvres. L'un de ses élèves, fils de paysan, raconte comment cet enseignement lui a apporté non seulement l'instruction, mais aussi l'esprit critique, à partir de la lecture des journaux, et le sentiment de la dignité humaine. Ce beau travail de cadrages et de gravures en noir et blanc rend hommage à cette figure méconnue.

ÂNE BÂTÉ
ISBN 978-2-918689-91-1
15,90 €

13-15 ANS

C4 LYC
Matteo Mastragostino, trad. de l'italien par Marie Giudicelli, ill. Alessandro Ranghiasci
688 **Primo Levi**

Sous forme de roman graphique, une évocation de Primo Levi qui se nourrit de ses récits et notamment de son témoignage sur l'expérience des camps, *Si c'est un homme*. Plus qu'une biographie proprement dite, l'auteur se propose de donner sa perception de Primo Levi et de son message. Le trait, dans sa simplicité et dans le choix du noir et blanc, parvient à dire beaucoup de choses sans que cela soit insurmontable à regarder. Le point de vue est celui de la transmission avec le souci de ce qui peut être dit ou pas à un jeune public.

STEINKIS
ISBN 978-2-36846-145-7
16 €

C4 LYC

Jérôme Tubiana, dessin Alexandre Franc

689 **Guantánamo Kid : l'histoire vraie de Mohammed El-Gorani**

En 2011, Jérôme Tubiana rencontrait Mohammed El-Gorani, Saoudien d'origine tchadienne qui fut le plus jeune détenu de la prison de Guantanamo, avant d'être finalement innocenté. De ces entretiens naît une bande dessinée-témoignage précise et documentée. De son arrestation au lendemain des attentats du 11 septembre 2001 à sa libération six ans plus tard, le quotidien des brimades et interrogatoires subis, mais aussi de ses révoltes nous est raconté. Le dessin en noir et blanc, épuré, presque sage, évite toute surenchère dans le voyeurisme. À lire absolument.

DARGAUD
ISBN 978-2-205-07768-1
19,99 €

À PARTIR DE 15 ANS

LYC

Fabrice Le Hénanff

690 **Wannsee**

Janvier 1942, à Wannsee dans la banlieue de Berlin une conférence réunit quinze personnes, chefs SS et représentants de ministères. Ainsi fut décidée la « solution finale » contre les Juifs alors que les armées nazies occupent presque toute l'Europe. Fabrice Le Hénanff a réalisé sur ce terrible sujet un remarquable travail graphique. Les personnages dans les couleurs sépia, les décors sépia eux aussi, un peu brumeux ; un découpage des vignettes qui rend cette conversation concrète. Un ouvrage très bien documenté sur le nazisme et l'antisémitisme, et qui prend à la gorge.

CASTERMAN
ISBN 978-2-203-14963-2
18 €

LYC

Salva Rubio, dessins Pedro J. Colombo, trad. de l'espagnol

691 **Le Photographe de Mauthausen**

Cette BD retrace le destin de Francisco Boix, ancien républicain espagnol déporté à Mauthausen, et qui y devint l'assistant d'un officier chargé de photographier les cadavres des prisonniers. Boix eut alors l'idée de cacher ces photos à des fins de témoignage. On ne peut que saluer le travail scénaristique et la qualité du dessin, le tout traduisant bien les conditions de détention du camp, mais aussi le sentiment d'urgence animant Boix dans son entreprise. Un ouvrage qui se lit aussi bien pour le récit que pour la réflexion qu'il pose sur la mémoire de cette période.

LE LOMBARD
ISBN 978-2-8036-3525-2
19,99 €

♥

LYC

Sento, trad. de l'espagnol par Simon et Marie-Cécile Hureau

692 **Dr Uriel**

Roman graphique captivant inspiré du témoignage d'un jeune médecin espagnol enrôlé de force dans les rangs des nationalistes au début de la guerre civile, qui sera fait prisonnier par les uns en raison de ses idées républicaines puis par les autres. Médecin, le Dr Uriel survivra car appelé à soigner les uns et les autres et souvent protégé par des rencontres heureuses. Dans une apparente simplicité du trait, les dessins en noir et blanc, parfois légèrement rehaussés de couleurs ne cache rien des horreurs de cette guerre.

LA BOÎTE À BULLES, CONTRE-CŒUR
ISBN 978-2-84953-310-9
29 €

692

Version numérique   Première lecture

♥
LYC
Sylvain Venayre, dessin Étienne Davodeau
693 **Histoire dessinée de la France, t.1 : La Balade nationale : les origines**

Jean-Louis Brunaux, dessin Nicoby
694 **Histoire dessinée de la France, t.2 : L'Enquête gauloise : de Massilia à Jules César**

Voici une nouvelle collection qui comprendra 20 volumes, tous réalisés par un historien et un dessinateur de BD. Le premier opus en constitue l'introduction. Cinq personnages représentatifs de l'Histoire de France font un tour de France en traitant de grandes problématiques : Qu'est-ce que la France ? Où, quand commence-t-elle ? Le deuxième volume montre la Gaule dans toute sa complexité. Aux questions faussement naïves du dessinateur répond savamment l'historien, mettant à mal nombre d'idées reçues sur nos « ancêtres ». BD, science et humour : un mélange vraiment réussi, et une série dont on attend la suite avec impatience !

LA REVUE DESSINÉE – LA DÉCOUVERTE
ISBN 979-10-92530-40-7
ISBN 979-10-92530-41-4
22 € CHACUN

696

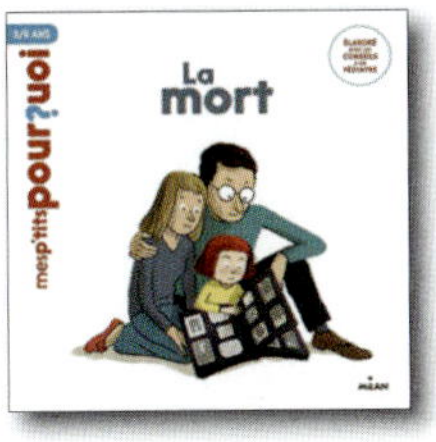

SOCIÉTÉ, SCIENCES HUMAINES, RELIGION

6-8 ANS

C2
Stéphanie Duval, ill. Pierre Van Hove
695 **La Mort**

De l'annonce du décès à la vie qui reprend son cours, le livre aborde le sujet délicat de la mort à travers la perte d'un grand-père. Les explications simples et sans faux-fuyant s'enchaînent pour accompagner le jeune enfant dans cette épreuve. Il y est question des différents moments qui entourent une disparition et des émotions qu'elle provoque. Un ouvrage pertinent et sobre qui permettra d'engager un dialogue autour de cette question existentielle dont les enfants éprouvent le besoin de parler.

MILAN, MES P'TITS POURQUOI
ISBN 978-2-7459-9254-3
7,40 €

♥
C2
Kate Hosford, adapt. de l'anglais (États-Unis) par Jeanne Simonneau, ill. Gabi Swiatkowska
696 **L'Infini et moi**

Une enfant questionne son entourage pour comprendre la notion d'infini mais chaque définition apportée lui ouvre un abîme de perspectives. Se poser des questions pour tenter de se représenter l'infini à travers des exemples réels nous confronte à l'incapacité de trouver à quoi on peut réellement le comparer. Cette quête s'achève quand la fillette imagine que l'affection qu'elle porte aux autres doit être aussi grande que l'infini. Que de poésie pour aborder la notion des grands nombres !

LE GENÉVRIER, EST-OUEST
ISBN 978-2-36290-104-1
15 €

C2
Sandra Laboucarie, ill. Sandra de la Prada
697 **Le Harcèlement**

Ce livre a été construit à partir de questions recueillies lors d'interventions réalisées dans une classe de CE2. La définition du terme ainsi que ses différentes formes sont explicitées autant que les mécanismes psychologiques à l'œuvre chez le harceleur, la victime et les témoins. Un documentaire vivant et bien mené, illustré d'exemples concrets qui montrent les ressorts de ce comportement et ses conséquences sur celui qui le subit ainsi que des conseils pour faire face à ces situations traumatisantes.

Autre titre :

Brigitte Balmes, ill. Aviel Basil
698 **Le Rire**

MILAN, MES P'TITES QUESTIONS
ISBN 978-2-4080-0568-9
ISBN 978-2-7459-9071-6
8,90 € CHACUN

8-10 ANS

C2 C3
Xavier Emmanuelli, Sophie Bordet-Petillon, ill. Rémi Saillard
699 **Le Petit livre pour parler des sans-abri**

Avec nuance et pudeur, ce petit volume évoque le parcours de personnes vivant dans la grande précarité. En prenant le point de vue d'enfants qui observent cette réalité et s'interrogent, le texte donne des éléments de compréhension et met en avant le travail des associations qui leur viennent en aide. Au-delà des difficultés de la survie quotidienne (manger, se loger, se laver, accéder aux soins), il s'agit également de faire comprendre l'isolement et la perte d'estime de soi.
Précédemment paru (en 2010) sous le titre : *Pourquoi des gens vivent dans la rue ?*

BAYARD JEUNESSE
ISBN 978-2-7470-8824-4
9,90 €

C3 C4
David Groison, Pierangélique Schouler, ill. Ronan Badel
700 **Les Journalistes nous cachent-ils des choses ? 30 questions sur la presse et les médias**

Un titre un peu provocateur pour parler de la presse et de ses problèmes actuels. Sous forme de questions-réponses, le livre fait un large panorama : agences de presse, interviews, choix des infos traitées, objectivité, propriétaires des journaux, pub, sondages... Un livre riche, qui donne des informations de manière claire, argumentée et nuancée, et permet de revenir sur quelques idées toutes faites. Un livre qui fournit des éléments de réflexion et exerce l'esprit critique et d'observation du lecteur sur les journaux qu'il lit. À conseiller à tout (futur) citoyen.

ACTES SUD JUNIOR
ISBN 978-2-330-08661-9
16,50 €

C3
Manel Ollé, ill. Neus Caamaño, trad. de l'espagnol
701 **Tao**

Cet album est une belle sensibilisation au taoïsme à travers des images d'une grande simplicité et d'une grande élégance et un texte qui donne à entendre les principes d'une philosophie, d'une spiritualité chinoise inspirée d'un sage, Lao-Tseu. La grande économie de moyens mis en œuvre dans ce volume concourt à sa belle réussite. Une double page documentaire conclut le volume.

PICQUIER JEUNESSE
ISBN 978-2-8097-1364-0
13,50 €

C3
Constance Ørbeck-Nilssen, trad. du norvégien par Aude Pasquier, ill. Akin Düzakin
702 **Pourquoi ici ?**

Un enfant s'interroge : « Je me demande pourquoi je suis ici », question qui en amène d'autres et qui ouvre les perspectives sur l'identité et la construction de soi. Laissant la part belle à l'imaginaire, des images pleine page aux teintes douces permettent d'ouvrir la réflexion sur les conditions de vie d'autres êtres humains : ceux qui subissent la guerre, l'exil, le travail forcé, la pauvreté... Une succession de points d'interrogation qui rappelle l'universalité de la condition humaine.

LA JOIE DE LIRE, PHILO ET AUTRES CHEMINS...
ISBN 978-2-88908-394-7
10 €

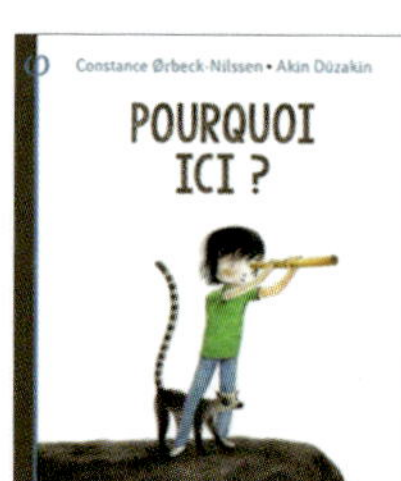

C3
Tomi Ungerer
703 **Ni oui ni non : réponses à 100 questions philosophiques d'enfants**

Il n'est pas besoin de présenter Ungerer mais on lui découvre ici un nouveau talent. Il répond à des questions d'enfants publiées dans la revue *Philosophie Magazine*. Ses réponses sont argumentées, mais à sa manière : avec bon sens et hauteur de vue, mais aussi avec absurde, humour, poésie. Il se plaît à faire des jeux de mots, voire même à en inventer. Apparaît aussi le goût de choquer et de s'amuser qu'on lui connaît. On peut dire la même chose des quelques dessins qui accompagnent les textes. Un philosophe somme toute assez libre et une lecture revigorante, amusante et toujours étonnante.

L'ÉCOLE DES LOISIRS
ISBN 978-2-211-23506-8
16 €

10-12 ANS

♥
C2 C3
Eduard Altarriba, trad. de l'espagnol par Agnès Philippart
704 **C'est quoi la guerre ?**

En une trentaine de pages, ce livre fait le tour de la question. Définition, acteurs – belligérants nationaux et organisations internationales –, facteurs qui influent – pouvoir, argent, commerce –, types de guerre. Les mots et notions nouveaux sont amenés dans le cours du texte et aisément intégrés par le lecteur. Des rappels historiques éclairent l'explication. Enfin un dossier sur la guerre en Syrie en montre avec clarté toute la complexité. Un livre qui répond à des questions sur un sujet toujours d'actualité et incite à réfléchir.

BANG, MON MONDE
ISBN 978-84-17178-09-3
12,50 €

C3
Chun-Liang Yeh, ill. Clémence Pollet
705 **Confucius, toute une vie**

À travers une biographie quelque peu romancée, quelques-uns des principes de la pensée confucéenne nous sont expliqués, notamment concernant la bienveillance, le respect, le partage, la liberté… Les caractéristiques de la philosophie confucéenne, sous ses aspects les plus « pratiques », y sont clairement illustrées. Les somptueuses illustrations, tirant le meilleur parti d'une quadrichromie maîtrisée, se marient à merveille avec le texte. Un livre ambitieux et réussi.

HONGFEI, PRODIGES
ISBN 978-2-35558-132-8
19 €

13-15 ANS

♥
C4 LYC
Gérald Bronner, dessin Krassinsky
706 **Crédulité & rumeurs : faire face aux théories du complot et aux fake news**

À partir de cas concrets tirés de la vie quotidienne d'un lycéen, cet ouvrage offre des explications limpides sur la façon dont notre cerveau peut être influencé. À l'heure où les adolescents sont confrontés à une masse sans précédent d'informations, son propos n'est pas de démonter les théories du complot existantes mais d'offrir une méthode applicable aussi bien à la presse qu'à Internet : avoir un recul critique sur les limites de notre rationalité, afin d'éviter les manipulations extérieures.

LOMBARD, LA PETITE BÉDÉTHÈQUE DES SAVOIRS
ISBN 978-2-8036-7245-5
10 €

C4
Julie Guiol, ill. Élodie Perrotin
707 **Qui sont les féministes ?**

Cette nouvelle collection propose aux jeunes de réfléchir sur des sujets d'actualité. Des textes clairs, avec explication de termes utilisés et une biblio-filmographie. Cet ouvrage fait une présentation des combats féministes en Occident depuis 150 ans. Ils se sont déroulés dans de nombreux domaines : maison et mariage, politique, religion, publicité. Et en trois grandes étapes : conquête de l'égalité civique, maîtrise de leur corps par les femmes, enfin lutte pour conserver les acquis sans cesse remis en question. Un livre intéressant mais hélas limité à l'Europe.

LES ÉDITIONS DU RICOCHET, POCQQ
ISBN 978-2-35263-241-2
12 €

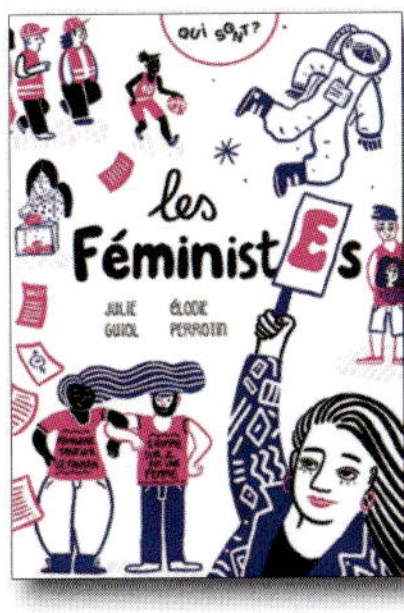

GÉOGRAPHIE, PAYS ET PEUPLES

8-10 ANS

C2 C3
Eva Bensard, ill. Julie Guillem
708 **Cerfs-volants**

Un ouvrage passionnant sur les cerfs-volants, leur histoire, les croyances qui y sont associées, l'utilisation qui en est faite, aussi bien culturelle que scientifique, voire militaire. Du plus simple au plus élaboré, l'auteur nous présente toutes sortes de cerfs-volants (les « Eddys », les « cellulaires », les « rokkaku », etc.). On apprend à les fabriquer et les faire fonctionner, et on s'amusera à découvrir les différents types de compétitions – et leurs enjeux – selon chaque pays. Une place importante est faite au folklore, essentiellement asiatique.

DE LA MARTINIÈRE JEUNESSE
ISBN 978-2-7324-8641-3
16,90 €

10-12 ANS

C3 C4
Stéphanie Duval, Sandra Laboucarie, ill. Vincent Caut et Clémence Lallemand
709 **67 millions de Français...**

Nouvelle édition mise à jour d'un livre qui est une invitation à découvrir un pays, la France, à comprendre ce qui le définit mais surtout à s'interroger sur ce qui compose l'identité de ses habitants. En six chapitres, le volume explore différentes manières d'être français, de vivre dans ce pays, d'en être un citoyen. Une radiographie du pays qui en montre toute sa diversité, composant un portrait vivant émaillé de témoignages d'enfants et d'adultes sur leur parcours, leur expérience, leur perception.

BAYARD JEUNESSE
ISBN 978-2-7470-9085-8
14,20 €

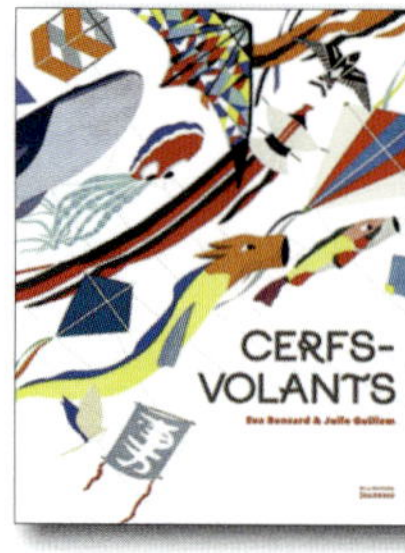

C3 C4
Philippe Godard, Manuelle Rovillé, Mustapha Wafra
710 **Tous humains, tous différents, tous égaux**

Ce livre permet de se familiariser avec de nombreux concepts notamment ceux d'humanité, de culture, de justice et d'égalité. Les témoignages de 17 enfants de par le monde mettent en évidence les différences génétiques, interculturelles, religieuses, etc. qui caractérisent la diversité des sociétés humaines et ce pour mieux en souligner les richesses et les apports. Bien documenté, il introduit aussi à l'idée du vivre-ensemble pour mieux se prémunir des a priori, des préjugés et des discriminations.

LES PETITS DÉBROUILLARDS – ALBIN MICHEL JEUNESSE
ISBN 978-2-226-39227-5-9
9 €

♥
C3 C4
Nicolas Jolivot
711 **Japon, à pied sous les volcans : carnet de voyage**

Artiste et grand voyageur, l'auteur est parti fin 2016, sac au dos, seul sur l'île Kyushu, la plus méridionale du Japon, pour en découvrir, à pied, les volcans. Très beau carnet de voyage dont le format à l'italienne met en valeur l'élégance de la mise en pages et des illustrations. Très documentaire, ce voyage rend bien compte du vécu du marcheur et de son sens de l'humour aussi, lors des aléas de la météo ou de la curiosité des îliens face à ce touriste insolite. Les descriptions des paysages et des rencontres se mêlent à ses sentiments, ce qui rend ce voyage passionnant.

HONGFEI
ISBN 978-2-35558-139-7
23 €

711

13-15 ANS

♥
C4 LYC
Eoin Colfer et Andrew Donkin, dessin Giovanni Rigano, trad. de l'anglais (Royaume-Uni) par Pascal Bataillard

712 **Migrant**

Un petit bateau gonflable perdu dans l'immensité de la Méditerranée. À bord, Ebo, 12 ans, son frère Kwame et douze autres personnes qui tentent de rejoindre l'Europe. Au fil du récit oscillant entre passé et présent, nous suivons le périple des deux frères, de leur village nigérian à cette dérive en Méditerranée, en passant par la traversée cauchemardesque du Sahara et la lutte quotidienne à Tripoli. Sans concessions mais sans verser dans le pathos, les auteurs – qui avaient déjà travaillé ensemble à l'adaptation en BD d'*Artemis Fowl* – nous font vivre « de l'intérieur » le parcours de ces migrants portés par le rêve d'une Europe fantasmée. Une belle initiative pour incarner, au-delà des chiffres et des statistiques, la dimension simplement humaine de ces destins bouleversés.

HACHETTE COMICS
ISBN 978-2-01290-553-5
17,95 €

♥
C4 LYC
Laurence Pivot, Gilles Rapaport

713 **Le Brise-Glace : une expédition dans le Grand Nord polaire**

Journal à deux voix, celles d'une journaliste et d'un illustrateur, embarqués sur l'Amundsen pour une expédition scientifique annuelle en Arctique. À bord, l'équipage mais aussi des biologistes, des géologues, des glaciologues, des océanographes et cartographes venus du monde entier. Textes, illustrations et photographies témoignent de la vie à bord de ce grand brise-glace. Les illustrations proposent un regard décalé et humoristique mêlant l'intime, l'émotion et l'information scientifique.

LE GENÉVRIER, CARTE BLANCHE
ISBN 978-2-36290-094-5
18 €

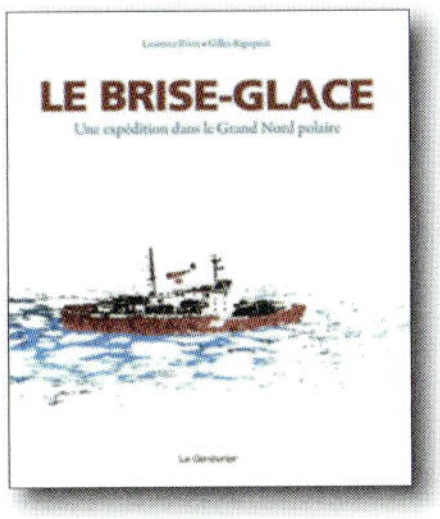

♥
C4 LYC
Carole Saturno, ill. Olivier Balez, Fabienne Burckel, Gérard DuBois, [et al.]

714 **Enfants d'ici parents d'ailleurs : Histoire et mémoire de l'exode rural et de l'immigration**

Nouvelle édition d'un livre qui a fait date pour donner les repères essentiels sur la question de l'immigration et de l'exode rural, et des clés pour permettre de débattre de manière dépassionnée sur un sujet toujours sensible. Une édition remaniée dans sa forme et des contenus mis à jour et complétés. Le recours à une alternance de fictions, de contenus documentaires, de chronologies est toujours aussi efficace pour transmettre une vision généreuse du sujet. Ce volume reste une référence indispensable.

GALLIMARD JEUNESSE
ISBN 978-2-07-508357-7
19,90 €

À PARTIR DE 15 ANS

LYC
Marc Ellison, dessin Didier Kassaï

715 **Maison sans fenêtres : enfances meurtries en Centrafrique**

Cette bande dessinée illustre l'enquête conjointe d'un photojournaliste et d'un bédéaste sillonnant le pays à la rencontre de jeunes Centrafricains dont l'existence a été rendue encore plus précaire par la guerre civile. Enfants des rues, jeunes filles prostituées de force, adolescents employés dans des mines à ciel ouvert… ces destins sont retracés avec empathie dans ce reportage immersif qui entremêle dessin, photographies et vidéos. Autant de fenêtres enfin ouvertes qui jettent une lumière crue – mais pas voyeuriste – sur la situation des enfants en Centrafrique.

LA BOÎTE À BULLES, CONTRE-CŒUR
ISBN 978-2-84953-297-3
18 €

SCIENCES, TECHNO-LOGIE

3-6 ANS

C1
Marc Clamens et Laurence Jammes
716 **Les Supermachines**

Ce livre pop-up présente sept engins de grande taille utilisés dans l'agriculture, le bâtiment ou encore le commerce. Les pop-ups sont mis en scène dans leur environnement et possèdent également un dispositif pour les animer, ce qui permet à l'enfant de manipuler les machines, pour en comprendre les mécanismes. Une approche ludique et pertinente des engins de haute taille.

BAYARD JEUNESSE, ALBUMS DÉCOUVERTES
ISBN 978-2-7470-8377-5
10,90 €

C1
Arnaud Tiercelin, ill. Olympe Perrier
717 **Pourquoi le soleil aime la soupe**

Soit un père et son enfant : de la question « pourquoi je dois manger ma soupe », découle une série de réponses puis de questions s'enchaînant sans fin, comme savent si bien le faire les petits. On apprendra au passage les vertus nutritionnelles des légumes, la distance respective des planètes du système solaire, sans oublier la forme des bols de soupe du monde entier ! L'enchaînement fonctionne avec malice, l'illustration en mode « vintage » apporte dynamisme et gaîté, bref un album gourmand.

L'INITIALE, L'UTILE
ISBN 978-2-917637-50-0
12 €

716

8-10 ANS

C2 C3
Cédric Faure, ill. Aurélie Verdon
718 **La Lumière**

Quinze questions autour de ce phénomène physique, des plus évidentes aux plus inattendues, en abordant bien sûr les propriétés de la lumière et ses différentes sources. Le livre questionne le sujet avec pertinence et y répond en mêlant apports théoriques, activités et expériences éclatés sur une double page. La luminosité des dessins modulée en fonction des phénomènes expliqués : ombres portées, ombres propres, transparence, etc., contribue à une bonne compréhension du sujet et contentera tout lecteur, débutant ou averti.

(Version numérique) **MILAN,** MES P'TITES QUESTIONS SCIENCES
ISBN 978-2-7459-8824-9
8,90 €

C2 C3
Bruno Goldman et Marie J. Guillet, ill. Halfbob
719 **Demain, est-ce que j'aurai des superpouvoirs ? Et toutes les questions que tu te poses sur ta vie dans le futur**

2050, c'est déjà demain. À quoi ressembleront les hommes dans le futur ? Comment les technologies que nous développons aujourd'hui vont-elles évoluer dans les années à venir ? Quelle influence les progrès scientifiques et techniques récents auront-ils sur nos vies et plus généralement, sur l'état de la planète ? Autour de ces questions passionnantes, un bel exercice de synthèse, et des réponses claires et bien vulgarisées.

FLEURUS, PETITES ET GRANDES QUESTIONS
ISBN 978-2-2151-3757-3
9,50 €

C3
Olivier Melano
720 **Le Mètre : une invention révolutionnaire**

En 1790, l'Académie des sciences se voit confier la mission de mettre au point une nouvelle unité de mesure valable sur l'ensemble du territoire français. En 1792, trois enfants croisent donc la route de l'astronome Jean-Baptiste Delambre, chargé de mesurer l'arc de méridien compris entre Dunkerque et Rodez par la méthode de la triangulation. Sous forme de bande dessinée, ce récit bien mené aborde l'histoire des sciences, mais aussi les conditions de vie des enfants à la fin du XVIIIe siècle.

L'ÉCOLE DES LOISIRS – ARCHIMÈDE
ISBN 978-2-211-23059-9
12,70 €

10-12 ANS

C3 C4
Pascale Bouchié, Sophie Crépon, Béatrice Veillon
721 **Les Grandes inventions en BD**

Les qualités de la collection sont au rendez-vous : lisibilité de la maquette, alternance de bandes dessinées de différents illustrateurs et de pages documentaires plus classiques, textes courts bien chapitrés. Les inventions sont classées par domaines de la vie humaine : communiquer, s'amuser, se soigner, voyager, etc. Cela a l'avantage de donner de la proximité (qui a inventé les poubelles, les tongs, le Smartphone ?) au lieu d'être dans une logique purement patrimoniale.

BAYARD JEUNESSE, IMAGES DOC
ISBN 978-2-7470-8424-6
19,90 €

C3 C4
Clive Gifford, Susan Kennedy, Philip Parker, trad. de l'anglais (Royaume-Uni) par Bruno Porlier, ill. Jeongeun Park, Dominic Clifford
722 **Sciences, toutes les grandes dates : depuis la pierre taillée jusqu'à la conquête spatiale !**

Cet ouvrage de référence retrace le développement des sciences et des techniques sur plus de trois millions d'années, de manière très complète et avec une grande richesse d'illustrations. Une flèche chronologique permet de situer les grandes découvertes et les inventions dans le temps, tandis que des doubles pages thématiques et des portraits de savants complètent l'ensemble. Un livre qui répondra à toutes les questions sur l'histoire des sciences.

GALLIMARD JEUNESSE, LES YEUX DE LA DÉCOUVERTE
ISBN 978-2-07-508354-6
22,95 €

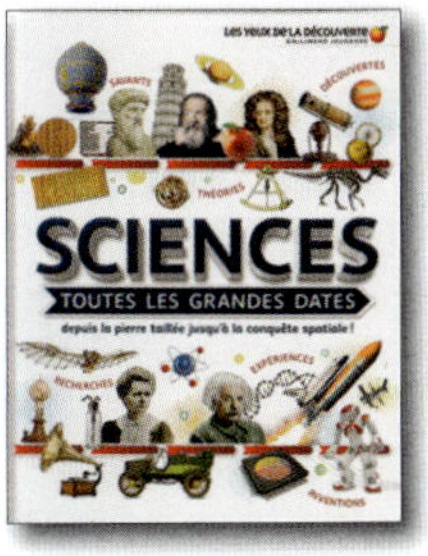

C3 C4
Tanya Lloyd Kyi, trad. de l'anglais (Canada) par Anaïs Maniaval, ill. Belle Wuthrich
723 **Touche pas à ma vie privée ! Découvre qui te surveille et comment t'en protéger**

Où se situe la ligne rouge entre la collecte de données de masse et le droit à une vie privée ? Comment faire pour se protéger sans pour autant renoncer à Internet et aux réseaux sociaux ? Un ouvrage dense et argumenté, qui met en miroir les aspects positifs et négatifs des nouvelles technologies. Grâce aux nombreux exemples pris dans la sphère scolaire et sur les réseaux sociaux, cet ouvrage parfaitement adapté aux jeunes est un bon point d'entrée à une réflexion critique au monde qui les entoure.

ALBIN MICHEL
ISBN 978-2-226-40179-3
11,50 €

C3 C4
Florence Pinaud, ill. Julien Billaudeau
724 **Louis Pasteur, enquêtes pour la science**

Cette biographie accompagne l'exposition « Pasteur l'expérimentateur » conçue par le Palais de la découverte et l'Institut Pasteur. Ses découvertes, replacées dans le contexte scientifique de l'époque, sont présentées sous forme d'enquêtes policières et d'énigmes à résoudre : c'est vraiment la démarche expérimentale qui est mise en valeur et explicitée. Dans une mise en pages élégante, des illustrations au trait en quatre couleurs donnent du rythme à l'ensemble.

ACTES SUD JUNIOR / PALAIS DE LA DÉCOUVERTE
ISBN 978-2-330-08681-7
16,90 €

13-15 ANS

C4 LYC
Scén. Fabcaro, dessin Julien/cdm
725 **Zéropédia : tout sur tout (et réciproquement)**

Sous forme de bande dessinée aux faux airs de Gotlib, ce documentaire déjanté apporte une foule d'informations sur les sujets les plus divers, reprenant la rubrique du magazine *Science & Vie junior*. Chaque double page répond à une question en six cases : au-dessus de chacune, des explications tout à fait sérieuses ; dans les dialogues et les dessins, des interprétations loufoques, ironiques et souvent hilarantes. Un vrai régal !

DARGAUD
ISBN 978-2-205-07775-9
14,99 €

C4
Florence Pinaud, ill. Élodie Perrotin
726 **Qui sont les transhumanistes ?**

Voici un sujet important, encore peu abordé dans les livres jeunesse et qui pourtant engage l'avenir. L'ouvrage explique ce que sont le transhumanisme et ses différents courants. En médecine, les nouvelles technologies permettent d'intervenir sur le corps humain dans le but de vivre mieux et plus longtemps (pour certains cela va jusqu'à l'immortalité). Des enjeux donc très importants : comment contrôler et ne pas laisser l'initiative des recherches à des individus riches (mais parfois inconséquents) dont le seul but est leur satisfaction personnelle et non le bien de l'humanité ?

LES ÉDITIONS DU RICOCHET, POCQQ
ISBN 978-2-35263-213-9
12 €

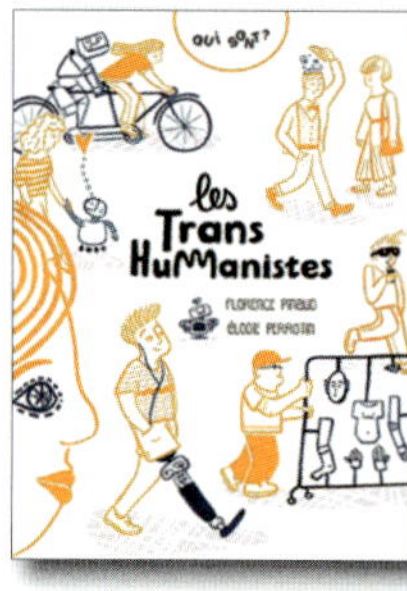

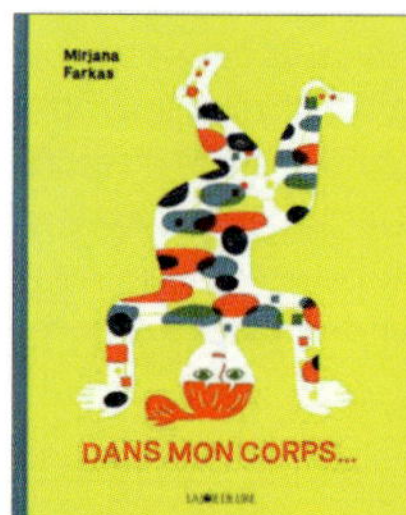

CORPS HUMAIN, SANTÉ

3-6 ANS

C1
Mirjana Farkas
727 **Dans mon corps...**

À la frontière de l'album, ce volume est une évocation poétique, psychologique et philosophique du corps humain à travers des sensations telles que la faim, la soif, le sommeil, le regard, la colère, la peur, la maladie, le réconfort... L'originalité du livre réside dans la traduction graphique du propos qui tente de rendre visible ce qui est ressenti, ce qui se passe dans le corps dans différents moments sans aucune prétention réaliste ou scientifique.

LA JOIE DE LIRE
ISBN 978-2-88908-405-0
14,90 €

8-10 ANS

♥
C2 C3
Romana Romanyshyn, Andriy Lesiv, adapté de l'ukrainien par Laurana Serres-Giardi
728 **Dans mes oreilles, j'entends le monde**

Deux jeunes artistes nous invitent à découvrir leur univers créatif dans un documentaire étonnant autour des oreilles et du son. Bruits du corps, instruments de musique, notions physiques plus ou moins complexes : ils exploitent une incroyable palette de formes géométriques pour représenter toute la diversité des sons. Leur univers est détonnant et éclectique, mais si sensible qu'ils arrivent même à reproduire le silence !

RUE DU MONDE, PAS COMME LES AUTRES
ISBN 978-2-35504-481-6
19,80 €

728

Version numérique   Première lecture

10-12 ANS

C3 C4
Mira Pons, ill. Édith Carron
729 **Question de mémoire**

Une série de questions évoquent le fonctionnement de la mémoire et du cerveau, ainsi que les mécanismes de l'apprentissage chez les humains (mais aussi les animaux et les plantes). Dans une mise en pages aérée et élégante, de courts chapitres apportent des explications érudites mais accessibles, entrecoupées de récits d'expériences scientifiques qui approfondissent le propos sans l'alourdir. Les illustrations évoquant des dessins d'enfants au feutre apportent de la fraîcheur et une touche onirique.

ACTES SUD JUNIOR
ISBN 978-2-330-10389-7
18 €

C3 C4
Élise Thiébaut, ill. Mirion Malle
730 **Les Règles… quelle aventure !**

Les auteures de ce livre ont souhaité faire voler en éclats les tabous qui entourent les règles. Non contentes d'expliquer le fonctionnement du cycle menstruel féminin et de dédramatiser celui-ci, elles en profitent pour rappeler les mensonges, voire l'opprobre qui l'ont longtemps accompagné, et ce sous bien des latitudes. On apprécie le ton, sans fausse pudeur, ouvertement militant, tout en étant concret et rassurant. Un ouvrage qui suscitera la réflexion et la conversation sur ce sujet enfin abordé.

LA VILLE BRÛLE, JAMAIS TROP TÔT
ISBN 978-2-36012-094-9
12 €

731

13-15 ANS

C3 C4 LYC
Rébecca Shankland, ill. Jacques Azam
731 **L'Anorexie : un guide pour comprendre**

Le fonctionnement de l'anorexie mentale, l'un des troubles du comportement alimentaire, est décortiqué en questionnant les idées reçues (maladie de filles, rôle de la mode). Un chapitre donne des conseils concrets sur la façon d'aider un proche, notamment en alertant pour mettre fin au déni. Les soins médicaux et psychologiques sont abordés. Le ton est neutre et rassurant pour expliquer la complexité d'une maladie qui toucherait 1 % des adolescents en France.

DE LA MARTINIÈRE JEUNESSE, PLUS D'OXYGÈNE
ISBN 978-2-7324-8514-0
9,95 €

NATURE, MILIEUX, ENVIRONNEMENT, CLIMAT

3-6 ANS

C1
Éric Battut
732 **Rouge Volcan**

C'est le récit d'une éruption volcanique suivie par une équipe de volcanologues, dans un vocabulaire riche et précis. L'illustration repose sur des papiers découpés et des jeux de matières, qui mettent l'accent sur le gigantisme du volcan par rapport aux petites figures de scientifiques comme tracées à la craie ou au crayon. Un beau travail de mise en pages pour montrer aux plus jeunes le fonctionnement du volcan, mais aussi pour mettre à l'honneur le travail des savants qui viennent l'étudier.

L'ÉLAN VERT, LES ALBUMS
ISBN 978-2-84455-481-9
13,50 €

C1 C2

Francesco Giustozzi

733 **Changeons !**

Cet ovni éditorial est un album sans texte qui délivre avec subtilité un message écologiste. La nature est peu à peu envahie par les activités humaines et ses déchets, qui assombrissent progressivement les pages. Mais peu à peu, la végétation trouve à nouveau sa place dans l'espace urbain qui redevient vivable et coloré. Des questions restent en suspens et de multiples interprétations sont possibles : la poésie et la beauté des images laissent ainsi une large place à l'imaginaire.

LA JOIE DE LIRE, ALBUMS
ISBN 978-2-88908-377-0
12,90 €

♥

C1

Susumu Shingu, trad. du japonais par Max-A. Ribi

734 **La Fraise**

Une superbe mise en image de la naissance et de la vie d'une fraise, par un artiste japonais qui a réalisé ce titre en 1975. Des illustrations sobres et dépouillées, aux couleurs éclatantes mêlant intensément des nuances de rouge, de vert et de blanc, sur des doubles pages particulièrement audacieuses. On est au plus près de ces fruits, dans une approche presque macrophotographique. Il n'est pas besoin de beaucoup de texte pour comprendre que sans la terre, les saisons, le soleil et les insectes, ces graines ne pourraient pas s'épanouir.

GALLIMARD JEUNESSE – GIBOULÉES
ISBN 978-2-07-509842-7
14 €

6-8 ANS

C2

Caroline Pellissier, Virginie Aladjidi, Emmanuelle Tchoukriel

735 **La Forêt**

Pour faire découvrir le milieu forestier, dix chapitres partent d'un focus sur des espèces, sur un écosystème, ou sur un moment particulier (l'hiver, la nuit). Une devinette et un rabat permettent des compléments sous forme de coupes, de zooms ou de schémas, puis une double page approfondit le thème. Les dessins aquarellés aux teintes douces rappellent les herbiers d'autrefois. La maquette élégante et d'une grande lisibilité rend hommage à une belle diversité naturelle.

ALBIN MICHEL JEUNESSE, LE SPECTACLE DE LA NATURE
ISBN 978-2-226-39228-2
14,90 €

♥

C2

Émilie Vast

736 **Plantes vagabondes**

Les plantes se racontent en dix voyages. Du pissenlit dont on souffle les graines au stolon du fraisier qui aime ramper, en passant par la bardane qui s'agrippe aux animaux, on découvre avec curiosité leurs stratagèmes de reproduction et la manière dont elles utilisent la dissémination pour mieux coloniser les milieux dans lesquels elles évoluent. On se laissera emporter par les superbes illustrations stylisées, dont l'économie n'enlève rien au réalisme. Une œuvre délicate, élégante, poétique et instructive.

MEMO
ISBN 978-2-35289377-6
17 €

10-12 ANS

C3 C4

Marc ter Horst, trad. du néerlandais par Josiane Bardon, ill. Wendy Panders

737 **Bonjour les Terriens !**

Montrer une pomme épluchée pour figurer la croûte terrestre ou un sandwich pour expliquer les couches géologiques... Voici quelques idées simples faisant la saveur de ce livre, qui joue sur la proximité et la veine humoristique. Dans une maquette élégante et inventive, les textes très fournis côtoient illustrations et photographies qui se mélangent souvent. Ce bel objet offre un riche panorama des conditions (soleil, eau, atmosphère, etc.) qui permettent la vie sur Terre.

L'ÉCOLE DES LOISIRS
ISBN 978-2-211-22758-2
16 €

ZOOLOGIE, ÉVOLUTION

0-3 ANS

Laure du Faÿ

738 **Mon tour du monde géant des dinosaures**

Format géant et cartonné, frise verticale qui nomme les dinosaures représentés et de grandes et belles illustrations concentrées sur six doubles pages sans texte qui montrent la diversité de ces animaux préhistoriques. On apprécie les images naïves, colorées et expressives qui parviennent à mettre en évidence les attitudes, les comportements et les caractéristiques de chacun, le tout dans un univers enfantin très marqué. Une jolie initiation pour les tout-petits.

SARBACANE, ALBUM

ISBN 978-2-37731-015-9

22 €

3-6 ANS

C1

Claire Cantais

739 **Big Bang Pop !**

Entre imagier et documentaire sur l'évolution, c'est toute une histoire de l'Univers qui est donnée à voir : du Big Bang à notre époque contemporaine, en passant par l'apparition de la vie sur Terre, jusqu'à celle de l'Homo Sapiens – et même celle du nouveau-né destinataire de cet album. L'utilisation du papier collé et du feutre à pointe fine permet de jouer sur le contraste entre aplats de couleur et volutes tout en dégradés. Un magnifique cadeau de bienvenue !

L'ATELIER DU POISSON SOLUBLE

ISBN 978-2-35871-126-5

21 €

C1

Bernadette Gervais

740 **La Grenouille**

Cet album est le troisième titre d'une série autour de la nature. Il nous présente la grenouille dans son environnement. Les pages, élégantes, détaillent l'apparence physique de ce sympathique amphibien, sa méthode pour respirer, ou encore son alimentation. Les rabats sont mis à profit pour décomposer certains phénomènes, comme le saut par exemple. Ce documentaire beau et informatif, joliment illustré au crayon, est adapté aux jeunes enfants. Ces derniers s'amuseront à résoudre le jeu des sept erreurs – plutôt ardu – qui complète l'ouvrage.

ALBIN MICHEL JEUNESSE

ISBN 978-2-226-39665-5

13,50 €

C1

Françoise de Guibert, ill. Clémence Pollet

741 **Dis, que manges-tu ?**

Ce nouvel ouvrage de la collection s'intéresse aux comportements alimentaires des animaux et montre à travers une quarantaine d'exemples leur grande diversité. Ainsi ver de terre, chouette hulotte, étoile de mer ou girafe se côtoient et fournissent aux lecteurs les informations essentielles sur leur technique alimentaire, leurs particularités anatomiques, leurs astuces. Un livre généreux, sérieux et poétique à la fois, dont on tourne les pages avec gourmandise.

DE LA MARTINIÈRE JEUNESSE

ISBN 978-2-7324-8512-6

12,90 €

C1

Tatsu Nagata, trad. Thierry Dedieu

742 **Le Serpent**

Tatsu Nagata se fait charmeur de serpents pour approcher au plus près ces animaux étonnants et nous faire part de ses observations. Ici, l'essentiel est dit avec simplicité et humour sur leurs principales caractéristiques : morphologie, taille, couleur, mode d'alimentation… dans une mise en scène imaginative et loufoque qui provoque inévitablement amusement et intérêt. Mais gare toutefois au danger potentiel illustré en toute dernière page !

Autre titre :

743 **La Chauve-souris**

SEUIL JEUNESSE, LES SCIENCES NATURELLES DE TATSU NAGATA

ISBN 979-10-235-0962-5/ISBN 979-10-235-0814-7

9,90 € CHACUN

6-8 ANS

C2
Isabella Bunnell, trad. de l'anglais (Royaume-Uni) par Elsa Whyte

744 **Avis de recherche : 50 animaux en danger à retrouver et à protéger**

Cet album, basé sur le principe du « cherche et trouve », mobilise l'attention du lecteur pour identifier 50 animaux menacés de disparition. Ils sont à repérer dans de grands dessins représentant leurs milieux naturels avec abondance de végétation et d'espèces animales pour éveiller la curiosité. Les illustrations fraîches et colorées ainsi que l'aspect ludique permettent une approche originale du sujet que complètent des pages documentaires très lisibles. Une agréable initiation à la préservation des milieux et des espèces.

SEUIL JEUNESSE
ISBN 979-10-235-1015-7
13,90 €

C2
Fleur Daugey, ill. Nathalie Choux

745 **Quels bavards ces animaux !**

Cet album documentaire s'intéresse aux sons produits par les animaux et à leur utilité dans la communication animale : les oiseaux chantent pour séduire leur partenaire, les éléphants envoient des infrasons pour signaler un danger, les serpents sifflent pour signaler leur peur ou les loups donnent de la voix pour délimiter leur territoire. Ces techniques sonores de communication, différentes selon les espèces animales, sont abordées ici avec beaucoup de clarté et sont fort joliment illustrées.

ACTES SUD JUNIOR
ISBN 978-2-330-09737-0
14,50 €

♥
C2
Owen Davey, trad. de l'anglais (Royaume-Uni) par Catherine Destephen

746 **Félins**

Troisième titre de l'auteur, cet ouvrage nous séduit à nouveau par sa belle maquette et ses superbes illustrations stylisées. En quinze chapitres courts, l'auteur nous présente les félins, leur environnement, leur mode de chasse, leur vie en groupe. Il réussit à nous présenter trente-huit espèces sur la quarantaine existante, avec toujours la même recherche de vulgarisation et un constant va-et-vient entre des notions générales et le souci du détail. Une belle prouesse.

GALLIMARD JEUNESSE
ISBN 978-2-07-509057-5
14,90 €

C2
Henri Meunier, ill. Vincent Bergier

747 **Au commencement**

Ce grand album documentaire nous résume l'apparition et le développement de la vie sur la Terre. Dynamisme et humour sont ici convoqués pour dépeindre à travers le point de vue des fourmis l'aventure de la vie terrestre. Les étapes clés de l'évolution sont présentées sous forme de saynètes dialoguées entre les différents êtres vivants apparus progressivement. Cet ouvrage au visuel très agréable est un bon support pour avoir une idée globale de l'origine de la vie sur Terre.

SEUIL JEUNESSE
ISBN 979-10-235-0873-4
14,50 €

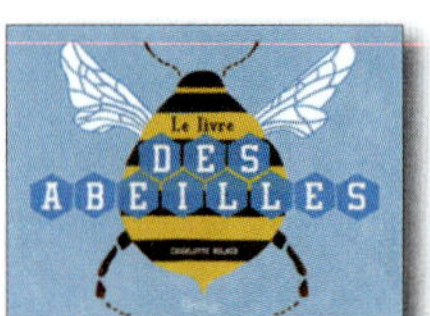

C2
Charlotte Milner, trad. de l'anglais (Royaume-Uni) par Marie Vattaire

748 **Le Livre des abeilles**

Sur un sujet déjà largement traité, cet ouvrage accessible aux plus jeunes est une réussite, du fait de la clarté des explications. Les dessins assez enfantins mais sans niaiserie, les aplats de couleurs, les schémas et diagrammes apportent une atmosphère dynamique, au service d'une mise en pages à la fois lisible et créative. Sans en faire trop, l'ensemble offre un propos pédagogique sur les risques de disparition des abeilles et sur des actions pour les protéger à la portée des enfants.

GRENOUILLE ÉDITIONS
ISBN 978-2-36653-370-5
14,90 €

746

C2
Smriti Prasadam-Halls, trad. de l'anglais (Royaume-Uni) par Anne Pernot, ill. Jonathan Woodward

749 **Le Loup**

Sa réputation d'animal solitaire et cruel est ici déconstruite par les explications données sur ses mœurs et ses comportements. On comprend au fil des pages que ce prédateur au comportement social élaboré est joueur, intelligent et... craintif. Les très belles illustrations réalisées en papiers découpés rendent compte des caractéristiques et attitudes du loup : postures, hurlements, force et puissance, etc., et restituent l'ambiance et l'atmosphère de leurs habitats naturels. Un très bel ouvrage bien documenté.

GLÉNAT JEUNESSE, HISTOIRE NATURELLE
ISBN 978-2-344-02494-2
16,95 €

C2
Jean René, ill. Arianna Papini

750 **Drôles d'animaux**

Et si on écoutait ce que les animaux avaient à nous dire ? Dans cet album, ce sont eux qui prennent la parole. En se présentant à nous, ils nous informent sur ce qu'ils sont, mais combattent aussi nos préjugés d'humains ! Car le lien homme-animal n'est pas toujours facile, et le plus gentil n'est pas forcément celui que l'on croit... Les illustrations originales, inspirées de peintures aristocratiques du XVe siècle et de Modigliani, donnent à l'animal une humanité qui convient parfaitement à ce texte très instructif.

BULLES DE SAVON
ISBN 979-1-09-0597-85-3
15 €

754

C2
Maja Säfström, trad. Laurana Serres-Giardi

751 **La Petite encyclopédie illustrée des animaux qui vivaient autrefois sur la Terre**

Maquette soignée, dessins expressifs en noir et blanc, informations documentaires succinctes mais suffisantes pour une première approche. Ici les animaux sont classés par ordre chronologique de leur disparition et leurs particularités parfois étonnantes sont mises en valeur grâce aux descriptions anatomiques légendées et à quelques anecdotes rapportées à leurs propos. Un parcours graphique, sérieux et fantaisiste qui montre la diversité animale et fait réfléchir aux questions de l'évolution et de l'extinction des espèces.

Autre titre :

752 **La Petite encyclopédie des animaux les plus étonnants**

RUE DU MONDE, PAS COMME LES AUTRES
ISBN 978-2-35504-513-4
ISBN 978-2-35504-474-8
16,80 € CHACUN

C2
Isabelle Simler

753 **Mon chat sauvage**

754 **Mon escargot domestique**

On remarque l'habile procédé d'utiliser des renvois en bas de page pour nous faire découvrir les caractéristiques d'un chat et d'un escargot sur deux albums qui se répondent. Les habitudes de ces animaux sont malicieusement mises en images : chaque trait de caractère relayé par un simple astérisque permet d'obtenir discrètement dans une annotation l'information scientifique détaillée et particulièrement précise. Une belle démonstration de l'attachement que peut nourrir un auteur pour des animaux.

ÉDITIONS COURTES ET LONGUES
ISBN 978-2-35290-195-2
ISBN 978-2-35290-196-9
15 € CHACUN

♥
C2
Geraldo Valério, trad. de l'anglais par Ariane Bataille
755 **Oiseaux**

Des oiseaux de toutes les tailles et de toutes les couleurs, des oiseaux stylisés entièrement réalisés en papiers découpés, c'est ce que propose ce bel imagier. Un court texte donne des indications sur les milieux de vie, les habitudes, les localisations géographiques de chacune des espèces présentées dans un grand format, élégant et soigné. Deux planches utiles à l'identification des plumes et des œufs ainsi qu'un index et l'adresse d'un site Internet consacré aux oiseaux complètent utilement l'ouvrage.

MANGO JEUNESSE
ISBN 978-2-7404-3285-3
18,50 €

8-10 ANS

C3
Clémence Dupont
756 **La Grande expédition**

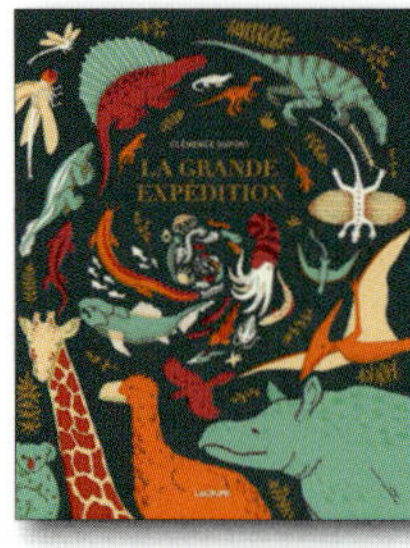

Très bel objet que ce leporello de quatre mètres de long (!), racontant en une grande fresque l'évolution de la Terre depuis sa création jusqu'à nos jours, en passant par l'apparition de la vie, celle des vertébrés, le règne des dinosaures, puis l'apparition des mammifères, et enfin de l'espèce humaine. Au verso, une frise chronologique permet de se repérer dans le temps. Le tout forme un ensemble très séduisant, tout en couleurs harmonieuses et chaleureuses, et fort agréable à parcourir.

L'AGRUME
ISBN 979-10-90743-68-7
24 €

C3
François Moutou, ill. Carole Xénard
757 **Tout sur l'ours... et le reste**

Rédigé par un médecin vétérinaire, ce documentaire instructif et bien documenté est soutenu par des illustrations drôles et décalées, qui contrastent avec le sérieux du propos. Une fois la lecture terminée, vous saurez vraiment tout sur les ursidés, leur milieu, leurs habitudes, ainsi que sur les dangers qui les guettent ou encore leur difficile cohabitation avec l'homme. Sans oublier le chapitre final, en forme de clin d'œil, qui nous présente quelques ours célèbres, notamment dans la littérature.

LE POMMIER, LES ALBUMS DU POMMIER
ISBN 978-2-7465-1273-3
18 €

C2 C3
Luc Passera
758 **Le Monde fascinant des fourmis**

Rédigé par un spécialiste des fourmis, cet ouvrage documentaire richement illustré nous invite à pénétrer le monde incroyable de ces petits insectes : de leur rôle à leur habitat, en passant par leur alimentation, leurs stratégies de défense, les phénomènes de symbiose ou encore la relation qu'ils entretiennent avec l'homme, l'auteur nous offre des explications complètes et instructives. En interpellant sans cesse le jeune lecteur, il le pousse en outre à dépasser sa posture de simple spectateur.

GRENOUILLE ÉDITIONS
ISBN 978-2-36653-358-3
14,90 €

755

C3
Nathalie Tordjman, ill. Julien Norwood
et Emmanuelle Tchoukriel
759 **Le Livre aux petites bêtes**

Après *Le Livre aux oiseaux*, place aux invertébrés ! Cet ouvrage clairement organisé et très détaillé est découpé en chapitres selon les lieux de vie pour mieux comprendre les interactions avec le milieu dans lequel évoluent les différentes espèces et les caractéristiques anatomiques développées. Cette approche agréablement illustrée de dessins naturalistes esthétiques et explicatifs, dont la lecture aiguise le sens de l'observation, est également complétée de quiz, focus et activités qui facilitent la compréhension.

BELIN JEUNESSE, BEAU LIVRE DOCUMENTAIRE
ISBN 978-2-410-01391-7
18,90 €

C2 C3
Angie Trius et Mark Doran,
trad. de l'espagnol par Yvelise Rabier,
ill. Julio Antonio Blasco Lopez
760 **Animaux médecins**

Comment font les animaux sauvages pour se soigner quand ils sont malades ? Ils utilisent tout simplement les ressources de la nature pour trouver les meilleurs remèdes. Et cet ouvrage passionnant, joliment illustré au crayon, nous en dévoile quatorze. On y apprendra par exemple comment l'éléphant accélère la naissance de son bébé, comment le « bain de fourmis » permet de contrôler le développement des parasites, ou encore comment certaines espèces s'enduisent de boue pour éviter les coups de soleil.

ALBIN MICHEL JEUNESSE
ISBN 978-2-226-40177-9
13,90 €

13-15 ANS

C4 LYC
Yves Le Conte, ill. Jean Solé
761 **Les Abeilles : les connaître pour mieux les protéger**

Une association très réussie entre un spécialiste des abeilles et un dessinateur à l'univers foisonnant, dans un documentaire dense, oscillant entre bande dessinée et planches illustrées. L'ouvrage présente avec humour et intelligence toutes les caractéristiques du genre *apis*, leur rôle et leur comportement, ainsi que les périls qui menacent les colonies d'abeilles et la biodiversité en général. La foule de petits détails amusants et les nombreuses anecdotes aideront les lecteurs à s'approprier ce texte riche et passionnant.

LE LOMBARD, LA PETITE BÉDÉTHÈQUE DES SAVOIRS NATURE
ISBN 978-2-8036-3734-8
10 €

760

Responsable de la rubrique : Jonathan Paul
Rédacteurs : Manuela Barcilon, Claire Bongrand, Claudine Boué, Corinne Bouquin, Marion Caliyannis, Hélène Dubertret, Pascale Joncour, Virginie Meyer, Muriella Romaniello, Jonathan Paul, Estelle Servier-Crouzat, Catherine Thouvenin et Jacques Vidal-Naquet

10 LIVRES À ÉCOUTER

LIVRES À ÉCOUTER

Nouveauté pour cette année 2018, la rubrique « Livres-CD » change de nom pour devenir « Livres à écouter ». Elle élargit ainsi son champ d'investigation aux romans lus et y agrège les contes enregistrés, accompagnés ou non d'un livre. Un enrichissement dont vous étiez demandeurs et qui témoigne d'une évolution sensible des propositions éditoriales.
Dans cette cuvée 2018 la part belle est accordée aux tout-petits et aux musiques du monde avec ces valeurs sûres que sont Didier Jeunesse, Benjamins média et Tout s'métisse tandis que les livres lus semblent privilégier la science-fiction et le fantastique. L'ouverture de notre sélection aux CD sans livre fait découvrir des éditeurs spécialisés dans les romans lus (Audiolib) ou les contes (Oui'Dire) et met en valeur la richesse de la collection « Écoutez lire » de Gallimard Jeunesse.
À noter l'arrivée de deux labels prometteurs : Trois petits points et Le Label dans la forêt.
Parmi les bonnes surprises de cette année il faut signaler un hilarant Barbe bleue québécois et une comédie musicale déjantée à mettre en scène dans le salon familial – deux publications du jeune éditeur Marcel et Joachim.

0-3 ANS

♥
Elsa Devernois, ill. Audrey Calleja
762 **C'est la petite bête qui monte**

Figurant la petite bête qui monte, les doigts de l'adulte parcourent le bras de l'enfant, du creux de la main jusqu'au cou. À chaque étape, ils marquent un arrêt invitant le petit à découvrir poignet, coude, épaule. Occasion d'un échange heureux qui passe tant par la voix que par le toucher, voici une jolie déclinaison sur un célèbre jeu de chatouilles. À lire et à écouter pour partager la complicité et les rires d'un moment privilégié.

BENJAMINS MEDIA, TAILLE S
ISBN 978-2-37515-049-8
Livre-CD
17 €

C1
Piers Faccini, trad. de l'anglais par Amélie Couture
763 **La Plus belle des berceuses**

Au pays de Dormia, le petit prince Constantin trouble les nuits des sujets du royaume. Chanteurs et musiciens se succèdent devant l'enfant braillard pour l'endormir. C'est l'occasion d'écouter des berceuses dans des langues différentes, chantées par deux jolies voix féminines. L'auteur lui-même apporte le charme de son accent anglo-italien à l'interprétation en français de son texte ; il a également réalisé pour le livre de belles illustrations utilisant des papiers colorés.

ACTES SUD JUNIOR, LIVRE-CD
ISBN 978-2-330-08694-7
Livre-CD
22 €

Version numérique   Première lecture

♥
Chantal Grosléziat, trad. de l'espagnol par Gloria Cecilia-Diaz, ill. Violeta Lopiz, musique Jean-Christophe Hoarau

764 **Comptines et berceuses d'Amérique latine**

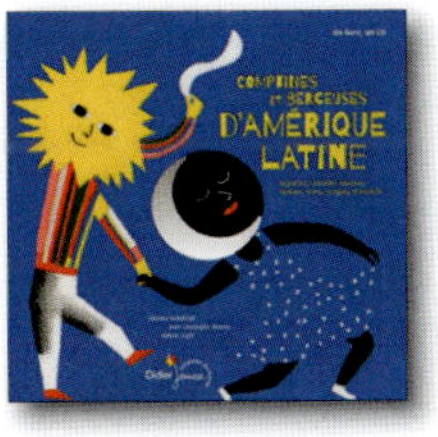

Venues du Pérou, d'Argentine, du Venezuela… et autres pays hispanophones, toutes ces chansons sont très populaires en Amérique latine. À la variété des rythmes fait écho la richesse des instruments où se côtoient violon, piano, cajón charango… qui accompagnent les interprètes enfants et adultes. Le livre est remarquable : illustrations qui jouent sur un effet textile, paroles en langue originale et traduction vers à vers, et pour chaque chanson une explication historique, musicale ou simplement culturelle.

DIDIER JEUNESSE, COMPTINES DU MONDE
ISBN 978-2-278-08151-6
Livre-CD
23,80 €

♥
Edouard Manceau

765 **Un petit bouquin !**

Un petit lapin part sur son vélo, fait un concert sur un train avec ses copains et rentre chez lui pour lire un album. Cette petite merveille graphique et sonore propose un texte déjà musical en soi : avec son rythme, ses répétitions, ses onomatopéees, il se prête aisément à une interprétation à haute voix. Les quatre enfants narrateurs en font la démonstration avec une justesse de ton surprenante. De la musique bluegrass et des bruitages accompagnent le périple du petit héros.

BENJAMINS MEDIA, TAILLE S
ISBN 978-2-37515-039-9
Livre-CD
17 €

Ill. Lucile Placin, musique Yankele

766 **Les Instruments de la musique klezmer**

Pour découvrir les instruments de prédilection de la musique des Juifs ashkénazes tout en jouant aux devinettes. On écoute d'abord l'instrument, ses sonorités et une courte mélodie composée spécialement pour le disque ; puis on va chercher la réponse dans le livre où l'on découvre son image en soulevant un petit volet. Au final accordéon, contrebasse, clarinette, violon et guitare sont réunis dans un joyeux morceau de musique klezmer. Intelligent et ludique.

DIDIER JEUNESSE, ÉCOUTE & DEVINE
ISBN 978-2-278-08925-3
Livre-CD
13,10 €

♥
Natalie Tual, ill. Charlotte des Ligneris, musique Gilles Belouin

767 **Chat caché**

Un enfant part à l'aventure dans le jardin à la suite de son chat : rencontres avec un oiseau, une fourmi, un papillon, tout est matière à découverte. Ici la simplicité n'est qu'apparente ; le texte joue finement sur les sons et les onomatopées et l'univers sonore créé par Gilles Belouin ouvre délicatement les oreilles des enfants. Illustré par des images gaiement colorées, l'album propose, outre le texte de l'histoire, les lignes mélodiques et les accords de guitare pour quatre des dix chansons.

DIDIER JEUNESSE, POLICHINELLE
ISBN 978-2-278-08920-8
Livre-CD
17,70 €

3-6 ANS

C1
Émilie Chazerand, ill. Félix Rousseau, interprétation de Ronan Ducolomb, musique de Ludovic Rocca

768 **L'Ours qui ne rentrait plus dans son slip**

Un ours qui n'entre plus dans son slip se soumet à un régime sévère ; il perd du poids, mais finit par n'impressionner plus personne et s'attirer les moqueries…. Cette fable sur les apparences et l'acceptation de soi est franchement hilarante. Le ton détaché de Ronan Ducolomb ajoute encore à l'humour du texte relayé par les illustrations du livre. Seul pour jouer tous les personnages, le narrateur accorde son débit sur la musique de jazz classique qui ponctue le récit avec ironie.

BENJAMINS MEDIA, TAILLE M
ISBN 978-2-37515-044-3
Livre-CD
19,90 €

C1

Ill. Mathilde Cinq-Mars, interprété par Lisa LeBlanc, Robin-Joël Cool, Édith Butler, Wanabi Farmeur...

769 **Grand tintamarre ! Chansons et comptines acadiennes**

Quinze chansons traditionnelles acadiennes : à élimination, répétition ou accumulation – pour jouer, danser et faire la fête. Les voix sont râpeuses, les instruments acoustiques, le style nettement folk-rock. Des pointures de la scène acadienne remettent ainsi à l'honneur le patrimoine musical d'une diaspora francophone mal connue en Europe. Les explications des termes typiquement acadiens figurent dans l'album dont les illustrations amusantes collent bien avec l'atmosphère festive de l'enregistrement.

LA MONTAGNE SECRÈTE, LIVRE-CD
ISBN 978-2-924217-76-4
Livre-CD
19,50 €

C1

Charlotte Courtois, ill. Izou, raconté par Bérénice Bejo, musique Lyra

770 **Le Fabuleux voyage d'Arwenn : un tour du monde musical**

Pendant un voyage en mer qui passe par la Bretagne, l'Inde et la Tunisie, une petite fille regroupe des musiciens traditionnels pour jouer avec eux. Encore faut-il apprendre à s'écouter les uns les autres pour que chant et percussions s'harmonisent avec le ney, le violon, la flûte... Les chatoyantes illustrations de l'album restituent l'atmosphère de chaque pays. Un livre-CD de l'association Konstelacio qui intervient dans divers pays auprès des enfants pour les sensibiliser au dialogue entre les cultures.

ÉDITIONS DES BRAQUES, UN LIVRE, UN CD
ISBN 978-2-918911-78-4
Livre-CD
22 €

C1

Alain Schneider, ill. Vincent Farges

771 **Minute papillon !**

Atmosphère de douceur et ambiance intimiste pour ces douze chansons animalières. La voix douce du chanteur célèbre « les z'étoiles d'araignées », joue sur les « L » dans « L'as-tu vu le loup là » et nous invite à entendre le yéti yodler. Côté musique, la guitare de Thierry Garcia et les percussions de Thierry Dompnier évoluent entre ballade, country, samba et swing. Avec plein de refrains à reprendre dont on trouvera le texte dans l'album joliment illustré.

ÉDITIONS DES BRAQUES, UN LIVRE, UN CD
ISBN 978-2-918911-83-8
Livre-CD
18 €

C1

Elsa Valentin, musique Nicolas Mialocq

772 **Bou et les 3 Zours**
Zette et Zotte à l'uzine
La Déjeunite de madame Mouche et autres tracas pour lesquels elle consulta le docteur Lapin-Wicott

Décidément, Elsa Valentin aime jouer avec le langage : néologismes et mots-valises pour *Bou et les 3 Zours*, langage décalé pour évoquer une grève d'« ouvrieuses » dans *Zette et Zotte à l'uzine*, dictons et comptines pour égayer les consultations du Docteur Lapin-Wicott qui soigne la déjeunite de Madame Mouche. La simple lecture par la jolie voix de leur auteure apporte un évident supplément d'âme à ces textes – à l'origine édités en albums à l'Atelier du Poisson soluble.

TROIS PETITS POINTS
ISBN 979-1-096744-02-2
CD
14,90 €

771

Version numérique   Première lecture

6-8 ANS

C2
Mélanie Bayart, ill. Cécile Nolf, interprété par Airnadette, musiques Aurélien Gainetdinoff

773 **Du rock dans ton salon : la comédie musicale à jouer en playback dans ton salon !**

Pas besoin de savoir chanter ou jouer de la guitare pour monter en famille cette comédie musicale qui jamais ne se prend au sérieux. Tout est en playback. Il suffit d'écouter dialogues et chansons du CD, les lire dans le livre, suivre les conseils sur les décors, les costumes, les choix des personnages, les jeux de scène. On peut faire confiance à Airnadette, airband créé en 2008 par Château Brutal, Gunther Love, et Moche Pitt qui remportent un franc succès à chacun de ses passages sur scène.

MARCEL & JOACHIM
ISBN 979-10-92304-43-5
Livre-CD
25 €

C2
Lewis Carroll, adapt. Stéphane Michaka, ill. Clémence Pollet, musique originale et direction d'orchestre Didier Benetti

774 **Alice & merveilles**

Dans la grande tradition du théâtre radiophonique, une adaptation fidèle à l'esprit nonsensique de Lewis Carroll. Juliette Roudet incarne avec alacrité une Alice qui se cramponne à son sens logique face à l'absurdité d'un monde de fous. Mené tambour battant par une formidable équipe de comédiens, le récit dialogué bénéficie du talent de l'Orchestre national de France qui accompagne l'héroïne et ses métamorphoses. Trait noir, aplats de couleurs et effets de matières pour les images de Clémence Pollet. Une joyeuse façon de revisiter ce classique.

DIDIER JEUNESSE, RADIO FRANCE ÉDITIONS, ÉVEIL MUSICAL
ISBN 978-2-278-08928-4
Livre-CD
23,80 €

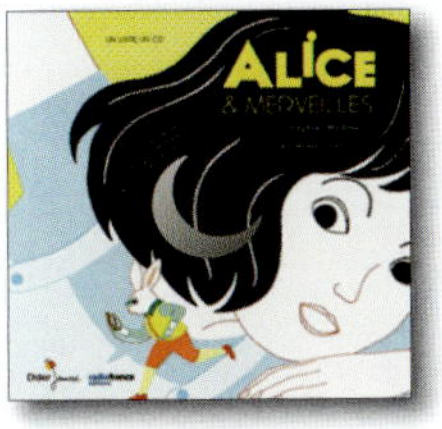

776

♥
C2 C3
Récit Isabelle Genlis, musique et chant Phuong Oang

775 **Crapaud et le génie du ciel, contes des peuples du Vietnam**

La terre a soif, Crapaud avec ses amis Abeille, Coq et Tigre part au palais du Génie du ciel pour réclamer le retour de la pluie. Adaptée de contes traditionnels, l'aventure sous forme de randonnée est entraînante grâce à la cithare, aux refrains en vietnamien, scandés aussi en français par la conteuse. L'origine de la Voie lactée, la naissance des étoiles, la réussite grâce au pouvoir de la parole, la solidarité, l'importance de l'eau concourent à la richesse poétique et narrative du récit.

OUÏ'DIRE, CONTES D'AUTEURS
ISBN 978-2-37611-002-6
CD
17 €

♥
C2
Mathieu Laine, ill. Louis Thomas, musique de Karol Beffa, interprété par Renaud Capuçon, Paul Meyer, Edgar Moreau, lu par Patrick Bruel

776 **Le Roi qui n'aimait pas la musique**

Dans une oasis au beau milieu du désert vit un tout petit peuple composé de cinq personnes : quatre musiciens et un roi... qui n'aime pas la musique. Il finit par l'interdire totalement quand un voyageur vient à passer par là... L'histoire bien construite et porteuse de sens pourrait fonctionner seule. Cependant la musique s'impose comme une évidence d'autant que l'accord est parfait entre le texte finement dit par Patrick Bruel et les compositions de Karol Beffa.

GALLIMARD JEUNESSE MUSIQUE
ISBN 978-2-07-508617-2
Livre-CD
24,90 €

C2
David Sire, ill. Soline Garry, musique Samuel Strouk, raconté par Serena Fisseau
777 **Nouchka et la grande question**

Enfant sans voix, enfant sans mots, enfant sans bruit, bousculée par ses camarades de classe, Nouchka se pose la « grande question » : comment faire pour vivre alors que son papa n'est plus là ? David Sire trouve les mots justes pour raconter cette histoire sensible avec une infinie délicatesse. La musicalité du récit, l'interprétation par la voix souple et sensuelle de Serena Fisseau font le reste. Sans oublier la musique subtilement rythmée de Samuel Strouk et les fines illustrations de Soline Garry.

LE LABEL DANS LA FORÊT
ISBN 979-10-97463-00-7
Livre-CD
19,90 €

C2 C3
Bernard Villiot, ill. Thibault Prugne, raconté par Guillaume Gallienne, interprété par The Amazing Keystone Big Band
778 **Monsieur Django et Lady Swing**

Dans les années 1930, chez un luthier parisien, un apprenti violoniste croise Django Reinhardt en personne. Nombre de détails réels ponctuent cette fiction, sobrement lue par Guillaume Gallienne. Voilà une belle occasion d'écouter « Nuages », « Djangology » ou « Minor Swing »... et treize autres morceaux réorchestrés pour Big Band. Illustré par des images en camaïeu sépia qui rappellent Jean Claverie, le livre propose le texte de l'histoire et des éléments biographiques sur le grand guitariste.

GAUTIER-LANGUEREAU
ISBN 978-2-01-323768-0
Livre-CD
23,80 €

778

C2
Zaf Zapha, ill. Laura Guéry
779 **Amanhã, voyage musical au Brésil**

En route pour le Brésil, ses rythmes et ses instruments typiques : avec des chansons traditionnelles de là-bas, mais aussi « Vive la rose » et « Jean de la Lune » habillés de rythmes brésiliens. Les interprètes de tous âges font preuve d'une belle énergie. Parmi eux des pointures de la scène brésilienne. Pour en savoir plus sur le pays, ses traditions, sa faune, sa cuisine on se réfèrera au livre, petit documentaire très bien fait et gaiement illustré par Laura Guéry.

LACAZA MUSIQUE, TOUT S'METISSE
ISBN 979-10-94193-09-9
Livre-CD
18 €

10-12 ANS

C3 C4
Pierre Bottero, lu par Kelly Marot
Les Mondes d'Ewilan,
780 **t.1 : La forêt des captifs**
781 **t.2 : L'Œil d'Otolep**
782 **t.3 : Les Tentacules du mal**

Après *La Quête d'Ewilan*, la deuxième trilogie de Pierre Bottero est proposée ici, également lue par Kelly Marot. Les trois tomes parus sont réussis, la voix claire de la jeune comédienne donne vie à Ewilan avec un ton enfantin mais assuré en accord avec la jeune héroïne. Le changement d'intonation pour les personnages secondaires est juste, on vit l'histoire avec passion. Le rythme de la lecture est vif avec un fond musical qui enchaîne parfaitement les chapitres et permet de garder une atmosphère de suspense et d'action identique à celle du roman.

AUDIOLIB, JEUNESSE
ISBN 978-2-36762-736-6 : **15,50 € (6H44 MN)**
ISBN 978-2-36762-737-3 : **15,50 € (7H08 MN)**
ISBN 978-2-36762-738-0 : **16,50 € (8H20 MN)**
Livres lus

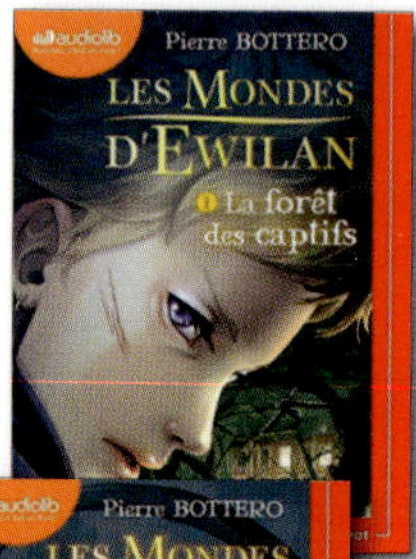

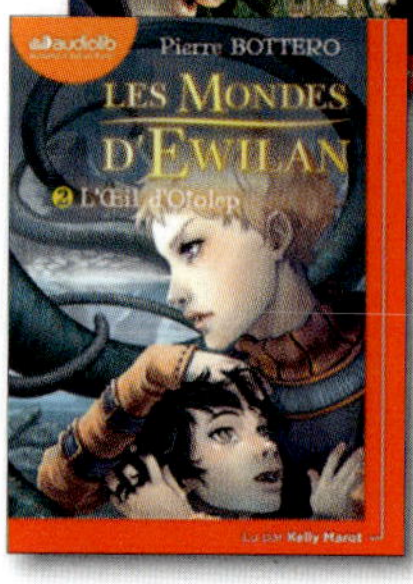

♥
C3 C4
Camille de Cussac, raconté par Carmen Ferlan
783 **Barbe Blue : le maudit Québecois**

Avec ce « Barbe bleue » mitonné à la fameuse sauce québécoise poutine (lexique des expressions en fin de livre), on est à Montréal, de nos jours. Non sans humour, la trame du conte est fidèle à Perrault et on ne perd rien de sa noirceur et de sa force évocatrice. La comédienne, avec l'accent s'il vous plaît, restitue toute sa saveur à ce texte pour le moins fantasque. L'illustration vive et moderne est à la hauteur de cette proposition culottée et iconoclaste. Une ben belle escapade en francophonie.

MARCEL & JOACHIM
ISBN 979-10-92304-40-4
Livre-CD
15 €

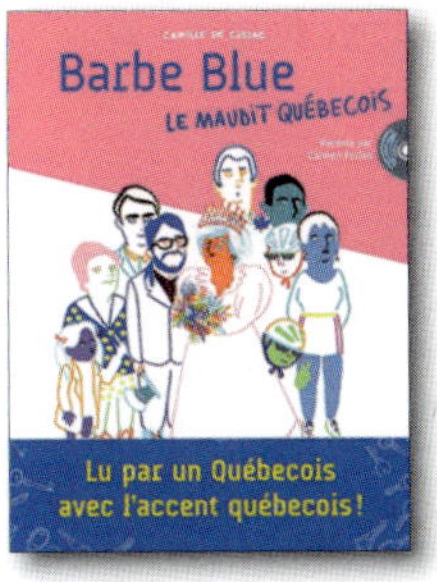

C3 C4 LYC
J.K. Rowling, trad. de l'anglais par Jean-François Ménard, lu par Bernard Giraudeau, et Dominique Collignon-Maurin
784 **Harry Potter**

Nouvelles éditions des enregistrements des 7 volumes d'Harry Potter. Bernard Giraudeau, ce formidable acteur, a enregistré les 4 premiers tomes entre 2000 et 2007. De sa voix extraordinaire, il joue tous les personnages avec humour, justesse et efficacité. Après sa mort, la fin des enregistrements est assurée par Dominique Collignon-Maurin, de la Comédie française. Le jeu est alors plus appuyé mais reste agréable. Pour découvrir ou redécouvrir ce chef-d'œuvre.

GALLIMARD JEUNESSE, ÉCOUTEZ LIRE
ISBN 978-2-07-510502-6 : **25,90 € (8H)**
ISBN 978-2-07-510505-7 : **25,90 € (8H)**
ISBN 978-2-07-510508-8 : **27,40 € (11H)**
ISBN 978-2-07-510511-8 : **27,40 € (16H)**
ISBN 978-2-07-510514-9 : **31,50 € (31H)**
ISBN 978-2-07-510517-0 : **27,40 € (21H30)**
ISBN 978-2-07-510520-0 : **31,50 € (26H)**
Livres lus

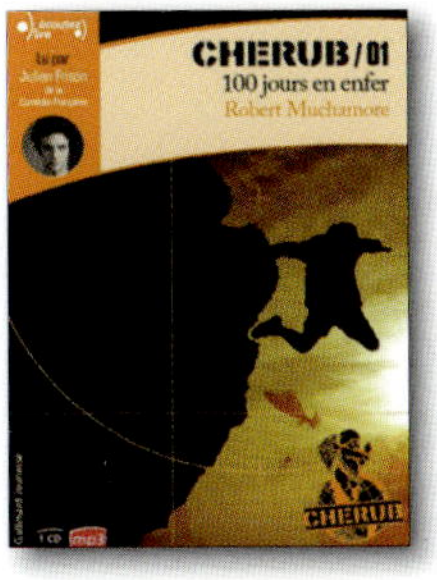

13-15 ANS

C3 C4
Robert Muchamore, trad. de l'anglais par Antoine Pinchot, direction Paule Du Bouchet et Christine Baker, lu par Julien Frison
785 **Cherub, vol.1 : 100 jours en enfer**

Cherub est une agence qui recrute des jeunes de moins de 17 ans pour des missions d'espionnage. Avant de l'intégrer, James doit passer par 100 jours d'un apprentissage éprouvant tant physiquement que psychologiquement (âmes sensibles s'abstenir). Porté par le timbre juvénile de Julien Frison, dans une lecture à voix nue que ne vient rompre aucune ponctuation sonore, ce récit à la première personne tient en haleine de bout en bout par son efficacité et ses nombreuses péripéties.

GALLIMARD JEUNESSE, ÉCOUTEZ LIRE
ISBN 978-2-07-509146-6
CD
19,90 €

NOUVELLES ÉDITIONS 3-6 ANS

♥
C1
Jean Claverie, raconté par Joël Toussaint
786 **La Batterie de Théophile**

Non content de perturber la sieste du crocodile, du boa et de l'hippopotame avec sa contrebasse bricolée, Théophile les met à contribution pour constituer un orchestre. À cet album signé par l'auteur de « Little Lou » le CD apporte une valeur ajoutée : onomatopées très présentes dans le livre, lecture vivante et claire par un comédien guadeloupéen, et bien sûr l'atelier musical où Jean Claverie invite les enfants à faire une batterie improvisée avec des bassines et des couvercles. Première parution du livre : 1989 – Première parution en livre-CD : 2008

GALLIMARD JEUNESSE, L'HEURE DES HISTOIRES. ÉCOUTE L'HISTOIRE
ISBN 978-2-07-510182-0
Livre-CD
9,90 €

6-8 ANS

C2 C3

Pierre Gripari, lu par Pierre Gripari

787 **La Sorcière de la rue Mouffetard et autres contes de la rue Broca**

Qui d'autre que l'auteur lui-même pouvait mieux raconter ces histoires ? Ni la sorcière de la rue Mouffetard, ni celle du placard à balais, la fée du robinet et Tina et Nicolas, les chaussures amoureuses n'ont pris une ride. Cette réédition est bienvenue et on retrouve avec plaisir l'humour, l'imagination débordante et l'espièglerie de ces contes devenus des classiques du détournement.

GALLIMARD JEUNESSE, ÉCOUTEZ LIRE

ISBN 978-2-07-509103-9

Livres lus

13,50 €

8-10 ANS

C3 C4

Roald Dahl, trad. de l'anglais par Anne Krief, lu par François Morel, direction Paule Du Bouchet, Christine Baker, coordination Marine de Pierrefeu

788 **Un conte peut en cacher un autre**

Parallèlement à la réédition dans la collection Folio Cadet de ces contes détournés (parus en 1982), et au film d'animation, l'éditeur sort le disque audio. Les histoires corrigées de Cendrillon, Jack, Blanche-Neige, Les Trois ours, le Petit Chaperon rouge et Les Trois petits cochons (séparées par un intermède musical) sont revisitées avec drôlerie. Écrites (et traduites) en rimes elles gagnent énormément à être écoutées, et par la voix du génial François Morel, on les redécouvre avec plaisir.

GALLIMARD JEUNESSE, ÉCOUTEZ LIRE

ISBN 978-2-07-509148-0

Livres lus

13,50 €

788

Responsables de la rubrique : Ghislaine Chagrot et Françoise Tenier

Rédactrices : Claire Bongrand, Corinne Bouquin, Ghislaine Chagrot et Françoise Tenier

11 CINÉMA

CINÉMA

Le Forum des images et les médiathèques d'Antony présentent ici leurs films coups de cœur. Ils ont sélectionné une vingtaine de titres – nouveautés ou classiques – actuellement disponibles pour les bibliothèques. Rappelons en effet que ces dernières ne peuvent acheter de films qu'auprès de fournisseurs ayant négocié, avec les ayants droit, des contreparties financières pour le prêt ou la consultation. Le choix n'est donc pas aussi large que dans le circuit commercial.

[Le cinéma étant souvent regardé en famille, les tranches d'âges y sont exprimées de façon ouverte.]

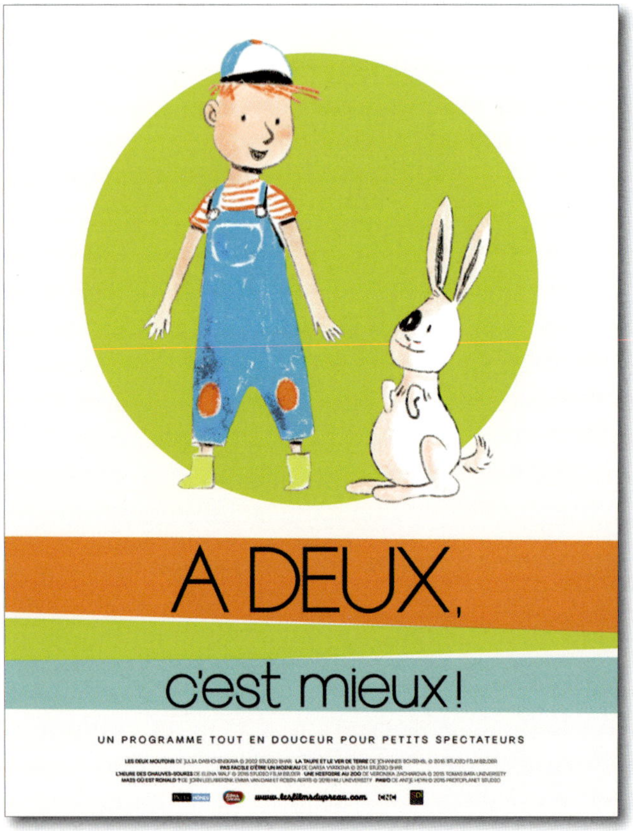

À PARTIR DE 3 ANS

789 **À deux c'est mieux**
Julia Dashchinskaya, Johannes Schiehsl, Daria Vyatkina, Elena Walf, Veronika Zacharová, Jorn Leeuwerink, Emma Van Dam, Robin Aerts, Antje Heyn
RUSSIE – ALLEMAGNE – RÉPUBLIQUE TCHÈQUE – PAYS-BAS / ANIMATION 2017, COULEURS, 38 MIN

La vie est tellement plus drôle à deux ! Mouton, taupe, gorille… tous rêvent d'un compagnon et apprennent ensemble la complicité, l'entraide et l'amitié. Un joli programme sur le besoin et le bonheur d'avoir un ami.

CONTIENT :

- *Les Deux Moutons* : deux moutons rivaux s'allient pour échapper au loup qui veut les manger.
- *La Taupe et le ver de terre* : une petite taupe vit seule dans la forêt ; elle aussi voudrait bien avoir un ami !
- *Pas facile d'être un moineau* : un petit garçon recueille un moineau frigorifié et fait tout pour le sauver.
- *L'Heure des chauves-souris* : c'est bien connu, les chauves-souris vivent la nuit. Mais comment se faire des amis quand on vit à l'heure où tout le monde dort ?
- *Une histoire de zoo* : en visite au zoo, une fillette veut devenir amie avec un gorille. Pour cela, elle n'hésite pas à entrer dans sa cage…
- *Mais où est Ronald ?* : Ronald reçoit un lapin pour son anniversaire, mais celui-ci disparaît. Ronald va tout faire pour retrouver son nouvel ami.
- *Pawo* : avec sa baguette magique, une petite fille fait apparaître de drôles de bêtes…

790 **Monsieur Bout-de-Bois**
Dimitry Vysotskiy, Michela Donini, Katya Rinaldi, Jeroen Jaspert, Daniel Snaddon
RUSSIE – ITALIE – GRANDE-BRETAGNE / ANIMATION 2015, COULEURS, 26 MN

Monsieur Bout-de-Bois vivait tranquillement dans son arbre, entouré de sa gentille petite famille. Mais voilà, un jour un chien l'attrape pour jouer et l'emporte loin de chez lui, et c'est le début d'un long voyage pour Monsieur Bout-de-Bois, qui doit retrouver le chemin de sa maison…

791 **Promenons-nous avec les petits loups**
Anna Levinson, Borja Guerrero, Jang Seong Ji…
ANIMATION 2008-2016, COULEURS, 44 MN

Le grand méchant loup n'est plus si méchant de nos jours. Ces six films d'animation tendres et drôles en sont l'illustration. Le loup peut ainsi préférer le riz au lait à la chair fraîche, materner un bébé pingouin, se faire tout doux avec une fillette et même pratiquer en secret la danse classique !

CONTIENT :

- *Iwan et le loup* (Anna Levinson)
- « *Grandméchantloup* » (Borja Guerrero et Marta Fariña)
- *Au revoir, été !* (Jang Seong Ji)
- *Les Sept chevreaux* (Ismael Mon)
- *Le Secret du loup* (Julia Ocker)
- *Moroshka* (Polina Minchenok).

ET AUSSI :

792 **Julius et le Père Noël**
Jacob Ley
DANEMARK / ANIMATION 2017, COULEURS, 1H20

793 **Des trésors plein ma poche**
Ana Chubinidze, Natalia Chernysheva, Camille Müller, Vera Myakisheva
FRANCE / ANIMATION 2017, COULEURS, 35 MN

794 **Félix le chat : Les Découvertes de Félix**
Otto Messmer
ÉTATS-UNIS / ANIMATION, COULEURS, 1H55

795 **Mon coffret Ernest et Célestine**
Julien Cheng, Jean-Christophe Roger, d'après Gabrielle Vincent
FRANCE / ANIMATION 2017, COULEURS, 5H38

796 **Simon (Saison 1, volume 1) – Caca Boudin**
Julien Cayot, d'après Stéphanie Blake
FRANCE / ANIMATION 2016, COULEURS, 2H10

797 **Monsieur Lapin, volume 1**
Loïc Dauvillier, Jérôme d'Aviau
FRANCE / ANIMATION 2014, COULEURS, 30 MN

798 **Les Contes de la mer**
Aleksandra Zareba, Ignacio Ruiz, Gagriela Salguero
ALLEMAGNE – RÉPUBLIQUE TCHÈQUE / ANIMATION 2014, COULEURS, 45 MN

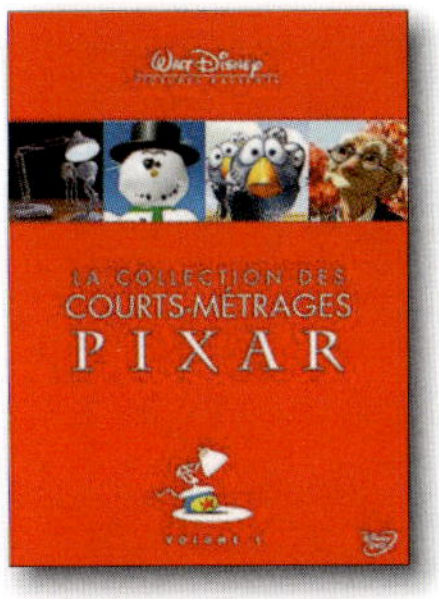

À PARTIR DE 6 ANS

799 **Collection des courts-métrages Pixar**
ANIMATION 1984-2012, COULEURS, 2H10

De véritables pépites à découvrir dans deux coffrets rassemblant 25 courts-métrages produits par les célèbres studios. On ne saurait tous les citer mais on y retrouve des réalisateurs qui ont fait la réputation de Pixar : Ralph Eggleston (*Montres et cie*) ou John Lasseter (*Toy Story*, *Cars*) et bien d'autres encore. Leur marque de fabrique est reconnaissable : créativité, humour, originalité, sens de la chute sont au rendez-vous.

800 **Fatty se déchaîne**
Roscoe « Fatty » Arbuckle
ÉTATS-UNIS / FICTION 1917-1919, NOIR ET BLANC, 1H

Cette série de trois courts-métrages burlesques, réalisés entre 1917 et 1919 par Roscoe « Fatty » Arbuckle, démontre les talents de l'un des acteurs-réalisateurs du cinéma muet américain les plus populaires de son époque.

CONTIENT :

- *Fatty Boucher* : Fatty, garçon boucher, est amoureux d'Amanda, la fille du patron. Il a pour rival Slim, le chef de rayon. Quand Amanda est envoyée en pension, Fatty et Slim ont la même idée : ils se déguisent en jeunes filles pour pénétrer dans la forteresse.
- *Fatty à la clinique* : une fois de plus, Fatty rentre saoul chez lui. Sa femme décide de le placer dans une maison de santé afin de le guérir de son vice.
- *Love* : Fatty est amoureux de la fille du fermier voisin mais le père de cette dernière lui préfère le fils d'un fermier plus riche…

801 **Le Grand méchant renard**
Benjamin Renner, Patrick Imbert
FRANCE / ANIMATION 2017, COULEURS, 1H20

Et si ce n'étaient pas les cigognes qui apportaient les bébés, mais un trio drôlement maladroit composé d'un lapin, un cochon et un canard ? Et si les renards avaient des bébés… poussins ? Et s'il fallait que des animaux de la ferme remplacent le Père Noël ?
Bref, à la campagne tout n'est pas si paisible ! On rit de bon cœur aux aventures de ces personnages gentiment « bêtes ». Une excellente adaptation de la bande dessinée éponyme par son auteur.

802 **Paddington 2**
Paul King
[ÉTATS-UNIS] – FRANCE – GRANDE-BRETAGNE / ANIMATION FICTION 2017, COULEURS, 1H40

La suite des aventures de Paddington est tout à fait à la hauteur de nos attentes. Le petit ours coule des jours heureux à Londres jusqu'au jour où il tombe dans un piège qui le met en bien mauvaise posture. Heureusement, ses amis ne vont pas ménager leurs efforts pour le tirer de ce mauvais pas.
Le film convoque les meilleures références cinématographiques qui soient, de Charlie Chaplin à Wes Anderson en passant par Blake Edwards. Il regorge de trouvailles poétiques (comme ce livre animé sur Londres), de gags burlesques (ah la scène du coiffeur !) et de moments de grâce. Pas de limite d'âge pour vivre ce moment de bonheur.

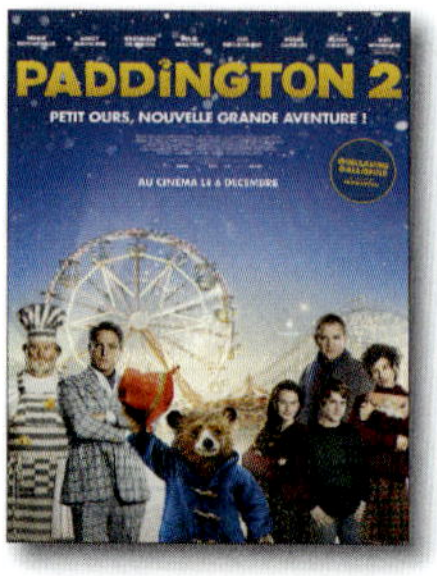

803 **Petits joueurs**
Bruno Collet, Jean-François Le Corre
FRANCE / ANIMATION 2012, 39 MN (26 X 1 MN 30)

Une série de courts-métrages de 1 minute 30 en stop motion. Des jeux Olympiques mais en miniature, dans un bac à sable et dont les athlètes sont des jouets ! Quelles que soient les règles, la compétition est féroce, et le catcheur prêt à tout pour gagner. Les gags loufoques s'enchaînent et on ne sait jamais comment tout cela va finir ! Absolument désopilant.

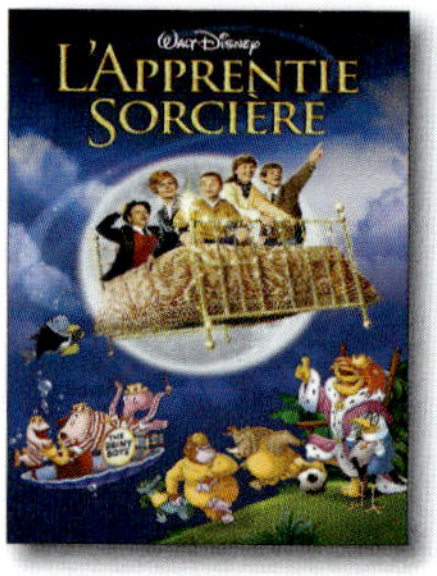

ET AUSSI :

804 **Ma petite planète verte**
Moon Suehyun, Beatriz Herrera, Louise-Marie Colon, Quentin Speguel
FRANCE / ANIMATION 2016, COULEURS, 36 MN

805 **Les As de la jungle**
David Alaux
FRANCE / ANIMATION 2017, COULEURS, 1H38

806 **Les Petits géants**
Daniel Faigle, Pierre-Luc Granjon, Olesya Shchukina
FRANCE – ALLEMAGNE – SUISSE / ANIMATION 2017, COULEURS, 54 MN

807 **Les P'tits Explorateurs**
Stéphane Piera, Mercedes Marro, Aline Quertain
FRANCE / ANIMATION 2016, COULEURS, 52 MN

808 **Le Vent dans les roseaux**
Anaïs Sorrentino, Arnaud Demuynck, Madina Iskhakova
FRANCE – BELGIQUE / ANIMATION 2017, COULEURS, 1H35

809 **Voyages de rêve**
Gitanjali Rao, Anne-Céline Phanphengdy, Mélanie Vialaneix
FRANCE / ANIMATION 2016, COULEURS, 43 MN

À PARTIR DE 8 ANS

810 **L'Apprentie Sorcière**
Robert Stevenson
ÉTATS-UNIS / FICTION 1971, COULEURS, 1H57

En 1940, l'apprentie sorcière Eglantine Price accueille dans sa maison du sud de l'Angleterre trois frères et sœurs qui fuient les bombardements de Londres. Les enfants découvrent rapidement son secret et enchantent avec elle un grand lit afin que celui-ci les emporte où ils le souhaitent. Ils partent à la recherche du professeur Emelius Browne, auteur d'un célèbre livre de magie. Les voici embarqués pour des aventures rocambolesques, afin de retrouver une formule magique perdue. Dans la veine de *Mary Poppins*, les studios Walt Disney signent une réjouissante comédie chantée.

811 **Chasseur de monstres**
Raman Hui
CHINE, HONG-KONG / FICTION 2017, COULEURS, 1H51

Il y a très très longtemps, monstres et humains vivaient ensemble. Chassés par ces derniers, les monstres se cachèrent jusqu'au jour où un seigneur maléfique voulut assassiner leur reine et l'enfant qu'elle portait. N'ayant pas le choix, la reine transmit son œuf à un humain, Tianyin. Celui-ci, enceint du bébé, rencontre Xiaonan, une jeune chasseuse de monstres qui l'aide à protéger le petit héritier. Les chorégraphies d'arts martiaux, les effets spéciaux et l'humour offrent un beau spectacle pour toute la famille. Un véritable succès au box-office chinois !

812 **Chasseurs de Trolls**
Guillermo del Toro
ÉTATS-UNIS / ANIMATION 2016, 26 ÉPISODES, 9H46

Une série créée par Guillermo del Toro. James Dulac, un ado de 15 ans, trouve une amulette magique en rentrant du collège. Le soir même Blinky et Argh, deux étranges créatures, font irruption chez lui et lui annoncent que le détenteur de cette amulette a pour destin la protection des trolls. Accompagné de Toby et de Claire, les trois amis vont devoir s'unir pour combattre et sauver le monde des trolls.

813 **Coco**
Lee Unkrich, Adrian Molina
ÉTATS-UNIS / ANIMATION 2017, COULEURS, 1H49

Plongé par mégarde dans le monde des morts, le jeune Miguel, qui rêve de devenir musicien, en apprendra plus sur sa famille qui a banni la musique depuis bien longtemps... Le dernier Pixar ne déroge pas à la règle et propose encore une fois une fable magnifique. À (re)voir.

814 **Peter et Elliott le dragon**
Don Chaffey
ÉTATS-UNIS / FICTION 1978, COULEURS, 2H08

Peter, un orphelin maltraité par sa famille adoptive, rencontre Elliott, un adorable dragon, invisible pour beaucoup et aussi très, très farceur. Ensemble ils prennent la fuite et arrivent dans une petite ville côtière de la Nouvelle-Angleterre où Elliott enchaîne les catastrophes. Accueillis par la charmante Nora, ils vont affronter les habitants furieux, l'odieux Docteur Terminus et l'horrible famille adoptive de Peter. Une charmante comédie musicale pleine de tendresse et d'espièglerie signée Disney.

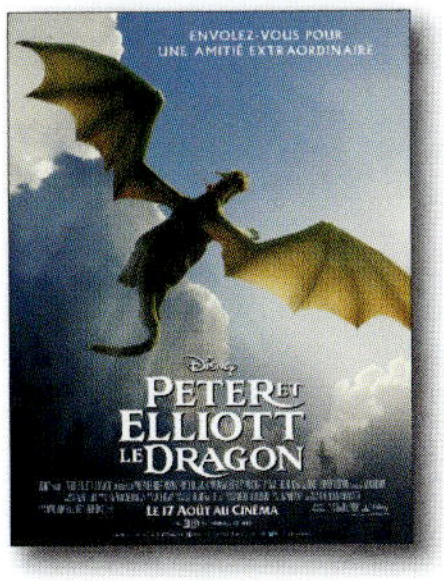

815 **Princesse Arete**
Sunao Katabuchi
JAPON / ANIMATION 2001, COULEURS, 1H45

Au Moyen Âge, Arete, qui rêve de découvrir le monde, est enfermée par son père dans un donjon dans l'attente de son mariage. Jusqu'au jour où la jeune princesse est emmenée par un magicien dans son château isolé... Entre féerie et conte initiatique, l'itinéraire sensible d'une jeune fille, merveilleusement mis en images par l'un des talents les plus originaux de l'animation japonaise.

816 **La Vache et le prisonnier**
Henri Verneuil
FRANCE / FICTION 1959, NOIR ET BLANC OU COLORISÉ, 1H59

Un classique du cinéma français pour toute la famille. La drôle d'histoire de Charles Bailly, prisonnier de guerre en Allemagne en 1943. Envoyé pour travailler dans une ferme, il s'évade avec une vache et un seau. Mais que d'aventures l'attendent. Jusqu'au moment des adieux entre la vache et le prisonnier. Fernandel est toujours entre humour et tendresse dans ce film d'Henri Verneuil, tiré d'une histoire vraie.

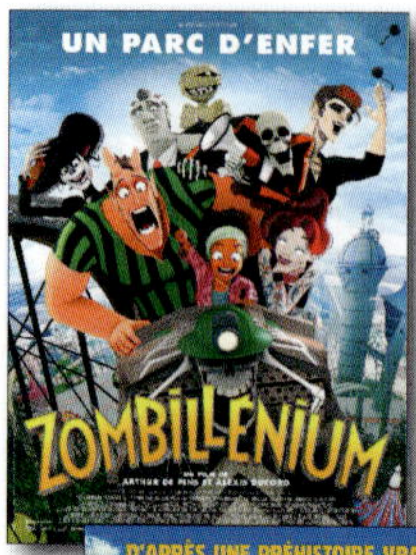

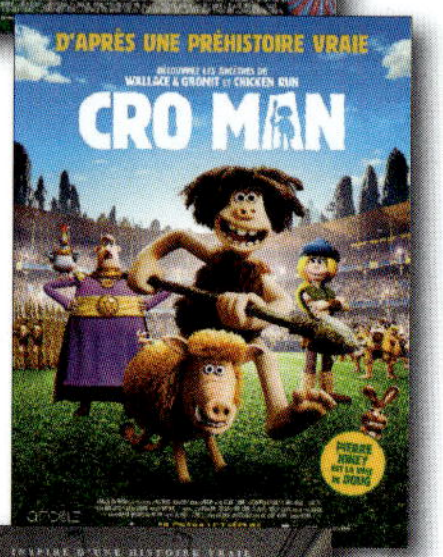

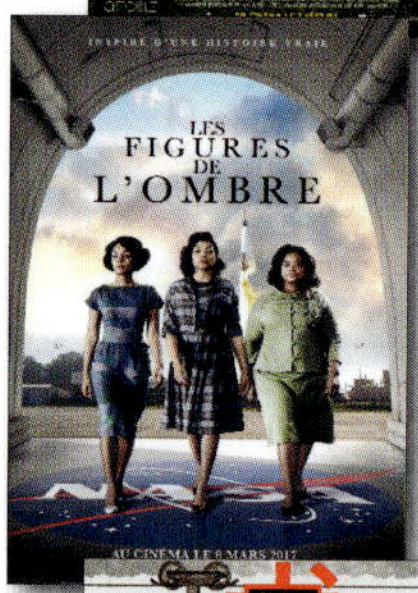

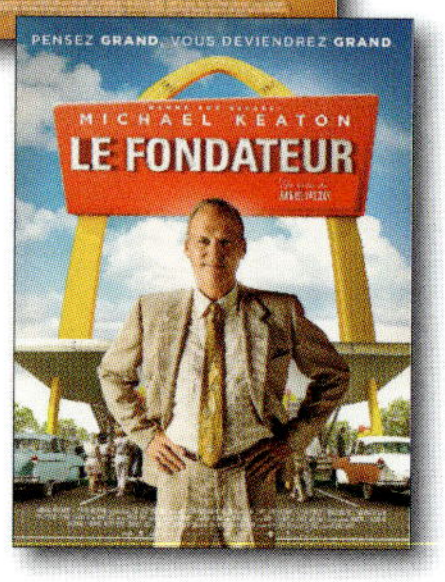

817 **Zombillénium**
Arthur de Pins / Alexis Ducord
FRANCE – BELGIQUE / ANIMATION 2017, COULEURS, 1H15

Zombies, vampires, loups-garous et autres créatures démoniaques sont condamnés à travailler, pour l'éternité, dans le parc d'attraction Zombillénium. Comme tout boulot, celui-ci recèle sa part d'ennui et de désagréments, d'autant que le public humain se montre voyeur, tyrannique et que les conflits entre zombies et vampires s'apparentent à une féroce lutte de classes. L'arrivée d'Hector, un humain devenu monstre malgré lui, va-t-elle infléchir le cours des événements ?
Ce film d'animation, entre humour, épouvante et tendresse est une réussite. On y retrouve la même satire du monde de l'entreprise que dans les albums BD originaux (leur auteur Arthur de Pins a d'ailleurs pris part au film), le tout servi par une animation et une bande son rock fort réjouissantes.

ET AUSSI :

818 **Journal d'un dégonflé 1 et 2**
Thor Freudenthal, David Bowers
ÉTATS-UNIS / FICTION 2009, COULEURS, 3H09

819 **Cro Man**
Nick Park
GRANDE-BRETAGNE / ANIMATION 2018, COULEURS, 1H29

820 **Mary et la fleur de la sorcière**
Hiromasa Yonebayashi
JAPON / ANIMATION 2018, COULEURS, 1H42

À PARTIR DE 10 ANS

821 **Les Figures de l'ombre**
Theodore Melfi
ÉTATS-UNIS / FICTION 2016, 2H06

Le destin hors du commun de trois femmes noires travaillant dans les années 1950 à la NASA. Elles prennent une part active à la grande aventure de la mise en orbite de l'astronaute John Glenn, enjeu de taille en pleine guerre froide où la compétition pour la conquête spatiale faisait rage entre Américains et Soviétiques. Maintenues dans l'ombre de leurs collègues masculins et dans celle d'un pays profondément ségrégationniste, l'histoire de ces femmes, longtemps restée méconnue, est portée à l'écran dans une facture, certes classique, mais très plaisante et efficace. Un film instructif qui prend tout son relief à l'heure où les questions de ségrégation et d'inégalité des sexes restent d'actualité.

822 **L'Île aux chiens**
Wes Anderson
ÉTATS-UNIS / ANIMATION 2018, COULEURS, 1H51

En raison d'une épidémie de grippe canine, le maire de Megasaki ordonne la mise en quarantaine de tous les chiens de la ville, envoyés sur Trash Island qui devient alors l'Île aux Chiens. Le jeune Atari, 12 ans, vole un avion et se rend sur l'île pour rechercher son fidèle compagnon, Spots. Aidé par une bande de cinq chiens intrépides et attachants, il découvre une conspiration qui menace la ville.
Comment juger du fonctionnement d'une société – animale ou (in)humaine ? Le cinéma d'animation miniature et artisanal de Wes Anderson est l'outil rêvé pour s'initier à la dystopie.

823 **La Jeune fille sans mains**
Sébastien Laudenbach
FRANCE / ANIMATION 2017, COULEURS, 1H13

En des temps difficiles, un meunier vend sa fille au diable. Protégée par sa pureté, elle lui échappe mais est privée de ses mains. Cheminant loin de sa famille, elle rencontre la déesse de l'eau, un doux jardinier et le prince en son château... Adapté du conte des frères Grimm, ce premier long métrage à la fabrication expérimentale et artisanale est une merveille.

ET AUSSI :

824 **Le Fondateur**
John Lee Hancock
ÉTATS-UNIS / FICTION 2016, COULEURS, 1H55

825 **Gardiens de la Galaxie 2**
James Gunn
ÉTATS-UNIS / FICTION 2017, COULEURS, 2H16

À PARTIR DE 13 ANS

826 **Ava**
Léa Mysius
FRANCE / FICTION 2017, COULEURS, 1H45

Ava, 13 ans, est en vacances au bord de la mer lorsqu'elle apprend qu'une maladie rare va lui faire perdre la vue dans les prochaines semaines. Face à sa mère qui agit comme si de rien n'était, Ava prend le contrepied et décide de s'élancer vers l'inconnu avec Juan, un jeune Gitan en fuite rencontré sur la plage. Premier film d'une réalisatrice prometteuse, *Ava* est une fable adolescente aussi incandescente que son actrice principale, Noée Abita.

827 **Louise en hiver**
Jean-François Laguionie
FRANCE / ANIMATION 2016, COULEURS, 1H15

À la fin de l'été, une vieille dame voit que le dernier train est parti sans elle… Elle se retrouve seule dans une petite station balnéaire. Le cinquième long métrage de Jean-François Laguionie capte sans artifices la beauté et la douleur d'une existence, avec des pastels et de la gouache. Un film délicat et envoûtant.

forum des images

Au centre de Paris, bat le cœur du 7e art !

Le Forum des images, 30 ans bien tassés, poursuit sa mue pop entamée la saison dernière ! La saison 2018-2019 propose un cycle mensuel de films, de nouveaux rendez-vous, et toujours des festivals, comme autant de manières de voir et de montrer le monde. S'il y a une mission qui distingue le Forum des images, c'est celle d'être à l'avant-garde de la réflexion sur toutes les images. Ainsi, en cette rentrée, le Forum des images inaugure l'école TUMO Paris, un programme de création numérique innovant et gratuit à destination des adolescents. Il reste aussi un lieu dédié aux premières expériences sur grand écran avec les *CinéKids* ou le festival *Tout-Petits Cinéma*. À cela s'ajoutent les propositions pour les scolaires et les enseignants : formations, ateliers, rendez-vous… Les images dans toute leur diversité sont questionnées. Du cinéma de patrimoine aux réseaux sociaux, en passant par les blockbusters ou les jeux vidéo : les réflexions sont infinies et à portée de tous !

Les CinéKids

Rendez-vous les mercredis et dimanches après-midi pour la projection d'un film suivie d'une rencontre et d'un goûter. Une formule inédite dédiée aux enfants de 18 mois à 8 ans avec des films du monde entier et des animations à chaque séance autour de la magie du 7e art.

Festival Tout-petits cinéma (12e édition)

DU 23 FÉVRIER AU 10 MARS 2019

Ce festival est l'occasion unique d'initier les enfants de 18 mois à 4 ans aux plaisirs du cinéma autour de films courts, de patrimoine comme de création contemporaine, spécialement adaptés à la capacité d'attention des plus jeunes et accompagnés par des artistes du spectacle vivant pour des ciné-concerts ou ciné-chansons exceptionnels et inédits. Au programme également, des ateliers et de nombreuses surprises dans nos espaces à hauteur d'enfants.

TUMO Paris

TUMO Paris, l'école de la création numérique pour les 12-18 ans, offre à ses étudiants la possibilité d'apprendre de façon ludique et personnalisée. Ce programme pédagogique extrascolaire, innovant et gratuit, est élaboré autour de 8 spécialités de technologies créatives : cinéma, animation, jeu vidéo, modélisation 3D, graphisme, dessin, programmation et musique. Intervenants professionnels et spécialistes mondialement reconnus viennent jalonner les parcours des étudiants – accompagnés par des animateurs – pour créer une alternance entre activités créatives et technologiques, dans différents espaces du Forum des images dédiés à TUMO.

828 **Your name**
Makoto Shinkai
JAPON / ANIMATION 2016, COULEURS, 1H50

D'un côté, Mitsuha, une jeune lycéenne qui s'ennuie près de ses montagnes et rêve d'aller à Tokyo. De l'autre côté, Taki, lycéen lui aussi, passionné d'art, aimerait quitter Tokyo pour une vie plus traditionnelle au cœur des montagnes. Leurs vies vont se croiser dans leurs rêves. Quel est donc cet étrange phénomène ? Cet animé évoque le Japon d'aujourd'hui et des peurs qui le traversent. Ce savant mélange d'humour, d'émotion et d'appréhension de l'avenir, que l'on retrouve souvent dans le cinéma japonais, constitue l'un des charmes de ce film.

ET AUSSI :

829 **Chasseuse de Géants**
Anders Walter
ÉTATS-UNIS / FICTION 2018, COULEURS, 1H46

830 **The Garden of Words**
Makoto Shinkai
JAPON / ANIMATION 2014, COULEURS, 46 MN

831 **Quelques minutes après minuit (A Monster Calls)**
Juan Antonio Bayona
GRANDE-BRETAGNE – ESPAGNE – ÉTATS-UNIS / FICTION 2016, COULEURS, 1H45

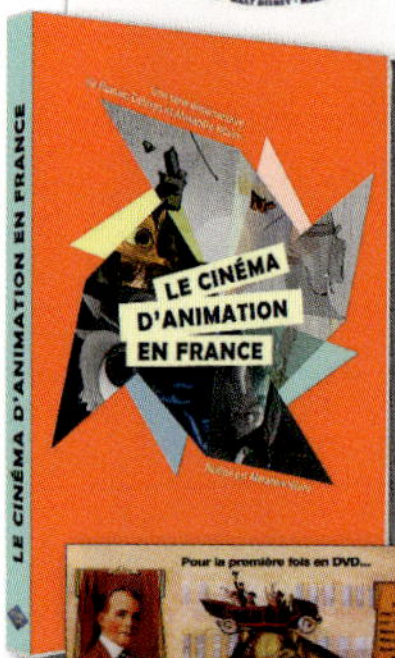

POUR ALLER PLUS LOIN

Nous avons sélectionné quatre titres vers lesquels les enfants n'iraient pas nécessairement d'eux mêmes mais plutôt destinés aux médiathèques souhaitant développer un fonds plus spécialisé sur le cinéma ou accompagner le jeune public dans sa découverte du patrimoine cinématographique. Ces documentaires ou courts-métrages viennent compléter la sélection de titres que nous vous proposons ainsi que le numéro spécial de *La Revue des livres pour enfants* « Formidable cinéma d'animation » (N° 294, avril 2017).

832 **Les Pionniers de l'animation**
Emile Cohl, Les frères Fleischer, Walt Disney
INTERNATIONAL / ANIMATION 1891 – 1957, COULEURS / NOIR ET BLANC, 8H ENVIRON

833 **Le Cinéma d'animation en France**
Alexandre Hilaire
FRANCE / ANIMATION ET DOCUMENTAIRES 2016, COULEURS, 2H51

834 **Les Mondes imaginaires de Winsor McCay**
Winsor McCay
ÉTATS-UNIS / ANIMATION 1912 – 1921, COULEURS / NOIR ET BLANC, 1H26

835 **Une anthologie du cinéma d'animation en France des années 40 à nos jours**
André-Edouard Marty, Albert Pierru, Henri Gruel
FRANCE / ANIMATION 1943 – 2015, COULEURS, 4H30

Choix des films et rédaction des notices : Catherine Dupouey et Céline Sallez (Médiathèque d'Antony), Menie Azzouzi, Mathilde Tattegrain et Elise Tessarech (Forum des images)

12 JEUX VIDÉO

JEUX VIDÉO

Désormais vendue à plus de 20 millions d'unités dans le monde, la Switch de Nintendo, en moins de deux ans, a considérablement participé à l'évolution de l'offre du jeu vidéo. Son catalogue de jeux s'est largement étoffé, composé de titres « AAA » (les blockbusters du jeu vidéo) et pour une part notablement importante de jeux « indés ».

Une richesse et une variété de genres à l'image d'une production foisonnante qui n'a de cesse de nous surprendre. Une plasticité qui nous épate à l'image de Detroit : *Become human* qui emprunte à la littérature de science-fiction et au cinéma tout en inventant une expérience vidéoludique originale. Il nous surprend par son exigence comme dans *Cuphead* et nous rappelle l'importance de la difficulté d'un jeu qui nécessite que le joueur s'investisse. Le jeu vidéo étonne, par sa capacité à sans cesse réinventer les règles et se jouer des contraintes, telle la durée de vie de 60 secondes dans *Minit*.

Le jeu vidéo s'adresse à tous : aventure, action, réflexion, pour les petits ou les plus grands, pour faire rire comme *Chuchel* ou nous toucher plus profondément avec *What remains of Edith Finch*…

Notre sélection se veut le reflet de cette variété, chacun y trouvera son jeu !

837

PREMIERS PAS

À PARTIR D'1 AN

836 **Animal Crossing : Pocket camp**

Animal Crossing : Pocket Camp est fidèle à la série de jeux du même nom dont elle reprend les mécaniques et l'univers mignon. Il s'agit de développer son camping et d'y inviter les personnages rencontrés. Pour cela, il faut collecter des ressources à différents endroits de la carte, fabriquer des objets, répondre aux requêtes des campeurs et se lier d'amitié avec d'autres joueurs. Les événements réguliers et les évolutions maintiennent dans la durée l'intérêt pour cette application de Nintendo.

NINTENDO
IOS / ANDROID
GRATUIT (ACHATS INTÉGRÉS)

♥

À PARTIR DE 6 ANS

837 **Chuchel**

Chuchel est une petite boule de poils noire qui court après une cerise. Tantôt ravie par un animal ou une main venue du ciel, le fruit ne cesse de lui échapper. Petits casse-tête, parodies de *Pac-Man* ou *Space Invaders*, les tableaux se traversent, jamais insurmontables, et se contemplent pour la plus grande joie des joueurs. La couleur, la vivacité des personnages, la gaîté des décors comme de la musique proposent une merveilleuse entrée dans le jeu vidéo pour les plus petits, dans ce qu'il a de plus beau à offrir.

AMANITA DESIGN
PC
À PARTIR DE 10 €

À PARTIR DE 7 ANS

838 **Détective Pikachu**

À son arrivée à Rhyme City, Tim fait la rencontre d'un Pikachu qu'il est seul à comprendre. Ce Pikachu, accro au café, à l'humour grinçant et à la voix grave, est aussi détective ! Pour découvrir la vérité sur le père disparu de Tim et le passé de Pikachu, ils vont mener des enquêtes en interrogeant les témoins humains et Pokémon, analysant lieux et pistes pour déduire la solution. Si le gameplay aurait pu être moins répétitif, l'aventure de ce Pikachu si particulier est très attachante.

NINTENDO / THE POKÉMON COMPANY / CREATURES
3DS
À PARTIR DE 33 €

PLATEFORME

À PARTIR DE 7 ANS

839 **Super Mario Odyssey**

La princesse Peach est (encore) enlevée par Bowser. Mario part donc à son secours au travers de différents mondes qu'il arpente grâce à son vaisseau, aidé de Cappy, chapeau magique qui lui permet de se transformer en de nombreux éléments du décor ou personnages aussi divers qu'une ligne électrique, un T-Rex ou un goomba. *Super Mario Odyssey* est un excellent jeu, aux univers variés fourmillant de secrets et au gameplay fluide et inventif, auquel petits et grands prendront plaisir à jouer ensemble.

NINTENDO
SWITCH
À PARTIR DE 44 €

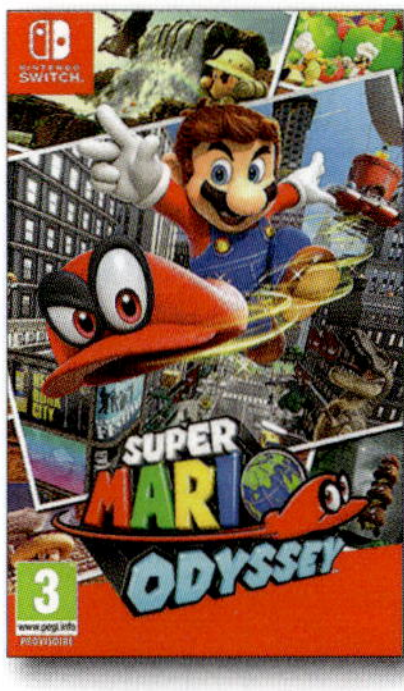

841

À PARTIR DE 8 ANS

840 **Guacamelee 2**

Dans l'opus paru en 2013, Juan le luchador – catcheur mexicain – a vaillamment combattu et sauvé la demoiselle en détresse. Devenu père de famille, il doit sortir de sa routine pour sauver le Mexivers. On plonge rapidement dans un univers drôle, coloré, mêlant le monde des vivants et celui des morts, véritable ode au Mexique. Cette apparence légère et joyeuse n'empêche pas ce jeu mêlant plateforme, action, aventure et combat d'être riche et exigeant. C'est un plaisir à partager, jusqu'à quatre joueurs en simultané.

SONY / DRINKBOX STUDIOS
PC / PS4
À PARTIR DE 19,99 €

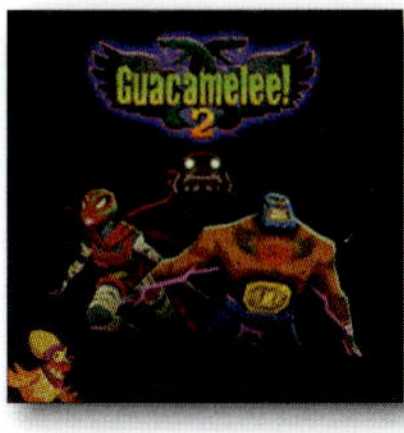

À PARTIR DE 10 ANS

841 **Hollow Knight**

Un petit personnage plonge sous terre explorer les ruines d'une ancienne cité. Dans d'obscurs recoins, on sauve de petites chenilles, on trouve une carte et on commence seulement à envisager l'immensité de ce monde. Ces ténèbres sont jalonnées d'insectes et autres êtres hostiles mais jamais effrayants. Cet univers évoquant ceux de Tim Burton, Miyazaki ou *Ori and the Blind Forest* ne révèle ses richesses qu'au compte-gouttes, les rendant encore plus savoureuses. Un titre original, qui deviendra sans nul doute une référence.

TEAM CHERRY
PC / MAC / LINUX / SWITCH
À PARTIR DE 14,99 €

À PARTIR DE 12 ANS

842 **Celeste**

Madeline se lance le défi d'atteindre le sommet de la montagne Celeste. Ce pitch minimaliste cache un jeu exigeant et profond. Il faudra recommencer plusieurs fois une action ou un saut rapide (dash) pour avancer, sans que cela soit rédhibitoire car la difficulté est progressive, les nouveaux mouvements arrivant au fil de niveaux variés. Un beau jeu de plateforme aux graphismes rétro soignés retraçant un parcours initiatique où l'importance de se confronter à soi-même donne un sens à l'existence.

MATT MAKES GAMES
PC / PS4 / ONE / SWITCH
À PARTIR DE 19,99 €

À PARTIR DE 12 ANS

843 **Inked**

Pour avoir refusé d'obéir à son illustrateur-créateur, un Ronin se voit séparé de sa fiancée. Déterminé à la retrouver, il va parcourir son monde fait de papier crayonné et résoudre de nombreuses énigmes à base de géométrie simple. Dans ce monde dessiné à chaque pas, il doit déjouer les pièges que lui inflige son créateur, lequel n'hésite pas à briser son 4e mur pour manipuler l'image. Un style visuel sublime pour un jeu de plateforme-puzzle apaisant.

STARBREEZE PUBLISHING / SOMNIUM GAMES
PC
À PARTIR DE 17 €

À PARTIR DE 13 ANS

844 **Dead Cells**

Deadcells est un jeu d'exploration où les niveaux sont générés aléatoirement, chacun peuplé de monstres, passages secrets et autres pièges mortels. Pour vous défendre vous pourrez vous équiper de 4 armes, trouvées en chemin et qu'il ne faudra pas hésiter à remplacer pour espérer vaincre les ennemis à venir. Mais les échecs sont nombreux et synonymes de retour à la case départ. Pour autant, le soin apporté aux déplacements, esquives et parades ne peuvent que nous pousser à nous en prendre à nous-mêmes et relancer une partie.

MOTION TWIN
PC / MAC / PS4 / ONE / SWITCH
À PARTIR DE 24,99 €

À PLUSIEURS

À PARTIR DE 8 ANS

845 **Floor Kids**

Floor Kids est un jeu de breakdance créé par le studio MERJ. Tout en gardant le rythme, vous devrez trouver les meilleurs enchaînements lors de sessions freestyle ou en mode battle. Le système de contrôle simple et la prise en main rapide en font un titre accessible à tous. Le graphisme crayonné de JonJon et la bande-son très réussie du DJ Kid Koala font de ce jeu l'un des titres les plus originaux de la Switch, et à coup sûr le succès de votre prochain tournoi de jeux vidéo.

MERJ MEDIA
SWITCH / IOS
À PARTIR DE 19,99 €

Le phénomène Fortnite

Cette année a été marquée par le phénomène Fortnite, auquel les joueurs de l'équipe de France de football ont largement contribué en reproduisant les danses iconiques lors de la coupe du monde. Le concept du jeu est simple et diablement efficace : dans un environnement cartoon, drôle et coloré, les joueurs (le mode battle Royale permet à cent personnes de jouer en ligne simultanément, en solo ou par équipe) sont largués en parachute sur une île et le dernier à survivre remporte la victoire. Il faut donc être discret, s'armer, ramasser bois et autres matériaux pour fabriquer et construire, tout en éliminant ses adversaires. Tout ceci avec un humour omniprésent, à l'image des rares et cultissimes lamas piñata que l'on peut croiser. Qu'on aime ou pas, il est impossible d'ignorer un titre qui compte déjà plus de 78 millions de joueurs. Reste à voir combien de temps va durer cet engouement, et surtout à regarder ce jeu de plus près pour y trouver ce qui ravit tant les jeunes joueurs.

846 **Fortnite Battle Royale**

EPIC GAMES
PC / MAC / PS4 / ONE / SWITCH / IOS / ANDROID
GRATUIT [ACHATS INTÉGRÉS]

846

RÉFLEXION

À PARTIR DE 8 ANS

847 **The Gardens Between**

Autour d'un feu, deux jeunes enfants plongent dans leurs souvenirs. Ils se remémorent des moments partagés à travers différents tableaux. On navigue d'une façon originale dans ce casse-tête, puisque l'on fait défiler ou reculer le fil du temps comme si l'on actionnait une manivelle. Alors on déroule et on rembobine, en déplaçant ici ou là un objet, modifiant une trajectoire, effleurant une fleur, récupérant une lumière pour allumer la lanterne permettant de clore le tableau. Au final une brève histoire, douce et poétique, à partager avec délice.

THE VOXEL AGENTS
PC / PS4 / SWITCH
À PARTIR DE 16,99 €

À PARTIR DE 10 ANS

848 **Gorogoa**

Gorogoa nous entraîne dans la quête de cinq artefacts destinés à calmer un immense dragon qui se faufile à travers la ville. Grâce à un habile jeu de superpositions, on assemble et on désassemble les quatre pièces d'un puzzle afin de les explorer chacune en profondeur et d'en révéler de nouvelles. Un gameplay ingénieux et riche en surprise et en étonnement, et qui s'accommode parfaitement avec l'esthétique du jeu aux illustrations faites mains pour un émerveillement encore plus fort.

ANNAPURNA INTERACTIVE / BURIED SIGNAL
PC / SWITCH / IOS
À PARTIR DE 5 €

À PARTIR DE 13 ANS

849 **Slay the Spire**

Le jeu est un mélange entre le jeu de cartes à collectionner et le rogue-like, un genre où le parcours du joueur est généré aléatoirement à chaque nouvelle partie. Vous devrez progresser de pièce en pièce, affrontant les créatures du donjon à l'aide des cartes que vous débloquerez au fur et à mesure. On pourra regretter la direction artistique, mais les choix, les paris effectués pour construire son jeu de cartes, font de chaque partie une nouvelle aventure.

MEGA CRIT GAMES
PC / MAC
À PARTIR DE 15,99 €

CONSTRUCTION

♥

À PARTIR DE 8 ANS

850 **Nintendo Labo – Toy-con 01 – multi kit**
851 **Nintendo Labo – Toy-con 02 – kit robot**
852 **Nintendo Labo – Toy-con 03 – kit véhicules**

Une brillante initiation pour fabriquer, programmer, ou tout simplement jouer ! Des plaques de cartons prédécoupées permettent de construire une voiture télécommandée, une canne à pêche, un piano… Tout le sel réside dans la fabrication grâce à de parfaites instructions et une fois les objets montés on peut jouer. C'est un premier pas vers la fabrication numérique, ludique, et qui favorise les échanges adultes / enfants, en famille ou dans des animations. Tout l'art de Nintendo : jouer ensemble.

NINTENDO
SWITCH
À PARTIR DE 50 €

ACTION

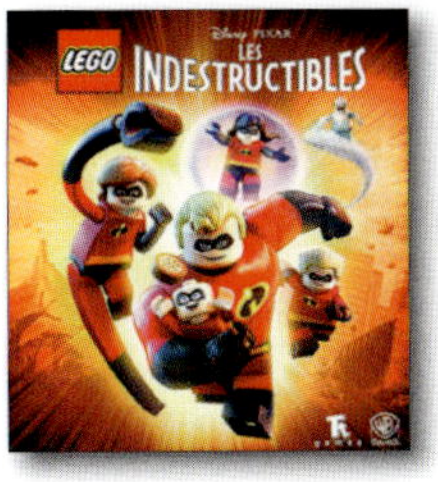

À PARTIR DE 7 ANS

853 **Lego : Les indestructibles**

Les titres de la série se suivent, se ressemblent et se renouvellent suffisamment pour être toujours aussi plaisants à découvrir. On incarne tour à tour chaque membre de la famille Indestructible (mention spéciale pour Jack Jack !) et les autres super-héros en manque de reconnaissance au gré de l'histoire des deux aventures cinématographiques. On peut aussi parcourir librement les lieux, dans un univers particulièrement grand. Dans les deux cas, on appréciera toujours le mode multijoueur coopératif : un vrai plaisir à partager.

WARNER BROS. INTERACTIVE ENTERTAINMENT / TT GAMES
PC / PS4 / ONE / SWITCH
À PARTIR DE 40 €

À PARTIR DE 8 ANS

854 **de Blob**

Paru en 2008 sur Wii, précédemment adapté sur PS3, le titre arrive sur Switch. La compagnie ENKR a ôté les couleurs de Chroma City. Pour stopper la grisaille et redonner de la vie, on va déplacer de Blob le héros, ectoplasme animé, en l'imbibant de couleur et en le projetant sur les décors pour les peindre. Le système de jeu est simple, amusant, les musiques entraînantes et le niveau de difficulté est bien dosé. Nul doute que le titre a dû inspirer les créateurs de Splatoon !
[Nouvelle édition – Première parution 2008 Wii]

BLUE TONGUE ENTERTAINMENT / THQ
PC / PS4 / ONE / SWITCH
À PARTIR DE 20 €

À PARTIR DE 10 ANS

855 **The next Penelope : Race to Odysseus**

Au xxxie siècle, lasse d'attendre Ulysse, Pénélope part à sa recherche à bord de son vaisseau spatial. Le joueur peut diriger le vaisseau de Pénélope vers n'importe quelle planète, chacune ayant un niveau de difficulté et des pouvoirs propres. Le jeu propose des courses en vue de dessus à la maniabilité fluide, aux décors vitaminés et à l'appui d'un scénario, chose rare dans ce genre, aux références mythologiques documentées. Il est possible de jouer jusqu'à quatre. Une pépite du jeu indépendant.
[Nouvelle édition – première parution 2015 PC]

AURÉLIEN REGARD
PC / SWITCH
À PARTIR DE 12,99 €

♥

À PARTIR DE 13 ANS

856 **Cuphead**

Cuphead et Mugman perdent une partie de casino contre le Diable. Pour ne pas perdre leur âme, ils signent un pacte avec lui et parcourent l'île d'Inkwell à la collecte des âmes des Boss. *Cuphead* est un jeu exigeant au gameplay millimétré. Il dispose d'une ambiance fabuleuse à la manière des cartoons des années 1930-1940 dont il reprend l'esthétique et à la bande son jazz époustouflante qui impulse un rythme endiablé aux niveaux. Une merveille à découvrir pour qui ne craint pas le challenge.

STUDIO MDHR
PC / ONE
À PARTIR DE 19 €

À PARTIR DE 13 ANS

857 **Subnautica**

Votre vaisseau spatial en cours de désintégration, vous rejoignez de justesse une capsule de sauvetage et vous voilà maintenant bien seul au milieu d'un océan qui recouvre la quasi-totalité de cette planète inconnue. Il vous faudra explorer les environs, pêcher, filtrer de l'eau, collecter des minerais. Mais *Subnautica* ne se limite pas à un jeu de survie et arrive à distiller un scénario haletant, vous faisant prendre peu à peu conscience que vous n'êtes pas seul sur cette planète.

UNKNOWN WORLDS / GRIP GAMES
PC / MAC
À PARTIR DE 22,99 €

À PARTIR DE 15 ANS

858 **Super hot VR**

Super Hot VR est un jeu de tir à la première personne (FPS) à l'esthétique épurée. Trois couleurs dominent : le blanc des décors, le rouge des ennemis en polygones et le noir des armes et du protagoniste. La mécanique de jeu est originale : il faut cesser tout mouvement pour arrêter le temps et ainsi prendre les armes, éviter ou renvoyer les balles et vaincre ses opposants. L'expérience est à la fois physique et immersive grâce à la VR. Un très bon jeu qui renouvelle intelligemment le genre.

SUPERHOT TEAM
PS4 + PSVR / PC + CASQUE VR
À PARTIR DE 14 €

AVENTURE

À PARTIR DE 8 ANS

859 **Far : Lone Sails**

À bord d'un étrange véhicule, un jeune mécanicien orphelin s'aventure à travers un monde post-apocalyptique. De mer asséchée en zone industrielle désertique, il convient d'alimenter la machine et de veiller à son bon fonctionnement, non sans développer une certaine empathie pour elle. Le chemin, parsemé d'obstacles et d'énigmes simples, permet de savourer pleinement l'ambiance onirique rappelant *Syberia* ou *Journey*, et servie par des graphismes bluffants et une musique des plus apaisantes.

MIXTVISION / OKOMOTIVE
PC / PS4 / ONE
À PARTIR DE 15 €

À PARTIR DE 10 ANS

860 Okami HD

Okami propose une immersion dans le Japon médiéval. On y incarne la déesse louve du soleil Amateratsu, accompagnée du peintre Issun, dans sa quête pour libérer le monde du maléfique Orochi. Les graphismes HD magnifient les décors rappelant les estampes japonaises où se mêlent couleurs et encre de Chine. Si les mécaniques du pinceau céleste (il s'agit de reproduire des symboles pour effectuer actions et attaques) et angles de vues sont rigides, *Okami* garde intacts sa poésie et son onirisme.
[Nouvelle édition – Première parution 2005 PS2]

CAPCOM / CLOVER
PC / PS4 / ONE / SWITCH
À PARTIR DE 14 €

À PARTIR DE 12 ANS

861 Minit

On déplace un petit personnage dans un décor de pixels en noir et blanc. Découvrant une épée, le héros déclenche un chronomètre : soixante secondes, voilà ce que son aventure va durer. Ainsi c'est l'accumulation de courtes parties qui permettent de découvrir les lieux, objets et énigmes à résoudre. L'originalité de ce rythme impose de découper les actions : une partie pour trouver de quoi s'éclairer, une autre pour trouver une clé, une autre pour l'utiliser… Original et bien construit, le jeu se révèle particulièrement riche.

DEVOLVER DIGITAL / JW, KITTY, JUKIO, AND DOM
PC / PS4 / ONE
À PARTIR DE 9,99 €

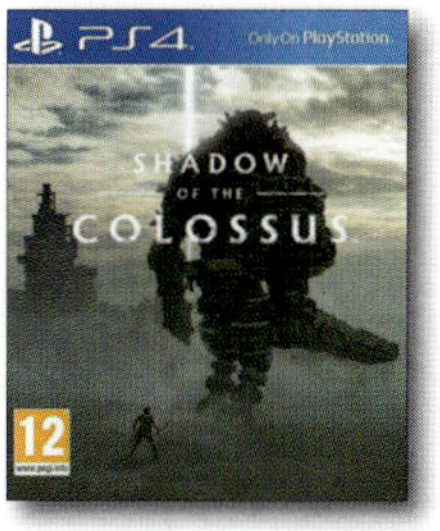

À PARTIR DE 12 ANS

862 Last day of June

Derrière son esthétisme chaleureux et son style aquarelle, ce jeu d'aventure sans texte nous plonge dans la thématique du deuil. Assis dans son fauteuil roulant, Carl va se plonger dans les tableaux de June, sa fiancée disparue, pour tenter de résoudre les infimes incidents qui ont précédé le drame. Mais chaque événement résolu conduit à une nouvelle réaction en chaîne vers l'inéluctable. Un jeu stratégique touchant et une véritable expérience émotionnelle.

505 GAMES / OVOSONICO
PC / PS4
À PARTIR DE 20 €

À PARTIR DE 12 ANS

863 Shadow of the Colossus

Pour ressusciter une jeune fille, un jeune homme s'aventure sur des terres sacrées interdites. Il parcourt ces lieux, galopant à la recherche des seize Colosses à combattre pour redonner vie à l'être aimé. Si simple et pourtant si riche, cette aventure onirique est une œuvre majeure. Les chevauchées de magnifiques étendues, la grâce des mouvements, le mystère qui plane sur ces terres, les Colosses eux-mêmes, tout participe à cette richesse. Treize ans après sa sortie originelle, le charme de cet indispensable du jeu vidéo opère toujours.
[Nouvelle édition – première parution 2005 PS2]

SONY INTERACTIVE ENTERTAINMENT / TEAM ICO
PS4
À PARTIR DE 40 €

861

À PARTIR DE 15 ANS

864 **Detroit : Become Human**

Detroit en 2038, nous suivons trois androïdes : Kara, Marcus et Connor. On emprunte les pas de chacun, décidant de leurs actes et subissant les conséquences de ces choix, en pouvant rejouer et moduler les chemins empruntés. Leurs histoires posent la question de leur humanité, vue comme une déviance menant à la révolte, en interpellant le joueur. Quoi que l'on en pense, Quantic Dream livre ici un chef-d'œuvre, tant du point de vue esthétique que scénaristique, invitant à la (re) lecture d'Asimov ou de K. Dick

SONY INTERACTIVE ENTERTAINMENT / QUANTIC DREAM
PS4
À PARTIR DE 55 €

À PARTIR DE 15 ANS

865 **What remains of Edith Finch**

Sept ans après l'avoir quittée, vous regagnez la demeure familiale. Construite par votre arrière-grand-père Odin, la maison s'est agrandie au fil des générations, chaque pièce renfermant sous formes de notes et journaux intimes l'histoire des différents membres d'une famille maudite. Par le soin et l'originalité apportés à l'écriture des différents personnages, le studio Giant Sparrow réussit là l'une des histoires les plus touchantes du jeu vidéo.

GIANT SPARROW / SCE SANTA MONICA STUDIO
PC / PS4 / ONE
À PARTIR DE 19,99 €

JEU DE RÔLE

À PARTIR DE 14 ANS

866 **Octopath Traveler**

Dans *Octopath traveler*, nous suivons huit personnages menant chacun une quête personnelle, le lien entre eux ne se faisant que par des dialogues sans aucune interaction. Chacun dispose d'une classe d'attributs (puis deux) et d'aptitudes propres permettant des interactions dans les villes (question, guide, vol...). Si l'intérêt des quêtes est variable selon le personnage, le système de classe permettant d'adapter les combats et les effets visuels en 2D, superbes, rendent cette aventure des plus agréables.

SQUARE ENIX
SWITCH
À PARTIR DE 40 €

865

Responsable de la rubrique : Claire Bongrand
Rédacteurs : Claire Bongrand, Julien Devriendt, Céline Meneghin, Nicolas Périsse

13

APPLIS

APPLIS

Cette année encore, les jeux sur tablettes sont fortement présents dans notre sélection. « Cherche et trouve », point & click, casse-têtes... plusieurs genres trouvent toute leur place sur ce support et démontrent que l'ingéniosité et la créativité sont aussi à chercher dans ce domaine. Est-ce à dire que le récit disparaît des applis pour enfants ? Disons qu'il cherche à se réinventer, engendre de nouvelles formes de narration : jeu d'aventure narratif, documentaire interactif permettent d'aborder des sujets complexes, parfois matures, et d'y intéresser un public rompu aux médias numériques.
Le multimédia favorise l'hybridation des genres et nous oblige à questionner nos habitudes de lecture... ou de jeu.
Tant mieux, non ?

Et l'appli d'activités ?
Elle se porte bien, merci.
Dessin, exploration, danse, musique, botanique virtuelle...
cette année notre filet est bien rempli, l'inventivité toujours au rendez-vous. En revanche, toujours peu de choses vraiment abouties en matière de réalité augmentée ou de réalité virtuelle.
Dans le domaine des applis comme ailleurs, l'expérimentation et les tâtonnements restent nécessaires. Raison de plus pour s'y plonger, surtout lorsque l'on constate l'apport d'illustrateurs talentueux, qu'ils soient issus du numérique ou de l'édition jeunesse.
L'exigence, graphique autant que narrative, existe sur tablette ; qu'on se le dise !

868

À PARTIR DE 3 ANS

♥
Lucas Zanotto
867 **Bandimal**

Une appli pour composer ses propres morceaux de musique – de type électronique – avec la possibilité d'y inclure des effets sonores et rythmiques, de modifier le tempo et d'enregistrer le tout. Trois animaux choisis parmi une dizaine composent un groupe que l'on peut faire évoluer en temps réel. La prise en main est aisée et intuitive. Le graphisme joyeux et chaleureux, propre à Yatatoy, concourt également à la mise en valeur de l'ensemble et à la réussite de cette nouvelle parution.

YATATOY
IOS (10.0 OU +)
3,99 €

Julie Stephen Chheng
868 **La Pluie à midi**

Joe, petit poisson rouge, rêve d'avoir un aileron de requin. Pour atteindre son but, il sillonne les océans dans tous les sens et croise de multiples espèces sous-marines... D'un doigt, le joueur guide Joe dans cette balade rythmée par de petits jeux inventifs. L'appli s'accompagne d'un album papier dont les éléments détachables constituent une proposition ludique supplémentaire. Vrai travail d'auteur, *La Pluie à midi* enchante par ses trouvailles poétiques, son interface fluide et ses bruitages apaisants.

LES ÉDITIONS VOLUMIQUES
IOS (6.0 ET +) / ANDROID (2.3 ET +)
[TEST SUR IOS]
2,29 € (APPLI), 14,90 € (ALBUM), LES DEUX PEUVENT ÊTRE ACQUIS SÉPARÉMENT

869 **Sago Mini Doodlecast**

Sago Mini Doodlecast est une application de dessin pour enfants, qui, et c'est son originalité, offre la possibilité de visionner ses créations « en temps réel ». Ainsi dès que l'on commence à dessiner un enregistreur vidéo et sonore se met en route. L'enfant peut alors soit simplement dessiner et regarder ensuite le déroulement de ses ajouts de traits de crayons, soit pour les plus hardis, élaborer un petit scénario préalable et créer une vidéo en Stop Motion. À vos crayons !

SAGO SAGO
IOS (7.0 +)
3,49 €

870 **Toca Lab : Plants**

Des graines, de l'eau, de l'engrais… *Toca Plants* invite à devenir jardinier, mais tendance apprenti sorcier ! Dans le laboratoire, de drôles de plantes zoomorphes lancent des cris, se déplacent par bonds, gobent bruyamment des granulés… Bien soignées, elles se multiplient par clonage et hybridation. Mais à quoi ressemblera donc la prochaine créature ? Une appli à l'imagination et à l'humour débridés, où le jardinier en herbe mène ses expérimentations en toute liberté.

TOCA BOCA
IOS (8.0 ET +), ANDROID (4.4 ET +)
[TEST SUR IOS]
À partir de 2,99 €

871 **Under leaves**

Sous les feuilles, sous les herbes, sous les algues, ce « cherche et trouve » ravira l'œil et l'esprit des petits comme des plus grands. Sur une carte du monde, on navigue entre les différents tableaux à la recherche de petits animaux ou objets (oursins, châtaignes…), dans un univers poétique et raffiné. On apprécie particulièrement la qualité du graphisme et de l'habillage sonore, tout en subtilité, de cette application conçue par un petit studio indépendant tchèque.

CIRCUS ATOS
IOS (7.1 ET +)
2,29 €

À PARTIR DE 6 ANS

872 **Fabricabrac**

Cet atelier de création original puise dans les riches archives de la Bibliothèque nationale de France. Les manuscrits médiévaux ont inspiré trois activités, de l'alphabet au bestiaire, qui stimulent l'imagination et ouvrent sur des notices documentaires adaptées aux enfants. En piochant dans une galerie d'éléments à positionner, agrandir ou retourner, l'enfant imagine son animal fantastique, et crée par exemple une chimère à tête de cerf, queue de poisson et ailes de dragon. La fluidité d'utilisation et le partage des créations, par email ou dans la galerie de l'application, fait de cet outil une réussite.

BIBLIOTHÈQUE NATIONALE DE FRANCE
IOS (9.0 ET +) / ANDROID (4.0 ET +)
Gratuit

873 **Fantastiques dinosaures 2**

Suite d'une première application déjà séduisante, cette deuxième parution renouvelle l'attrait en proposant une nouveauté : une visualisation à 360°. Les principes informatifs sont identiques : une vingtaine de questions-réponses, une frise temporelle, 140 nouvelles fiches des dinosaures présentés en images de synthèse. La vision circulaire est un plus, elle permet d'observer le profil de l'animal, sa morphologie, ses proportions. Une approche complémentaire aux éditions documentaires sur papier.

OREAKIDS
IOS (9.0 OU +) / ANDROID (4.1 OU +)
[TEST SUR IOS]
À partir de 3,99 €

870

Benjamin Renner

874 **Le Grand Méchant Renard**

Des retrouvailles interactives avec le désopilant renard de Benjamin Renner. Cette adaptation pour tablettes tactiles du Récit dont vous êtes le héros, qui existait déjà sur Internet en turbomédia, est un prologue à l'album *Le Grand Méchant Renard* (Delcourt). Le goupil tente de capturer une poule pour dîner, et le lecteur intervient en choisissant tantôt de creuser un tunnel, tantôt d'escalader la clôture… Tous les scénarios sont voués à l'échec, et le comique de répétition amplifie l'humour du dessin de style cartoon.

BENJAMIN RENNER
IOS (6.0 ET +), ANDROID (4.0 ET +),
ÉGALEMENT DISPONIBLE SUR LE WEB
[TEST SUR LES TROIS SUPPORTS]
GRATUIT

Philipp Stollenmayer

875 **Supertype**

Supertype propose de jouer avec les lettres non en fonction de leur signification ou de leur sonorité, mais de leur forme. Une idée simple qui se décline ici en 111 tableaux, de difficulté croissante. Selon la configuration du casse-tête, il faut choisir la lettre qui tombera du bon côté, tournera, roulera, s'enchaînera avec la suivante. Un exercice de réflexion stimulant et original, d'un minimalisme assumé, dans un élégant décor de papiers peints vintage. Addictif et malin.

KAMIBOX
IOS (8.0 ET +) / ANDROID (4.0.3) [TEST IOS]
À PARTIR DE 1,89 €

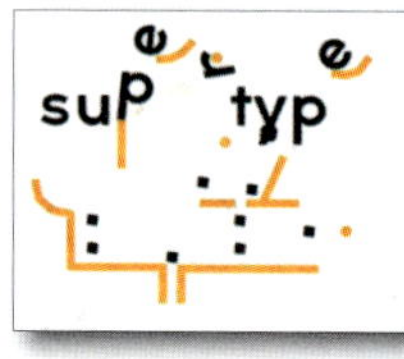

À PARTIR DE 8 ANS

876 **Alto's Odyssey**

Après les cimes enneigées (*Alto's Adventures*), nous voici dans un désert de sable. On retrouve avec plaisir la fluidité des mouvements et l'élégance du graphisme ou de l'univers sonore, points forts de ces applis. En plus des sauts vertigineux et combos spectaculaires que l'on doit faire effectuer à son planchiste, quelques murs d'escalade, cascades, rails mouvants et autres mini-tornades viennent compliquer le parcours. Pas de paiement intégré : seule l'habileté du joueur lui permettra de débloquer les 180 niveaux.

TEAM ALTO / SNOWMAN
IOS (10.0 ET +) ET ANDROID (4.1 ET +)
5,49 €

877 **Homo Machina**

Dans un corps humain devenu machine géante, de minuscules techniciens lancent tour à tour les fonctions vitales (réveil, digestion…), ou d'autres qui le sont moins (le coup de foudre ! encore que…). Chaque étape est une nouvelle enquête : les manipulations sont inventives, pas toujours faciles, parfois un peu longues. Mais les curieux apprécieront cette étonnante aventure intérieure dont l'univers graphique, inspiré des dessins anatomiques d'un médecin allemand du début du XXe siècle, est très réussi.

ARTE FRANCE / DARJEELING / FEIERABEND!
IOS (10.0 ET +), ANDROID (6.0 ET +)
[TEST SUR IOS]
3,49 €

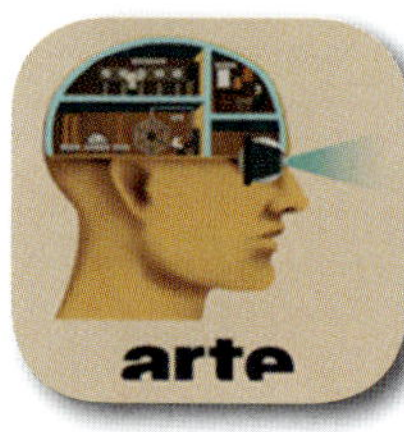

874

Dirigé par Allan Durand, ill. Romain Delambily, musique de Incredible Polo

878 **Incredibox**

Cette initiation au beatbox pour tous les publics consiste à associer sept personnages à divers accessoires pour qu'ils entonnent des bruits de bouche. Lunettes, casques et chapeaux déclenchent un chant ou une percussion vocale permettant de mixer des compositions, qui peuvent être enregistrées et partagées en ligne. Des combinaisons spéciales indiquées par les jauges du haut de l'écran déclenchent des vidéos en rapport avec les quatre univers graphiques de l'application. Cet orchestre coloré et ses instruments a capella sont une porte d'entrée originale pour un atelier musical.

SO FAR SO GOOD
IOS (8.0 ET +)
4,49 €

À PARTIR DE 10 ANS

Sophie Taboni, Nicolas Catherin

879 **Ici tout va bien : carnet de voyage dessiné**

Deux jeunes Français qui ont décidé d'explorer l'Océanie nous envoient de Nouvelle-Zélande et d'Australie des cartes postales d'un genre nouveau, lisibles en navigant, de façon fluide, grâce au défilement horizontal. Mélange de différents médias : photos, dessins, animations, vidéos, elles relatent un voyage fait de découvertes émerveillées et de rencontres insolites, dans ces contrées surprenantes, aux magnifiques paysages. Des inserts dessinés servent de fil conducteur chronologique et portent les commentaires, nous permettant ainsi de partager le voyage, au quotidien.

IOS 8.0 ET +
PANDASUITE / BEINGENIOUS
GRATUIT

♥

Benjamin Lacombe, Sébastien Perez

880 **Les Super-héros détestent les artichauts**

Grâce à ce livre numérique interactif en format ePub3, adapté de l'album papier éponyme paru en 2014, le lecteur apprendra comment devenir un… super-héros. À partir de 46 pages-écran, guidé par Phosfo et Wasp Woman, modèles et référence, il accédera à de multiples ressources transmédiatiques déclinées avec un grand souci formel, jusque dans le pastiche. Juke-box de vidéos et de musiques, vraies fausses archives, miniromans et bandes dessinées nourrissent dans un joyeux syncrétisme stylistique et mythologique cet étourdissant voyage interstellaire.
(Voir le Making off du n° 299 de *La Revue des livres pour enfants.*)

ALBIN MICHEL JEUNESSE
IOS (4.3 OU +) / ANDROID (3.0 OU +)
[TEST SUR IOS]
9,99 €

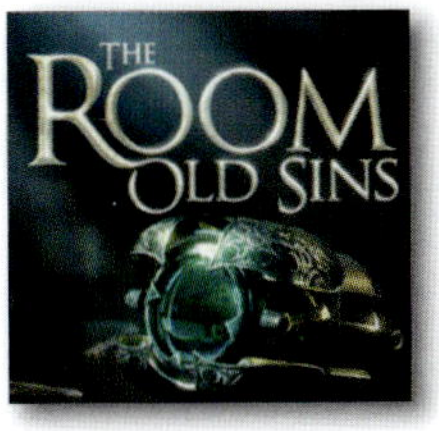

881 **The Room : Old Sins**

Parti d'une enquête dans un grenier, on se retrouve à explorer minutieusement une mystérieuse maison de poupées qu'il faudra minutieusement observer afin d'en révéler tous les secrets. Dans ce quatrième titre de la série *The Room*, référence dans les jeux de puzzle et de réflexion, il faut observer sous tous les angles différents objets ou mécanismes à activer, afin de percer le mystère d'une disparition. Le soin apporté aux graphismes, lumières et ambiance sonore favorise l'immersion dans ce casse-tête particulièrement plaisant.

FIREPROOF STUDIOS
IOS (10.0 OU +) / ANDROID (4.4 OU +)
[TEST SUR IOS]
5,49 €

À PARTIR DE 13 ANS

♥
D'après Émile Zola
882 **Au bonheur des dames, l'édition enrichie**

Cette édition numérique propose bien plus qu'une simple (re)lecture d'un classique littéraire. Elle offre une plongée dans l'univers des grands magasins et du XIXe siècle que Zola a restitué dans son roman. Le texte est illustré par les collections de la BnF et du Musée d'Orsay (pages du manuscrit, affiches publicitaires, échantillons de tissus, tableaux) ; personnages, lieux et vocabulaire spécifique font l'objet de notices explicatives ; de grandes thématiques de l'époque sont présentées par des spécialistes. On apprécie grandement la qualité de l'enrichissement de cette édition.

BIBLIOTHÈQUE NATIONALE DE FRANCE – FONDATION ORANGE
IOS (8.0 ET +) / ANDROID (4.4 ET +)
[TEST SUR IOS]
GRATUIT

883 **Florence**

Florence, jeune femme solitaire, mène une vie un peu monotone jusqu'à ce qu'elle rencontre Krish. Premiers rendez-vous, installation commune, routine, rupture... Toutes les étapes d'une histoire d'amour où l'on progresse, aux côtés de l'héroïne, grâce à des interactions inventives et souvent pleines de sens. Une jolie tranche de vie qui touche par sa conclusion positive (après la rupture la vie continue et reprend ses couleurs), et séduit par sa réalisation et sa bande-son. Au final, le charme opère !

STUDIO MOUNTAINS / ANNAPURNA INTERACTIVE
IOS (10.0 ET +) / ANDROID (4.4 ET +)
[TEST SUR IOS]
À PARTIR DE 2,99 €

À PARTIR DE 15 ANS

884 **Another Lost Phone : Laura's story**

Un téléphone trouvé par terre provoque l'envie de le rendre à son propriétaire légitime et vous pousse à regarder son annuaire et ses messages reçus ou envoyés. À travers les photos et en parcourant les messages privés de ces personnages fictifs, vous tentez de découvrir ce qu'il s'est passé. Comme *A normal lost phone*, les faits racontés sont réalistes et inspirés d'histoires vraies. Le soin apporté à l'écriture et les conseils distillés tout au long de l'histoire en font un jeu passionnant.

ACCIDENTAL QUEENS / PLUG IN DIGITAL
IOS (7.0 OU +) / ANDROID (4.1 OU +) / PC
À PARTIR DE 2,99 €

♥
885 **Enterre-moi mon amour**

Inspiré librement du véritable périple d'une Syrienne en exil et développé avec son accord, *Enterre-moi mon amour* constitue une expérience singulière : sous la forme d'une appli de messagerie, on participe aux échanges entre Nour, qui s'apprête à passer en Europe, et son mari – que l'on incarne – resté en Syrie. Les choix d'itinéraires ou de méthodes seront autant de sujets de discussion, les doutes, la tristesse ou le réconfort surgiront. *Enterre-moi mon amour* ne doit pas être appréhendé comme un jeu textuel classique : les conseils que l'on donne à la jeune femme ne seront pas forcément suivis et l'attente – parfois longue – des nouvelles de Nour constitue un élément important de l'expérience. Il peut tout aussi bien être vu comme un documentaire immersif, nous plaçant au plus près de la réalité du destin de réfugiés, souvent réduits à l'état de chiffres. L'énorme soin apporté au travail d'écriture, le respect des personnes décrites, tout cela emporte l'adhésion et fait d'*Enterre-moi mon amour* une œuvre que l'on n'oublie pas. Cf. l'interview de Florent Maurin (« Le Réel au risque du jeu vidéo ») donné dans le n° 300 de la RLPE.

ARTE FRANCE – THE PIXEL HUNT – FIGS
IOS (9.0 ET +) / ANDROID (4.1 ET +)
À PARTIR DE 3,49 €

Responsable de la rubrique : Jonathan Paul
Rédacteurs : Brigitte Andrieux, Claire Bongrand, Colombine Depaire, Julien Devriendt, Elisabeth Lancou, Jonathan Paul et Marine Planche

MAGAZINES POUR ENFANTS

MAGAZINES POUR ENFANTS

Fake News et intox, Mai 68, Football, accueil des réfugiés... Les thèmes qui ont marqué la presse jeunesse cette année témoignent encore et toujours de la volonté d'englober le réel des jeunes lecteurs dans tous ses aspects. Nouveaux titres, anniversaires, nouvelles formules, et même un (faux) clash : en 2018, la presse jeunesse a de nouveau brillé par son dynamisme !

NOUVEAUTÉS

Cin'Epi

Nous vous parlions de la revue de cinéma *Pop-Corn* dans notre sélection annuelle 2017, voici son petit frère, Cin'Epi, destiné aux 5-7 ans. Deux fois par an, le magazine présente un film, accompagné de jeux, interviews et reportages. Particularité : le magazine est entièrement illustré par de jeunes dessinateurs. (Voir l'interview de Marianne Selli dans le n° 301 de *La Revue des livres pour enfants*.)

HTTPS://WWW.LAREVUEPOPCORN.FR/
ABONNEMENT (2 ANS, 4 NUMÉROS) : 20 €

Cin'épi

Kids-Matin

Lancé par le groupe Nice-Matin, Kids-Matin est un hebdo d'actualité 100 % numérique qui s'adresse aux moins de 13 ans et dont l'abonnement est... à prix libre. Une première en France ! Révélateur d'une presse quotidienne toujours à la conquête d'un nouveau souffle (et de nouvelles générations de lecteurs), Kids-Matin témoigne d'un secteur en pleine mutation, avec des rubriques dans l'air du temps : lutte contre les fake news, articles transmédia, participation des lecteurs dans l'élaboration du contenu...

SITE : HTTPS://KIDSMATIN.COM/
ABONNEMENT (HEBDOMADAIRE) : LIBRE

Mon premier journal de Mickey

Nouveau venu dans l'offre Disney, Mon premier Journal de Mickey est destiné aux 6-8 ans et permet de faire la charnière entre *Mickey Junior* et *Le Journal de Mickey*. On y retrouve les rubriques classiques de la fratrie, adaptées à cette cible intermédiaire : des aventures en BD des personnages Disney, des pages documentaires, une nouvelle de fiction... Malgré une rubrique en anglais, peu de singularité, donc, pour ce nouvel arrivant dans la famille, qu'on espère rapidement gagner en personnalité.

HTTPS://WWW.MICKEYJUNIOR.FR/MAGAZINES/MON-PREMIER-JDM/

Abonnement (6 numéros) : 29, 75 €

Pif et Super Tchô

Faux nouveaux mais vrais revenants, les magazines Pif et Tchô font leur grand retour en kiosque dans des formules remaniées : un hebdo en format accordéon avec réalité augmentée pour Pif, un gros pavé trimestriel de planches inédites et de prépublication pour Tchô, désormais baptisé Super Tchô. Reste à voir si ces deux titres, forts de leur gloire passée, pourront compter sur la nostalgie des parents pour se faire une place dans le cœur d'un nouveau public.

HTTP://WWW.PIF.FR/
HTTP://WWW.GLENATBD.COM/BD/SUPERTCHO-01-9782344028476.HTM
5,95 € le numéro

Mordelire

NOUVELLES FORMULES

Biscoto

Avec le numéro 63 de septembre 2018, Biscoto prend du muscle : augmenté de 4 pages (soit 20 au total), le magazine « grand comme un vrai journal » propose désormais plus de bandes dessinées, plus de documentaires et même une rubrique féministe. Véritable grand frère de la presse jeunesse indépendante, Biscoto continue de miser sur la qualité de ses contenus, comme en témoigne la très belle « une » signée Juliette Mancini.

Julie

« 100 % filles, 100 % toi ». La nouvelle formule de Julie, inaugurée avec le numéro de mars 2018, annonce fièrement la couleur, tout en rehaussant légèrement sa cible : à l'origine destiné aux 8-12 ans, le magazine s'adresse aujourd'hui aux 10-14 ans. À noter, la disparition des Pipelettes d'Anne Guillard, qui accompagnaient les lectrices de Julie depuis 10 ans, victimes collatérales de l'ahurissante campagne de censure et de dénigrement provoquée par la publication du livre *On a chopé la puberté* (voir l'interview de Malicia Mai-Van-Can dans le n° 300 de *La Revue des livres pour enfants*).

Mille et une histoires

Fleurus achève le grand remaniement de ses titres, entamé en 2016, avec la refonte de la revue Mille et une histoires. Depuis le n° 199 d'octobre 2017, le magazine se veut plus interactif, notamment grâce à une application permettant d'écouter les histoires en musique ou encore par le biais d'une histoire mensuelle dans laquelle l'enfant est invité à faire avancer le récit.

Mordelire

Depuis le n° 369 de septembre 2018, *Moi je Lis* se nomme Mordelire. Le concept ? Toujours destiné aux enfants à partir de 7 ans, chaque numéro propose, en plus des rubriques habituelles, une histoire qui fait rire et une autre qui fait peur (signée Bernard Friot pour ce premier numéro). Maquette moderne et aérée, nouveau logo, nouveau contenu, nouveau nom... Une nouvelle formule digne de ce nom !

Le Petit Léonard

Fini le bandeau rouge ! Pour leur numéro 238 (septembre 2018), les mascottes du magazine Léonard et Joconde s'offrent une nouvelle formule sous le parrainage de Picasso, sacré artiste du mois.

Phosphore

Anciennement mensuel, Phosphore paraît à présent deux fois par mois, dans une édition resserrée et privilégiant une information visuelle. S'adressant aux lecteurs de 14 à 18 ans, le magazine a pour ambition de parler de sujets parfois graves sur un ton constructif et non anxiogène, en promouvant une vision du monde positive axée sur des valeurs… tout en restant bien sûr en adéquation avec les préoccupations et les usages des ados. Une pensée positive finalement très dans l'air du temps.

Sciences & Vie Junior

Plus petit et plus carré : derrière ce nouvel habillage, Sciences & Vie Junior fête ses 30 ans d'existence et intègre quatre nouvelles rubriques : "Quoi de neuf", "Science buissonnière", "Le journal de l'étrange" et "Champ libre". Faisant la part belle aux nouvelles technologies, le magazine n'hésite pas à intégrer des YouTubeurs au sein de la rédaction, pour tenter de rester en phase avec les préoccupations des adolescents d'aujourd'hui.

Toboggan

Pour sa nouvelle formule, Toboggan propose désormais un petit roman détachable de 16 pages au centre du magazine. Histoire d'encourager un peu plus les jeunes lecteurs de 5-8 ans à rejoindre la « cour des grands », par le biais des premières lectures autonomes.

Wakou

Nouvelle formule pour Wakou, depuis le mois de juin 2018 : chaque mois, un carnet de saison détachable incite le jeune lecteur à appréhender la nature par les 5 sens. Le conte du soir passe, lui, sur 3 pages (au lieu de 2). L'ambition du magazine ne change pas : susciter l'émerveillement des petits lecteurs (0-5 ans) face aux beautés et à la diversité de la nature.

ANNIVER-SAIRES

1jour1actu

Déjà 200 numéros pour 1jour1actu ! Pour l'occasion, la rédaction joue les explorateurs et est descendue à la découverte du gouffre de Padirac, dans le département du Lot. Le reportage était à suivre dans le numéro anniversaire du 29 juin. Une manière originale de faire connaissance avec l'équipe du journal tout en renouvelant le marronnier du numéro anniversaire.

Astrapi

Rien ne semble pouvoir arrêter Astrapi ! Plus de 900 numéros après sa création, le magazine a fêté en 2018 ses 40 années d'existence, avec un hors-série spécial été le 25 juin ainsi qu'un numéro anniversaire surprise, le 1er octobre, sur le thème du bonheur. Toujours à l'affût de nouvelles expériences, le titre phare de Bayard Presse est même monté sur scène, le temps d'un « Live Magazine », en mai à Paris et à Bruxelles en novembre. L'occasion de rappeler la devise historique du magazine : « Notre patron, c'est les enfants ! » (Voir l'interview de Florence Martin-Kessler, organisatrice du Live Magazine dans le n° 301 de *La Revue des livres pour enfants.*)

Astrapi

Cosinus

Pour son n°200 (janvier 2018), Cosinus propose un numéro spécial « La science du futur ». Au programme : la colonisation de mars, les propriétés des nouveaux matériaux, la médecine de demain...

J'Aime Lire

N° 500 en septembre 2018 pour le célébrissime magazine de lecture au cadre rouge. Un anniversaire fêté somme toute discrètement (le chiffre 500 caché dans les diverses rubriques), un an après que Bonnemine, le crayon mascotte, a soufflé ses 40 bougies.

Le Monde des Ados

Apparu le 8 janvier 2003, Le Monde des Ados a fêté ses 15 ans d'existence avec son n° 400 du 24 janvier 2018. L'héritier de *Télérama junior* (créé en 1991) et d'*Infos junior* (Fleurus Presse) continue de lutter contre la désaffection des ados face à la presse en proposant des outils pour comprendre l'actu, tout en donnant la parole à ses lecteurs.

Guerre et paix

S'allier ou s'affronter ? Cette année les magazines pour enfants ont joué la carte de la stratégie en affichant ouvertement leurs divergences ou leurs associations saugrenues. Ou comment surprendre pour attirer l'attention.

Certains la jouent cash...

À l'occasion de la Coupe du Monde de Football, *le Journal de Mickey* s'est associé au quotidien *L'Équipe*, le temps d'un hors-série. Destiné aux 7-14 ans, on a pu y découvrir des BD spécial foot mettant en scène les personnages Disney, mais aussi la présentation des différentes équipes nationales, des jeux, le calendrier des matchs, des infos insolites...

...et d'autres vont au clash.

Entre *Spirou* et *Fluide Glacial*, c'est la guerre ! Succession de bandes dessinées moqueuses sur la rédaction rivale au printemps, affrontement par numéros interposés en septembre, le tout culminant par une *battle* de joutes verbales à la Fête de la BD de Bruxelles pour enfin les départager... Et si au final c'est *Fluide Glacial* qui l'a emporté (même s'ils « dessinent moins bien », dixit une jeune lectrice), les faux rivaux sortent bien sûr tous deux vainqueurs de ce coup de com' pour le moins inattendu.

Responsable et rédacteur de la rubrique : Christophe Patris

15 OUVRAGES DE RÉFÉRENCE

OUVRAGES DE RÉFÉRENCE

LITTÉRATURE DE JEUNESSE

888

« Voyages imaginaires » et « Enfants de la précarité ». Les titres qui ouvrent et ferment cette sélection d'ouvrages de référence témoignent du sempiternel grand écart à l'œuvre dans les livres pour la jeunesse lorsqu'il est question de mise en récit. De la fantaisie pure au réalisme social le plus préoccupant, les 40 ouvrages proposés ici embrassent une vision transdisciplinaire de la fiction, repoussant un peu plus les frontières de la recherche, entre transmission orale, littérature sérielle et émancipation par la lecture.

Farid Abdelouahab
886 **Voyages imaginaires. De Jules Verne à James Cameron**
ARTHAUD, 2017, BEAUX LIVRES
ISBN 978-2-08-127842-4
29,90 €

Anne Besson, Nathalie Prince et Laurent Bazin (dir.)
887 **Mondes fictionnels, mondes numériques, mondes possibles : Adolescence et culture médiatique**
PRESSES UNIVERSITAIRES DE RENNES, 2016, ESSAIS
ISBN 978-2-7535-5009-4
20 €

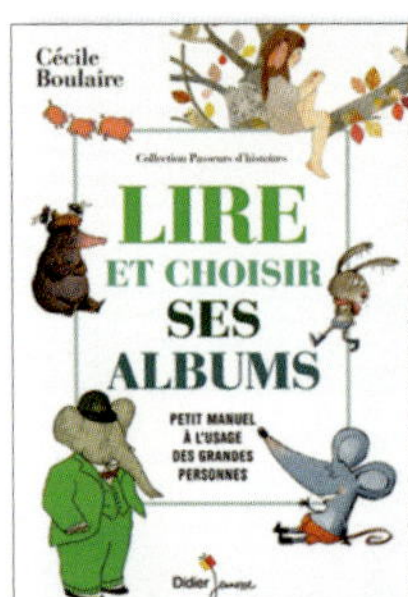

Cécile Boulaire
888 **Lire et choisir ses albums : petit manuel à l'usage des grandes personnes**
DIDIER JEUNESSE, 2018, PASSEURS D'HISTOIRES
ISBN 978-2-278-08997-0
22,90 €

Notice à venir dans *La Revue des livres pour enfants* n° 304.

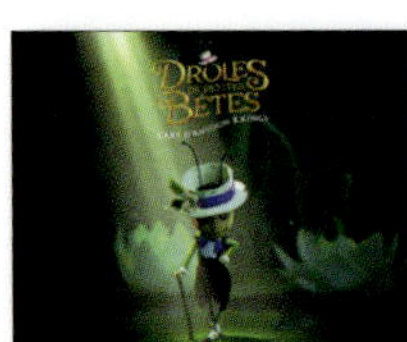

Arnaud Bouron, Alexandre De Broca, Bruno Coulais, Arnaud Delalande et al.
889 **Drôles de petites bêtes : l'Art d'Antoon Krings. Présentation de Colline Faure-Poirée**
GALLIMARD-JEUNESSE GIBOULÉES, 2017
ISBN 978-2-07-508963-0
39,90 €

Textes réunis et préfacés par Bochra Charnay et Thierry Charnay
890 **Littérature de jeunesse : richesse de l'objet, diversité des approches**
ÉDITIONS DU CONSEIL SCIENTIFIQUE DE L'UNIVERSITÉ LILLE 3, 2016, TRAVAUX ET RECHERCHES, UL3
ISBN 978-2-84467-138-7
30 €

Voir l'article dans *La Revue des livres pour enfants* n° 298 p. 99.

Traduit du russe par Béatrice Michielsen, Réédition en facsimilé du catalogue mythique des Éditions d'État (1931, URSS)
891 **100 livres pour ton enfant**
ÉDITIONS MICHÈLE NORET, 2018
3,20 €

David Day, trad. de l'anglais par Pascal Aubin, ill. Ivan Allen, Sarh Ball, Graham Bence et al.
892 **Tolkien, l'encyclopédie illustrée**
HACHETTE PRATIQUE, 2017, HEROES
ISBN 978-2-01-703207-6
25 €

François Delalande
893 **La Musique est un jeu d'enfant**
BUCHET-CHASTEL/INA, 2017, MUSIQUE
ISBN 978-2-283-03039-4
20 €

CONTES ET CONTEURS

Textes réunis et présentés par Christiane Connan-Pintado, Pascale Auraix-Jonchière et Gilles Béhotéguy
894 **L'Épanchement du conte dans la littérature**
PRESSES UNIVERSITAIRES DE BORDEAUX, 2018
MODERNITÉS, N° 43
ISBN 979-10-300-0293-5
25 €

Dir. Daniel Fabre et Christine Laurière
895 **Arnold Van Gennep : du folklore à l'ethnographie**
CTHS, 2018, LE REGARD DE L'ETHNOLOGUE ; 30
ISBN 978-2-7355-0856-3
32 €

Études réunies et présentées par Florence Fix et Hermeline Pernoud
896 **Le Conte dans tous ses états : fragmenter et réenchanter le merveilleux au XXe siècle**
PRESSES UNIVERSITAIRES DE RENNES, 2018, LA LICORNE N° 127
ISBN 978-2-7535-7402-1
24 €

Cyrille François
897 **La Voix des contes : stratégies narratives et projets discursifs des contes de Perrault, Grimm et Andersen**
PRESSES UNIVERSITAIRES BLAISE PASCAL, 2017, MYTHOGRAPHIES ET SOCIÉTÉS
ISBN 978-2-84516-754-4
25 €

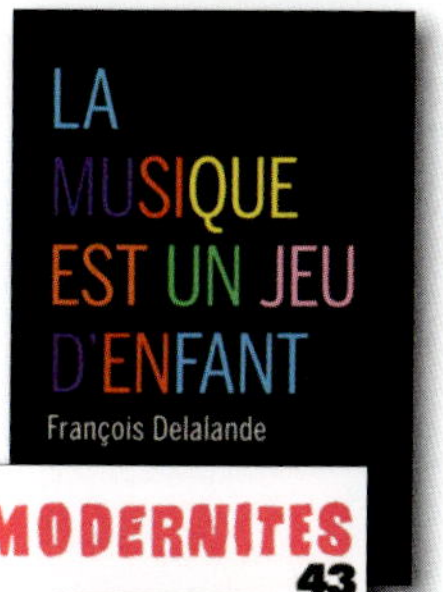

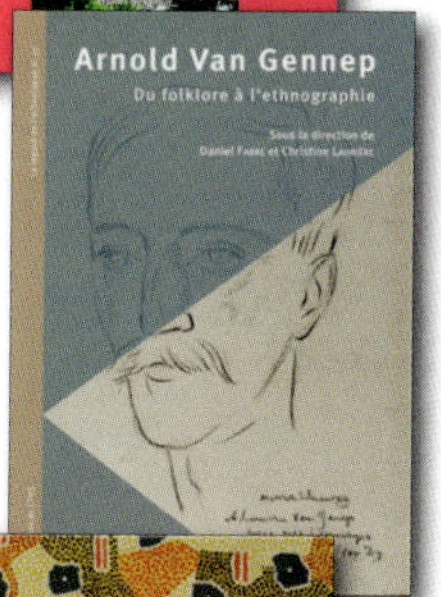

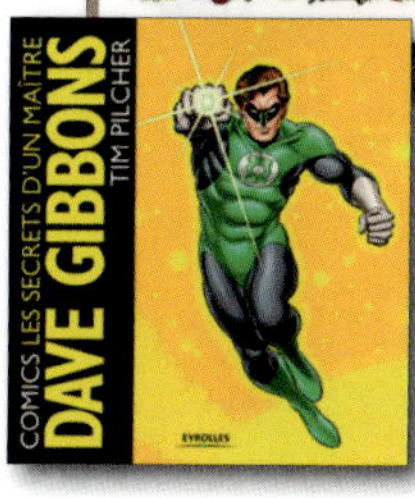

Jean-Loïc Le Quellec et Bernard Sergent
898 **Dictionnaire critique de mythologie**
CNRS ÉDITIONS, 2017
ISBN 978-2-271-11512-6
39 €

Voir l'article dans *La Revue des livres pour enfants* n° 299 p. 99.

Brigitte Louichon, Marie-France Bishop, Christophe Ronveaux (éds)
899 **Les Fables à l'école : un genre patrimonial européen ?**
PETER LANG, 2017, EXPLORATION. RECHERCHES EN SCIENCES DE L'ÉDUCATION
ISBN 978-3-0343-2921-7
37,93 €

Dir. Aurélie Reusser-Elzingre et Federica Diémoz
900 **Le Patrimoine oral : ancrage, transmission et édition dans l'espace galloroman**
PETER LANG, 2016
ISBN 978-3-034320221
70,63 €

Arlette Weber
901 **Les Récits en randonnée : Premiers albums, premières activités, à l'école maternelle**
RÉSEAU CANOPÉ, 2018, AGIR
ISBN 978-2-240-04687-1
22,90 €

BANDE DESSINÉE ET MANGA

Dave Gibbons & Tim Pilcher, trad. de l'anglais par Jean-Marc Lainé
902 **Comics : les secrets d'un maître**
EYROLLES, 2018
ISBN 978-2-212-67547-4
29,90 €

Paul Gravett, trad. de l'anglais par Baptiste Nollet, Linda Paul, préface Park Chan-Wook
903 **Mangasia : le guide de la bande dessinée asiatique**
HORS COLLECTION, 2017
ISBN 978-2-258-13721-9
39 €

Sylvain Lesage

904 **Publier la bande dessinée : les éditeurs franco-belges et l'album, 1950-1990**

PRESSES DE L'ENSSIB, 2018, PAPIERS

ISBN 979-10-91281-90-4

29 €

Voir l'article dans *La Revue des livres pour enfants* n° 302 p. 98-101.

Grant Morrison, trad. de l'anglais (États-Unis) par Alex Nikolavitch

905 **Supergods : ce que les justiciers masqués, les mutants miraculeux et un dieu solaire de Smallville peuvent nous apprendre de la condition humaine**

FANTASK, 2017

ISBN 978-2-37494-002-1

25 €

Philippe Tomblaine

906 **André Juillard : dessins d'histoires**

LE TROISIÈME HOMME ÉDITIONS, 2018

ISBN 979-10-94181-11-9

59 €

THÉÂTRE

Pierre Banos-Ruf (éditeur scientifique)

907 **Théâtre (jeune) public**

EDITIONS THÉÂTRALES, 2018, THÉÂTRE-PUBLIC N° 227

ISBN 978-2-84260-751-7

16 €

Voir l'article dans *La Revue des livres pour enfants* n° 301 p. 84.

Fabrice Melquiot, photographies de répétitions et de spectacle Elisabeth Carrecchio

908 **Jean-Luc : en scène / Jean-Luc : la pièce**

LA JOIE DE LIRE, 2017, LA JOIE D'AGIR

ISBN 978-2-88908-384-8

17,90€

Cet ouvrage a été recensé dans le n° 300 de *La Revue des livres pour enfants*, avril 2018, p. 26.

CINÉMA

Olivier Cotte, préface de Peter Lord

909 **Le Grand livre des techniques du cinéma d'animation : écriture, production, post-production**

DUNOD, 2018

ISBN 978-2-10-077778-5

35 €

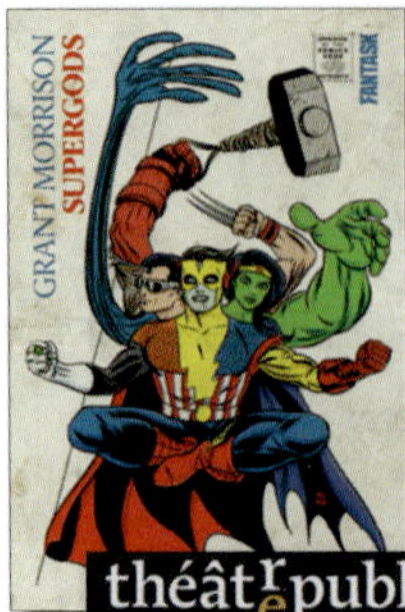

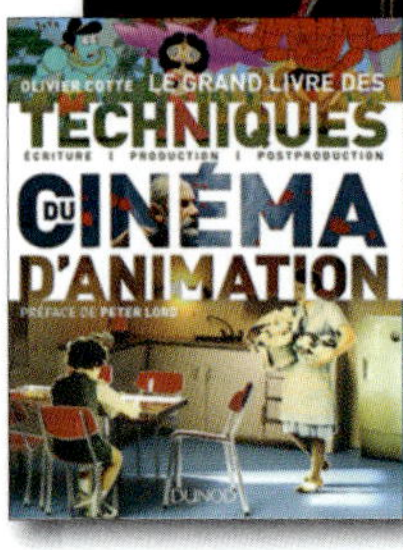

Philippe Lombard, préface de Patrice Leconte

910 **Goscinnyscope : d'Astérix au Viager, tout le cinéma du maître de la BD**

DUNOD, 2017

ISBN 978-2-10-076731-1

16,90 €

Laurent Valière, Préfaces de Sébastien Laudenbach et Michel Ocelot

911 **Cinéma d'animation : la French touch**

LA MARTINIÈRE / ARTE ÉDITIONS, 2017, ART ET SPECTACLE

ISBN 978-2-7324-8011-4

39,90 €

JEUX VIDÉO

Pierre-Jean Benghozi et Philippe Chantepie

912 **Jeux vidéo : l'industrie culturelle du XXIe siècle ?**

PRESSES DE SCIENCES PO / MINISTÈRE DE LA CULTURE, 2017, QUESTIONS DE CULTURE

ISBN 978-2-7246-2180-8

18 €

Bounthavy Sulivay

913 **Indie games : histoire, artwork, sound design des jeux vidéo indépendants**

BRAGELONNE, 2018, BEAUX LIVRES

ISBN 979-10-281-0957-8

35 €

Jean Zeid

914 **Art et jeux vidéos**

PALETTE, 2018

ISBN 978-2-35832-252-2

24,50 €

ILLUSTRATEURS

Georges Meurant et Elisabeth Ivanovsky.

915 **Sur la page blanche tout est possible**

MEMO, 2017, LIVRES D'ARTISTES

ISBN 978-2-35289-318-9

35 €

Sara, avec la collaboration de Martine Laval

916 **Auto-interview**

ÉDITIONS DU SONNEUR, 2018, CE QUE SIGNIFIE LA VIE POUR MOI

ISBN 978-2-37385-078-9

11,50 €

917 **Secrets d'Illustrateurs**

La Revue des livres pour enfants, Hors-série n° 4

BIBLIOTHÈQUE NATIONALE DE FRANCE – CENTRE NATIONAL DE LA LITTÉRATURE POUR LA JEUNESSE, 2018
ISBN 978-2-35494-089-8
15 €

CATALOGUES D'EXPOSITION

Exposition. Paris Musée des arts et métiers. 25 octobre 2016 – 26 février 2017
Eric Dubois, traduit de l'anglais par Rebecca Reid, graphisme Philippe Ghielmetti, préface Yves Winkin

918 **Schuiten et Peeters. Machines à dessiner**

CASTERMAN / MUSÉE DES ARTS ET MÉTIERS, 2016
ISBN 978-2-203-12014-3
30 €

Exposition. Paris Musée d'art et d'histoire du judaïsme.
27 septembre 2017- 4 mars 2018.

919 **René Goscinny, au-delà du rire**

HAZAN, 2017, CATALOGUES D'EXPOSITION
ISBN 978-2-7541-1021-1
35 €

Exposition. Angoulême. Centre national de la bande dessinée et de l'image.
25 janvier-4 novembre 2018

920 **Nouvelle génération : la bande dessinée arabe aujourd'hui / The new generation : Arab comics today**

ALIFBATA, 2018
ISBN 978-2-9553928-3-6
22 €

Exposition. Lyon, Musée des confluences.
7 avril 2018-24 mars 2019

921 **Hugo Pratt : lignes d'horizons.**

ÉD. COURTES ET LONGUES / MUSÉE DES CONFLUENCES, 2018
ISBN 978-2-35290-198-3
16 €

CULTURE DE L'ENFANCE

Viviana Albenga, préface de Christine Détrez

922 **S'émanciper par la lecture : Genre, classe et usages sociaux des livres**

PRESSES UNIVERSITAIRES DE RENNES, 2017, LE SENS SOCIAL
ISBN 978-2-7535-5250-0
18 €

Voir l'article dans *La Revue des livres pour enfants* n° 302 p. 102-103.

Frédérique Bruyas

923 **La Lecture à voix haute expliquée aux enfants**

MAGELLAN & CIE, 2018, JE EST AILLEURS
ISBN 978-2-35074-502-2
10 €

Matthieu Letourneux

924 **Fictions à la chaîne**

SEUIL, 2017, POÉTIQUE
ISBN 978-2-02-132088-6
30 €

Voir l'article dans *La Revue des livres pour enfants* n° 299 p. 94-95.

Chantal Zaouche Gaudron, avec Stéphanie Pinel-Jacquemin, Annie Devault, Olivia Troupel, préface de Michel Vandenbroeck

925 **Enfants de la précarité**

ERÈS, 2017, ENFANCE ET PARENTALITÉ
ISBN 978-2-7492-5414-2
15 €

Voir l'article dans *La Revue des livres pour enfants* n° 301 p. 88-89.

Responsable et rédacteur de la rubrique : Christophe Patris

LA REVUE DES LIVRES POUR ENFANTS

L'outil indispensable de tous les professionnels du livre et de la lecture pour la jeunesse.

INFO
NOUVEAUTÉ VEILLE RÉFLEXION
ROMANS COUPS DE CŒUR
ALBUMS INTERVIEW ACQUISITION
ÉDITION
DOC APPLI ADO
BÉBÉ MANGAS BD
CRITIQUE AUTEUR
BIBLIOGRAPHIE ART
ILLUSTRATEUR BIBLIOTHÈQUE
LIVRES RECHERCHE

THÈMES DES DOSSIERS À VENIR

- 304 • Bienvenue en Amérique
- 305 • Les nouveaux contours de la violence
- 306 • Que dire de l'Europe ?
- 307 • Zidrou
- 308 • Métamorphoses de l'animal
- 309 • Sélection annuelle 2019

POUR VOUS ABONNER (6 NUMÉROS PAR AN)

TARIF 2019 FRAIS DE PORT COMPRIS **Tarifs applicables au 1er janvier 2019**	TARIF GÉNÉRAL	TARIF LIBRAIRE TARIF ÉTUDIANT *Joindre votre carte d'étudiant.*
❍ France Métropolitaine	64 €	54 €
❍ Europe	69 €	59 €
❍ Autres pays et Dom-Tom	79 €	67 €

BULLETIN D'ABONNEMENT

Numéro d'abonné |
Particulier ❍
Nom |
Prénom |
Institutionnel ❍
Raison sociale |
Adresse de livraison |
N° / Rue
Code Postal |
Ville |
Pays |
Téléphone |
E-mail |
Adresse de facturation |
(si différent) |
Téléphone |
E-mail

MODE DE PAIEMENT

❍ Paiement par chèque joint à l'ordre de l'« Agent comptable de la Bibliothèque nationale de France »

❍ Pour les services administratifs, paiement à réception de notre facture en .... exemplaires

❍ Paiement par virement bancaire
Direction régionale des Finances publiques de Paris et de l'Île-de-France (DRFIP)
Domiciliation : TPPARIS – **Titulaire du compte :** Agent comptable de la Bibliothèque nationale de France – **Code banque :** 10071
Code guichet : 75000 – **N° de compte :** 00001000380 – **Clé RIB :** 07
IBAN : FR76 1007 1750 0000 0010 0038 007 – **BIC :** TRPUFRP1

Bulletin à retourner par voie postale, fax ou courriel à :
BnF / CNLJ
Quai François Mauriac – 75706 Paris Cedex 13
Tél. : 01 53 79 52 43 – Fax : 01 53 79 41 80.
cnlj.abonnements@bnf.fr
cnlj.bnf.fr

Rejoignez le Centre national de la littérature pour la jeunesse sur notre page Facebook.

BnF
Centre national de la littérature pour la jeunesse

INDEX

A

B

C

AUTEURS

D

E

F

AUTEURS

AUTEURS

0,1,2,3...

A

B

TITRES

TITRES

H

I

J

K

L

M

N

O

TITRES

P

Q

R

TITRES

U

V

W

Y

Z

THÉMATIQUE

THÉMATIQUE

LA REVUE DES LIVRES POUR ENFANTS

41

Bibliothèque nationale de France
Département Littérature et art
Centre national de la littérature pour la jeunesse

Quai François-Mauriac
75706 Paris cedex 13
01 53 79 53 79
Télécopie 01 53 79 41 80
cnlj.rlpe@bnf.fr

Directrice de la publication
Laurence Engel

Fondatrice
Geneviève Patte

La Revue des livres pour enfants publie six numéros par an, cinq centrés sur un thème, un pays ou un auteur et un numéro spécial, consacré à notre sélection annuelle, en fin d'année.

Le Centre national de la littérature pour la jeunesse est un service spécialisé de la Bibliothèque nationale de France. Son but est de développer toutes les actions susceptibles de favoriser l'accès de l'enfant au livre et à la lecture.

Le centre de ressources est ouvert en salle I de la bibliothèque du Haut-de-Jardin du mardi au samedi de 10 h à 20 h et le dimanche de 13 h à 19 h. On peut y consulter la quasi-totalité de la littérature enfantine publiée en France depuis 1950 (300 000 livres), ainsi que des ouvrages spécialisés et des périodiques (français ou étrangers) liés à tous les aspects du livre et de la lecture des enfants.

Directeur
Jacques Vidal-Naquet

Redactrice en chef
Marie Lallouet

Assistantes de rédaction
Recherche iconographique
Brigitte Andrieux

Conception maquette
Cyril Cohen

Mise en pages
Annick Schneider
kiwibleu@kiwibleu.com

Relecture
Manuela Barcilon
Alice Yonnet-Droux

Publicité
CNLJ / Marion Caliyannis
01 53 79 57 06

Photogravure et impression
BARON
01 47 57 25 92

Abonnements
Céline Caubère
01 53 79 52 43
cnlj.abonnements@bnf.fr

Abonnement 2018
France métropolitaine **62 €**
Europe **67 €**
Autres pays et Dom-tom
par avion **77 €**

Tarif spécial étudiant
France métropolitaine **52 €**
Europe **57 €**
Autres pays et Dom-tom
par avion **65 €**

Prix de ce numéro
France métropolitaine **12 €**
Europe **15 €**
Autres pays et Dom-tom **17 €**

Imprimé en Espagne
ISSN 0398-8384
ISBN 978-2-35494-086-7
CPPAP n°0720 B 79935

Diffusion en librairie
Gallimard

Couverture
Illustration de Benjamin Chaud d'après *Taupe et Mulot. Les Beaux jours*, texte de Henri Meunier, © Hélium, avril 2019.

Ont participé à ce numéro
Brigitte Andrieux, Menie Azzouzi, Manuela Barcilon, Camille Baurin, Elizabeth Béguery, Catherine Bessi, Séverine Billot, Claire Bongrand, Claudine Boué, Corinne Bouquin, Marion Caliyannis, Fanny Carel, Évelyne Cevin, Ghislaine Chagrot, Hasmig Chahinian, Pierre-Henri Collin, Colombine Depaire, Julien Devriendt, Hélène Dubertret, Catherine Dupouey, Séverine Dupuch-Garnier, Lise Durousseau, Aline Eisenegger, Camille Etedali-Khou, Viviane Ezratty, Elisa Ghennam, Naïla Hanna, Claudine Hervouët, Pascale Joncour, Emmanuelle Kabala, Hélène Kerurien, Marie Lallouet, Elisabeth Lancou, Marie Laurentin, Béatrice de Lavenne, Sibylle Lesourd, Elisa Lopez, Annick Lorant-Jolly, Stéphane Martinati, Céline Meneghin, Virginie Meyer, Wilfried Muller, Christophe Patris, Jonathan Paul, Annabel Peltier, Nicolas Périsse, Olivier Piffault, Marine Planche, Marie-Ange Pompignoli, Viviana Quiñones, Alain Rajaonarison, Caroline Rives, Sarah Rolfo, Muriella Romaniello, Marie Roussel, Céline Sallez, Sophie Schmitt, Estelle Servier-Crouzat, Nathalie Sfeir, Djénéba Sidibé, Mathilde Tattegrain, Françoise Tenier, Elise Tessarech, Catherine Thouvenin, Sarah Tournerie, Françoise Ugochukwu, Hélène Valotteau, Laurence Veyssier, Jacques Vidal-Naquet et Marianne Weiss